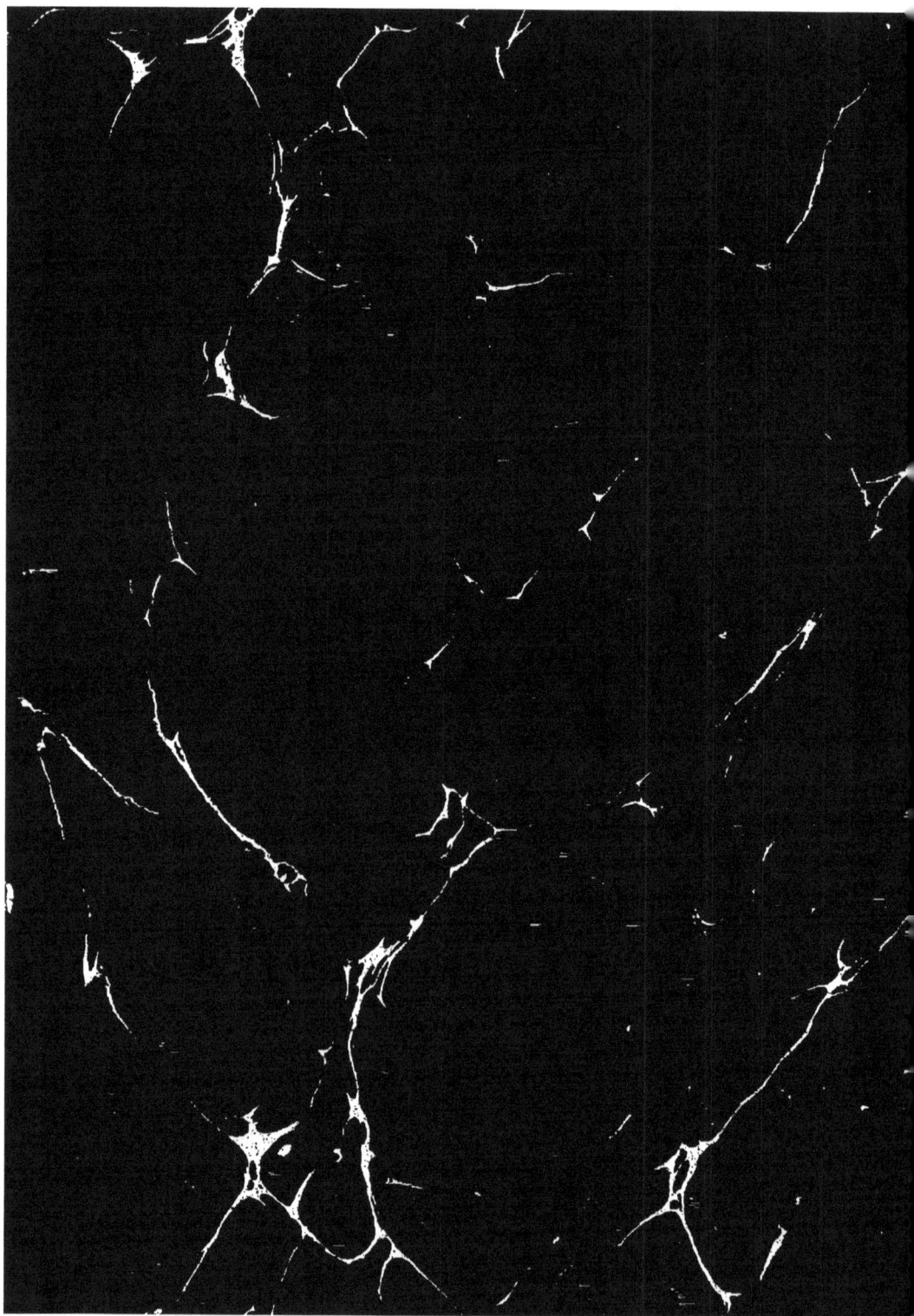

CAMPAGNES

DE

L'ARMÉE D'AFRIQUE

1835 — 1839

IMPRIMERIE J. CLAYE
RUE SAINT BENOIT 7

PARIS

CAMPAGNES

DE

L'ARMÉE D'AFRIQUE

1835 — 1839

PAR

LE DUC D'ORLÉANS

PUBLIÉ PAR SES FILS

Avec un portrait de l'Auteur et une carte de l'Algérie

PARIS

MICHEL LÉVY FRÈRES, ÉDITEURS

RUE VIVIENNE, 2 BIS, ET BOULEVARD DES ITALIENS, 15

A LA LIBRAIRIE NOUVELLE

—

M DCCC LXX

AVANT-PROPOS

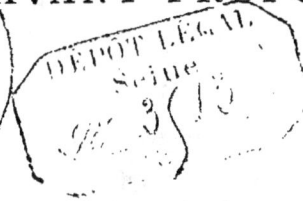

La conquête de l'Algérie forme un épisode intéressant de notre longue histoire militaire. Elle
ne peut se comparer aux grands drames guerriers de la République et du premier Empire, aux
luttes dont la Crimée et la Lombardie ont, de nos
jours, été le théâtre ; mais elle a exercé une
influence importante sur le caractère de notre armée, et elle est restée, dans ses traditions, comme
un glorieux souvenir. L'armée d'Afrique a acquis,
dans cette guerre si nouvelle, une précieuse expérience ; elle a surtout donné l'exemple de toutes les
vertus militaires, et mérité par là de prendre place
à côté de ces armées dévouées, modestes et intè-
gres, qui ont honoré la France aux époques vraiment héroïques de son histoire.

Cette conquête, et les vingt années de guerre

durant lesquelles elle s'est accomplie en un temps
de paix générale pour l'Europe, ont été le lien
entre deux générations militaires. La plupart de
nos premiers généraux d'Afrique s'étaient formés
à l'école de l'Empire, depuis les maréchaux Clauzel et Valée, qui avaient exercé de grands commandements dans la guerre d'Espagne, jusqu'au
général de Damrémont et au maréchal Bugeaud,
qui étaient colonels à la fin de nos grandes guerres.
Autour de ces chefs, on vit s'élever une jeune et
nombreuse famille d'officiers, pleins d'ardeur et
de courage, liés entre eux par un égal dévouement à la France, et qui devaient lui donner des
généraux éprouvés, des administrateurs capables et plus d'un grand citoyen. Quoiqu'elle ait
été cruellement décimée par les balles ennemies,
par la maladie, par l'âge, et dispersée par nos
troubles politiques, c'est encore à cette même
famille qu'appartiennent tous ceux qui depuis lors
ont conduit nos soldats sur des champs de bataille
plus vastes ou plus éloignés.

Chacun dans cette famille était bientôt apprécié
par ses camarades à sa juste valeur. Le mérite,
qui trouvait en Algérie l'occasion de se révéler
promptement, était toujours remarqué, et les ser-

vices les plus modestes étaient récompensés avec
impartialité. L'opinion publique, en effet, qui s'in-
téressait vivement à l'armée d'Afrique, exerçait
sur elle et sur ses chefs une puissante et salutaire
influence. Elle l'encourageait et la contrôlait à la
fois.

L'histoire politique et stratégique de la conquête
de l'Algérie n'a pas, jusqu'ici, été faite : l'époque
dont cette conquête est l'œuvre attend encore le
jugement impartial de la postérité. Mais il y a pour
l'armée, comme pour la France, un véritable intérêt à fixer les traditions de cette guerre si origi-
nale, si féconde en utiles enseignements et en exemples héroïques, à recueillir, pour conserver ce que
nous appellerions volontiers la légende algérienne,
les souvenirs de quelques-uns de ceux qui y ont
pris une part importante.

Parmi les noms des chefs qui ont raconté ce
qu'ils ont vu et laissé des témoignages écrits de
leur sympathie et de leur admiration pour leurs
compagnons d'armes, se place le nom du duc d'Orléans. La sollicitude dévouée pour l'armée française qui l'a constamment animé, qui a inspiré
tous les actes de sa vie militaire, se retrouve dans
tout ce qu'il a écrit. On pourra en juger par le

morceau historique que nous donnons ici. *L'Armée d'Afrique,* tel est le titre d'un ouvrage dans lequel il se proposait de raconter à la France les travaux et les combats de cette armée, dans les rangs de laquelle il avait eu l'honneur de servir. A cet ouvrage il consacra les loisirs d'une existence prématurément brisée..... Il ne put l'achever; mais il laissa parmi ses papiers ce fragment, auquel il ne manquait que la dernière révision de l'auteur, et dont la publication est, aux yeux de ses fils, un hommage rendu à la mémoire de leur père et l'acquittement d'un legs fait par lui à cette armée dans laquelle son ardent patriotisme voyait une parfaite image de la nation française.

Il avait eu de bonne heure l'occasion de vivre au milieu de nos soldats, de connaître leurs qualités, d'apprécier leurs vertus à l'heure du danger et de la souffrance. Dès 1831, il avait accompagné le drapeau tricolore, lorsque cet emblème de notre Révolution, récemment relevé, passa la frontière belge pour soutenir un grand intérêt national. L'année suivante, il commençait l'investissement de la citadelle d'Anvers avec une brigade dans laquelle servait son frère le duc de Nemours. Il y reçut le baptême du feu, comme premier général de tranchée, et, de ce jour, il se considéra comme ayant acquis le droit de cité dans l'armée française.

Il ne tarda pas à aller combattre dans ses rangs pour la défense de notre nouvelle colonie algérienne, dont l'existence même était alors menacée par Abd-el-Kader, et il faisait, en 1835, auprès du maréchal Clauzel, la campagne de Mascara. Dans cette brillante expédition, à l'école d'un chef illustre, il étudiait avec ardeur la manière de faire la guerre à un ennemi dont l'activité et la vigilance ne laissèrent jamais une imprudence ou une fausse manœuvre impunies. Dans ces engagements, où l'intelligence individuelle jouait un si grand rôle, il oubliait le danger pour suivre officiers et soldats d'un œil observateur, et, dans le journal qu'il écrivait fidèlement le soir pour sa famille, à côté de la description pittoresque des cavaliers arabes ou de la nature méridionale, si frappante pour les nouveaux venus, on rencontre, presque à chaque ligne, les noms d'officiers, inconnus alors, chez lesquels il avait deviné les qualités qui les firent depuis arriver aux premiers rangs de l'armée.

En 1839, il commandait une division et fit, sous les ordres du maréchal Valée, le voyage de

découverte qu'on appela l'expédition des Portes-
de-Fer. En souvenir de cette campagne, il écrivit
lui-même la monographie des cinq régiments qui
avaient formé sa division *. Dans ces récits rapides, dont le style vif et simple devait plaire au
soldat, il lui racontait les combats et les actions
d'éclat qui honoraient le numéro inscrit sur son
schako. Il aurait voulu que ce travail fût fait pour
toute l'armée, que chaque régiment possédât un
abrégé de son histoire, qui devînt comme la généalogie glorieuse de tous ceux qui marchaient
dans ses rangs. En resserrant ainsi la longue
chaîne des faits de guerre qui, à travers tant de
vicissitudes, font remonter à deux ou trois siècles
l'origine de quelques-uns de nos régiments, il
voulait fortifier cet esprit de corps qui double la
valeur du soldat et inspire aux plus humbles une
généreuse ambition.

En 1840, la *division d'Orléans* ouvrait la route
de Médéah et enlevait le col de Mouzaïa : elle se

---

* C'étaient les 2ᵉ et 17ᵉ légers, e 23ᵉ de ligne et les 1ᵉʳ et
3ᵉ chasseurs d'Afrique, ces derniers représentés par quelques
escadrons. Deux de ces monographies, celles du 2ᵉ léger et
du 23ᵉ de ligne, furent depuis développées et publiées par ses
soins.

composait de soldats déjà aguerris par de rudes campagnes et d'officiers dont la réputation était bien supérieure à leur grade. Le général Duvivier y commandait une brigade ; le colonel Changarnier entrait, à la tête du 2ᵉ léger, dans les retranchements ennemis ; le colonel de Lamoricière commandait les zouaves, qui l'avaient suivi dans tant de combats. Le bataillon de tirailleurs, récemment formé par les soins du duc d'Orléans, déployait déjà sous ses yeux toutes les qualités qui ont fait depuis la juste et grande réputation des chasseurs à pied, dont ce bataillon fut le noyau. Auprès de lui, son jeune frère, le duc d'Aumale, débutait dans la carrière qu'il a parcourue avec tant d'éclat, et qu'il devait, lui aussi, voir prématurément interrompue par cette autre mort qu'on appelle l'exil.

Dans le travail que nous publions, le duc d'Orléans a raconté les deux premières campagnes auxquelles il a pris part en Algérie. Sa modestie, qui, sans affecter d'ailleurs un prétentieux silence, l'empêche de se faire valoir, ne lui a pas permis de dire tout ce qu'il fit pour ses compagnons d'armes, et les exemples qu'il donna au milieu d'eux. Il n'a songé qu'à rendre hommage aux

qualités si diverses que la guerre d'Afrique dé-
veloppait chez nos soldats. Cet hommage est celui
de l'officier plein d'ardeur pour son métier et de
dévouement pour les troupes qu'il a l'honneur de
commander ; c'est celui du citoyen qui sentait bien
quel service l'armée rendait à la France en prouvant ce dont elle eût été capable partout où l'honneur national l'aurait appelée. Il croyait, en effet,
qu'elle était pour nous une garantie de paix, de
liberté et d'indépendance, d'autant plus efficace
qu'elle inspirait plus de respect à tous les adversaires des grands principes de notre Révolution.
Si jamais, comme en 1791, ils étaient tentés de
s'attaquer à la France comme au champion de la
cause libérale devant l'Europe, il voulait que notre
armée pût être, contre leur agression, un rempart
inébranlable.

Hâtons-nous de dire cependant, qu'à ses yeux
nos possessions algériennes étaient tout autre chose
encore qu'une école militaire. Il suffira de lire ce
qu'il a écrit pour comprendre l'importance qu'il
attachait au solide établissement de cette belle
colonie. Et, à ce propos, il importe que le lecteur
n'oublie pas que près de trente ans se sont écou-
lés depuis cette époque, trente ans durant lesquels

toutes les questions relatives à l'Algérie ont complétement changé de face. Les problèmes compliqués de son gouvernement n'avaient pas été posés, ou n'apparaissaient encore qu'à l'horizon lointain d'une pacification générale de la contrée.

Mais, en revanche, la question de l'occupation restreinte du littoral, ou même de l'évacuation absolue, était ardemment controversée. La sécurité de la Méditerranée et l'honneur national ayant obligé la France à planter son drapeau sur le sol algérien, le duc d'Orléans n'admettait pas qu'il dût repasser la mer, et il croyait que la politique, d'accord en cela avec la véritable économie, exigeait que notre domination y fût établie complétement et d'une manière incontestée. Cette opinion trouvait en ce temps-là beaucoup de sincères contradicteurs : aussi ne doit-on pas s'étonner de la lui voir soutenir avec cette ardeur que de vives et quotidiennes discussions inspirent à un esprit profondément convaincu.

Il faut aussi se souvenir que les grandes affaires de la France étaient alors soumises à l'analyse sévère des assemblées délibérantes, dont le contrôle salutaire n'empêcha jamais l'accomplissement d'une œuvre patriotique, mais qui, pour en discuter l'exécution, devaient tenir compte de bien des intérêts divers. Dans l'appréciation des dépenses nécessaires à l'établissement de notre pouvoir en Algérie, les Chambres se placèrent parfois à un autre point de vue que ceux qui, comme le duc d'Orléans, voyaient de près les difficultés d'une pareille tâche ; et c'est même en partie pour éclairer l'opinion publique sur toutes ces difficultés qu'il avait entrepris l'histoire de l'armée d'Afrique.

Il était préoccupé sans cesse de l'avenir de l'Algérie. Au milieu de ses campagnes, il étudiait toutes les ressources du sol fertile que la France venait de conquérir et songeait aux moyens de le féconder. Il admirait avec quelle infatigable énergie nos soldats, sans même attendre que le pays fût entièrement pacifié, le sillonnaient de routes et y marquaient leur passage par de magnifiques travaux d'art. Il lui tardait de voir paraître derrière eux une autre armée, celle des colons, faisant la conquête définitive d'une contrée qui était jadis le grenier du monde, et fondant, sous ce beau climat, une France nouvelle que la mère patrie pourrait montrer avec un légitime orgueil. Ces colons étaient encore trop peu nombreux pour jouer un rôle important et efficace ; mais plus leurs

efforts étaient restreints et leur tâche difficile, plus
il sentait la nécessité de les encourager et de leur
ouvrir la voie.

Enfin il aimait dans l'Algérie française une
œuvre qui devait honorer à jamais le règne de
son père et survivre aux révolutions, comme y a
survécu cette statue qui fut élevée au duc d'Orléans par l'armée, sur la place d'Alger, et que
tous les gouvernements ont respectée depuis vingt-
cinq ans; une œuvre glorieuse à laquelle lui-même
et ses frères devaient attacher plus particulièrement leur nom. Il savait bien en effet qu'avec lui,
ou sans lui et à son défaut, ceux-ci avanceraient
bravement dans la route où il les avait précédés.
Il n'eut pas la joie d'assister à leurs succès ni à
ceux de tous les compagnons d'armes qu'il avait
quittés en 1840, plein d'espoir alors dans un avenir qui semblait si brillant; mais il laissa après
lui, avec le souvenir des services rendus à l'armée
d'Afrique, celui d'une vie consacrée au devoir,
d'une vie que peut résumer tout entière cette
pensée exprimée plusieurs fois dans sa correspon-
dance, et religieusement recueillie par nous comme
un legs fait à toute sa famille :

« Toutes places, écrivait-il à son père, où l'on

peut servir la France sont bonnes, et celle où
l'on fait le plus de sacrifices pour le pays est
véritablement la première. »

————

Le pages que nous publions ne comprennent
qu'une partie de l'histoire des campagnes d'Afrique antérieures à la mort du duc d'Orléans. Il n'a
pas eu le temps d'écrire le reste; il a seulement
laissé un plan d'ensemble de l'ouvrage qu'il avait
conçu. Notre dessein ne pouvait être de combler
cette lacune et de bâtir tout l'édifice sur une
esquisse de l'architecte. Toutefois, ce serait aller
contre les intentions de l'auteur que de jeter le
lecteur, brusquement et sans préparation dans un
récit où il est constamment fait allusion à des
événements que les chapitres précédents devaient
lui avoir expliqués. On ne peut parler de ces la-
borieuses campagnes qui ont fondé notre domination en Afrique au milieu de tant de difficultés,
sans avoir au moins donné, en quelques pages,
une idée de ce que furent les débuts de notre armée en Algérie, sans avoir dit un mot, d'abord du

grand et beau succès par lequel nos soldats, serviteurs zélés de la France sous tous ses gouvernements, honorèrent les derniers jours de la Restauration, et ensuite des premières luttes, souvent si ingrates, dans lesquelles, à force de courage et de patience, ils conservèrent à leur pays sa nouvelle conquête.

Mais, pour faire cette esquisse, je cède la place à mon frère, qui, comme moi animé des sentiments de la piété filiale, comme moi plein des souvenirs du dévouement de notre père à l'armée française, a eu de plus que moi la satisfaction de combattre une fois à côté d'elle.

LOUIS-PHILIPPE D'ORLÉANS.

INTRODUCTION

LES CAMPAGNES D'AFRIQUE

DE 1830 A 1835

En 1835, à l'époque où commencent les récits du
duc d'Orléans, la domination française ne comprenait encore qu'une partie peu étendue de l'Algérie,
et le drapeau tricolore flottait seulement sur les
principales villes du littoral, dont plusieurs brillants
faits d'armes nous avaient rendus maîtres. Pour
conserver ces quelques villes, ainsi que l'étroit territoire qui les avoisinait et qui en formait comme la
banlieue, la petite armée d'occupation avait dû dé-
ployer une fermeté et une constance peu communes.
Sans cesse décimée par les maladies; accablée par
les fatigues inouïes au prix desquelles il lui fallait
exécuter les travaux que commandaient les nécessités de la défense et la nature du sol; toujours en-

tourée, harcelée par un ennemi nombreux, brave, et
qu'animait contre nous un ardent fanatisme, elle
avait eu à soutenir, au milieu des plus cruelles
épreuves, des luttes quotidiennes, sans repos ni
trêve : luttes obscures, mais vraiment héroïques,
qui formèrent l'armée d'Afrique et qui donnèrent,
une fois de plus, la mesure de ce qu'il y a d'indomp-
table énergie dans le soldat français.

Il est à jamais regrettable que la plume à laquelle
nous devons les récits si vivants des campagnes de
1835 à 1840 ne nous ait rien laissé sur cette première période de l'histoire de l'Algérie. Nous ne pou-
vons songer à combler cette lacune. Pour tenter
une pareille œuvre, il faudrait avant tout avoir recueilli, de la bouche même de ceux qui furent alors
à la fois acteurs et témoins, leurs souvenirs personnels sur les diverses phases de la lutte, sur tant de
nobles et glorieux efforts. Il faudrait, en outre, avoir
vu de ses yeux et étudié sur place le théâtre des
mouvements de notre armée. Ce double travail pré-
liminaire nous est interdit. D'ailleurs, les combats
livrés à cette époque furent tellement nombreux,
qu'il serait impossible de les raconter tous sans
dépasser de beaucoup les limites d'une simple introduction. Nous nous bornerons donc à rappeler
ici, dans un résumé aussi rapide, aussi succinct que
possible, les faits les plus importants de ces cinq
premières années de nos guerres d'Afrique, en les
classant dans l'ordre suivant : la conquête d'Alger,

ce grand et mémorable triomphe de nos armes; les deux expéditions de Médéah; les principaux engagements qui suivirent la prise de Bône et de Bougie; enfin, les opérations qui, après l'occupation d'Oran, aboutirent au traité du 26 février 1834.

I

ALGER

Jusqu'à la guerre qui fit tomber leur pays en notre pouvoir, les Algériens furent toujours d'incorrigibles pirates. Fiers de l'admirable position de leur ville, que l'on considérait comme imprenable, et qu'ils appelaient avec orgueil « Alger la victorieuse et la bien gardée », ils semblaient non-seulement jeter un défi à toutes les puissances voisines, mais encore ne compter pour rien les lois du monde civilisé. Cependant, depuis la sévère leçon qu'ils avaient reçue de nous sous le règne de Louis XIV, lors du triple bombardement d'Alger par Duquesne et d'Estrées*, nous avions acquis une certaine prépondérance dans la Régence, et, au commencement du XIXe siècle, on répétait encore le proverbe « qu'une querelle avec la France ne doit pas durer jusqu'à la prière du soir ». Cette influence fut entièrement perdue en 1827. Irrité des justes réclamations du gou-

---

* En 1682 et 1683, par Duquesne; en 1688, par d'Estrées.

vernement du roi Charles X contre la violation des
priviléges que nous assuraient les traités et contre
les actes de piraterie dont notre commerce avait
continuellement à souffrir, le dey Hussein, dans une
audience solennelle, insulta grossièrement notre consul, et, peu après, les Arabes brûlèrent l'établissement français de la Calle, près de Bône. La guerre
était devenue inévitable. Une escadre partit donc de
Toulon et commença par bloquer le port d'Alger et
tout le littoral. On espérait qu'il suffirait d'un rigoureux blocus pour avoir raison du dey. Mais rien ne
put faire céder l'orgueilleux entêtement de Hussein.
Il osa même, au mois d'août 1829, violer de nouveau le droit des gens, en faisant canonner par l'artillerie algérienne le vaisseau de ligne *la Provence*,
venu, comme parlementaire, en rade de sa capitale.
Une pareille injure ne pouvait rester impunie. Ferme-
ment résolus à tirer une vengeance éclatante de l'affront fait à notre pavillon, Charles X et son ministère décidèrent aussitôt que l'on enverrait contre
Alger une flotte et une armée de débarquement, non
plus seulement pour exiger satisfaction des griefs
de la France, mais pour détruire ce nid de pirates.

Nos rapports antérieurs avec cette contrée n'a-
vaient fait connaître encore que bien imparfaite-
ment le terrain sur lequel nos troupes allaient
opérer. La Régence s'étendait sur plus de deux cents
lieues d'une côte inhospitalière, n'offrant que très-
peu de bons mouillages; ceux de Bougie et de Mers-

el-Kébir (près d'Oran) étaient les seuls vraiment
sûrs; les autres ports, sans même en excepter celui
d'Alger, ne présentaient que de mauvais abris. Les
récits de quelques voyageurs et des cartes mal faites
ne donnaient qu'une idée vague de l'intérieur du
pays. On savait que deux chaînes de montagnes
s'élevaient parallèlement à la mer; que la première,
coupée de plaines, de vallées et de plateaux, bordait
pour ainsi dire le rivage, et que la seconde s'en
rapprochait vers l'est pour s'en éloigner ensuite vers
le sud-ouest. Quant aux rivières ou torrents qui
descendaient de ces montagnes, c'est à peine si leurs
noms étaient connus. On n'avait également que des
notions fort incertaines sur les habitants de cette
contrée soumise, depuis trois siècles, à la domination
des Turcs. Il est vrai que nos navires de commerce
avaient souvent visité les villes de la côte, ce qui
nous avait fait entrer en relations avec la population
juive et mauresque des villes; mais on confondait
aisément sous le même nom de Bédouins les trois
principales races indigènes de l'intérieur *. Un seul
renseignement d'une réelle importance était acquis.
En 1808, le colonel du génie Boutin ᵃ avait été chargé
par Napoléon d'explorer tout le littoral de l'Algérie.
C'était un officier fort intelligent et plein de zèle.
Après plusieurs reconnaissances exécutées avec un

---

* Ces trois races principales étaient les Kabyles, les Arabes et les
Maures. Ces derniers étaient répandus en très-grand nombre dans
les villes de l'intérieur, de même que dans celles de la côte.

très-grand soin, il avait désigné, comme le point le
plus favorable à un débarquement, la presqu'île de
Sidi-Ferruch située à l'ouest du promontoire sur
lequel s'élève la ville d'Alger. Le gouvernement de
Charles X s'inspira de cette pensée. Il fut donc résolu
que les troupes débarqueraient non pas, comme il
en avait été question un moment, à Mers-el-Kébir,
pour s'avancer ensuite vers Alger par la route de
terre en longeant la côte, mais dans l'une des deux
baies qui forment la presqu'île, et qu'on marcherait
de là sur la capitale du dey.

L'entreprise était hardie et digne au plus haut
point d'exciter l'intérêt : venger l'honneur de la
France, dont la cause était devenue celle de l'Europe elle-même, rétablir la sûreté des mers et humilier les ennemis de la civilisation et du nom chrétien,
tel était le noble but de l'expédition. Les préparatifs
furent poussés avec une extrême vigueur, et, ainsi
qu'il arrive toujours, quand il s'agit d'une de ces
guerres qui font appel à tous les instincts élevés,
généreux, chevaleresques d'une nation comme la
nôtre, l'armée et la marine accueillirent avec enthousiasme l'annonce de la campagne projetée. Rien
n'avait été négligé pour en assurer le succès : plus
de trente mille hommes et cent seize bouches à feu
devaient faire partie du corps expéditionnaire, dont
le ministère avait confié le commandement à un de
ses membres, le lieutenant général comte de Bourmont [b]; quatre cent quatre-vingt-quatre bâtiments

de commerce avaient été frétés pour les transports; enfin une escadre de cent deux bâtiments de guerre, sous les ordres du vice-amiral Duperré [c], allait escorter ce grand convoi et lui prêter son appui.

L'armée devait se composer de trois divisions* commandées par les lieutenants généraux Berthezène [d], Loverdo [e] et duc d'Escars [f]; les maréchaux de camp étaient MM. Poret de Morvan [g], Achard [h], Clouet [i], Damrémont [j], Munck d'Uzer [k], Colomb d'Arcine [l], Berthier de Sauvigny [m], Hurel [n] et Montlivault [o]. Le lieutenant général Desprez [p] remplissait les fonctions de chef d'état-major ayant le général Tholozé [q] pour sous-chef; le général de la Hitte [r] commandait l'artillerie, le général Valazé [s] dirigeait le génie, et le baron Denniée [t] était intendant en chef. Enfin, si l'on jette les yeux sur les listes relatives aux grades moins élevés, on y trouvera bien des jeunes officiers qui devaient, dans un prochain avenir, tenir noblement tout ce qu'ils promettaient alors, bien des noms qui sont devenus illustres soit dans le cours des campagnes algériennes, soit sur les divers champs de bataille parcourus depuis cette

* Les régiments qui prirent part à l'expédition étaient les 3e, 14e, 37e, 20e, 28e, 6e, 49e, 15e, 48e, 21e, 29e, 35e, 17e, 30e, 23e et 34e de ligne; et les 1er et 2e régiments de marche que l'on avait organisés avec des bataillons appartenant aux 2e et 4e, 1er et 9e légers (en tout, dix-huit régiments formant, comme nous venons de le dire, trois divisions, dont chacune comprenait trois brigades). La cavalerie se composait seulement d'un escadron du 13e de chasseurs et de deux du 17e.

époque par les armées françaises. Citons entre
autres MM. Baraguay-d'Hilliers[u], Vaillant[v], de
Chabaud-la-Tour[x], Duvivier[y], Pélissier[z], Changarnier[a'], de Beaufort[b'], de Mac-Mahon[c'], de Lamoricière[d'], Magnan[e'].

Les troupes étaient pleines d'ardeur : les soldats
en congé d'un an avaient répondu à l'appel avec
une facilité inattendue ; tous aspiraient à l'honneur
de suivre l'expédition. Afin de faire partie des
bataillons désignés, un certain nombre de grenadiers et de voltigeurs avaient demandé à passer
dans des compagnies du centre ; des sous-officiers
ou des caporaux avaient renoncé à leurs galons ; on
raconte même que des voltigeurs du 49e laissés au
dépôt le quittèrent, et, voyageant à leurs frais, rejoignirent à trente lieues de Poitiers les bataillons
de guerre de leur régiment.

Dès le printemps de 1830, les corps qui devaient
prendre part à l'expédition furent cantonnés aux
environs de Toulon, de Marseille et d'Aix, afin de
pouvoir être concentrés et embarqués rapidement.
Dans les premiers jours de mai, après de brillantes
revues passées par le Dauphin, l'armée reçut ses
ordres définitifs, et l'embarquement fut terminé
le 17. Mais, les vents contraires ayant retardé le
départ, la flotte ne quitta la rade de Toulon que
le 25. Elle naviguait sur trois colonnes. Le contre-
amiral Rosamel[f] était au centre, sur le Trident. Un
capitaine de vaisseau, M. Lemoine[g'], commandait la

droite, et un officier de même grade, M. le baron
Hugon[h], dirigeait la gauche. Le premier montait la
frégate *la Thétis*; le second, la corvette de guerre *la
Créole*. En tête de l'escadre de bataille marchait *la
Provence*, sur laquelle le vice-amiral Duperré avait
arboré son pavillon. Le 30, pour la première fois,
soldats et marins purent apercevoir les rivages de
l'Algérie; mais ce n'était encore que de loin, et,
avant que l'amiral eût eu le temps de prendre ses
dispositions pour se rapprocher de la côte, une violente bourrasque força la flotte à regagner le large. Il
fallut aller chercher un abri aux îles Baléares, dans
la rade de Palma, où l'on resta plusieurs jours pour
rallier le convoi et attendre un temps plus propice.
Enfin, le 13 juin, nos escadres arrivèrent de nouveau en vue des côtes d'Afrique. A neuf heures du
matin, elles n'étaient plus qu'à deux heures d'Alger. A l'aide des lunettes, on distinguait parfaitement la ville. S'élevant en amphithéâtre sous la
forme d'un triangle dont la base touchait à la mer,
elle semblait, avec ses maisons blanches qui réflé-
chissaient les rayons ardents du soleil, comme une
vaste carrière de craie; au sommet était la casbah
ou citadelle, et, à une certaine distance au sud, on
pouvait apercevoir le fort l'Empereur.

A une lieue environ de la côte, la flotte, sur
laquelle on venait d'ordonner le branle-bas de combat, vira de bord et se dirigea vers l'ouest; elle
passa devant le fort des Vingt-Quatre-Heures et de-

vant celui des Anglais, doubla la pointe Pescade et se
trouva enfin à deux heures devant la presqu'île de
Sidi-Ferruch. Dans l'après-midi du 13, tous les bâtiments étaient au mouillage. Le 14, jour anniversaire
des batailles de Marengo et de Friedland, le débarquement commença à trois heures du matin. L'empressement des soldats fut tel, que bon nombre se
jetèrent à la mer pour arriver plus vite. Dans leur arrogance, les Turcs avaient dit en parlant des Français : « Pour les prendre, il faut bien les laisser débarquer. » Aussi aucun préparatif n'avait été fait pour
la défense de la presqu'île : un coup de canon tiré
par la batterie de Torre-Chica traversa le pavillon du
vaisseau *le Breslau*, ce fut tout ; à peine les troupes
furent-elles à terre, qu'elles enlevèrent la batterie.

Dès que la première et la deuxième division furent
débarquées, la première (celle que commandait le
lieutenant général Berthezène), reçut l'ordre de
s'emparer de l'isthme et de ses abords. Le 1er régiment de marche et le 3e de ligne s'avancèrent, sans
perdre de temps, à travers les broussailles qui couvraient le terrain. Les cavaliers bédouins exécutent
alors pour la première fois un mouvement hostile :
ils arrivent à fond de train sur les tirailleurs ; mais,
au lieu de les sabrer, ils répondent à la fusillade
par la fusillade, tirent en galopant, tournent bride
aussitôt, rechargent en fuyant, font volte-face,
reviennent de nouveau, tirent une seconde fois,
tirent encore, et donnent ainsi du premier coup la

mesure de cette sorte de guerre volante qui leur est particulière. Tout insolite qu'elle est pour nos soldats, cette manœuvre ne les intimide ni ne les déconcerte ; ils avancent toujours, s'aidant de tous les accidents de terrain et visant avec attention. Ils ne sont même pas arrêtés dans leur élan par la perspective d'une guerre sans merci, qui, dès le début de la lutte, se manifeste à eux dans toute sa férocité sauvage. Le lieutenant Astruc, du 4e léger, en fut la première victime. Cet officier ayant été entouré et tué, pendant qu'avec quelques tirailleurs il poursuivait un groupe de cavaliers ennemis, les soldats du dey, suivant leur barbare coutume, lui coupèrent la tête et mutilèrent indignement son cadavre presque sous les yeux de ses camarades. Le bataillon s'élança au cri de « Vengeons nos frères! » mais les Arabes étaient déjà loin *.

Cependant, le débarquement continuait, et l'on prenait les mesures nécessaires pour faire de Sidi-Ferruch une forte base d'opérations. Le général Valazé traçait un vaste camp retranché, et les bataillons qui n'étaient pas de service aux avant-postes étaient employés, sous ses ordres, à établir une ligne continue de fortifications, de mille mètres environ de développement, destinée à fermer complétement l'entrée de la presqu'île, de manière à la mettre à l'abri de toute attaque. Dans la matinée

---

* Dans cette première affaire, l'armée eut 310 hommes mis hors de combat.

du 16, une tempête effroyable vint interrompre ces travaux et la flotte eut à essuyer un terrible coup de vent du nord-ouest. Des appréhensions sinistres commençaient à s'éveiller dans les esprits, et déjà quelques voix s'écriaient : « Voilà l'orage de Charles-Quint*! » Par bonheur, le vent ayant sauté à l'est, la mer se calma peu à peu, et les alarmes se dissipèrent. Quelques heures de plus de cette tempête, et la flotte aurait été dispersée, et l'armée abandonnée sans vivres, sans chevaux et presque sans artillerie. Grâce au retour du beau temps, les travaux purent être repris dès le lendemain.

De son côté, l'ennemi faisait ses préparatifs de défense. Hussein-Pacha n'avait négligé aucun moyen pour se procurer l'appui des beys dépendants de la Régence et grossir son armée des contingents de toutes les tribus arabes des environs. Il avait confié le commandement de ses forces, évaluées à quarante ou cinquante mille combattants, à son gendre l'aga Ibrahim. Celui-ci, qui était venu placer son camp un peu en arrière de la presqu'île de Sidi-Ferruch, dans la direction d'Alger, occupait la plaine de Staouëli : c'était un plateau sablonneux, d'un assez grand développement, couvert d'une végétation active et élevé de cent cinquante mètres au-dessus du

---

* On sait qu'en 1541, l'armée de ce prince éprouva devant Alger un immense désastre, à la suite d'un effroyable ouragan qui détruisit ou dispersa la flotte espagnole, que commandait alors l'illustre amiral André Doria.

niveau de la mer. On en descendait par une pente
assez rapide, aboutissant à une autre plaine également
ment unie, mais d'une moindre élévation. A l'extrémité de cette plaine, en marchant vers le camp
français, on rencontrait une ligne de collines qui faisaient face à celles que garnissaient nos troupes.
Postés sur ces pentes opposées, les tirailleurs des
deux armées échangeaient leurs balles dans de fréquentes escarmouches; parfois même ils s'avançaient
jusque dans le ravin qui les séparait. Le 18, les
Turcs construisirent quelques retranchements sur
les hauteurs qu'ils occupaient. De notre côté, on
venait aussi d'établir plusieurs petits ouvrages pour
protéger le front de la première et de la deuxième
division, lorsqu'un nègre transfuge apprit à l'armée
qu'elle serait attaquée le lendemain.

A la faveur de la nuit, les ennemis s'approchent
sans être aperçus; puis, au lever du soleil, un coup
de canon leur ayant donné le signal, ils se montrent
brusquement et engagent tous ensemble une vive
fusillade contre la ligne française qu'entoure bientôt
un vaste cercle de feu. En même temps s'agitent au
loin des masses confuses de cavaliers qui ne tardent
pas à se précipiter avec impétuosité sur nos avant-
postes. Le bey de Constantine dirige l'attaque contre notre droite : traversant un ruisseau, il s'efforce
d'enlever une batterie; ses hommes, repoussés par
le 48e, qui fond sur eux à la baïonnette, sont refoulés dans le ravin, où le feu des obusiers leur ôte

toute possibilité de reprendre l'offensive. Au centre,
les tentatives du bey de Tittery échouent également.
Mais, sur notre gauche, la lutte est plus longue et
le succès plus chèrement acheté. Tandis que le 37ᵉ,
assailli avec fureur, déploie une valeur héroïque, les
Turcs et la milice, conduits par Ibrahim en personne,
s'élancent sabre et pistolet au poing sur le 28ᵉ, au
moment où ce régiment, qui s'était d'abord un peu
trop avancé, exécutait un mouvement rétrograde. La
compagnie d'arrière-garde fait volte-face; deux autres la soutiennent, et le bataillon se reforme, mais
dans une position tellement désavantageuse, qu'il
perd le quart de son effectif et qu'il est obligé de continuer sa retraite. Tout à coup ce mot : « Plus de
cartouches ! » circule dans les rangs et ébranle
même les plus intrépides. Les Turcs, voyant notre
hésitation, redoublent d'audace; on combat corps
à corps; on se mêle dans une confusion horrible,
et c'est à peine si nos soldats peuvent faire usage
de leurs armes, tant ils sont serrés de près. « Au
drapeau, enfants ! au drapeau ! » s'écrie d'une
voix vibrante le colonel Mounier ꜰ. En un instant,
avec un admirable sang-froid, il rallie son monde,
forme le carré et reçoit à la baïonnette une nouvelle
charge de l'ennemi. Le général d'Arcine amène alors
le 29ᵉ au secours du bataillon en péril ; des cartou-
touches sont distribuées. « En avant ! » crie le colonel, qui vient d'être blessé et de recevoir deux
balles dans son hausse-col. Un retour offensif est

exécuté, les positions sont reprises et les Turcs refoulés au loin.

Telles furent les trois principales attaques de
l'armée du dey; mais, sur toute l'étendue de notre
ligne, les ennemis n'ont point cessé de nous harceler et de nous disputer vaillamment le terrain. Le
plus souvent, ils se disséminent en tirailleurs; quelquefois, ils se réunissent en grand nombre autour
d'un drapeau qu'agite au-dessus de sa tête quelque
chef de tribu, et l'on voit alors ces groupes, qui se
grossissent comme une boule de neige, se précipiter
résolûment à l'attaque; accueillis à demi-portée par
un feu bien nourri, ils s'éparpillent de nouveau
pour recommencer encore. Nos soldats ne combattent pas avec une moindre ardeur : les petits retranchements qui couvraient nos avant-postes deviennent
autant de champs de bataille particuliers; chacun
d'eux est pris et repris plusieurs fois; Turcs, Arabes
et Français y mettent un égal acharnement. De
là grand nombre de traits héroïques, entre autres
celui de ce sergent-major du 14ᵉ qui, frappé d'une
balle, continue de combattre au cri de « Vive le
roi ! » Renversé par une seconde balle, il se relève
de nouveau et reprend son poste; un troisième coup
de feu le blesse mortellement; il tombe pour ne plus
se relever, mais ses lèvres murmurent encore son
cri de guerre.

Dès le commencement de la bataille, notre artillerie avait engagé une sorte de combat singulier avec

l'artillerie ennemie, qu'elle cherchait à démonter.
N'ayant à sa disposition que cinq ou six obusiers,
le général de la Hitte les multiplie par la rapidité
avec laquelle il les fait manœuvrer et les porte successivement sur tous les points menacés. Il est soutenu par le capitaine de frégate Du Petit-Thouars [1],
dont le brick (*le Griffon*), embossé dans la rade de
Sidi-Ferruch, vient d'ouvrir un feu très-vif contre
l'ennemi. Celui-ci se retire alors de tous côtés, et,
en le poursuivant, les bataillons français traversent
le rideau de collines que les Arabes occupaient les
jours précédents. Après quelques heures de combat,
l'armée s'arrête un moment; le général en chef
attendait l'arrivée de la troisième division, qui devait
servir de réserve aux deux autres; à peine vit-il
poindre les têtes de colonne du duc d'Escars, qu'il
donna l'ordre de se porter en avant, pour compléter
un succès si brillamment commencé.

La première division s'élance alors à l'attaque
des nouveaux retranchements dans lesquels l'artillerie turque a cherché un refuge, tandis que la
deuxième exécute un mouvement tournant contre
ces mêmes ouvrages. Les difficultés du terrain qu'il
doit parcourir, et la présence de masses considérables de cavalerie ennemie ralentissent d'abord la
marche du général Loverdo. Ce retard met un moment la première division dans une position difficile
et la laisse exposée au tir des canons turcs. Cependant, malgré les obstacles de la route, notre artillerie

ouvre le feu, notre infanterie s'avance l'arme au bras jusqu'au pied de la pente qu'il fallait escalader, les tambours battent la charge et la position est enlevée d'assaut. Quelques boulets achèvent de disperser l'ennemi; après quoi, la victoire est complète et le camp de Staouëli est occupé par l'armée française, qui s'empare d'une grande quantité de tentes, de nombreux approvisionnements de vivres, de neuf canons et de quelques drapeaux; elle avait eu cinq cent vingt hommes mis hors de combat. La perte de l'ennemi fut d'environ cinq mille hommes.

On se ferait difficilement une idée de la fureur des Algériens, quand ils apprirent le désastre de leur armée. Ils s'en prenaient surtout à l'aga Ibrahim; car c'était lui qui leur avait conseillé de laisser les Français débarquer sans obstacle sur la plage de Sidi-Ferruch, « afin que pas un d'eux ne retournât dans sa patrie ». Lorsqu'il parut devant Hussein, le dey l'accabla des plus sanglants reproches. Ibrahim demeura d'abord les yeux baissés, gardant un morne silence. Enfin, faisant effort sur lui-même : « Que vouliez-vous donc que je fisse? répondit-il. Je me suis rué sur ces infidèles, et ils n'ont pas bougé! Par Allah! il faut qu'un puissant génie les protége, ou qu'on les ait ferrés les uns aux autres. »

Cependant, l'armée française ne pouvait guèr profiter de son succès. La section du convoi sur laquelle se trouvait le matériel de siége n'était pas encore arrivée en rade, et il était inutile de s'ap-

procher d'Alger pour investir la place, avant d'avoir
les moyens de la prendre. Ce temps d'arrêt, employé par les troupes à élever des retranchements
et à continuer, jusqu'au nouveau camp et même au
delà, la route déjà commencée en avant de Sidi-
Ferruch, détruisit en partie chez les Arabes l'effet
moral de leur défaite de Staouëli : ils reprirent
courage, et, le 24, ils assaillirent de nouveau les
lignes françaises. Cette attaque, toutefois, fut bien
moins vive que celle du 19, et le général de Bourmont, en voyant leurs inutiles efforts pour entamer
nos bataillons, résolut de prendre à son tour l'offensive.

La première division tout entière et la brigade
Damrémont (de la deuxième division) se mirent
alors en marche, soutenues par deux escadrons de
chasseurs qui, débarqués depuis deux jours seulement, brûlaient de se mesurer avec la cavalerie
arabe. Devant un mouvement aussi prononcé, l'ennemi ne fit pas de résistance sérieuse. Après avoir
traversé dans sa fuite toute la partie de la plaine
située en avant de Staouëli, il essaya de s'arrêter à
trois ou quatre kilomètres de là, sur les hauteurs
qui se relient au mont Bouzaréah et aux collines
d'Alger. Mais, dans cette nouvelle position, il ne put
pas davantage résister à l'élan de nos troupes, qui,
en poursuivant les fuyards, s'avancèrent jusqu'à une
lieue et demie de la ville et établirent leur bivac sur
le plateau dit de Chapelle-Fontaine. Dans ce com-

bat*, sur le succès duquel la vigueur et l'habileté du général de Damrémont eurent une grande
influence, un officier du plus grand mérite, le jeune
Amédée de Bourmont, lieutenant au 49ᵉ, fut du
petit nombre de ceux des nôtres qu'atteignirent les
balles ennemies. Le général de Bourmont, au milieu
de son triomphe, ressentit vivement ce cruel malheur; il l'apprit à la France de la façon la plus
noble, et ses paroles sont dignes d'être conservées :
« Un seul officier, écrivait-il au premier ministre,
a été dangereusement blessé; c'est le second des
quatre fils qui m'ont suivi en Afrique : j'ai l'espoir
qu'il vivra pour continuer à servir avec dévouement
le roi et la patrie**. »

Le même jour, on vit arriver, au mouillage de
Sidi-Ferruch, la dernière partie du convoi que l'armée attendait avec une si vive impatience, et qui
portait les chevaux d'artillerie, les caissons, les approvisionnements de siége. A peu près au même moment, on terminait les fortifications du camp établi
dans la presqu'île. Le général en chef en confia la
garde à quatorze cents marins, et la troisième division put rejoindre les deux autres. Ce secours était
d'autant plus nécessaire que le service devenait tres-
fatigant pour les troupes, condamnées à ne quitter
leurs travaux que pour soutenir de petits combats sans

---

* Connu sous le nom de combat de Sidi-Khalef.
** Cet espoir ne se réalisa pas. Le lieutenant Amédée de Bourmont
expira au bout de quelques jours.

cesse renouvelés. Après les journées de Staouëli et de
Sidi-Khalef, beaucoup d'Arabes avaient abandonné
l'armée turque; mais ils n'en faisaient pas moins la
guerre pour leur propre compte, et ne négligeaient
aucune occasion de massacrer les hommes isolés ou
d'attaquer tout convoi faiblement escorté. Dans ces
rencontres, les troupes françaises payèrent souvent
cher leur inexpérience de ce genre de guerre : ainsi un
bataillon du 4e léger, ayant été surpris pendant qu'il
lavait ses fusils, eut, en cette seule circonstance,
près de quatre-vingts hommes hors de combat. Aux
avant-postes, les Turcs disputaient le terrain pied à
pied, et les pentes douces de la vallée qui les séparait de nous furent, du 24 au 28 juin, le théâtre
d'engagements partiels, mais acharnés, entre les
tirailleurs des deux partis *.

Le 28 au soir, tous les préparatifs étant à peu
près terminés, l'armée reçut avec joie l'ordre de reprendre son mouvement offensif. Elle était en marche
le lendemain dès la pointe du jour. Le général
Loverdo tenait la gauche, le général Berthezène le
centre, et le duc d'Escars la droite. Une partie
des hauteurs occupées encore la veille par l'ennemi
étaient abandonnées; mais, sur notre droite, la troisième division dut chasser les Algériens de position en
en position. Le lieutenant-colonel Baraguey-d'Hilliers, du 2e de marche, qui dirige les tirailleurs,

---

* Dans la seule journée du 27 juin, l'armée perdit vingt-trois tués
et eut cent-vingt-huit blessés.

surprend l'ennemi et enlève rapidement la première
crête. Les Algériens tiennent ferme derrière un
ravin, et, à cet endroit, le combat devient sérieux.
Bientôt ce nouvel obstacle est également franchi ;
le caporal Chaix (du 17e de ligne) s'empare d'un
drapeau, un petit camp turc est occupé ; rien n'arrête nos soldats, ni le feu de l'ennemi, ni les difficultés d'un terrain tout coupé de pentes abruptes et
couvert de haies d'aloès presque infranchissables.

Tandis que le duc d'Escars poursuit son mouvement sur la droite, la division Berthezène occupe le
point culminant du Bouzaréah, et y trouve un grand
nombre de familles juives qui, chassées de la ville
et prises entre les deux armées, croyaient leur dernière heure venue. A mesure qu'ils arrivent sur les
crêtes, les soldats aperçoivent Alger, ses minarets,
ses murailles blanches, son port, ses batteries, et,
dans le lointain, notre flotte qui s'avançait vers la
rade pour combiner son action avec celle des troupes
de terre. Des acclamations se font entendre sur toute
la ligne : l'armée salue sa future conquête. Le fort
l'Empereur* répond à ces cris de joie en tirant le canon d'alarme : l'ennemi lui-même semble indiquer
que c'est là que se trouvent les clefs de la ville.

Le général Valazé s'occupe aussitôt de choisir le
terrain des attaques qu'il va diriger contre ce fort,

---

* On l'appelait ainsi, parce qu'il avait été bâti à l'endroit même
où l'empereur Charles-Quint avait établi son quartier général, lorsqu'il attaqua Alger en 1541.

dont les feux commandent la route par laquelle nos
troupes s'avancent sur Alger. C'était un grand ouvrage assis sur le roc vif, ayant la forme d'un rec-
tangle allongé, avec un bastion à chacun de ses
angles, et au milieu duquel s'élevait une grosse tour
ronde. Dans leur imprévoyance, les Turcs n'avaient
pas défendu les approches de cette citadelle, et
l'on pouvait commencer immédiatement l'opération qui, d'habitude, termine les siéges, l'établissement des batteries de brèche. Les soldats, qui,
depuis l'affaire de Sidi-Khalef, n'avaient point cessé
de combattre, et qui venaient de faire une journée
de marche des plus pénibles sous une chaleur acca-
blante, durent néanmoins, dès la nuit du 29 au 30,
reprendre la pelle et la pioche; la tranchée fut
ouverte à deux heures du matin, et, à partir de ce
moment, les travaux continuèrent sans relâche. Dans
la journée du 30, le général Desprez, passant
presque sous le canon de la place, poussa une forte
reconnaissance jusqu'aux rivages de la baie d'Alger;
mais les événements des jours suivants empêchèrent
de donner suite à toute opération de ce côté.

Il avait été décidé que six batteries reliées par
une parallèle seraient établies devant le fort l'Empereur, à trois ou quatre cents mètres de cet
ouvrage. On s'était mis à l'œuvre avec ardeur, et
les travaux avançaient rapidement, malgré les attaques tentées journellement par l'ennemi contre
les gardes des tranchées et contre les avant-postes

placés aux consulats d'Espagne et de Hollande.
Toutefois, le feu du fort, qui continuait avec une
grande violence, ne laissait pas d'incommoder beaucoup les travailleurs et leur faisait essuyer des pertes
sensibles. Le chef de bataillon du génie Chambaud
fut blessé à mort, tandis qu'il dirigeait les travaux;
le commandant Vaillant prit sa place, mais, ayant
aussi été blessé, il fut remplacé à son tour par le
chef de bataillon Lenoir [k].

La marine, de son côté, n'était pas restée inactive :
l'amiral Duperré avait conduit la flotte en rade d'Alger, et, durant les journées du 1er et du 3 juillet, il
avait vigoureusement canonné les batteries du port.

Le 4 fut un grand jour pour l'armée expéditionnaire. La veille, les six batteries avaient été terminées : quatre mortiers, six obusiers, dix pièces de
vingt-quatre et six de seize étaient en place. Vers
quatre heures du matin, une fusée lancée du quartier
général donna le signal d'ouvrir le feu, et, à partir
de ce moment, l'air fut sillonné de projectiles. Les
diverses phases de ce bombardement se succédèrent
avec rapidité. Le jour n'était pas encore bien clair,
et la fumée qui enveloppait les pièces empêchait de
juger les coups. Bientôt elle fut dissipée par la brise
de mer, et l'on vit distinctement le fort, dont la face
principale, armée de dix-huit canons, répondait de
son mieux au feu de notre artillerie. A partir de sept
heures, on était si complétement maître du tir, que
pas un projectile ne se perdait. Une heure après, les

canonniers algériens abandonnaient le premier front
et reparaissaient sur celui d'une seconde enceinte
formant réduit de la première. A dix heures, le feu
du fort étant éteint, l'ordre fut donné aux batteries
de commencer à battre en brèche, en dirigeant leur
tir sur le pied du mur du côté du front du sud. Le
choc de leurs boulets ne tarda pas à déterminer de
nombreux éboulements. La garnison, frappée de
stupeur, comprit alors que toute résistance était
désormais inutile. Bientôt la grande porte s'ouvrit,
et l'on vit les janissaires se précipiter hors des murs
et se replier en désordre vers la ville, laissant trois
drapeaux rouges qui flottaient encore sur les angles
du fort. Au milieu des murs éboulés, des affûts brisés et des embrasures détruites, on n'apercevait plus
que trois nègres qui, avec un courage admirable,
essayaient de remonter et de tirer une pièce démantelée. L'un d'entre eux est coupé en deux par un
boulet : un autre a les jambes emportées; le dernier
survivant vient à chaque instant surveiller les progrès du tir en brèche. Soudain, saisissant un des
drapeaux, il se dirige en courant vers la tour,
dont il referme la porte sur lui. En ce moment, une
centaine d'hommes rentrent en toute hâte par la
poterne, et en ressortent presque aussitôt avec des
blessés chargés sur leurs épaules. Le nègre a reparu; il s'avance jusqu'au parapet, s'assure que la
destruction du mur d'écharpe fait des progrès, enlève le second drapeau et disparaît encore, mais

cette fois pour ne plus revenir. Quelques minutes s'écoulèrent, pendant lesquelles aucun nouvel incident n'excita l'attention des officiers qui observaient l'effet produit par le feu des batteries françaises. Personne ne se montrait sur les remparts. Un silence de mort planait sur la citadelle. Tout à coup une flamme brille au pied de la grande tour; une immense colonne de fumée s'élève au-dessus du fort; une détonation effroyable retentit et domine le bruit du canon; des débris de toute sorte retombent sur le sol et atteignent jusqu'aux parties avancées de nos tranchées. La grande tour venait de sauter; le front nord-ouest du fort l'Empereur était presque entièrement renversé. La chute des pierres dans les tranchées ne blessa presque personne.

Quand le nuage de fumée, de poudre et de poussière qui enveloppait la citadelle se fut un peu dissipé, on aperçut l'immense brèche que présentait le front nord-ouest du fort. Le général Hurel, qui commandait la tranchée, lance aussitôt ses hommes vers les ruines encore fumantes, et les soldats Lombard et Dumont, du 17ᵉ de ligne, font flotter le drapeau blanc sur le sommet du fort l'Empereur. M. de Bourmont y arriva bientôt après, suivi de son état-major. En même temps, le général de la Hitte y faisait amener quelques pièces de canon, dont le feu bien dirigé réduisit promptement au silence l'artillerie algérienne du fort Bab-Azoun.

Les combats de cette mémorable journée n'étaient

cependant pas encore terminés : environ quatre
mille Arabes des contingents de Constantine, d'Oran
et de Tittery voulurent profiter de ce que le gros de
l'armée était occupé aux travaux du siége pour assaillir la ligne extérieure des postes français. Leur
attaque n'eut aucun succès. Chargés brusquement
par une colonne composée du 34ᵉ et d'une partie
du 35ᵉ, ces auxiliaires du dey se retirèrent en
désordre vers les chaînes de l'Atlas, abandonnant
Alger à sa destinée.

La chute du fort l'Empereur consterna les habitants de cette ville; craignant un assaut, ils commencèrent à murmurer ouvertement contre Hussein-
Pacha, qui avait attiré tant de malheurs sur leurs
têtes. Celui-ci, renfermé avec ses corps d'élite dans
la casbah, sentit que sa puissance s'écroulait et il
se décida à envoyer un parlementaire au quartier
général français. Mais ses propositions de paix furent
rejetées comme inacceptables, et M. de Bourmont
déclara au parlementaire que, si son maître voulait
préserver la ville d'Alger du bombardement et d'une
destruction complète, il fallait qu'il se rendît à
discrétion. Un autre négociateur turc se présenta
ensuite. Il était député par la milice des janissaires
qui se flattaient de l'espoir de conserver la Régence,
en sacrifiant Hussein, et il venait, en leur nom,
offrir, comme une chose toute naturelle, d'apporter
le lendemain au général français la tête du dey.
Cette offre étrange ayant été repoussée comme

elle méritait de l'être, le général en chef envoya à Alger un de ses interprètes* porteur d'un ultimatum ; une suspension d'armes donnait à l'ennemi jusqu'au lendemain matin dix heures pour se décider. Malgré les murmures de son divan, Hussein-Pacha consentit à tout. D'après cette convention, la casbah et tous les autres forts devaient être remis aux troupes françaises ; le dey gardait ses richesses personnelles et était libre de se retirer partout où il voudrait ; le général en chef assurait la même protection à tous les membres de la milice ; il s'engageait à laisser libres toutes les classes d'habitants ; leur religion, leurs propriétés, leur commerce ne devaient recevoir aucune atteinte. Ces conditions furent arrêtées dans la matinée du 5 juillet.

Vers midi, l'armée se mit en marche pour entrer dans Alger : la première division s'établit dans le faubourg Bab-el-Oued, tandis que la troisième pénétrait dans le faubourg Bab-Azoun, et que la deuxième, avec le général en chef, marchait sur la casbah. Le dey venait de quitter sa citadelle et s'était retiré dans une maison particulière qu'il possédait sur le port. Après son départ, ses serviteurs s'étaient livrés à quelques scènes de désordre et de pillage ; mais l'arrivée des autorités françaises y eut bientôt mis fin. Des détachements furent envoyés aux casernes pour désarmer la milice turque : tous

---

* M. Braskewitz, qui avait été autrefois interprète de l'armée d'Égypte et avait traité avec Mourad-Bey.

les hommes qui n'étaient pas mariés furent embarqués le même jour. Ces mesures s'exécutèrent avec le plus grand ordre.

Tandis que l'on procédait, à la casbah, au désarmement des janissaires, le général de Bourmont reçut la visite de Hussein-Pacha. Le malheur n'avait en rien abattu la fierté du vieux dey : il supportait toutes ses épreuves avec une grande dignité, et son langage était empreint d'une certaine noblesse. « Le roi, disait-il, doit être un grand prince : vous avez exécuté ; mais il a commandé. » L'entretien roula ensuite sur le gouvernement de la Régence. « Achmed, bey de Constantine, remarqua le dey, mérite votre confiance ; s'il se soumet, il vous sera fidèle ; Mustapha, bey de Tittery, est un homme turbulent et peu sûr ; Hassan, bey d'Oran, est un vieillard sans influence. Et, sur tout ce que j'ai dit, l'on peut me croire ; car, moi aussi, j'ai régné, et l'on sait que la parole des rois est sacrée. » A sa sortie du palais, Hussein-Pacha fut salué par la garde et par tous les officiers présents ; peu après cette entrevue, il s'embarqua pour Livourne. Avec lui s'en allait le dernier représentant de la puissance turque à Alger.

Ainsi fut terminée cette brillante campagne, qui valut à M. de Bourmont le bâton de maréchal, au vice-amiral Duperré le grade d'amiral et la pairie. Dès le début de son existence, l'armée d'Afrique venait de se montrer digne de prendre place à côté

des plus vaillantes armées dont la France s'honore.
Vingt jours avaient suffi pour faire tomber en notre
pouvoir Alger, ses mille canons, sa flottille et son
trésor (50 millions). Nos prisonniers étaient déli-
vrés; la Méditerranée était affranchie de la piraterie;
les portes d'une nouvelle France étaient ouvertes;
au moment où il allait cesser pour toujours d'être le
drapeau national, le vieux drapeau d'Henri IV avait
encore une fois guidé nos soldats à la victoire, et il
venait d'acquérir une dernière gloire qui ne le cédait
en rien à celle dont il avait brillé dans ses meilleurs
jours.

II

MÉDÉAH ET LA MÉTIDJA

Alger étant pris et les Turcs chassés, il semblait
que l'armée eût rempli sa mission; elle allait pourtant avoir à en accomplir une nouvelle, moins éclatante sans doute, mais non moins difficile peut-être et,
à coup sûr, bien plus pénible que la première. Il fallait, en effet, maintenir la domination de la France
sur cette terre d'Algérie devenue sa conquête; assurer la sécurité générale dans un pays à moitié barbare; rester sur un qui-vive perpétuel au milieu de
ces tribus arabes habituées à des guerres continuelles;
enfin poursuivre sans relâche des ennemis insaisissables qui s'enfuyaient à chaque instant dans le dé-

sert, et qui, pour les atteindre, forçaient nos
colonnes à s'avancer au loin dans des contrées inconnues, dans des régions qu'aucune armée régulière,
depuis le temps des Romains, n'avait encore traversées. Et, lorsque nos troupes, accablées par les privations et par la fatigue de ces longues marches sous
un climat tantôt brûlant, tantôt glacial, commence-
ront un mouvement en arrière, pour se rapprocher
de leur base d'opérations, elles devront s'attendre
à être tout à coup entourées par une nuée de cavaliers qui les suivront dans leur retraite, les harce-
lant sans cesse et toujours prêts à s'élancer sur chaque petit corps détaché, sur chaque traînard. Tel
est, en effet, le caractère que présentent invariable-
ment les premières expéditions vers l'intérieur.
Dans ces circonstances, le soldat français montra,
au plus haut degré, toutes ses qualités : il prouva
non-seulement qu'il savait bien se battre, se précipiter avec ardeur sur un ennemi supérieur en nombre et conserver, dans les plus extrêmes périls, une
fermeté inébranlable, mais aussi qu'il était patient,
capable de l'exécution de grands travaux, discipliné
et dur à la fatigue.

Dès la fin de juillet, le maréchal de Bourmont
avait jugé nécessaire de parcourir la Métidja. Au
début, rien ne troubla cette course pacifique, qui
avait Blidah pour but; la colonne campa en dehors
de la ville (23 juillet) et les principaux habitants
vinrent faire leur soumission au maréchal. La situa-

tion changea dès le lendemain. Au moment où les troupes allaient se mettre en route pour revenir à Alger, elles furent subitement environnées par une multitude d'Arabes et assaillies par une fusillade des plus vives. M. de Trélan, aide de camp de M. de Bourmont, tomba l'un des premiers, atteint d'une blessure mortelle; le maréchal et son état-major durent s'ouvrir un chemin l'épée à la main. Quelques charges de cavalerie refoulèrent au loin l'ennemi, et la marche de la colonne put dès lors s'opérer avec beaucoup d'ordre. Plusieurs fois néanmoins, il fallut l'interrompre pour repousser de nouvelles attaques des Arabes, qui ne s'éloignaient un instant que pour revenir, aussitôt après, plus nombreux encore.

Cette première expédition montrait bien quelle était la situation de l'armée française et les obstacles qu'elle aurait à vaincre : les indigènes se déclaraient ouvertement nos ennemis. Il aurait fallu évidemment, dans l'intérêt de notre domination, frapper leurs imaginations par un acte de vigueur; les circonstances ne permirent pas au maréchal de Bourmont de l'accomplir. On était alors au commencement d'août : un brick venait d'arriver en rade, apportant les premiers bruits de la révolution de juillet, et tous, officiers et soldats, attendaient avec une extrême anxiété les nouvelles de la patrie. Enfin on reçut la confirmation officielle des événements dont Paris venait d'être le théâtre, et, le 17 au matin, le drapeau tricolore fut arboré sur la casbah;

l'armée était restée fidèle à la fortune et aux vœux
de la France. Quelques jours plus tard, le maréchal
de Bourmont s'embarquait sur un navire autrichien.

Les préoccupations politiques amenèrent naturellement un peu d'incertitude et d'hésitation dans les
mouvements des troupes. L'ennemi alors reprit courage, et l'on vit bientôt Arabes et Kabyles, dont
l'audace croissait de jour en jour, s'avancer jusque
sous les murs d'Alger pour faire le coup de feu. Il
n'y avait plus de sûreté pour les Français qu'en dedans de leurs retranchements. Quand le général
Clauzel [1] prit le commandement, le 2 septembre, la
situation était des plus difficiles. Ce nouveau chef
désirait le bien du pays et croyait en l'avenir de
l'Algérie ; les difficultés ne l'effrayaient pas, et il
était homme à en triompher. Une des plus grandes
qu'il eut à surmonter tout d'abord vint de la nécessité de réduire l'armée d'occupation. Quelques-
uns des régiments qui avaient pris part à l'expédition rentrèrent en France. Pour les remplacer, le
général créa des corps indigènes ; il chargea les
commandants Maumet [2] et Duvivier de former les
deux premiers bataillons de zouaves, et le chef d'escadron Marey [3] d'organiser le premier escadron de
spahis. L'histoire de ces corps est connue : la popu-
larité qu'ils ont acquise dans l'armée française et le
renom qu'ils se sont fait dans l'Europe tout entière,
nous dispensent d'insister sur les grands services
qu'ils rendirent dès le début de leur organisation.

Après avoir pris ces premières mesures, le général Clauzel se prépara à frapper un coup décisif, afin de débloquer ses troupes, et d'étendre au loin dans l'ancienne Régence le respect du nom français. Sauf Cherchell et Coléah, toute la province d'Alger était en proie à la plus complète anarchie. Les populations s'agitaient. La vieille haine des musulmans contre le nom chrétien réunissait, dans une seule alliance, de nombreuses tribus habituellement en guerre les unes contre les autres, mais que la foi religieuse et l'espoir du butin appelaient à faire cause commune contre les Français. D'un autre côté, comme s'il eût pris à tâche de justifier la prédiction du dey d'Alger, Mustapha-bou-Mezrag, bey de Tittery, devenait chaque jour plus insolent. Le général Clauzel le destitua et nomma à sa place Mustapha-ben-Omar. Pour être valable, cette décision devait être sanctionnée par les armes. Une expédition sur Médéah fut donc résolue.

Le général en chef composa sa colonne de toutes les troupes dont il put disposer ; la division d'infanterie commandée par le général Boyer⁰' comprenait trois brigades de quatre bataillons * chacune (généraux Achard, d'Uzer et Hurel). Un bataillon du 21ᵉ de ligne, les zouaves, les chasseurs à cheval, une batterie d'artillerie de campagne, une d'artilleri de montagne et une compagnie du génie for-

---

* Les douze bataillons avaient été fournis par les 14ᵉ, 37ᵉ, 20ᵉ, 28ᵉ, 6ᵉ, 23ᵉ, 15ᵉ, 29ᵉ, 17ᵉ, 30ᵉ, 34ᵉ et 35ᵉ régiments de ligne.

maient la réserve. Il y avait en tout sept mille combattants.

Cette petite armée quitta Alger, le 17 novembre, et bivaqua le même soir à Bouffarik. Le 18, un corps considérable d'Arabes observa la marche de la colonne, manœuvrant comme s'ils avaient voulu l'empêcher d'entrer à Blidah; les chasseurs chargèrent l'ennemi, sans pouvoir l'atteindre. En arrivant à Blidah, le général Clauzel trouva la ville déserte; les habitants s'étaient enfuis dans les montagnes. Le lendemain, quelques-uns d'entre eux rentrèrent dans leurs maisons, et la journée du 19 fut employée à réparer les aqueducs de la ville, dans laquelle on laissa une petite garnison. Le 20, l'armée se remit en marche et bivaqua près de la ferme de Mouzaïa, située au pied du col de même nom, qui devait être, dans la suite, le théâtre de nombreux combats. Il s'agissait de franchir, sous le feu de l'ennemi, la première chaîne de l'Atlas, formée de montagnes abruptes et très-élevées. Le chemin qui, à travers ces montagnes, conduisait à Médéah, était alors un sentier d'un accès périlleux, entrecoupé de ravins et donnant à peine passage à deux hommes de front. Le général Clauzel n'hésita pas à s'y engager; plus les obstacles à franchir étaient redoutables, plus il espérait obtenir d'ascendant sur l'esprit des Arabes par un succès que la vigueur des troupes rendait certain. Les voitures et l'artillerie de campagne restèrent à Mouzaïa, sous la garde d'un bataillon du 21ᵉ de ligne ; seule, l'artillerie de montagne suivit l'armée.

Le 21, les colonnes gravissent aisément les premières pentes et arrivent à un plateau où elles font halte. La brigade Achard, qui forme l'avant-garde, ne rencontre que peu de résistance, tous les Arabes qui voulaient combattre, et leur nombre était fort grand, étant allés rejoindre les bannières du bey de Tittery. Celui-ci, accompagné de ses deux fils et entouré de ses janissaires, attendait l'armée française près du sommet du col ou ténia : il avait réussi à établir à cet endroit deux petits obusiers qui balayaient le sentier étroit par lequel nos soldats devaient arriver, et ses tirailleurs garnissaient toutes les hauteurs environnantes. Vers une heure, le général Clauzel se présenta devant cette position formidable et reconnut qu'il était nécessaire de la tourner. Un ravin profond empêchait d'opérer par la droite ; une compagnie du 37ᵉ, détachée de ce côté, subit des pertes considérables ; son capitaine, M. Lafare, fut tué et son sous-lieutenant grièvement blessé. Par la gauche, il n'était pas absolument impossible d'atteindre les crêtes des montagnes, et le colonel Marion ᵖ' fut chargé de conduire de ce côté les bataillons des 14ᵉ, 20ᵉ, 28ᵉ de ligne, tandis que le général Achard devait rester sur la route avec le bataillon du 37ᵉ, appuyé par la brigade d'Uzer.

La tâche du colonel Marion était des plus périlleuses. Il fallait escalader des pentes très-escarpées,

sans cesser un instant de combattre; car les tirailleurs arabes profitaient, pour la défense, de chaque
aspérité. du terrain. Quoique chargés d'un lourd
bagage, nos soldats n'en poursuivent pas moins
leur marche en avant avec leur entrain habituel. La
fusillade meurtrière qui les accueille ne les arrête pas
un instant. Pour exciter plus encore le courage et
l'élan de ses hommes, le colonel Marion fait battre la
charge; bientôt les tambours du 37e lui répondent:
le général Achard croit que la crête est déjà occupée,
et il vient de donner le signal de l'assaut. Malgré les
obstacles d'un chemin tortueux, malgré le feu inces-
sant de l'ennemi, malgré la grêle de pierres que les
Arabes font tomber sur le sentier, le 37e, électrisé
par les paroles du chef de bataillon Ducros ? et par
l'exemple des autres officiers qui se précipitent en
avant, enlève de front cette position redoutable. Le
lieutenant de Mac-Mahon, aide de camp du général
Achard, eut l'honneur d'arriver le premier sur le
sommet des montagnes de cette terre d'Algérie qu'il
devait être un jour appelé à gouverner.

La brusquerie et l'énergie de cette attaque étour-
dirent tellement le bey, qu'il ne songea pas à continuer le combat au delà du sommet du col. Les Arabes, retirés sur des mamelons, se contentèrent d'inquiéter nos soldats par des coups de fusil isolés;
mais ils leur laissèrent le passage libre. L'armée
campa sur le ténia, qu'elle venait d'enlever d'une
façon si brillante.

Après un repos d'une nuit, elle se remit en marche le 22. La brigade d'Uzer resta à la garde du col. A partir de cet endroit jusqu'à Médéah, nos soldats ne rencontrèrent ni de bien grandes difficultés de terrain, ni une résistance bien sérieuse. Après que le bois des Oliviers eut été dépassé, un Arabe apporta l'assurance de la soumission de Médéah : le bey était en fuite, et les habitants de la ville avaient tiré sur ses troupes ; le soir même, le général Clauzel y fit son entrée. L'armée bivaqua aux environs, excepté les zouaves et deux bataillons de ligne, qui, sous les ordres du colonel Marion, durent former la garnison de cette place.

La difficulté de se procurer des vivres et le manque de munitions décidèrent le général Clauzel à ne pas prolonger son séjour dans la province de Tittery ; il ramena l'armée à la ferme de Mouzaïa le 26. La descente de l'Atlas s'effectua sans accident ; mais les Arabes de la plaine s'étaient mis en campagne, et, en arrivant à Blidah, la colonne française apprit de tristes nouvelles.

Cinquante canonniers, envoyés de Mouzaïa à Alger pour chercher des munitions, avaient été cernés par des forces supérieures et massacrés jusqu'au dernier. Trois compagnies du 21e avaient eu ordre de les escorter jusqu'à Blidah ; mais le chef qui commandait cette infanterie, voyant sa marche observée par un grand nombre de cavaliers arabes dont l'attitude semblait annoncer des intentions hostiles, avait cru devoir pousser plus loin. Il dut pourtant s'arrêter, et, au moment où il quitta le capitaine Esnault, qui conduisait le détachement d'artillerie, il l'engagea vivement à rebrousser chemin. Cet intrépide officier répondit que la présence même de ces Arabes faisait assez voir combien il était urgent que l'armée reçut de nouvelles munitions, et que rien ne l'empêcherait de remplir son devoir jusqu'au bout. Il partit au trot avec ses cinquante canonniers, et l'on n'entendit plus parler d'eux : trois jours après, non loin du marabout de Sidi-Haït, on retrouva leurs cadavres horriblement mutilés.

Blidah avait été attaqué en même temps ; le colonel Rulhières[r], avec deux bataillons du 34ᵉ et du 35ᵉ et deux pièces de canon, avait eu à défendre la ville contre un assaut formidable auquel prirent part plusieurs tribus kabyles conduites par un de leurs plus vaillants chefs, le fameux Ben-Zamoun. Combattant pied à pied, tenant d'abord dans chaque jardin, puis barricadant chaque rue et défendant en dernier lieu chaque maison, la garnison s'était enfin vue acculée sous les voûtes de la porte dite d'Alger. A cet endroit, le combat fut si acharné et la mêlée si complète, que l'on ne put même pas tirer un canon qui venait d'être descendu dans la rue. L'ennemi se précipita sur ce canon et planta hardiment à côté un de ses étendards : Français et Arabes, accrochés aux roues, faisaient tous leurs efforts pour tourner

la pièce chacun dans son sens, et, sans un mouvement décisif du lieutenant Maury, du 35e, elle fût
peut-être restée aux mains des assaillants. Dans cet
instant d'effroyable confusion, le colonel Rulhières
sauva sa troupe par sa fermeté et sa présence d'esprit : il fit sortir par la porte d'Alger deux compagnies d'élite, qui, tournant autour de la ville, y
rentrèrent par la porte de Médéah et prirent l'ennemi à dos. Surpris et déconcertés par cette manœuvre, les Arabes crurent avoir affaire à l'armée
même du général Clauzel revenant de l'Atlas ; du
haut du minaret, la voix du muezzin les confirma
dans cette erreur ; ils ne songèrent plus dès lors à
combattre et s'enfuirent de toutes parts.

A peine l'armée fut-elle rentrée dans ses cantonnements autour d'Alger, qu'il fallut songer à ravitailler le colonel Marion, auquel on n'avait pu laisser en quantité suffisante ni vivres ni munitions.
Aussi, dès le 7 décembre, le général Boyer se remit
en campagne : les Arabes n'inquiétèrent pas sa marche, et il trouva la garnison de Médéah justement
fière des luttes qu'elle avait eu à soutenir. Depuis le
départ du général Clauzel, elle avait combattu pour
ainsi dire tous les jours ; les 27, 28 et 29 novembre
elle avait repoussé les assauts livrés à la place par
les contingents réunis de presque toutes les tribus
du voisinage. Ces masses confuses de Bédouins, qui
souvent n'avaient pour armes que de gros bâtons ou
des espèces de massues, s'étaient élancées avec une

fureur aveugle contre les postes du colonel Marion.
Nos soldats, placés derrière de petits retranchements
élevés à la hâte, avaient sans doute un grand avantage sur de pareils adversaires; mais ils devaient
tirer beaucoup, et l'approvisionnement de cartouches était fort restreint; aussi plusieurs sorties vigoureuses furent-elles nécessaires. Ce fut là que les
zouaves commencèrent à acquérir leur brillante réputation, en défendant, avec quelques compagnies
du 28ᵉ, la ferme du Bey, contre laquelle étaient dirigées les principales attaques de l'ennemi. A la fin, les
Arabes se lassèrent : le mauvais temps et l'annonce
de l'approche de la colonne française achevèrent de
les disperser. Ils avaient presque tous disparu lors
de l'arrivée du général Boyer. Celui-ci renforça la
garnison de deux bataillons, en laissa le commandement au général Danlion ˢ et revint à Alger.

Peu après, le général Clauzel dut faire rentrer la
garnison de Médéah : de graves préoccupations
extérieures avaient décidé le gouvernement à ne
laisser que quatre régiments de ligne en Algérie.
Chacun désirait quitter l'Afrique pour aller combattre
sur un plus grand théâtre. Afin de faciliter le retour
de la garnison, la brigade Achard vint au-devant
d'elle jusqu'à Mouzaïa. Dans ce mouvement, les
troupes souffrirent cruellement de la rigueur du
froid; elles rentrèrent à Alger le 4 janvier.

Pendant que ces événements se passaient dans la
province de Tittery, le général Clauzel avait assuré

d'une manière permanente ses débouchés dans la
Métidja par l'établissement des postes de la Ferme
modèle et de la Maison carrée. Il venait aussi d'organiser les chasseurs d'Afrique. Toujours à cheval,
bivaquant en toute saison, combattant parfois dans
la proportion d'un homme contre dix, le 1er de
chasseurs ne tarda pas à devenir la terreur des
Arabes des environs d'Alger, auxquels il donna
souvent de sévères leçons, sans jamais éprouver un
échec.

Le général Clauzel ayant été rappelé en France,
le général Berthezène fut envoyé à sa place avec le
simple titre de commandant de la division d'occupation d'Afrique (février 1831). Cette division se
composait alors des 15e, 20e, 21e, 28e et 30e régiments de ligne, de deux escadrons du 12e chasseurs
à cheval, de quelques batteries d'artillerie, de
plusieurs compagnies du génie, des zouaves, des
chasseurs d'Afrique et des volontaires parisiens qui
venaient de débarquer. Ces derniers trouvèrent
d'abord que la vie était dure aux environs d'Alger;
mais ils firent contre mauvaise fortune bon cœur, et
bientôt plusieurs brillantes affaires les dédomma-
gèrent des déceptions de leurs premiers bivacs; les
uns entrèrent dans les zouaves, les autres formèrent
le 67e de ligne.

Des combats perpétuels devaient signaler la période de commandement du général Berthezène.
Tout d'abord, les nouvelles de la province de Tittery

l'obligèrent à repasser l'Atlas, afin de porter secours
au bey que nous y avions établi. Malheureusement,
l'autorité de ce dernier était trop ébranlée pour pouvoir être efficacement soutenue, et le seul service
que put lui rendre la colonne française fut de le ramener avec elle vers Alger. Marchant de nuit, le
général Berthezène arriva au ténia au point du jour.
On avait négligé la précaution de garnir les crêtes.
Aussi, dès que la colonne se trouva engagée dans le défilé, son arrière-garde fut assaillie par une multitude
d'Arabes (douze mille environ), qui commencèrent un
feu violent et firent pleuvoir sur les soldats une grêle
de projectiles de toute espèce. Le capitaine de la
dernière compagnie ayant été tué, sa troupe, serrée
de près, éprouva un moment d'inquiétude et de
trouble qui se communiqua à tout le bataillon ; les
hommes se replièrent rapidement sur le gros de la
colonne et la confusion se mit dans les rangs. L'armée était en grand péril, quand le commandant
Duvivier la sauva par son sang-froid, son courage et
son intelligence de la guerre : aidé par le capitaine
de Lamoricière, qui commençait dans les zouaves sa
glorieuse carrière, il se jette en dehors du flanc droit
de la colonne et place son bataillon en potence entre
la route et les hauteurs. L'attitude énergique de ses
soldats arrête l'ennemi : zouaves et volontaires parisiens rivalisent de courage, et, tout en combattant,
font retentir les gorges de l'Atlas des mâles accents
de *la Marseillaise*. L'honneur qu'ils eurent de pro-

téger la retraite fut d'autant plus grand que l'armée ne leur avait point laissé de soutien. Ils ne trouvèrent sur la route que le chef d'escadron de Camain[r] resté seul auprès d'une pièce qu'il n'avait pas voulu abandonner. Pour venir en aide à son héroïque résolution, Duvivier et ses hommes se multiplient; l'audace de leur résistance intimide les Arabes, le canon est emmené et l'on arrive enfin à la ferme de Mouzaïa. C'est là que l'armée s'était ralliée; mais de nouvelles souffrances l'y attendaient : les Arabes ayant détourné le ruisseau qui donne de l'eau à la ferme, les tortures de la soif vinrent se joindre à toutes les autres épreuves que nos soldats avaient eu à subir. Pour éviter la rencontre des tribus qui voulaient lui disputer le passage de la Chiffa, le général Berthezène alla traverser cette rivière sur la route d'Oran, et l'armée rentra enfin dans ses cantonnements le 5 juillet, après avoir combattu et marché sans interruption durant quatre jours, depuis son départ de Médéah.

Ce fut là, pour un temps, du moins, la dernière expédition dirigée sur la province de Tittery; les troupes françaises ne devaient plus franchir l'Atlas avant 1836. Ce long intervalle de temps ne fut pas une période de paix pour la division d'Alger ; la pacification de la plaine exigea, en effet, un nombre infini de petites expéditions et de combats sans cesse renouvelés. Il fallait que les troupes fussent partout à la fois : à

peine une tribu avait-elle fait sa soumission qu'une
autre se mettait en campagne. Dans ces luttes, nos
adversaires les plus acharnés furent les Hadjoutes :
cette peuplade turbulente, guerrière, avide de butin
et de rapine, fut toujours la première à remuer et
à grossir les rangs de nos ennemis. Tous les ans,
au retour de la belle saison, elle faisait soulever
contre la domination française la plupart des tribus de la plaine, et les échecs répétés que celles-ci
essuyèrent ne les empêchaient pas de recommencer
l'année suivante. S'il est impossible de suivre tous
les détails de cette petite guerre, il faut du moins
indiquer quelques-uns des principaux engagements
qui signalèrent la première de ces insurrections, la
plus formidable qui ait jamais menacé les environs
mêmes d'Alger.

Cette insurrection éclata vers le milieu de juillet 1831. C'était, ainsi qu'on l'a vu plus haut, le
moment où le général Berthezène venait de ramener
sous les murs d'Alger les troupes qu'il avait conduites
au delà de l'Atlas, de sorte que nos soldats ne purent
jouir que pendant quelques jours à peine du repos
qu'ils semblaient avoir si bien mérité par la pénible
retraite de Médéah. Les combats qui avaient marqué
la fin de cette dernière expédition avaient ranimé le
courage et l'orgueil des Arabes; car, à leurs yeux, tout
mouvement rétrograde équivaut à une défaite. Aussi
accoururent-ils en foule sous les drapeaux de deux
de leurs chefs les plus renommés, Oulid-bou-Mezrag

et Ben-Zamoun. Le premier voyait se grossir tous
les jours le camp qu'il avait établi près de Bouffarik; le second tenait ses hommes réunis sur la rive
droite de l'Arrach. Les coureurs de ces deux camps
s'avançaient au loin : déjà le capitaine Gaulier, du
génie, avait été massacré tout près de la Maison
carrée. On s'attendait à une agression prochaine, et,
pour se mettre en garde contre toute surprise, on
avait élevé de petits retranchements devant les portes
de la Ferme modèle. Heureusement, les attaques
des deux grands rassemblements ennemis ne furent
pas simultanées.

Ben-Zamoun entra le premier en campagne; passant l'Arrach, il vint, le 17, assaillir la Ferme
modèle que défendait le colonel d'Arlanges "; celui-ci dut faire rentrer tous ses postes, sauf celui
du blockhaus de l'Oued-Kerma. Les communications
avec ce petit ouvrage furent coupées et restèrent
interrompues pendant quelques jours. Le lendemain,
le combat recommença, mais les troupes d'Alger
vinrent au secours de la Ferme. Dès les premiers
coups de canon, le général Berthezène s'était mis en
marche avec six bataillons, de l'artillerie et de la
cavalerie. A son approche, le colonel d'Arlanges
fait une vigoureuse sortie, et l'ennemi, pris entre
deux feux, se retire dans son camp, où nos obus ne
tardent pas à l'atteindre. Les Français prennent
alors l'offensive; toutes les forces disponibles sont
dirigées contre la position occupée par les Arabes.

Mais ceux-ci n'attendirent pas cette attaque ; à la vue de nos têtes de colonne, qui s'avançaient sur eux au pas de course, ils lâchèrent pied et se dispersèrent dans les montagnes.

Les habitants d'Alger, qu'avait d'abord vivement effrayés le soulèvement des tribus de la Métidja, se rassurèrent à la nouvelle de ce succès. Leur confiance s'accrut encore par la présence au milieu d'eux de l'un des fils du roi, le prince de Joinville. Ce jeune prince, âgé seulement de treize ans, était à peine débarqué de la frégate *l'Arthémise*, que le général Berthezène, pour fêter son arrivée, fit défiler devant lui, au milieu des flots pressés de la population algérienne, les soldats qui venaient de mettre en déroute les bandes de Ben-Zamoun, et dont les figures étaient encore noircies par la poudre. Cependant, on s'était trop hâté de croire l'insurrection terminée. La fusillade grondait toujours autour de la ville, et la brave garnison de la Ferme modèle n'était pas au bout de ses combats.

Le 19, le rassemblement de Bouffarik commença son mouvement, et la Ferme fut de nouveau entourée et attaquée. Mais bientôt, désespérant d'enlever ce poste de vive force, l'ennemi dirige uniquement ses efforts contre le blockhaus de l'Oued-Kerma. Cet ouvrage est vaillamment défendu. Le lieutenant Rouillard [v], qui en commande la garnison, ménage prudemment ses munitions, n'expose ses hommes que le

moins possible, et ne les laisse tirer qu'à coup sûr. De
ce côté encore, les Arabes sont contraints de se replier après des pertes sensibles. Toutefois, les échecs
de cette journée ne les découragèrent pas; le 20,
ils revinrent à l'assaut avec une nouvelle furie, s'ef-
forçant même de couper les planches du blockhaus
à l'aide de leurs yatagans. Ils n'eurent heureusement pas l'idée d'y mettre le feu. Dans la soirée,
ils tentèrent de s'emparer d'un convoi qui se rendait à la Ferme; ils furent repoussés par les volontaires parisiens : un de ceux-ci, âgé seulement de
seize ans, se trouvant, dans la mêlée, entouré par trois
Arabes, eut le courage et l'adresse de les vaincre tous
les trois, aux applaudissements de ses camarades.
Le 22, les tirailleurs d'Oulid-bou-Mezrag, s'étant
avancés jusqu'à Birkadem, à dix kilomètres seulement d'Alger, le général en chef sortit de la ville
avec des forces imposantes; après un combat durant
lequel l'artillerie causa dans leurs rangs de grands
ravages, les ennemis prirent la fuite et furent poursuivis par la cavalerie jusqu'auprès de Bouffarik.

Cet engagement termina la série des luttes soutenues par nos soldats contre cette première insurrection; les tribus les plus belliqueuses avaient momentanément renoncé à continuer les hostilités et
étaient rentrées chez elles. Le général Berthezène
fit venir Sidi-Hadji-Moadin, vieux marabout fort respecté dans la Métidja, et l'investit de la dignité
d'aga des Arabes; celui-ci, parcourant tout le pays,

en acheva la pacification. Mais, quoique leurs nombreuses défaites eussent prouvé aux Arabes de la plaine qu'ils n'étaient pas assez forts pour nous combattre ouvertement, beaucoup d'entre eux n'en continuèrent pas moins d'épier et de saisir toutes les occasions de faire la guerre de partisans, et la sécurité ne fut que relative.

L'armée ne profita guère de cette espèce de trêve. A la vérité, elle n'eut plus, pendant quelque temps, à faire de grandes expéditions. Mais elle resta soumise à bien des épreuves, peut-être plus meurtrières, en tout cas bien plus redoutables que les balles ennemies.

D'abord les maladies : les fièvres régnaient avec une telle force à la Ferme modèle et à la Maison carrée, que l'on dut relever les garnisons tous les six jours, et, malgré cette précaution, l'on vit, au bout de ce court espace de temps, des compagnies du 25ᵉ et du 28ᵉ, fortes de soixante hommes, revenir à Alger chacune avec plus de cinquante malades.

Ce furent ensuite les nombreux travaux qu'il fallut exécuter, tant pour protéger les colons qui commençaient à s'établir dans la Métidja, que pour y faciliter les communications. Le duc de Rovigo *, qui venait de remplacer le général Berthezène (décembre 1831), fit établir le camp de Douéra et construire à l'entrée de la plaine une ligne de block-

---

* Mort en 1833.

haus reliés entre eux et avec Alger par des routes
stratégiques. Ces travaux étaient d'autant plus pénibles pour les troupes que quelques-uns des ouvrages
qui furent ainsi construits sous la direction du génie
militaire se trouvaient placés au milieu de terrains
marécageux dont les exhalaisons malsaines engendraient des fièvres. On dut, par moments, abandonner certains postes, entre autres le camp de
Douéra. Plus tard, des remuements de terre, plus
considérables et plus dangereux encore, devinrent
nécessaires pour l'assainissement de la plaine, et il
est difficile de se faire une idée de la constance et
de l'énergie morale dont les soldats firent preuve
pour mener à bonne fin de pareilles entreprises.

Le duc de Rovigo avait sous ses ordres, aux environs d'Alger, le 10ᵉ léger, les 4ᵉ et 67ᵉ de ligne, les
deux bataillons de zouaves réunis en un seul, le
1ᵉʳ de chasseurs d'Afrique et la légion étrangère, que
l'on venait de former, afin de recevoir les militaires
venus du dehors pour servir sous les drapeaux de la
France. A ces troupes vinrent se joindre, au commencement de 1832, les deux premiers bataillons
d'infanterie légère d'Afrique, qui se firent connaître,
depuis cette époque, sous le nom peu officiel, mais
très-populaire, de « zéphyrs ».

La faiblesse numérique de cette division empêcha
longtemps le commandant en chef d'exécuter aucune
opération considérable ; les révoltes cependant se
multipliaient. La situation s'aggrava encore en avril,

lorsque, par la sanglante exécution de la tribu des Ouffias, le général de Rovigo parut vouloir inaugurer, à l'égard de ceux des indigènes qui persistaient à se montrer hostiles à notre domination, un véritable système de terreur. C'était provoquer les représailles. Elles ne se firent pas attendre. Dès le mois suivant, les Arabes prirent leur revanche : un bataillon de la légion étrangère ayant poussé une reconnaissance assez loin, un peloton, qui avait été séparé du reste de la colonne, fut enveloppé par l'ennemi, près du marabout de Sidi-Mohammed. Le lieutenant Cham fit user à ses hommes jusqu'à leur dernière cartouche : il périt en héros ; les soldats, privés de leur chef, n'en continuèrent pas moins à combattre avec un admirable courage ; mais enfin, accablés par le nombre, ils furent tous massacrés*, sauf un fusilier, qui, laissé pour mort derrière un buisson, échappa ainsi au triste sort de ses compagnons d'armes. Comme le bruit public imputait cette agression aux tribus des bords de l'Isser, une expédition fut envoyée par mer pour les châtier ; mais les vents contraires l'empêchèrent de débarquer. A partir de cette époque, l'orage gronda toujours sourdement, et, dans les derniers jours de septembre, toutes les reconnaissances qui dépassaient soit la Ferme modèle, soit la Maison carrée, étaient régulièrement attaquées. Ce

---

* Un monument d'une simplicité toute militaire leur fut élevé près de la Maison carrée.

fut dans une de ces rencontres que M. de Signy [x],
lieutenant au 1er de chasseurs d'Afrique, tua de sa
main le caïd des Beni-Mouça, l'un des plus braves
de nos ennemis.

Au commencement d'octobre, le duc de Rovigo
établit son quartier général à Birkadem et lança, de
ce point central, deux expéditions vers les principaux foyers de l'insurrection. La première s'avança
sans obstacle jusqu'à Coléah. La seconde eut à soutenir un combat qui lui fit le plus grand honneur.
Marchant de nuit (2 octobre), le général Faudoas [y] fut reçu, un peu avant d'arriver à Bouffarik,
par une vive fusillade qui, au premier moment,
obligea son avant-garde à se replier. Le commandant Duvivier a bientôt rallié ses hommes ; il se met
à leur tête et les mène à l'attaque, tandis que le
1er de chasseurs, oubliant, à la voix de ses officiers,
les vides qui s'ouvrent dans ses rangs, se précipite,
tête baissée, sur un ennemi dont le soleil levant
lui permet de distinguer le grand nombre. La cavalerie arabe veut en vain résister. Sabrée par nos
chasseurs, écrasée par notre artillerie, elle est bientôt forcée d'abandonner le champ de bataille et se
rejette en désordre de l'autre côté du défilé. Elle
avait perdu deux drapeaux et laissait quatre cents
morts sur le terrain. Lorsque, au milieu de la journée,
le général Faudoas, satisfait de la leçon qu'il venait
de donner à l'ennemi, commença sa retraite, les
Arabes, selon leur habitude, vinrent de nouveau

l'assaillir; mais, accueillis par un feu bien nourri et par quelques charges vigoureuses, ils abandonnèrent définitivement la partie.

Environ six semaines après, une colonne dirigée sur Blidah assura la paix de cette partie du territoire. Le général Trézel [1], alors chef d'état-major de l'armée, s'avança dans les montagnes jusqu'au beau village de Sidi-el-Kébir. Partout sur son passage, les tribus s'empressèrent de lui faire leur soumission. Il put ainsi constater l'effet produit sur les Arabes par le brillant combat de Bouffarik.

L'hiver de 1832 à 1833 fut assez paisible, et le baron Voirol [a], qui prit le commandement général au mois-d'avril, put maintenir la tranquillité jusqu'au milieu de l'été. Quelques petites expéditions continrent l'ennemi pendant l'automne; mais l'hiver suivant (1833-34) fut plus agité : les Hadjoutes commettaient des vols continuels au détriment des populations arabes des environs d'Alger, qui étaient devenues nos alliées et qu'il fallut plusieurs fois protéger contre leurs brigandages. Lorsque le commandant de Lamoricière s'empara de la ferme d'Haouch-Hadj (janvier 1834), on crut que cet acte de vigueur les rendrait plus circonspects à l'avenir. Il n'en fut rien. Dès le printemps, il fallut de nouveau réprimer leur turbulence et punir leurs dévastations. Le général Bro [b], chargé de cette mission, se mit en marche avec une forte colonne à laquelle étaient venus se joindre un certain nombre de cavaliers indigènes ; il battit les Hadjoutes dans plusieurs rencontres, exécuta sur leur territoire une razzia complète et les contraignit à demander la paix. Cette expédition, la première dans laquelle des tribus arabes aient combattu comme auxiliaires sous le drapeau français, assura pour quelque temps la sécurité de la plaine; mais il s'en fallait bien qu'elle eût mis fin à la guerre contre les Hadjoutes. Ces éternels ennemis de la domination française en Algérie levèrent encore plusieurs fois l'étendard de la révolte, et il en sera souvent question dans les récits du duc d'Orléans.

Ainsi, à la fin de 1834, la pacification des environs d'Alger n'était guère plus avancée qu'au moment même de la conquête. L'armée avait dû renoncer aux expéditions lointaines et abandonner Médéah; elle avait, il est vrai, étendu un peu ses lignes; mais pour les conserver, il lui fallait livrer des combats continuels. Afin de protéger les colons de la Métidja, de nombreux postes avaient été établis : les soldats avaient construit des ouvrages considérables; mais les travaux nécessités par la construction de ces ouvrages, qui n'étaient pas encore tous achevés, engendraient des maladies mortelles et diminuaient ainsi l'effectif déjà bien faible de la division. La tâche que les troupes avaient eu à remplir était donc, au plus haut point, pénible et ingrate; elles l'avaient accomplie sans plaintes, sans murmures, et, par des prodiges de courage et de patience, elles avaient conservé Alger à la France. Là, toutefois, ne se borna point le rôle déjà si glorieux de cette vaillante armée d'Afrique. Durant la même période, elle avait soutenu sur divers points de l'Algérie d'autres luttes non moins héroïques dont il est nécessaire de rappeler ici le souvenir.

III

BÔNE ET BOUGIE

La prise d'Alger avait eu pour première conséquence de rendre indépendants les principaux beys ou gouverneurs turcs qui, auparavant, étaient les vassaux de Hussein-Pacha. On a déjà vu quels obstacles l'armée eut à vaincre pour détruire la puissance du bey de Tittery et pour faire momentanément reconnaître l'autorité française aux environs de Médéah. Dans les autres provinces, nos troupes rencontrèrent des difficultés encore plus grandes. La faiblesse numérique de la division d'Afrique obligea souvent les généraux en chef à ne diriger sur les divers points de la côte dont l'occupation avait été décidée, que de fort petits détachements; quelquefois même on dut se contenter d'envoyer des officiers encourager par leur présence les partisans que la France comptait parmi les populations sédentaires de certaines villes. Dans ces missions à la fois périlleuses et délicates, comme dans les longs siéges qu'il fallut soutenir, officiers et soldats montrèrent une rare énergie, une patience sans bornes, un courage admirable.

Bône fut la première ville qui, au lendemain de la prise d'Alger, attira l'attention de M. de Bourmont : c'était l'un des ports les plus rapprochés de Constantine, et le point sur lequel il importait de prévenir Achmed-Bey. Celui-ci avait été le plus puissant des auxiliaires de Hussein-Pacha ; après avoir combattu à Staouëli, il avait abandonné Alger lors de l'investissement du fort l'Empereur, et il se regardait comme indépendant dans sa capitale, qui occupait une position presque inexpugnable. Quoique la population de Bône fut très-hostile à l'autorité d'Achmed, il fallut pourtant trois expéditions pour réduire cette place.

La première avait été conduite par le général de Damrémont ; arrivé devant Bône le 2 août 1830, il débarqua aussitôt. Les habitants lui ouvrirent leurs portes, et il entra dans la forteresse sans coup férir. Son premier soin fut de faire réparer les anciennes fortifications et d'en élever de nouvelles. Puis il essaya d'engager des pourparlers avec les tribus du voisinage. Mais, loin d'être disposés à prêter l'oreille à ses propositions de paix, de toutes parts les Kabyles coururent aux armes, et bientôt ils vinrent attaquer nos troupes jusque sous les murs de la ville. Dans la nuit du 7 au 8 août et le 11 du même mois, le général eut à soutenir des combats meurtriers et malheureusement inutiles ; car la première nouvelle de la révolution de juillet le rappela à Alger, et Bône fut abandonné.

La deuxième expédition, entreprise avec de bien plus faibles ressources, se termina d'une manière tragique. Dans l'été de 1831, les Bônois ayant demandé la protection de la France, le général Berthezène leur envoya le commandant Huder avec un détachement de cent vingt-cinq zouaves, la plupart musulmans. Ils débarquèrent le 14 septembre. Au début, tout alla bien ; mais, le 27, une révolte éclata parmi les Turcs restés à Bône ; ils avaient débauché à prix d'argent quelques zouaves leurs coreligionnaires ; avec leur aide, ils s'emparèrent de la casbah et repoussèrent à coups de fusil le petit nombre de Français qui essayèrent d'y entrer. Le commandant Huder, qui ne cessa de montrer dans ces circonstances critiques la plus grande fermeté, réussit à se maintenir encore deux jours dans Bône. Mais, le 29, les habitants l'ayant positivement sommé de quitter leur ville, il se vit enfin contraint de céder. Tandis qu'il se dirige vers le port, les révoltés sortent de la casbah et se précipitent sur le petit groupe de marins français qui l'accompagnent. Plusieurs d'entre eux sont massacrés ; les autres, tout en combattant, atteignent leurs embarcations. M. Huder, déjà frappé de deux blessures, se jette à la nage ; il se croyait sauvé, lorsqu'une balle lui fracassa la tête.

Presque au même moment, arrivaient en rade deux
cent cinquante soldats avec le commandant Duvivier.
Ce vaillant officier voulut d'abord, malgré la faiblesse numérique de sa troupe, tenter de reprendre
la ville; mais, ses efforts ayant échoué, il fut forcé
de renoncer à ce projet, et, après s'être fait rendre
quatorze marins restés prisonniers, il revint à Alger,
laissant Bône aux mains d'Ibrahim, le chef des Turcs
révoltés.

Sous ce nouveau régime, la situation des Bônois
fut si misérable, que, malgré le souvenir de la mort
de M. Huder, ils n'hésitèrent pas, au commencement
de l'année suivante (1832), à redemander la protection de la France. D'un côté Ibrahim, maître de la
casbah, les accablait de contributions; de l'autre,
Ben-Aïssa, le lieutenant d'Achmed-Bey, les tenait
étroitement bloqués et les menaçait des horreurs du
pillage. Le duc de Rovigo chargea le capitaine d'Artillerie d'Armandy [c] et Youssouf [d], alors capitaine
aux chasseurs algériens, d'aller encourager de leur
présence les assiégés. Mais, lorsque ces deux officiers
arrivèrent au milieu des Bônois, ceux-ci étaient au
bout de leur résistance; dans la nuit du 5 au 6 mars,
la ville ouvrit ses portes à Ben-Aïssa. M. d'Armandy
et son compagnon durent alors se retirer sur la
felouque *la Fortune,* tandis qu'Ibrahim continuait à
se défendre dans la casbah. Il n'y put tenir longtemps, et la division qui se mit parmi ses partisans
l'obligea à prendre la fuite. C'était le 26 mars, et,

le même jour, la goëlette *la Béarnaise* entrait en rade.
L'occasion semblait favorable pour tenter de s'emparer de la casbah : l'entreprise sans doute était
hasardeuse ; elle n'en sourit que davantage à trois
hommes de cœur qui résolurent d'assurer cette conquête à la France. MM. d'Armandy, Youssouf et de
Fréart (ce dernier commandant de *la Béarnaise*)
étaient de ces officiers pleins de ressources et de
courage, que le péril et les difficultés grandissent. Ils
débarquent de nuit avec une trentaine de marins,
évitent la grande porte, dont les troupes du bey de
Constantine gardaient les abords, arrivent au pied
du mur de la citadelle, et, au moyen d'une corde
qui leur est jetée, se hissent les uns après les autres
jusque sur le parapet ; au lever du soleil, le drapeau
tricolore flottait sur la casbah, et ses vieux canons,
mis en mouvement par nos marins, bombardaient les
postes de Ben-Aïssa. Celui-ci abandonna la ville ;
mais, pour se venger, il la brûla et ne laissa derrière
lui qu'un monceau de ruines.

Des mesures furent aussitôt prises pour mettre
cette possession importante à l'abri d'un coup de
main ou d'une révolte. Un bataillon du 4ᵉ de ligne
vint d'abord occuper Bône, et, le 15 mai, le général
d'Uzer prit le commandement de la place ; il amenait
avec lui le 55ᵉ de ligne, et il fut bientôt rejoint par
un bataillon de la légion étrangère et par trois batteries d'artillerie.

Les Arabes des environs de Bône étaient sans doute

moins turbulents que leurs coreligonnaires de la Métidja; cependant, ils exercèrent plus d'une fois la valeur de nos troupes, qui, en même temps, avaient
aussi à repousser les attaques des cavaliers d'Achmed-Bey. En février 1833, la petite garnison avait
été renforcée par la formation du 3ᵉ de chasseurs
d'Afrique, régiment appelé entre tous à fournir une
glorieuse carrière. Dès le mois d'avril, il était déjà
en campagne : il avait été désigné pour faire partie
d'une expédition que le général d'Uzer dirigeait
en personne contre les Ouled-Attia, qui s'étaient
rendus coupables de nombreux actes de brigandage.
Le lieutenant-colonel de Chabannes la Palice ᵉ",
digne héritier d'un beau nom, conduisit alors ses
chasseurs pour la première fois au feu, et leur
donna l'exemple de la bravoure, en tuant de sa
main deux Arabes. Le même jour, le chef d'escadron
Youssouf était blessé en chargeant l'ennemi, à la tête
de ses soldats, sur ce nouveau champ de bataille que
son heureuse témérité venait d'ouvrir aux armes
françaises. Peu après, dans un nouvel engagement,
le capitaine Morris ʳ" commença sa brillante réputation par une lutte corps à corps avec un Arabe d'une
taille et d'une force herculéennes, combat resté
célèbre dans les annales de la cavalerie française :
les deux adversaires s'étant heurtés dans la mêlée,
ne purent faire usage de leurs armes ; ils se saisirent
mutuellement et tombèrent tous les deux de cheval,
sans se lâcher, au milieu des combattants ; aucun de

ceux-ci n'osait tirer, de peur de frapper celui des
deux qu'il aurait voulu secourir. Le brave Morris,
écrasé par la stature colossale de l'Arabe, qui se rou-
lait sur lui avec fureur, allait succomber, lorsque,
dans un effort suprême, il parvint à saisir de la main
de son trompette un pistolet qu'il déchargea à bout
portant sur son redoutable adversaire, aux applaudissements de tout le régiment. La vaillante conduite
de ses chefs trouva de nombreux imitateurs dans
le 3ᵉ de chasseurs.

Les sorties que nos soldats étaient ainsi obligés
d'opérer pour dégager les abords de la ville de Bône
devinrent heureusement de plus en plus rares, le
général d'Uzer, par sa politique à la fois ferme et
conciliatrice, étant parvenu peu à peu à maintenir
les tribus voisines dans un état de paix relative.
Achmed-Bey, de son côté, n'avait pas tardé à comprendre qu'une lutte ouverte avec la France ne
pouvait que lui être funeste. Aussi, jusqu'en 1836,
époque de la première expédition de Constantine, il
ne fit plus aucune tentative hostile, et une sorte de
trêve tacite régna entre ses troupes et la garnison
de Bône. Il n'en n'était pas de même sur un autre
point de la côte dont la possession nous était journellement disputée.

La position favorable du port de Bougie, le meilleur de tout le littoral entre Bône et Alger, avait,
depuis longtemps, fait décider l'occupation de cette
ville, sur laquelle la France avait d'ailleurs à venger

une récente et grave insulte faite à son pavillon.
En septembre 1833, une division navale, sous les
ordres du capitaine de frégate Parseval *ᵍ"*, appa-
reilla de la rade de Toulon, ayant à son bord deux
bataillons du 59ᵉ de ligne et six cents hommes tant
du génie que de l'artillerie. Le général Trézel
commandait cette expédition. Il arriva le 29 au matin
devant Bougie, et, en quelques heures, les canons
de la frégate *la Victoire* eurent réduit au silence
les forts de la place. A dix heures, toutes les cha-
loupes chargées de troupes sont remorquées, sous le
feu de la mousqueterie ennemie, vers la porte de la
marine. Soldats et marins rivalisent de sang-froid :
le capitaine Barbare *ʰ"* est blessé avant même de
débarquer, et le patron de l'un des canots remor-
queurs est jeté à l'eau par une balle qui lui traverse la cuisse ; il nage sans lâcher l'amarre et
s'avance vers la terre en attirant à lui l'embarca-
tion. Malgré une résistance opiniâtre, le débarquement s'effectue avec ordre et deux colonnes d'attaque
sont aussitôt formées. La première chasse vivement
l'ennemi devant elle et s'avance vers le fort Abd-el-
Kader ; le chef de bataillon Esselin *ᵉ"* la commande ;
bientôt une balle lui fracasse la main droite. L'autre
colonne, sous le capitaine Parron *ʲ"*, traverse toute la
ville pour s'emparer de la casbah ; elle est accom-
pagnée par l'officier d'ordonnance Mollière *ᵏ"* qui,
bien qu'ayant reçu un coup de feu à la tête, continue de marcher jusqu'à ce que la perte de son

sang le fasse tomber évanoui. Le général Trézel conduit en personne une troisième colonne; reconnaissant la position dominante du fort Moussa, il se dirige sur ce point; mais le capitaine de Lamoricière, qui ne laissait échapper aucune occasion de se distinguer, avait déjà mené un détachement à l'assaut de ce fort et s'en était emparé.

Les principales positions se trouvaient donc occupées. Néanmoins, le combat continuait avec acharnement dans les rues encore toutes pleines d'ennemis, dans les habitations, dans les jardins; la nuit même n'arrêta pas la fusillade, grâce à un magnifique clair de lune qui éclairait les combattants. Au point du jour, les rôles changèrent; les Kabyles, prenant l'offensive à leur tour, vinrent en grand nombre assaillir les postes d'où nos soldats les avaient débusqués la veille; mais toutes ces attaques échouèrent, et un détachement de marins, sous le lieutenant Bernaert[r], prit de vive force et une à une toutes les maisons qui servaient encore de refuge à l'ennemi. Le 1er octobre, nouvel assaut, plus terrible que celui du jour précédent. Repoussés de toutes parts, les Kabyles perdirent, dans cette seconde affaire, la position du marabout de Sidi-Touati, situé au bout du ravin qui débouche sur la ville; elle leur fut enlevée par le capitaine de Lamoricière. Quoiqu'il eût été atteint d'une balle à la jambe, le général Trézel n'en dirigea pas moins les mouvements, tant que dura l'action, et ce ne fut que le surlendemain qu'il

fit connaître sa blessure. Le 2, il détermina la position
d'un blockhaus dont les travaux, poussés avec vigueur,
furent achevés le 6. Malgré leurs échecs, les Kabyles
ne laissaient voir ni découragement ni lassitude. Se
sentant soutenus par la population guerrière des
montagnes du Djurdjura, qui venait sans cesse grossir
leurs rangs, ils étaient toujours prêts à recommencer
la lutte avec une ardeur et une ténacité nouvelles.
Après douze jours d'une fusillade non interrompue,
le général voulut en finir par un coup décisif tenté
contre le marabout du Gouraya, position dominante
derrière laquelle se trouvait le camp ennemi de
Sidi-Mohammed. La garnison de Bougie venait d'être
renforcée par l'arrivée d'un bataillon du 4ᵉ de ligne,
et l'attaque du marabout fut résolue pour le 12 octobre.

Deux colonnes, dirigées par le chef d'escadron
Conrad ᵐ" et par le capitaine Eynard ⁿ", marchèrent
sur le Gouraya par des chemins différents. Pendant
deux heures de nuit, elles gravirent des rochers
presque impraticables, et arrivèrent en même temps
pour surprendre le marabout dont la possession ne
leur fut, du reste, pas longtemps disputée. Tout ce
qu'on rencontra durant cette marche fut tué à l'arme
blanche, afin de ne pas donner l'éveil aux ennemis. En même temps, une troisième colonne, sous
le commandement du lieutenant-colonel Lemercier ᵒ", s'était portée à gauche pour attaquer les Kabyles postés en arrière du moulin de Demours,

tandis que le capitaine de Sparre[p"] amenait l'avant-garde en silence tout auprès de la position qu'il s'agissait d'enlever. Le commandant Gentil[q"] fait alors battre la charge et s'élance avec presque tout son bataillon ; les Kabyles sont bientôt refoulés jusqu'au village de Damassar. Là, ils se rallient : ceux qui défendaient le Gouraya et ceux qui étaient restés au camp les rejoignent, et ils viennent, au nombre de plus de trois mille, assaillir les colonnes françaises. Ce fut le moment critique de la journée ; mais les troupes ne fléchirent pas, et le bataillon du 4e de ligne donna la mesure de ce qu'on pouvait attendre de sa fermeté et de sa bravoure intrépide sur le champ de bataille. Deux compagnies venaient d'être repoussées de Damassar ; les grenadiers arrivent à leur secours, chargent à la baïonnette et arrêtent l'ennemi. Il est vrai que ce succès nous coûte cher : plus de cinquante hommes et plusieurs officiers ont été en un instant mis hors de combat. Malgré les vides qui se font autour de lui, le capitaine de Lisleferme[r"] reste inébranlable au milieu des Arabes. Il a ses habits percés de quatre balles et déchirés à coups de yatagan ; mais le danger ne fait qu'exalter son courage. Il lutte toujours, animant, soutenant de la voix et de son exemple ceux des siens qui sont encore debout. Son héroïque résistance n'a pas été inutile : elle a donné le temps au capitaine Vivien[s"] et à ses sapeurs de retrancher les positions les plus vivement disputées. Un renfort arrive, c'est

M. Parseval qui, jugeant au bruit de la fusillade que l'affaire est très-chaude, amène au pas de course, jusqu'au moulin de Demours, ses compagnies de débarquement, jalouses de partager les dangers et la gloire de l'armée de terre. Dès ce moment, la victoire fut complète. La troisième colonne qui s'était le plus avancée, exécuta, dans le plus grand ordre, une retraite par échelons, et, durant la nuit, les kabyles abandonnèrent leur camp. Le lendemain, pour la première fois, on n'entendit pas un seul coup de fusil autour de la place.

Cet acte de vigueur termina la série des combats qui accompagnèrent ou suivirent la prise de Bougie; le plateau vert, l'une des hauteurs qui dominent les environs de la ville, fut définitivement occupé, et nos lignes furent couvertes de ce côté par les blockhaus Rouman, Salem et Khalifa. Le général Trézel ayant été obligé de rentrer à Alger pour faire soigner sa blessure, le chef de bataillon Duvivier reçut le commandement de la garnison de Bougie (novembre 1833). Entouré par de nombreuses tribus à l'humeur guerrière et aux dispositions ouvertement hostiles, non-seulement il devait combattre tous les jours, mais encore lutter contre les difficultés permanentes d'une sorte de blocus : les communications par mer étaient rares et l'on ne pouvait se procurer aucun approvisionnement de l'intérieur. Le commandant Duvivier était à la hauteur d'une pareille mission, et il fut admirablement secondé

par toutes les troupes qui se trouvaient sous ses
ordres. Sans pouvoir énumérer les combats quo-
tidiens qu'il eut à soutenir, nous devons pourtant
rappeler ici le souvenir des plus importants.

Dans la nuit du 17 au 18 janvier, plus de quatre
mille Kabyles vinrent prendre position sur les contre-forts des collines qui entourent la ville. Au point
du jour, ils attaquèrent tous les postes français et
continuèrent l'action jusqu'au soir, où ils se retirèrent emportant leurs blessés. Le manque de cavalerie
empêcha de les poursuivre. Mais bientôt l'arrivée
d'un escadron **du** 3ᵉ de chasseurs d'Afrique permit au commandant Duvivier de faire quelques reconnaissances. Il sortit de la place, dans les premiers jours de mars, et s'avança jusqu'au village de
Klaina qu'il trouva désert. Il commençait à peine
son mouvement de retraite, lorsque sa petite colonne fut assaillie par une nuée de Kabyles. Tandis
que le capitaine Herbin [1] conduit plusieurs fois ses
chasseurs à la charge contre un ennemi résolu et qui
attend nos cavaliers de pied ferme, le bataillon de la
légion étrangère est déployé en tirailleurs, et les braves
Polonais qui le composent, fiers de trouver l'occasion
de combattre pour leur seconde patrie, résistent avec
succès à toutes les charges dirigées contre eux. Cette
expédition n'était pas assez décisive pour arrêter les
Kabyles : les 18, 19 et 20 avril, ils entourèrent de
nouveau la place. Le 23, ils furent surpris, chargés
par les chasseurs et repoussés par l'infanterie jus-

qu'au village de Damassar, qui fut brûlé. Le 5 juin,
ils reparaissent en nombre considérable; pas un Français ne sort de la ville, et, durant toute la journée,
le canon suffit pour les tenir à distance; mais ils
profitent de la nuit pour tenter un coup d'audace.
Rampant dans les broussailles, ils arrivent jusqu'à
un ouvrage élevé au milieu de la plaine et que commandait ce jour-là le capitaine Leperey "; ils franchissent le fossé de cette redoute qui, faute de
temps et de matériaux de construction, n'a pas de
palissade; ils sont déjà sur le parapet, lorsque, par
une heureuse inspiration, et avec non moins de sang-
froid que d'à-propos, les artilleurs (de la 4e batterie
du 10e) se mettent à lancer par-dessus le parapet
des obus enflammés, qui roulent jusque dans le fossé
et éclatent au milieu des assaillants. L'ennemi ter-
rifié prend la fuite, et la redoute est sauvée.

Quelque nombreux que fussent les jours de combat, ils étaient, pour ainsi dire, des jours de distraction et de fête pour cette malheureuse garnison
qui, épuisée par des fatigues incessantes, par des
privations de toute espèce, se vit bientôt la proie des
maladies. Plus de la moitié des hommes étaient
à l'hôpital; à la fin de juillet, il y avait mille quatre-
vingt-huit malades, et ce chiffre augmenta encore.
En octobre, le lieutenant-colonel Duvivier ne pouvait
pas mettre en ligne plus de six cents combattants,
et il dut, avec ce faible effectif, résister à six mille
Kabyles, qui tentèrent une attaque générale dans la

nuit du 9 au 10. La nuit suivante, leurs efforts se tournèrent contre le blockhaus de Salem. Les trente hommes qui le défendaient firent une résistance admirable. Un incendie éclata tout à coup ; c'étaient les gabions du revêtement de la redoute que les Kabyles venaient d'arracher et qui avaient pris feu. Heureusement, la lueur sinistre qui éclairait cette scène de carnage permit à l'artillerie de la place de venir en aide aux défenseurs du blockhaus et de forcer l'ennemi à la retraite.

La garnison, trop faible pour tenter une sortie, ne gagna que quelques jours de répit par toutes ces luttes où elle avait déployé tant d'héroïsme. Des scènes semblables à celles dont on vient de lire le récit se renouvelaient continuellement pour elle ; la ville demeurait toujours comme bloquée, et, tandis qu'autour de Bône, les Arabes avaient fini par rester à peu près paisibles, il n'y avait point de repos pour les environs de Bougie. Ainsi, au commencement de 1835, ces deux établissements, assez éloignés l'un de l'autre, étaient les seuls qui eussent été fondés dans la province de Constantine, et, pour les conserver à la France, il ne fallut pas moins que toute l'habileté du général d'Uzer, toute l'énergie du colonel Duvivier et de ses compagnons d'armes.

IV

ORAN

La prise de possession des ports situés à l'ouest d'Alger ne présenta pas, à beaucoup près, les mêmes difficultés que celle de Bône et de Bougie ; mais, dès qu'Oran fut pourvue d'une garnison française, les événements dont cette province devint le théâtre, prirent une importance prépondérante. Là, en effet, fut le berceau de la puissance d'Abd-el-Kader, comme aussi de cette ligue sainte qui devait un jour réunir presque toutes les tribus arabes contre notre domination en Algérie.

A l'époque de la conquête d'Alger, Oran était gouvernée par Hassan-Bey, vieillard qui ne demandait que le repos. Un premier détachement, envoyé par le maréchal de Bourmont, venait à peine d'y débarquer, lorsqu'il reçut l'ordre de rentrer à Alger. Ce ne fut qu'en décembre de cette même année (1830) que le général Clauzel, craignant les menées de l'empereur du Maroc, qui avait déjà essayé de s'emparer de Tlemcen, fit partir une nouvelle expédition, sous le commandement du général de Damrémont. Celui-ci, arrivé en rade d'Oran le 13 décembre, débarqua le lendemain à Mers-el-Kébir, et y resta près d'un mois en attente et en

observation. Après quelques pourparlers, les troupes
françaises occupèrent la ville, le 4 janvier. Leur entrée dans ses murs y opéra une sorte de révolution
pacifique. Le bey fut conduit à Alger, où le général
de Damrémont revint lui-même peu après, laissant
à Oran le 21ᵉ de ligne, sous les ordres du colonel
Lefol.

Il est difficile de se faire une idée de la triste
situation de ce régiment et des privations de toute
sorte qu'il eut à subir pendant le séjour de près
d'un an qu'il fit à Oran. Les malheureux qui restèrent dans cette sorte d'exil, loin de toutes nouvelles de la patrie, n'avaient pas même, pour
rompre la pénible monotonie de leur existence,
la distraction de quelques combats; car la garnison
était trop faible pour sortir de la place, que, de leur
côté, les Arabes n'osaient pas encore attaquer.
Désigné depuis longtemps pour rentrer en France, le
21ᵉ ne recevait plus rien de son dépôt; les soldats
étaient presque nus; les officiers portaient des
souliers faits d'écorce de palmier et qui ne duraient
guère plus de cinq jours. Le colonel Lefol ne put
résister à cette tâche ingrate et mourut de nostalgie
au milieu du mois d'août. Peu après, le régiment
fut relevé par le 20ᵉ de ligne.

L'arrivée de ce dernier régiment signifiait qu'Oran
devait rester possession française. Le général Boyer
vint en prendre le commandement au mois de septembre. Il trouva le pays dans un état équivoque,

qui n'était ni la paix ni la guerre. Toute la province
était en proie à l'anarchie; la plupart des tribus
voisines paraissaient animées contre nous des sentiments les plus malveillants; mais elles n'avaient guère
l'occasion d'entrer en lutte avec la garnison d'Oran,
que sa faiblesse numérique empêchait de faire des
expéditions au dehors. Les Arabes étaient d'ailleurs
tout occupés à continuer pour leur propre compte
l'œuvre d'affranchissement dont la chute d'Alger
semblait leur avoir donné le signal, et à secouer
entièrement le joug des Turcs. Mascara, où s'étaient
d'abord réfugiés quelques débris de la milice du
dey, venait de chasser ses anciens maîtres, tandis
qu'à Tlemcen l'insurrection n'avait encore qu'à
moitié réussi; en effet, si la ville était occupée par
la population soulevée, les Turcs gardaient toujours
la citadelle. Le reste de la province nous était également hostile; mais il n'y avait dans les tribus
unité ni de volonté ni de commandement, et par
suite nul centre d'action.

Au printemps de l'année suivante (1832), la situation devint moins indécise, et la guerre ne tarda
pas à éclater. La garnison d'Oran, renforcée par
l'arrivée d'un bataillon de la légion étrangère et par
la formation du 2ᵉ de chasseurs d'Afrique, étendit
son action en dehors des murs de la place, tandis
que commençait à se montrer parmi les indigènes
le jeune chef qui, en s'aguerrissant peu à peu contre
nos troupes, se préparait à ce rôle d'apôtre et de

représentant de la nationalité arabe, qu'il devait remplir plus tard avec tant d'éclat.

Les tribus voisines de Mascara, affranchies de la domination turque, avaient voulu se donner pour chef suprême Mahiddin, marabout fort vénéré dans tout le pays. Il refusa, prétextant son grand âge, et proposa à sa place son fils Abd-el-Kader, âgé de vingt-quatre ans, qu'il venait de ramener de la Mecque, et qu'un marabout de la ville sainte avait salué, quelques années auparavant, du titre de sultan des Arabes. La proposition fut agréée, et l'inauguration du jeune chef eut lieu avec une grande solennité. Reconnu peu après comme émir par la ville même de Mascara, Abd-el-Kader acquit, par ce seul fait, un avantage très-marqué sur tous ses rivaux. Il avait une nature intelligente et énergique; doué d'une grande éloquence et d'une puissance d'attraction à laquelle il était difficile de résister, il n'eut qu'à paraître au milieu des tribus pour dominer les volontés et subjuguer les cœurs.

Dès qu'il entra en scène, il donna à la lutte un caractère nouveau en prêchant contre nous LA GUERRE SAINTE, et son élection fut immédiatement signalée par un grand effort que les Arabes tentèrent pour chasser les Français d'Oran ; mais ils trouvèrent la garnison sur ses gardes et en état de leur répondre (mai 1832). Repoussés, le 3 mai, par l'artillerie du Château-Neuf, ils se précipitèrent le lendemain, au nombre de plus de quinze cents, dans

le fossé du fort Saint-Philippe, qu'ils se préparaient
à enlever d'assaut. Abd-el-Kader dirigeait l'attaque,
donnant aux siens l'exemple de la bravoure et les
surpassant tous par son sang-froid, au milieu de la
grêle de nos boulets. Bien protégés par le parapet,
nos soldats tenaient tête aux assaillants sans éprouver de pertes très-considérables. Après avoir renouvelé, avec aussi peu de succès, leurs attaques le
7 et le 8, les Arabes, découragés, abandonnèrent
le 9 leur entreprise, et laissèrent un peu de repos
à la garnison d'Oran.

Six mois après, ce fut le tour de nos soldats d'aller chercher l'ennemi en rase campagne (23 octobre).
Les Arabes, exercés par Abd-el-Kader, attendirent
de pied ferme la charge de la petite colonne française; mais ils ne purent tenir devant le brave général de Trobriandt [v], qui, oubliant son grade, pour
se rappeler seulement qu'il appartenait à une famille
bretonne où le courage était héréditaire, combattit
toute la journée au premier rang, comme un simple
soldat. Le colonel de Létang [x], à la tête du 2ᵉ de
chasseurs d'Afrique, acheva la victoire par quelques
charges brillantes.

Peu après cet engagement, le général Boyer fut
remplacé dans son commandement par le général
Desmichels [v], qui étendit encore le rayon des expéditions et fit, au mois de mai 1833, une grande
razzia sur les troupeaux d'une tribu ennemie, celle
des Garabas. Le bétail était alors d'autant plus né-

cessaire à l'approvisionnement de la garnison, que, comme les Arabes ne venaient plus au marché, les troupes manquaient depuis un mois de viande fraîche. Au retour de cette expédition, la colonne française fut vivement poursuivie par une nuée de cavaliers indigènes. Après un combat acharné, elle les mit en pleine déroute, leur tua plus de trois cents hommes, leur fit un grand nombre de prisonniers et rentra à Oran avec tout son butin. Mais cette agression avait profondément irrité les Arabes, et Abd-el-Kader, résolu à en tirer vengeance, vint s'établir, avec environ dix mille hommes, à trois lieues de la ville, dans un endroit appelé le camp du Figuier. Le général Desmichels faisait alors construire un blockhaus au sud-est de la place, en avant du fort Saint-André. Dans la journée du 26, les travailleurs se virent soudainement assaillis par deux colonnes ennemies. Grâce aux renforts qui sortirent d'Oran, les Arabes furent repoussés; mais ils n'avaient point pour cela renoncé à leur entreprise, et, dès la nuit suivante, ils se glissèrent, à la faveur des ténèbres, jusqu'au pied de l'ouvrage. Là, un d'eux se hasarde à monter sur le blockhaus; nos soldats ne bougent pas; il les croit endormis et appelle ses compagnons; à peine ceux-ci se sont-ils approchés, que quarante coups de feu, bien dirigés, leur font voir que les Français ne dorment pas.

Après deux jours d'une pluie incessante, après

une nouvelle attaque également infructueuse contre
cet ouvrage, qui venait de recevoir le nom de blockhaus d'Orléans, Abd-el-Kader se décida à donner le
signal de la retraite. Les Arabes alors abandonnèrent le camp du Figuier et se dispersèrent. Leur
échec et une reconnaissance dirigée, le 11 juin,
jusqu'à Bridia, sur la route de Tlemcen, avaient un
peu dégagé les environs d'Oran, sans toutefois y
établir une sécurité complète. Pour étendre le cercle
de ses relations, le général Desmichels résolut d'occuper plusieurs points de la côte.

Arzew, qui comptait déjà depuis longtemps plus
de ruines que de maisons habitables, paraissait à
cette époque devoir nous échapper. Abd-el-Kader
venait de faire enlever le cadi de cette ville et de
l'enfermer dans les prisons de Mascara, où ce malheureux ami de la France fut étranglé. Sur ces en-
trefaites, le général Desmichels débarqua à la Mersa
(c'est le nom du port d'Arzew), tandis qu'une petite
colonne y arrivait par terre. Les Arabes, de leur
côté, prirent aussitôt possession de la ville elle-
même, située à environ trois quarts de lieue de la
mer; mais ils en furent chassés (6 juillet) par un
bataillon de ligne et par deux escadrons de chasseurs. La ville resta déserte, la Mersa fut fortifiée,
et l'on y laissa une garnison de trois cents hommes.

Tandis qu'Abd-el-Kader faisait une conquête bien
autrement importante en s'emparant de Tlemcen,
le général Desmichels se rendait par mer à Mostaga-

nem, qu'occupaient encore quelques Turcs restés à
notre solde depuis 1831. Quatorze cents fantassins
et deux obusiers de montagne composaient le corps
expéditionnaire; six bâtiments de commerce, escortés
par la frégate *la Victoire*, débarquèrent les troupes
au Port-aux-Poules, près de l'embouchure de l'Habra (juillet 1833). La colonne se mit en marche le
soir même et s'arrêta à la fontaine de Sidia pour attendre le jour. Le lendemain, les Turcs ayant ouvert
les portes de Mostaganem, la ville, avec les forts qui
en dépendent, fut aussitôt mise en état de défense.
Abd-el-Kader, toujours infatigable, ne tarda pas à
se présenter devant ses murs (2 août), à la tête des
nombreux contingents que s'étaient empressées de
lui fournir les tribus des environs de Mascara. Il
savait le général Desmichels parti avec la frégate
la Victoire pour retourner à Oran, et il se croyait
sûr d'avoir promptement raison de la résistance de
Mostaganem. Il commença par resserrer de très-
près la petite garnison; puis les assauts se succédèrent presque sans interruption depuis le matin
du 3 jusqu'au soir du 9 août. Campés près de
Tistid, les Arabes dirigèrent d'abord leurs efforts
contre un marabout situé au bord de la mer. Ayant
échoué de ce côté, ils assaillirent, le 5, le corps
même de la place; sans canons, ils ne pouvaient
battre les murs en brèche; mais, poussés par cette
sorte de fureur aveugle et de sombre enthousiasme
qu'inspire le fanatisme, ils descendirent en grand

nombre dans le fossé, à un endroit où la courtine
n'était pas flanquée, et ils se mirent à saper le mur
dans l'espérance de pouvoir tenter l'escalade. Ils
trouvèrent la petite garnison aussi intrépide dans la
défense qu'ils l'étaient dans l'attaque. Le lieutenant
de Géraudon ⁼" et les grenadiers du 68ᵉ, bravant
avec le plus calme sang-froid le feu de la mousqueterie, montent à cheval sur le parapet, repoussent
les Arabes à coups de fusil, le plus souvent même à
l'arme blanche, afin de ménager leurs munitions, et
les forcent bientôt à quitter le fossé. Le 6 fut un
jour de repos pour les deux partis. Le 7 et le 8,
l'ennemi revint à la charge, tantôt contre la place,
tantôt contre le poste du marabout. Enfin Abd-el-
Kader dut s'avouer vaincu et se résigner à lever le
siége ; car la plupart des tribus quittaient son camp;
la nouvelle des razzias exécutées par le général
Desmichels les avait décidées à regagner précipi-
tamment leur territoire.

A peine débarqué à Oran, ce général avait fait
partir, dans la soirée du 5 août, environ treize cents
hommes, tant fantassins que cavaliers, pour surprendre les Douairs et les Smélas, tribus fort belliqueuses, dont la plupart des combattants se trouvaient devant Mostaganem. Au point du jour, la
cavalerie qui a pris les devants, laissant l'infanterie et deux obusiers sur une hauteur, arrive en
vue du camp arabe. Le colonel de Létang divise
aussitôt ses hommes en trois corps et fond sur l'en-

nemi.. La surprise fut complète, les Arabes furent
culbutés, et les chasseurs enlevèrent un nombre
considérable de têtes de bétail qu'ils ramenèrent vers
l'infanterie.

Le but de l'expédition était atteint. On se dis-
posa donc à reprendre immédiatement la route
d'Oran. La colonne venait de se reformer pour exécuter son mouvement rétrograde, lorsqu'elle fut
brusquement assaillie par les cavaliers de plusieurs
tribus voisines. Alors commença une retraite des
plus pénibles. Il fallait combattre en marchant : la
chaleur était très-forte, et les troupes qui, parties
la veille d'Oran, n'avaient eu aucun repos, étaient
accablées de fatigue. Pour surcroît de malheur, le
vent du sud s'éleva, et, dans ce terrain sablonneux
sur lequel la végétation n'offre aucun abri, les soldats eurent à supporter le supplice d'une tourmente
de simoun. L'infanterie n'avait plus ni vivres ni eau.
Pendant que les nôtres luttaient ainsi contre des
difficultés et des souffrances de toute sorte, les
Arabes, dont le nombre grossissait à vue d'œil,
s'enhardissaient peu à peu, et resserraient toujours
davantage le cercle dans lequel ils tenaient enfermée
la colonne française. Ceux qui se trouvaient en avant
imaginèrent de mettre le feu à quelques broussailles, et de se faire de l'incendie un auxiliaire. Les
flammes, poussées par le vent, changèrent bientôt
la plaine en un vaste brasier. On eût dit comme un
mur de feu qui barrait la route. Les broussailles une

fois consumées, l'incendie cessa aussi vite qu'il s'était propagé; mais les soldats devaient traverser un espace couvert de cendres brûlantes, alors qu'ils étaient déjà suffoqués par l'ardeur de la température. L'excès de la fatigue et l'insolation produisaient chez quelques-uns d'entre eux une sorte de délire ; sourds aux exhortations de leurs officiers, on en vit jeter leurs armes et refuser d'avancer. Les malheureux savaient pourtant la mort terrible que les Arabes leur réservaient. Ceux auxquels le désir de vivre donnait encore la force de se soutenir pouvaient à peine combattre. Cependant, la colonne arriva jusqu'au Figuier. Là, de nouvelles épreuves l'attendaient. La vue de l'eau transporte les soldats : quoique cette eau fût bien saumâtre et bien malsaine, ils se pressent autour de la fontaine, y retournent encore et y restent, incapables de faire un pas en avant. Les Arabes saisissent ce moment pour se rapprocher, et s'apprêtent à tenter un effort décisif. Dans cette circonstance critique, le 2ᵉ de chasseurs d'Afrique montra qu'il était le digne frère du 1ᵉʳ et du 3ᵉ. Le colonel de Létang déclare à ses cavaliers qu'il faut sauver l'infanterie ou périr avec elle. Les obusiers sont mis en position, et les chasseurs, formant un grand cercle, reçoivent de pied ferme les charges de l'ennemi. Les Arabes ne s'attendaient pas à une si énergique résistance : bien convaincus toutefois que cette proie ne pourra leur échapper, ils reculent devant le feu des obusiers et suspendent l'attaque pour la recommencer dans un moment plus favorable. Un brave officier, M. Desforges[*], se dévoue alors pour le salut de tous. Il se fait jour au travers des rangs ennemis et parvient à Oran, où il annonce la situation périlleuse de la colonne. Le général Desmichels ne tarda pas d'un instant à se mettre en marche et amena au Figuier des renforts, des vivres et des moyens de transport. Son arrivée dispersa les Arabes, le butin de la razzia fut conservé, et, peu après, les Smélas, ayant demandé la paix, vinrent s'établir dans la belle vallée de Miserghin, à trois lieues d'Oran.

Cette expédition, si pénible pour les troupes qui y prirent part, fut la plus importante de l'année 1833. Durant l'hiver et au commencement de l'année suivante, il y en eut encore plusieurs autres; car la guerre continuait toujours. Le 2 décembre, la division, revenant de la plaine de Météla, eut à soutenir l'attaque de toutes les forces réunies d'Abd-el-Kader : pour la première fois, le général Desmichels avait emmené son artillerie de campagne, qui, dans ce combat, lui rendit de grands services. Enfin, le 6 janvier, l'escadron de M. de Thorigny[*] ayant poussé une reconnaissance au delà de la Maison carrée, fut entouré par environ quinze cents Arabes et ne put se dégager qu'en perdant un officier et vingt-trois hommes.

Ces combats continuels indiquaient bien l'hostilité croissante des tribus voisines; mais ils ne consti-

tuaient pas la partie la plus difficile de la tâche du
général Desmichels. Abd-el-Kader était parvenu, par
ses prédications, par son activité, par sa bravoure,
non-seulement à imposer son autorité à toutes les
tribus, mais encore à mettre les Français complète-
ment en dehors de toutes relations commerciales
avec les Arabes. Oran, Arzew, Mostaganem étaient
comme en quarantaine par rapport à l'intérieur; les
vivres n'arrivaient dans aucune de ces villes; les
marchés restaient vides; la situation était intolé-
rable. La puissance d'Abd-el-Kader, qui se dévelop-
pait toujours, était devenue tellement menaçante et
redoutable, qu'il n'y avait plus moyen de l'arrêter
qu'en lui faisant une guerre en règle. Le général
Desmichels, n'en ayant pas les moyens, voulut
essayer de tourner à son profit cette puissance
même, en faisant de l'émir un allié de la France.
Ce fut dans cette pensée qu'il conclut le traité du
26 février 1834* par lequel il reconnaissait Abd-el-
Kader comme « le prince des croyants »; lui laissait
la direction du commerce de la Mersa; permettait aux
Arabes d'acheter des armes, de la poudre, des balles,
comme aussi toute espèce d'approvisionnements de
guerre; et s'engageait enfin à ne jamais empêcher
de retourner chez eux les musulmans venus pour le

* Pour le texte des deux parties de ce traité, voyez (t. I, p. 369)
les *Annales algériennes* de M. Pellissier de Reynaud. En écrivant
cette introduction historique, nous avons eu constamment sous les
yeux cet intéressant ouvrage.

trafic. De son côté, l'émir promettait de faire cesser les hostilités de la part des Arabes, de rendre les prisonniers, de laisser les marchés libres et de permettre de voyager dans l'intérieur à tout chrétien porteur d'un sauf-conduit de son consul à Oran.

Telles étaient les clauses principales de ce malheureux traité; l'histoire si émouvante du désastre de la Macta montrera quels en furent les résultats.

Ainsi, après cinq années de guerre, les possessions françaises en Algérie ne s'étendaient encore que sur le bord de la mer, et, par suite de sa faiblesse numérique, l'armée était partout obligée de se maintenir sur une pénible défensive. Une brillante campagne avait fait tomber les défenses d'Alger et la puissance turque. La Métidja et le Sahel, à peu près pacifiés, commençaient à recevoir des colons; mais les tentatives pour assurer notre influence sur le revers méridional de l'Atlas avaient dû être abandonnées. Un heureux coup de main nous avait rendus maîtres de Bône, et, depuis près de deux ans, une sorte de paix tacite existait entre sa garnison et le bey de Constantine; Bougie, au contraire, enlevée après de si rudes assauts, demeurait toujours comme bloquée. Oran avait été prise sans coup férir, et le drapeau tricolore flottait également sur la Mersa et sur Mostaganem; mais les combats livrés dans cette province venaient d'aboutir à un traité qui consacrait la puissance du plus dangereux ennemi de la domination française.

En résumé, malgré d'éclatants succès, la situation était toujours difficile, et il restait évidemment beaucoup à faire pour consolider notre conquête. Toutefois, ces luttes inégales, soutenues par une poignée de braves contre une multitude d'Arabes, avaient maintenu le drapeau français en Algérie. Elles avaient eu encore un autre résultat bien important dans le présent et dans l'avenir : le premier noyau de l'armée d'Afrique était formé. Les soldats commençaient à apprendre un nouveau genre de guerre : les corps indigènes ou spéciaux à l'Algérie, non-seulement étaient organisés, mais ils s'étaient déjà couverts de gloire et avaient ainsi pris rang dans l'armée française. Beaucoup d'officiers s'étaient attachés à cette terre d'Afrique sur laquelle, au milieu de la paix profonde de l'Europe, ils trouvaient tant d'occasions de se distinguer. Habitués par les exigences de cette guerre d'escarmouches, d'embuscades, de surprises continuelles, de combats sans cesse renouvelés, à rester constamment sur le qui-vive, à porter le poids de la responsabilité et à savoir se suffire à eux-mêmes, ils étaient prêts à exercer des commandements plus importants, à entreprendre de plus grandes opérations. Enfin l'expérience allait bientôt démontrer la nécessité d'introduire certains changements dans l'équipement des troupes et dans la tactique, changements qui devaient être adoptés plus tard.

Nous n'avons pu jeter, comme nous venons de le faire, ce rapide coup d'œil sur les cinq premières années de la guerre d'Algérie, sans regretter de ne les avoir pas plus dignement racontées, et sans être saisi d'un double sentiment d'envie et de profonde admiration pour cette vaillante armée d'Afrique si disciplinée, si patiente, si dévouée au pays; pépinière féconde d'où sont sortis tant d'hommes, l'honneur de notre patrie, et dont les noms appartiennent à l'histoire.

ROBERT D'ORLÉANS.

CAMPAGNES

DE

L'ARMÉE D'AFRIQUE

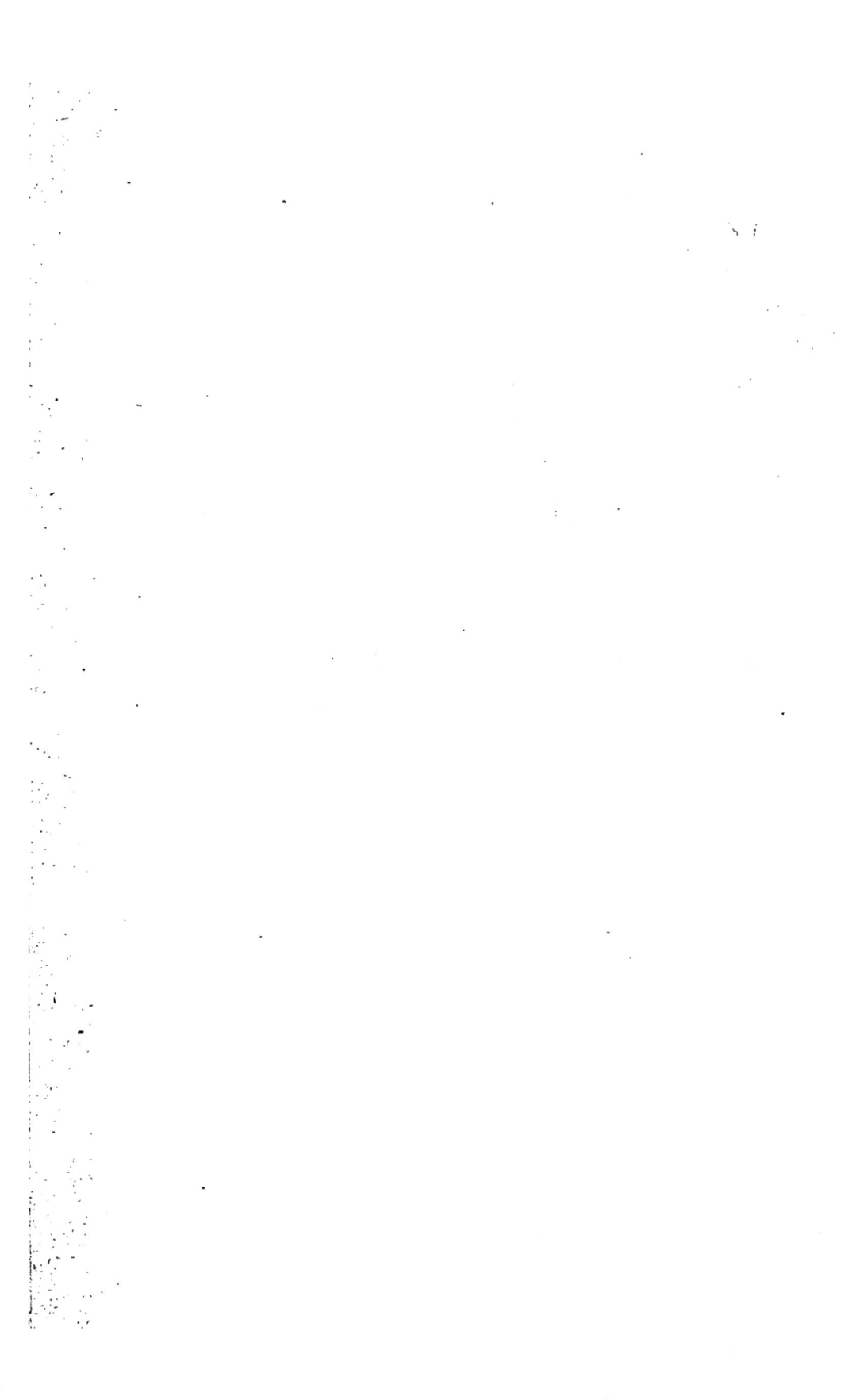

CAMPAGNES

DE

L'ARMÉE D'AFRIQUE

LA MACTA

JUIN 1835

Depuis dix-huit mois, le traité du général Desmichels [1] avait porté ses fruits.

Tandis que la division d'Oran se voyait condamnée à une inaction que la France devait long-temps et chèrement expier, l'événement le plus menaçant pour la domination française en Afrique s'était accompli.

Il s'était formé une nation arabe, et un peuple nouveau se groupait autour du chef habile et entreprenant qui avait réuni les tronçons épars de la race indigène.

Sachant profiter de ce dévouement ardent que

les nations vaincues et oubliées apportent toujours au pénible et souvent infructueux travail de leur recomposition, l'heureux aventurier que la France avait élevé de ses mains sur un trône, d'où elle ne l'a pas encore arraché, avait soumis et organisé tout le pays, depuis les frontières du Maroc jusqu'aux portes d'Alger.

Abd-el-Kader crée des finances, forme un noyau d'armée régulière, contre lequel aucune révolte partielle ne pouvait tenir; et, sentant que la première condition d'existence d'un État nouveau est de pouvoir suffire lui-même à toutes les éventualités de la lutte qu'il doit soutenir pour prendre rang parmi les nations, il prépare avec soin tous les moyens de faire aux chrétiens une guerre vigoureuse et prolongée.

Cette œuvre obscure et ignorée du monde a exigé peut-être plus de génie que des entreprises dont l'éclat a rempli l'univers; mais Abd-el-Kader suffit à tout.

En peu de mois, il avait dompté, une à une, toutes les tribus récalcitrantes, en éteignant les rivalités des musulmans entre eux dans une haine commune contre les chrétiens; il dirigeait vers un même but des populations encore plus soumises par les bienfaits d'une administration ferme que par la force des armes.

L'aristocratie des tribus, cette remuante oligarchie, avait été, ou conquise par les honneurs et les dignités, ou détruite par le fer.

Les marabouts voyaient en lui l'homme prédestiné qui devait faire sortir l'empire arabe de ses ruines; et cet élément de désordre était devenu une force de plus dans les mains de l'émir, qui commandait au nom du ciel et de la terre.

Il était vraiment l'élu du peuple, car il en avait toutes les passions et il en personnifiait tous les instincts : le besoin d'ordre, cette première nécessité des sociétés imparfaites, et la soif de la nationalité, cette première passion d'une race longtemps déchue et cependant pleine des souvenirs de sa grandeur, entraînaient toutes les populations musulmanes sous sa loi, et cette attraction s'étendait jusque dans les villes que nous occupions.

Il semblait être aussi l'élu de Dieu, car chaque jour de sa destinée était marqué par l'accomplissement merveilleux des prophéties, et on eût dit que le doigt de Dieu le guidait au milieu des dangers, qui se multipliaient comme pour faire ressortir encore la protection céleste dont le peuple le croyait entouré.

Ceux de ses rivaux que plus de titres pouvaient lui faire préférer tombent ou disparaissent devant lui.

Le choléra le délivre de Sidi-el-Aribi, le chef du parti aristocratique dans l'Ouest.

Mustapha-ben-Ismaïl [2], ce vieux et brave général des milices qui, sous les Turcs, faisaient trembler le pays, expie une première victoire par deux défaites signalées, et se voit réduit à s'enfermer avec les couloughlis dans le Méchouar de Tlemcen, dernier îlot où se réfugie la puissance turque, sans cesse entourée de flots d'Arabes.

Mouça, le chérif illuminé du désert, le chef des deskaouï du Sahara, sorte de puritains ou de communistes, dont le fanatisme fut toujours contagieux au milieu des populations exaltées et ardentes du Moghrab, Mouça est obligé de fuir devant le véritable prince des croyants, qui rehausse encore l'éclat de sa victoire par son respect pour le caractère religieux des vaincus.

Le succès, cet argument auquel les musulmans n'ont point de réplique, cette auréole toujours divine, rallie autour de l'émir tous les dissidents, et chaque danger surmonté devient pour lui la nouvelle source d'une force qu'on lui remet avec confiance ; car on sait qu'il n'en usera que pour la gloire de l'Islam et la reconstitution de l'empire arabe, *pro Deo et patria.*

Plein de foi dans sa destinée providentielle, certain de la force qu'un chef convaincu trouve

toujours dans un peuple dont il ne doute point, et
peu soucieux des termes d'un traité dont il connaissait trop l'esprit pour ne pas en dédaigner la
lettre, le fils de Mahiddin avait franchi le Chélif,
ce fleuve sacré, nouveau Rubicon; et, salué de
Mascara à Médéah par les acclamations enthousiastes d'un peuple qui personnifie en lui sa régé-
nération, ses passions et ses rêves de grandeur,
il donne des chefs à la vaste province de Tittery * et
achève ainsi l'organisation de ses États.

Sans doute cet ensemble n'était pas complet,
mais c'était plus que l'ébauche d'un royaume,
plus que le germe d'un peuple ; cette conception,
marquée du sceau du génie, était viable, et nous
ne l'avons que trop appris.

En présence de cette organisation, dont le véritable sens était une négation des Français, de cette
avalanche sans cesse grossissante, de ce torrent
qui avait déjà rompu les digues par lesquelles on
s'était flatté de contenir son cours, l'autorité militaire à Oran ne pouvait rester entre les mains
d'un général qui eût été condamné à se désavouer
lui-même, à moins d'être la dupe ou de devenir
le complice de l'émir.

Le général Trézel [3], chef de l'état-major de l'ar-

---

* Aujourd'hui réunie à la province d'Alger.

mée d'Afrique, fut désigné par le général en chef
comte d'Erlon[4] pour remplacer le général Desmichels dans le commandement de la division d'Oran.

Bientôt Abd-el-Kader, habitué à tout exiger et
à tout obtenir, envoie l'un de ses agas pour châtier, jusque sous les murs d'Oran, deux tribus,
celles des Douairs et des Smélas, dont le crime était
de s'être mises sous la protection de la France.

Ces deux tribus guerrières, débris de cette cavalerie du makhzen que l'émir reconstituait à son
profit, avaient été encouragées par l'habile et prévoyante politique du général Trézel à chercher un
refuge dans nos lignes; et ces anciens dominateurs
du pays, plus militaires que religieux, avaient
préféré la demi-indépendance et les profits de cet
asile au joug d'un marabout parvenu à la puissance avec l'aide des chrétiens.

Aussitôt que nos alliés sont menacés, le général
Trézel, sans attendre l'ordre du général en chef,
se porte à la position du Figuier, à trois lieues
sud d'Oran, après avoir fait délivrer par les chasseurs à cheval les prisonniers que l'aga avait
arrêtés dans les tribus.

L'émir répond à cet acte d'une juste fermeté
par une lettre où il laisse échapper le dernier mot
de sa politique : il signifie au général Trézel que
sa religion ne lui permet pas de laisser aucun

musulman sous l'autorité des chrétiens ; et, en lui annonçant qu'il ira les chercher jusque dans les murs d'Oran, il déclare la guerre à la France.

La guerre se ralluma donc, comme la paix s'était faite, par l'action d'agents subordonnés qu'on n'osa ni avouer ni désavouer. L'autorité supérieure, heureuse de pouvoir attendre, pour juger les actes de ses inférieurs, les résultats de leurs résolutions, subit deux fois, et en sens contraire, cet ascendant que donne une volonté ferme et persévérante sur les convictions molles et flottantes.

Dégagé de toute autre considération que celle du bien du service, et convaincu que la France ou l'émir devait reculer, le général Trézel se décida à entrer en campagne et à relever le gant qui venait de lui être jeté.

La responsabilité, cet épouvantail des hommes qui dépendent de l'opinion, ce fantôme qui s'évanouit lorsqu'on le regarde en face, n'effraya point un homme consciencieux et dévoué, qui se sacrifiait pour épargner à son pays une attitude indigne de lui.

En agissant ainsi, le général Trézel écoutait plus la justice de sa cause, son courage personnel et sa susceptibilité pour l'honneur de la France que les calculs de la prudence.

En effet, la division d'Oran ne pouvait mettre

en campagne que deux mille trois cents hommes *.

La faiblesse numérique de ce petit corps d'armée n'était point corrigée par la perfection et l'ensemble de ses divers éléments : depuis dix-huit mois, ces troupes, renfermées dans Oran, n'avaient point été exercées à la marche et rompues aux travaux par lesquels le soldat doit être préparé aux fatigues d'une campagne.

Le convoi, cette base première de l'organisation d'une colonne en Afrique, était lourd et incomplet. Les vingt voitures qui le composaient étaient en médiocre état et ne portaient, outre les approvisionnements du génie et de l'artillerie, que pour sept jours de vivres, et des tentes, que le général avait crues nécessaires à la santé des troupes déshabituées du bivac.

Enchaînée à ce convoi peu mobile, la colonne, dont la faiblesse ne pouvait être rachetée que par une vigoureuse initiative et une constante liberté de mouvement, abandonnait, au profit de l'en-

---

* Ainsi répartis :

Un bataillon du 66e de ligne,
Un bataillon d'infanterie légère d'Afrique,
Un bataillon et demi de la légion étrangère,
Cinq escadrons du 2e chasseurs d'Afrique,
Deux pièces de huit,
Quatre obusiers de montagne,
Et un détachement du génie.

nemi, ces deux puissantes garanties du succès.

Avec un corps ainsi constitué, limité dans la durée et le choix de ses opérations, il était impossible d'espérer un résultat qui fût définitif. Un revers seul pouvait le devenir.

Le général Trézel le sentait, et exécutait avec tâtonnements une résolution prise avec audace.

Après s'être avancé, le 19 juin, jusqu'au Tlélat, ruisseau bourbeux qui coule à six lieues d'Oran dans la direction de Mascara, il s'y arrêta plusieurs jours, qu'il employa à remuer de la terre autour de son camp, incertain qu'il était sur ses projets ultérieurs, et ne sachant où aller porter ses coups.

Pendant ces hésitations, Abd-el-Kader n'engageait que des partis de cavalerie qui attaquaient les convois et les fourrages des Français, et il profitait de ce délai pour rassembler ses soldats dans la plaine du Sig.

Le temps était beau, les moissons étaient terminées, et les Arabes, qui depuis longtemps n'avaient pas combattu, accouraient nombreux autour du chef dont les actes habiles et les paroles éloquentes leur inspiraient tant de confiance et d'enthousiasme.

Ce rassemblement, qui méritait déjà le nom d'armée par le nombre et par l'unité du comman-

dement auquel il obéissait, présentait les résultats
de l'organisation militaire que l'émir s'était efforcé
de lui donner.

L'infanterie régulière, formée en compagnies
et bataillons, était trop bien armée, hélas! avec
des fusils français ; son équipement grossier était
bien adapté au pays et au genre de guerre qu'elle
devait faire. Bien instruite du service de tirailleurs
et commandée par des hommes de cœur, cette
troupe, déjà aguerrie contre les tribus qu'elle
avait toujours soumises, était impatiente de se
mesurer contre les Français.

L'émir l'avait amenée tout entière, laissant la
garde de Mascara et de ses autres places aux
compagnies de canonniers, qu'il avait fait organiser par quelques déserteurs de la légion étrangère.

Autour de cette infanterie se groupaient les
Kabyles et les Arabes à pied des tribus les plus
voisines.

La cavalerie, divisée en agaliks, se composait
surtout de l'ancien makhzen, que l'émir avait eu
l'habileté de reconstituer, et des contingents des
tribus, dont le nombre était fixé par les agas et
ne dépendait plus seulement du zèle des cavaliers.

En apprenant la présence d'Abd-el-Kader sur
le Sig, le général Trézel réfléchit que chaque jour

verra croître les forces de l'ennemi et diminuer
les siennes, et il se détermine, n'ayant déjà plus
que pour quatre jours de vivres, à marcher sur
le camp de l'émir.

Le 26 juin, à quatre heures du matin, la division se met en marche dans l'ordre suivant :

L'avant-garde, commandée par le colonel
Oudinot[5], du 2e chasseurs, formée de deux escadrons de chasseurs, trois compagnies polonaises
de la légion et deux obusiers de montagne ;

Le convoi, flanqué à droite par le bataillon
italien de la légion et un escadron ;

L'arrière-garde, aux ordres du lieutenant-colonel
de Beaufort, du 2e chasseurs, composée du 1er bataillon d'Afrique, d'un escadron et de deux obusiers de montagne.

A sept heures, la tête de la colonne s'engage
dans le bois de Muleï-Ismaïl. Ce bois, qu'il faut
traverser sur une longueur de plusieurs lieues,
couvre les collines ravinées qui, descendant perpendiculairement de l'Atlas par des contre-forts
successifs, séparent les vallées du Tlélat et du Sig.

Les crêtes les plus élevées sont plantées de
bouquets de lentisques et de jujubiers épineux,
dont la verdure noire se détache en masses rondes
sur un terrain ocreux, et donne au pays l'aspect
d'une peau de tigre : çà et là, la route de Mascara,

qui serpente entre les divers mamelons, et où les voitures sont obligées de marcher sur une seule file, passe dans des fourrés d'oliviers sauvages.

C'est sur ce terrain, si favorable à la façon de combattre des Arabes, qu'Abd-el-Kader s'est porté à la rencontre des Français.

Il prend position, avec six ou huit mille hommes, sur une arête très-boisée, et y déploie son infanterie régulière, forte d'environ quinze cents hommes, de manière à la masquer aux Français et à lui laisser apercevoir les revers de la colline par où les chrétiens doivent arriver.

Un fort parti de cavalerie est en réserve derrière l'infanterie, dans une clairière ; tous les fantassins irréguliers sont à la gauche de la ligne arabe, pour pouvoir se retirer en sûreté dans la montagne, et des corps nombreux de cavalerie sont disposés pour attaquer le convoi par les deux flancs, dès que le combat sera engagé de front.

Après une heure de marche, l'avant-garde du colonel Oudinot, trop faible pour s'éclairer au loin (elle ne comptait pas cinq cents hommes de toutes armes), arrive, en chassant quelques tirailleurs arabes, jusque devant la position gardée par l'infanterie régulière de l'émir.

La tête de colonne, d'abord ébranlée par un feu très-vif et bien dirigé, est ensuite vigoureusement repoussée par les nizams. Les compagnies polonaises, débordées de toutes parts, se groupent sur un mamelon, où cette brave troupe, composée de soldats éprouvés dans la guerre contre les Russes, se maintient avec la fermeté propre à la race slave, et verse courageusement pour la France le sang qu'elle ne peut plus dépenser pour la Pologne.

Le colonel Oudinot s'élance pour les dégager, à la tête de ses deux escadrons : il traverse la ligne arabe, que ses lanciers culbutent; mais il est tué roide, ajoutant ainsi une illustration nouvelle à un nom depuis longtemps glorieux dans l'armée.

Les chasseurs, privés de leur chef, sont entourés et ramenés par les cavaliers arabes, qui leur disputent en vain le corps de leur colonel.

En même temps, la manœuvre d'Abd-el-Kader réussissait sur les deux flancs du convoi. Les deux bataillons qui le gardaient plient devant la masse qui les presse en tête et en flanc. Malgré les efforts et l'admirable conduite du commandant Poërio[6], le bataillon italien de la légion découvre le côté gauche du convoi, sur lequel les balles commencent déjà à pleuvoir. Les conducteurs des prolonges s'effrayent et s'agitent : deux voitures, chargées avec trop peu de soin, négligence toujours payée cher en Afrique, se brisent pendant ce

désordre, que vient encore accroître le nombre
des blessés apportés de tous côtés : le parc de
l'artillerie et du génie demeure seul immobile et
conserve le calme habituel de ces troupes d'élite.

Dans ce moment périlleux, le général Trézel dut
regretter de n'avoir pas conservé sous sa main
toute sa cavalerie. Cette arme doit être rarement
employée en Afrique autrement que réunie et à
portée. Elle était ici tellement morcelée, qu'elle
s'était exposée partout sans être efficace nulle
part.

L'absence de toute réserve d'infanterie, l'impossibilité de se séparer du convoi, qui ne pouvait
s'écarter du chemin frayé de Mascara, et de tourner, en manœuvrant, un ennemi qui annulait ainsi
l'avantage de la tactique et de la discipline, obligèrent, pour rétablir un combat inégal, d'aller
chercher à l'arrière-garde quelques compagnies
du bataillon d'Afrique. On les lance sur les réguliers, qui s'avançaient toujours résolûment à travers
les ravins et les broussailles. La charge, commencée en même temps sur toute la ligne, soutenue
par l'artillerie de campagne et enlevée par le
général Trézel lui-même avec sa vigueur habituelle, eut un plein succès. Les Arabes, après une
vive résistance et de grandes pertes, cèdent, mais
sans être entamés.

En se retirant, ils défendent chaque accident de terrain avec cette intelligence individuelle que d'impuissants essais de tactique ne leur avaient pas fait perdre.

Parvenus dans un fourré d'oliviers, les réguliers en profitent pour se retirer, sans être vus, dans la montagne, et ne pas s'exposer en plaine aux coups de la cavalerie française. Les chefs de cette infanterie, Mouzan et Ben-Kadour, avaient préféré la mort à la défaite de la troupe qu'ils menaient pour la première fois à l'ennemi, et qu'ils avaient proclamée invincible. Ils avaient été tués sur la position qu'ils avaient enlevée aux chrétiens.

Lorsque la colonne française débouche dans la vaste plaine de Ceirat, où son général la reforme, elle n'est plus inquiétée que par des tirailleurs, et, à quatre heures du soir, elle campe en carré sur les bords du Sig, auprès d'un bois de tamarins que l'ennemi lui dispute faiblement.

La situation du corps expéditionnaire devenait critique.

L'affaire de Muleï-Ismaïl lui avait coûté deux cent cinquante hommes mis hors de combat : pour emporter les blessés, il avait fallu jeter les tentes et même quelques autres objets ; c'étaient autant de trophées abandonnés aux Arabes, et qui devaient les consoler et les faire douter d'un échec, non sans honneur pour eux. Même à ce prix, c'est à peine si l'on put charger tous les blessés sur les caissons, qui, déjà encombrés, n'offraient plus d'asile pour ceux qu'atteindrait encore le feu de l'ennemi.

Les différentes circonstances de la journée avaient montré combien les divers éléments du corps d'armée manquaient de cohésion et d'homogénéité.

Le déchargement obligé des voitures pendant l'action avait laissé entrevoir quelques germes d'indiscipline, et l'on devait craindre qu'une partie des troupes n'eût pas cette calme et froide obéissance qui éloigne les situations extrêmes et les surmonte lorsqu'elles se présentent.

Placé entre la nécessité d'attaquer, pour atteindre le but de son opération, et l'impossibilité de le faire avec succès; sans vivres pour plus de trois jours, sans moyens de transport et d'ambulance, avec un convoi pliant sous le poids des blessés, et en présence d'un ennemi dont le nombre grossissait à vue d'œil, le général Trézel hésita de nouveau, et passa sur le Sig toute la journée du 27.

Sa position, grave en elle-même, le devint encore plus par la connaissance que l'ennemi en acquit.

Abd-el-Kader s'était campé à une lieue au-
dessus du camp français, à l'entrée des gorges
du Sig, d'où il commandait toute la plaine, et
où il savait qu'avec un convoi de voitures on ne
pouvait l'attaquer.

A peine avait-il dressé ses tentes, que son
oukil d'Oran — échangé trop tôt ou trop tard
contre notre consul de Mascara — lui apprit les
embarras des Français.

Cette nouvelle se répand comme l'éclair; en
quelques heures, des cavaliers, se relayant de
tribu en tribu, l'ont portée jusqu'à l'extrémité
de la province, avec une rapidité qui défie les
moyens les plus prompts de la civilisation. L'effet
des pertes cruelles faites dans le combat est
effacé; la mort des plus braves, les vides ouverts
dans les rangs de l'infanterie régulière sont
oubliés; on accourt de toutes parts; le jour, de
longues traînées de poussière annoncent aux Français l'arrivée des renforts arabes; la nuit, des
feux multipliés leur apprennent que toute l'armée
ennemie est réunie.

Près de quatorze mille cavaliers et mille hommes
de pied avaient répondu à l'appel d'Abd-el-
Kader, qui avait, en outre, douze cents hommes
d'infanterie régulière, lorsque le général Trézel,
cherchant à regagner le point de nos lignes le plus

rapproché de lui, se décida à marcher sur Arzeu.

Deux routes y conduisaient : l'une, la plus courte et la plus militaire, passe sur les collines qui bordent, à l'ouest, la plaine du Sig; l'autre suit le fond de la vallée jusqu'à l'embouchure de la Macta, rivière qui sort d'un défilé étroit, formé par la colline des Hammianes et un marais où se perdent le Sig et l'Habra. La distance, par la première route, est de sept lieues; par la seconde, de près de dix.

Préoccupé surtout de la difficulté de faire marcher ses *impedimenta,* le général Trézel choisit la route qu'il croit devoir présenter le moins d'obstacles au convoi, et, contre l'avis de son chef d'état-major, M. de Maussion [7], et de quelques autres officiers, jeunes de service, mais vieux dans la guerre d'Afrique, il préfère suivre la rivière, dont il espère se servir pour couvrir son flanc droit.

Le 28 juin, au point du jour, le corps expéditionnaire quitte le camp du Sig.

Le convoi, marchant sur trois files, était précédé par le bataillon d'Afrique et flanqué à droite par les compagnies polonaises et deux escadrons; à gauche, par le bataillon italien et un escadron; le bataillon du 66e et deux escadrons formaient l'arrière-garde.

Dès que le mouvement est commencé, Abd-el-Kader devine l'intention de son adversaire, et se hâte de tout préparer pour tirer parti de cette imprudence.

Il fait prendre quinze cents fantassins en croupe par ses meilleurs cavaliers, et les envoie au trot, par la route directe, occuper les hauteurs boisées qui dominent le défilé par où les Français doivent passer; puis il se met à leur poursuite avec tout son monde.

Mais on avait marché vite par la fraîcheur du matin, et ce n'est que vers sept heures que l'arrière-garde est rejointe.

Le combat s'engage aussitôt avec vivacité.

L'émir, auquel sa supériorité numérique (plus de huit contre un) permet d'attaquer sur tous les points, et d'avoir, sur chacun, l'avantage du nombre, conserve cependant une forte réserve, qu'il tient sur le flanc gauche, se reliant avec le corps qui garde déjà le défilé, et prête à l'appuyer.

Le feu durait depuis plusieurs heures sans que le corps d'armée eût été entamé; la retraite s'opérait avec un ordre parfait; mais le soleil s'élevait, et la chaleur de ses rayons piquants était encore accrue par les bouffées d'air brûlant qu'apportait le vent du sud.

La marche s'était ralentie, la colonne s'allon-

geait, et les troupes, obligées de combattre sur
tous les points et trop peu nombreuses pour
s'arrêter ou pour être relevées, étaient déjà fatiguées, lorsqu'on arriva, vers midi, au point où la
vallée commence à se rétrécir.

L'ennemi ne montrait qu'une ligne de tirailleurs
sur les crêtes boisées des Hammianes; le général
crut pouvoir les faire enlever par deux compagnies.
Lorsqu'elles arrivent sur la hauteur, elles sont
chassées par les Arabes cachés en grand nombre
sur le revers de la colline. Elles sont remplacées
par deux autres compagnies qui ont le même sort.
On dépense inutilement en attaques partielles une
force qui, réunie, eût peut-être été suffisante.

Le bataillon italien se porte vers la hauteur en
toute hâte pour les soutenir, mais il n'est plus
temps : ces soldats haletants sont chargés par les
Arabes frais et dispos, qui les rejettent dans la
vallée.

Abd-el-Kader saisit l'instant d'ouvrir enfin une
brèche dans cette forteresse vivante et mobile qu'il
poursuit et assiége depuis le matin. Sa pensée
est comprise, je dirai presque devinée, par les
Arabes, et cet amas confus de volontés individuelles
exécute avec ensemble et unité la volonté du chef.

Une foule de cavaliers, *procella equestris*, suit
et accélère le mouvement de retraite du bataillon

italien, et le pousse sur le flanc gauche du convoi.
Leur feu prend à revers le 66e, qui, vigoureusement pressé de front, doit se porter sur sa
gauche pour gagner les hauteurs, tandis que le
convoi menacé s'effraye et se jette à droite.

Excepté les voitures de l'artillerie, que l'imminence du danger ne peut faire dévier de la route,
tous les caissons appuient vers le marais et s'y
embourbent.

Ce double mouvement ouvre un intervalle dans
la ligne française. Mohammed-Ali-Bouhallem,
caïd des Bordjia, guerrier intrépide, mais sanguinaire et débauché, s'y précipite le premier; un
millier de cavaliers le suivent : il va arriver sur
les voitures, mais sa proie lui est arrachée par les
chasseurs à cheval, qui balayent tout devant eux.

Cet avantage est néanmoins de courte durée.
Toute la colonne ébranlée a dépassé le convoi;
elle bat rapidement en retraite, et se resserre de
tous côtés sur elle-même, enveloppée dans un
cercle de feu de plus en plus étroit, et aveuglée
par la fumée et par la chaleur des herbes dessé-
chées que les Arabes ont allumées, et dont les
débris flambants sont apportés par le vent du
désert jusqu'au milieu des caissons de l'artillerie.

Pour rentrer dans cette fournaise, il faut que
les chasseurs s'ouvrent la route le sabre à la main;

Abd-el-Kader vient de faire passer au galop deux mille chevaux sur la rive droite du Sig ; ils arrivent, à travers le marais, sur le flanc droit du convoi, entièrement découvert. Un dernier effort est tenté pour sauver les blessés qui encombrent les voitures ; mais quelques chevaux sont tués, d'autres s'embourbent ; les conducteurs, sourds à la voix des chefs, sourds aux prières des blessés, coupent lâchement leurs traits ; une seule voiture est ramenée par le maréchal des logis Fournié [8], du train des équipages, qui, le pistolet au poing, sauve à la fois la vie de ses malheureux camarades et l'honneur de son arme.

Quelques blessés sont emportés sur des chevaux, d'autres fuient, traînant leurs membres sanglants, et, trahis par leurs forces, rouvrent leurs blessures, dans l'espoir, hélas ! inutile, d'échapper à la mort affreuse qui s'approche ; la plupart, jetant un dernier regard sur la colonne qui s'éloigne, attendent avec une résignation stoïque une mort que la défaite des Français rend doublement cruelle.

Le massacre commence aussitôt ; les cris des mourants et ceux de leurs bourreaux, répétés par des milliers de voix, couvrent le bruit de la fusillade, et se distinguent même à travers les détonations du canon.

La colonne est glacée d'horreur : le désordre

s'accroît de plus en plus ; les corps se heurtent et se confondent ; le général Trézel ne peut ni se faire obéir ni se faire tuer.

Cette masse confuse, ne pouvant plus même fuir, parce qu'elle est enveloppée de toutes parts, tourbillonne sur elle-même, éperdue et haletante.

Une sorte de délire s'empare du soldat : on voit des hommes nus et sans armes se précipiter, en éclatant de rire, au-devant des Arabes ; d'autres, devenus aveugles, tombent dans la rivière, qu'ils ne voient pas, et nagent dans quelques pouces d'eau ; d'autres adressent à genoux un hymne au soleil, dont l'ardeur excessive égare leur raison ; tous ont perdu le sentiment de leur position et de leurs devoirs, et jusqu'à l'instinct de leur conservation, cette faculté qui survit à toutes les autres.

C'eût été leur dernière heure à tous, si une partie du 66ᵉ, des chasseurs à cheval et l'artillerie ne fussent pas demeurés compactes. Cette poignée de braves gagne à grand'peine un mamelon, à travers les flots d'Arabes qui accourent au massacre et qu'un feu bien nourri et dirigé de très-près décime sans les arrêter. Le capitaine d'artillerie Allard [9], officier d'une grande énergie, parvient à amener sur la hauteur deux pièces qui tirent à mitraille sur les barbares, ivres de carnage, oubliant tout danger pour assouvir leur soif de sang.

Mais cette dernière ressource des Français est elle-même bien près de leur manquer. Tous les efforts des Arabes se portent sur ce dernier débris d'organisation. Ils s'avancent de toutes parts, brandissant leurs sanglants trophées; ils enlèvent un obusier de montagne après avoir tué les canonniers. Les rangs du 66ᵉ, auquel se joignent les hommes les plus intrépides de tous les corps, accourus au combat sans chef et sans ordre, vont s'éclaircissant. Cette brave troupe, se croyant condamnée à mourir, entonne *la Marseillaise*, héroïque oraison funèbre par laquelle elle semble appeler la France aux armes et lui demander vengeance.

Cependant, encore une fois les chasseurs à cheval les dégagent; M. de Maussion a son troisième cheval tué dans cette charge heureuse; le capitaine Bernard [10], avec quarante hommes, culbute tout jusqu'au plus épais des Arabes qui, s'étant portés en masse sur l'arrière-garde, ont permis à la tête de la colonne de se mettre en mouvement.

Tout ce qui conserve quelque énergie se porte alors aux tirailleurs, guidés par le brave et malheureux général Trézel. Ils soutiennent le choc de l'ennemi, que le capitaine Bernard, avec ses quarante chasseurs, repousse de nouveau, et, n'obéissant qu'à leur instinct, ils se retirent assez

militairement de colline en colline ; l'artillerie se
multiplie, fait des prodiges, et l'ennemi n'est arrêté
que par ses coups à mitraille tirés à bout portant.

L'héroïsme de cette lutte corps à corps est la
seule consolation de cette journée désastreuse.

Enfin le défilé est passé ; la brise vivifiante de
la mer rend aux soldats la raison et le courage ;
les Arabes, las de tuer, chargés de butin, et
effrayés aussi des pertes énormes qu'ils viennent
de faire, ralentissent leurs attaques. En vain Abd-
el-Kader veut-il les rassembler tous pour tenter
un dernier effort, peut-être décisif ; il apprend que
ce qu'il avait pris pour de la discipline était seulement l'instinct des mêmes passions, et que, ces
passions une fois satisfaites, l'autorité n'a pas de
prise sur des hommes qui n'ont plus rien à attendre
de l'obéissance. Il pousse cependant encore avec
deux mille cavaliers notre arrière-garde jusqu'à
six heures du soir, et ne cesse un combat qui
durait depuis douze heures que lorsque les chevaux
de ses cavaliers s'arrêtent épuisés.

A huit heures du soir, le corps d'armée, qui
marchait depuis le point du jour, se reformait en
silence devant les ruines d'Arzeu. Le soleil, qui,
aussi, pendant cette fatale journée, avait combattu
contre nous, disparaissait avec les derniers de nos
ennemis, et la nuit, en voilant de ses ombres des

soldats qui ne pouvaient pas tous soutenir le regard de leurs chefs, suspendit les angoisses du général et les remords de la troupe.

La division avait perdu un obusier de montagne, presque tout son matériel, des armes et plus de cinq cents hommes, dont trois cent cinquante tués.

Elle avait perdu bien plus encore, son moral et sa confiance en elle-même. Blottie sur le rivage, elle attendit pendant plusieurs jours, dans l'inaction, que les vaisseaux demandés à Oran vinssent la chercher. Quel changement avait dû s'accomplir, pour que des Français ne se crussent plus en sûreté que sur la mer, et parce que, là, ils étaient certains de ne point rencontrer les Arabes!

Heureusement, le commandant de Lamoricière[11], envoyé en mission à Oran par le général en chef, relâche à Arzeu; son coup d'œil rapide embrasse toutes les conséquences du revers de la Macta, et il se dévoue pour en atténuer l'effet désastreux. Descendu à Oran, il prend avec lui deux autres hommes de tête et de cœur, les capitaines Cavaignac[12], du génie, et Montauban[13], des chasseurs; deux cents cavaliers douairs montent à cheval avec eux; leur témérité est couronnée de succès, ils arrivent à Arzeu sans avoir vu un ennemi.

La cavalerie seule n'était pas encore embarquée; cette dernière humiliation lui fut épargnée.

Le général Trézel, toujours au poste du danger, la ramène par terre à Oran, où il arrive le 3 juillet, sans avoir été inquiété.

Que faisait donc Abd-el-Kader? Que devenait donc son armée victorieuse? Comment, pendant quatre jours, l'émir n'essayait-il pas de jeter dans la mer les restes démoralisés d'une troupe vaincue?

Il pouvait cependant se croire vraiment sultan de la terre, en voyant les Français lui en abandonner en quelque sorte l'empire, et ne plus se confier qu'à la mer. Il avait dû se sentir grand après cette bataille de la Macta, qui eût suffi pour rendre son nom à jamais célèbre dans les annales arabes. Son étoile avait fait pâlir celle de la France; il avait scellé du sang chrétien son alliance avec son peuple, et donné de la cohésion aux éléments divers qui le composaient. Il avait rassasié les Arabes des trois plus grandes jouissances qu'ils fussent capables de concevoir, tuer, piller, humilier les chrétiens. C'était là le plus beau sacre qu'eût pu rêver le prince des croyants. Et cependant, il s'arrêtait et son armée se dispersait!

Il s'arrêtait, car il avait perdu bien des braves : deux mille de ses meilleurs soldats avaient péri ; les autres, gorgés de sang et de butin, s'étaient engourdis comme le tigre après le carnage, ou s'étaient répandus dans les tribus, proclamant

partout la victoire inespérée du nouveau sultan.
L'Algérie était pleine de sa gloire; et cependant,
il s'arrêtait, effrayé et inquiet de son succès.

Il s'arrêtait, craignant de s'être condamné lui-
même en osant vaincre la France; car il savait
que, si une grande nation peut pardonner à un
vaincu, elle doit et sait se venger d'un vainqueur.

L'émir, en attendant la réponse que la France
ferait à la Macta, ne songea donc à se servir de
sa victoire que pour asseoir et étendre son autorité sur un peuple dont il sentait que le dévouement et les efforts lui seraient bientôt nécessaires.

Il ne laissa devant nos lignes que quelques
postes, qui se bornèrent à observer de près la division que le général Trézel avait renfermée dans
Oran.

Cet officier général, après avoir été aussi hardi
dans le conseil que brave dans le combat, fut
noble dans le malheur, et réclama pour lui seul la
responsabilité d'un revers qu'il sut avouer avec
franchise et supporter avec fermeté. Il fut cependant privé de l'honneur de prendre sa revanche.
Le général en chef le fit remplacer à Oran par le
général d'Arlanges [14], qui commandait une brigade
à Alger. Mais le Gouvernement comprit que l'audace à laquelle les armées françaises devaient la
plupart de leurs beaux succès serait à jamais bannie

de leurs rangs, si un général honorablement vaincu
était brisé pour avoir osé risquer beaucoup, et
bientôt le général Trézel fut appelé à un autre
commandement sur cette terre d'Afrique où tout se
préparait pour une lutte sérieuse.

La France, en effet, s'était émue à la nouvelle
du désastre de la Macta. Le Gouvernement se
détermina aussitôt à organiser les moyens de
pousser vivement la guerre.

On ne pouvait demander au comte d'Erlon de
s'exposer, à l'âge de soixante et dix ans, après
cinquante ans de services glorieux et vingt-sept
campagnes, aux fatigues de la vie sauvage qu'im-
poserait la poursuite d'Abd-el-Kader. Il quitta
l'Algérie en y laissant un fils héritier de ses qualités
militaires, mais auquel il fut bientôt condamné à
survivre.

Le maréchal comte Clauzel[15] fut appelé au commandement en chef de l'armée d'Afrique : des
renforts furent préparés sur le continent, et le
Prince Royal demanda et obtint une place dans
l'armée qui, sous les ordres d'un capitaine illustre,
était destinée à châtier l'ambitieux rival de la
France.

MASCARA

DÉCEMBRE 1835

La tâche du nouveau général en chef était difficile.

En arrivant à Alger, au mois d'août 1835, le maréchal Clauzel trouve partout l'armée française sur la défensive.

La division d'Oran était bloquée dans les places de la côte. — La division d'Alger, inquiétée dans ses lignes par les Hadjoutes, se voyait menacée par la forte organisation que l'émir venait de donner aux populations jusque-là passives de Tittery. — A Bougie, une guerre furieuse ensanglantait de plus en plus cette étroite arène de gladiateurs. — La division de Bône demeurait stationnaire, observée par Achmed, bey de Constantine, dont l'hostilité se fût rallumée au moindre mouvement.

Toutes les forces de l'Algérie pesaient sur nous, concentrées dans les mains d'Achmed et d'Abd-el-Kader. Le bey de Constantine s'appuyait sur Tunis et était soutenu par la Turquie. Le prince des croyants avait derrière lui toute la race arabe, et disposait des ressources de l'empire de Maroc, dont les populations ferventes ne se bornaient pas à prier pour lui.

Cette situation, en se prolongeant, eût conduit à la perte de l'Afrique.

Le maréchal résolut d'y mettre promptement un terme, en reprenant partout une vigoureuse offensive. Mais, comme Achmed n'était encore qu'une menace, tandis qu'Abd-el-Kader était déjà plus qu'un danger, les premiers coups durent être dirigés contre ce dernier.

Le général français voulait surtout attaquer dans sa base la puissance de l'émir, en portant le principal effort de la guerre dans la province d'Oran; car, si les racines de l'arbre étaient une fois coupées, le tronc et les branches périraient bientôt.

Le but des opérations, dans l'Ouest, fut donc d'enlever à l'ennemi le prestige de la victoire sur le sol même où il l'avait conquis; de détruire dans Mascara, berceau et capitale du nouveau

sultan, les moyens de gouvernement, de guerre et
d'organisation qu'il y avait créés ; et, après l'avoir
privé de ce qui avait établi et maintenu son autorité, de lui opposer, en profitant de la position de
Tlemcen, un centre de résistance autour duquel
pussent se rallier les défectionnaires de la coalition
arabe dont l'émir était le chef.

Le maréchal voulait ainsi atteindre au cœur la
puissance d'Abd-el-Kader et lui enlever ses plus
récentes conquêtes, chasser le bey de Miliana de
la province d'Alger et arracher à l'ennemi la province de Tittery, en y faisant reconnaître des chefs
dévoués à la France.

Enfin, le système général des opérations offen-
sives destinées à assurer la soumission de toute
l'Algérie devait se trouver complété par la conquête de Constantine, faite par les troupes de la
division de Bône.

Pour être entièrement efficace, ce plan, parfaitement conçu, aurait dû être exécuté simultanément dans toutes ses parties ; mais les moyens
dont le maréchal Clauzel pouvait disposer, calculés d'après les illusions d'une paix trompeuse et
non pour les exigences d'une guerre générale,
étaient hors de toute proportion avec le développement d'une telle entreprise.

Au moment où le nouveau caractère de la lutte

réclamait plus de troupes, surtout de troupes
aguerries, l'armée venait de perdre cinq mille cinq
cents hommes acclimatés et commandés par de
bons officiers.

La légion étrangère avait été récemment cédée
par le gouvernement français à celui de la reine
d'Espagne. On avait dit à la légion qu'elle allait
se battre, et, sans demander pour qui et contre
qui, ni où elle combattrait, cette troupe qui, par
sa composition, ses qualités et ses défauts, rappelait les grandes compagnies du moyen âge, alla
s'engouffrer dans l'ingrate Espagne, qui la dévora
tout entière, et ne rejeta à la France, trop oublieuse
aussi d'un si noble dévouement, que des débris
mutilés et des services inconnus.

L'armée d'Afrique, des rangs de laquelle était
sorti ce brillant essaim, a le droit de revendiquer
la gloire achetée si cher par ces soldats accourus
de tous les coins du monde, parlant toutes les
langues, auxquels elle avait donné une nouvelle et
unique patrie, le drapeau français, et appris une
langue commune, la langue de l'honneur militaire.

Mais il ne faut pas anticiper sur l'ordre chro-
nologique des événements. Le récit des douleurs
et de la gloire de cette troupe trouvera sa place,
lorsqu'à la dernière scène de ce grand drame, nous
verrons ressusciter, sur le rivage africain, les

restes de cette phalange héroïque si digne d'un
meilleur sort * !

Déjà affaiblie par le départ de la légion, l'armée était en outre décimée par le choléra-morbus.

Ce terrible voyageur, en faisant le tour du
monde, s'était arrêté sur la côte d'Afrique, où il
semblait pourtant ne plus y avoir de place pour
de nouveaux fléaux.

Il atteignit à la fois les deux races qui se combattaient, et fit ressortir la diversité de leur caractère et de leur religion.

Résignés à subir un châtiment divin, les musulmans se soumirent sans résistance à un malheur
qui les trouva impassibles. Les chrétiens, au contraire, luttèrent contre le mal avec ce courage actif, cette charité intrépide, que le musulman ignore
et qui lui paraîtrait un blasphème.

Ce danger d'espèce nouvelle ne fit que réveiller
le besoin de se dévouer, ce noble attribut de la nation française, ce cachet de sa mission, cette passion sublime que, depuis tant de siècles, elle satisfait sous toutes les formes. Nulle part le choléra, ce
fléau qui prit la mesure des courages de toutes les
nations, ne fut affronté avec plus d'énergie que là,
où il y avait déjà tant d'autres manières de mourir !

* La mort a frappé M. le duc d'Orléans avant qu'il eût écrit
cette page d'histoire.

Chefs et soldats, tous firent plus que leur devoir; mais les officiers de santé surtout furent
admirables. La sixième partie d'entre eux périt
victime de son zèle. Leurs efforts, secondés par le
bon moral des malades, réduisirent le nombre des
morts à deux mille trois cent trente-cinq; mais
quatre mille cinq cents hommes étaient indisponibles, atteints, sinon du choléra, du moins de
maladies qu'avait aggravées sa malfaisante et
inexplicable influence.

Sur vingt-cinq mille cinq cents hommes dont
se composait l'armée d'Afrique, il n'en restait
ainsi que vingt et un mille disponibles.

C'était trop pour rester enfermé dans nos possessions, pas assez pour en sortir et agir dans les
trois provinces à la fois, et même trop peu pour
opérer dans une seule, en y réunissant tout ce
que n'absorberait pas la garde de nos établissements.

On manquait donc de troupes, et ce dont on
pouvait disposer, non-seulement était insuffisant,
mais n'était point réparti entre les différentes
larmes selon les besoins d'une guerre toute spéciale. La proportion des armes entre elles avait
été réglée suivant les principes classiques adoptés
pour la guerre d'Europe, où l'on se sert beaucoup
du canon, où l'on trouve partout des routes, des

subsistances, des lieux de dépôt pour les blessés ; aussi l'artillerie avait-elle de tout en abondance, excepté de ce qui était le plus nécessaire, des batteries de montagne : le génie et le train étaient plus qu'insuffisants dans un pays où l'on ne rencontre ni chemins ni ponts, et où il faut tout apporter et remporter avec soi.

Les chevaux de l'artillerie et ceux des équipages étaient vieux et usés, surtout ces derniers, par un service journalier excessif ; les transports ne se faisaient que par les prolonges à quatre roues.

La cavalerie française, bonne, bien montée et très-redoutée des Arabes, était bien au-dessous des besoins mêmes de la défensive.

L'évidence de cette situation était si frappante, que le ministre de la guerre se décida à augmenter l'armée d'Afrique de quatre régiments d'infanterie, de quatre compagnies du génie, de quelques moyens de transports, et à faire acheter des chevaux pour la cavalerie et des mulets pour des batteries de montagne.

Mais, avant même l'arrivée de ces renforts si nécessaires, le ministre en paralysait l'effet en déclarant qu'ils n'étaient que temporaires, et que, dans peu de temps, l'armée serait réduite de nouveau. Pressé également par les deux opinions qui voulaient, l'une conquérir, l'autre abandonner l'Afrique, le maréchal Maison essayait de les satisfaire en annonçant à la fois l'envoi et le rappel des troupes. Il prêtait à l'Algérie ce qu'il n'osait ni lui donner ni lui refuser.

Cette mesure ne pouvait avoir pour résultat que de nouveaux sacrifices plus lourds et moins efficaces, après avoir mis l'armée dans l'impossibilité d'entreprendre successivement des opérations qu'on ne pouvait déjà plus exécuter simultanément.

Mais le maréchal Clauzel était homme de ressource et d'énergie; nul n'était plus capable que lui, avec peu, de faire beaucoup.

Ces nouvelles difficultés ne le rebutèrent pas. Il se décida à diviser son armée en deux parties, l'une sédentaire, affectée à la garde de nos possessions et à quelques excursions dans un rayon assez court, et l'autre mobile, qu'il transporterait successivement dans les trois provinces, pour opérer par les trois bases d'opérations, en commençant par Oran et Alger, et finissant par Bône, si alors il en avait encore les moyens.

Son arrivée seule avait déjà valu des renforts : il était craint des Arabes, qui savent bien juger les hommes de guerre, et aimé des troupes, qui avaient en lui une juste confiance, et qui saluèrent

avec joie le retour d'un chef plein de vigueur
venant en Afrique pour les faire marcher en avant.

Le maréchal, ne voulant cependant point passer
trop brusquement d'une attitude prudente à des
mouvements agressifs, préluda, par quelques
coups de main dans la province d'Alger, aux
opérations de la campagne contre l'émir. Ces
entreprises retrempaient le moral et relevaient
l'ardeur des soldats, heureux de se sentir commandés ; elles atténuaient aussi les fâcheuses
conséquences des retards apportés à l'envoi des
renforts, retards qui pouvaient devenir funestes,
en ajournant la campagne jusqu'à la mauvaise
saison.

Les Hadjoutes continuaient leurs courses avec
plus d'audace que jamais. Cette espèce de colonie
militaire, refuge des aventuriers de toutes les
tribus, vrais flibustiers à cheval, ne laissait
aucun repos à nos avant-postes. Leur habileté à
faire la guerre de partisans et leur adresse individuelle comme voleurs tenaient à la fois du cosaque,
du guerillero et du sauvage.

Aucun obstacle ne les arrêtait; ils faisaient
trente lieues dans une nuit, et paraissaient toujours là où on les attendait le moins. Cette bande,
à laquelle Abd-el-Kader avait donné pour chef
un caïd intrépide, El-Hadji-Ould-Beba, le plus

hardi cavalier et le plus effronté voleur du pays, pouvait mettre à cheval mille à douze cents hommes de la meilleure et de la plus rapide cavalerie de l'Afrique.

Elle formait l'avant-garde de Hadji-el-Sghir, bey nommé à Miliana par l'émir, et qui, à la tête de trois à quatre mille hommes, conquérait en détail la province d'Alger, en écrasant successivement, comme Abd-el-Kader l'avait fait, toutes les tribus hésitantes, sous le poids d'une force supérieure à chacune d'elles.

Pendant les mois de septembre et d'octobre, le maréchal donna une nouvelle activité aux poursuites dirigées contre ces ennemis, insaisissables parce qu'ils n'avaient rien à garder ni à défendre.

Le camp de Boufarick fut le centre d'où rayonnèrent les colonnes mobiles qui, jour et nuit, cherchaient à rendre surprise pour surprise à un ennemi auquel sa constitution légère donnait souvent un avantage marqué. Ces courses, fort difficiles et souvent très-pénibles, étaient habituellement dirigées par le colonel Marey[16], commandant les spahis réguliers. Une seule donna lieu à un engagement assez vif. Le général Rapatel[17] était parti avec dix-huit cents hommes pour protéger le bey que l'on voulait opposer, à Médéah, au bey d'Abd-el-Kader. Cette colonne, trop faible pour passer l'Atlas ou pour déterminer une démonstration des populations, souvent victimes de leur confiance dans les Français, fut vivement attaquée par les Kabyles sur les premières pentes de Mouzaïa. Les zouaves et les chasseurs à cheval combattirent corps à corps, et le commandant de Lamoricière, ne manquant jamais une occasion de se signaler, sauva du milieu des Kabyles le sous-lieutenant Bro[18], fils du général, qui, blessé très-grièvement, se défendait encore sous son cheval tué.

Cette affaire fut suivie d'une tentative du bey de Miliana pour éloigner la guerre de la province d'Oran, en la portant au centre de la plaine d'Alger. Il s'avança jusqu'à Boufarick, dont il attaqua les avant-postes le 16 octobre.

Le maréchal marcha en personne contre lui, le 17, avec cinq mille hommes sous les ordres des généraux Rapatel et Bro[19].

Ces cinq mille hommes se composaient des zouaves, du 3e bataillon d'Afrique, du 10e léger, du 63e de ligne, des spahis réguliers, du 1er chasseurs à cheval.

Le bey voulut disputer le passage à la Chiffa; il fut vivement poussé jusqu'à l'entrée des gorges de l'Ouedjer, où il prit position sur les premiers mamelons, pour donner à ses bagages le temps de s'éloigner.

Mais les crêtes furent emportées par les zouaves. Les cavaliers arabes, chargés par les chasseurs et la milice à cheval d'Alger, furent rejetés en désordre dans le défilé, où le lieutenant général Rapatel, heureux que la présence du maréchal, qui commandait en chef, lui permît de reprendre son ancien métier de capitaine de voltigeurs, s'élança au milieu des Arabes avec son état-major, et tua un chef de sa main.

Cette déroute, après laquelle le pays des Hadjoutes fut ravagé sans résistance, ralentit, dans la province d'Alger, les entreprises de l'ennemi, qui se disposait, dans l'Ouest, à soutenir les attaques que les préparatifs des Français annonçaient devoir être prochaines.

Dès l'arrivée des premiers renforts, le maréchal avait fait retrancher et occuper d'une manière permanente la position du Figuier, où il comptait rassembler une partie de ses moyens; et, se servant habilement des diversions, si puissantes sur des populations inquiètes et méfiantes, il avait envoyé le chef d'escadron Sol[20] s'établir, avec cent cinquante hommes du bataillon d'Afrique, dans l'île de Rachgoun, en face de l'embouchure de la Tafna. Cette démonstration, faite à propos, inquiéta le

Maroc, retint chez eux tous les Kabyles de la côte, et dégagea pour quelque temps le Méchouar de Tlemcen, toujours bloqué par le lieutenant de l'émir Ben-Nouna.

Mais ce service rendu à l'armée coûta de grandes souffrances à la garnison de Rachgoun : sans autre abri que quelques mauvaises tentes qui avaient fait la campagne de 1792, et qui ne garantissaient ni du soleil ni de la pluie ; sans hôpital, sans médicaments, sans paille, sans bois ; privés de la distraction du combat, ayant à peine assez de place pour marcher sur l'étroite crête de cet îlot volcanique, d'où la pensée se reportait involontairement au radeau de *la Méduse,* les soldats du bataillon d'Afrique eurent bientôt consommé les serpents et les crapauds, seuls êtres animés qu'on rencontrât sur ce rocher pelé, dépourvu d'eau et de végétation. Réduits alors à un peu de viande salée et à ce que leur apportait d'eau le bâtiment qui venait de temps en temps d'Oran pour leur rappeler que leur dévouement ne resterait pas à jamais enseveli sur ce rocher inconnu, ces hommes de fer construisirent, presque sans matériaux, des bâtiments auxquels la garnison dut plus tard le soulagement d'une partie de ses souffrances, et retrouvèrent dans ces travaux la gaieté spirituelle, cette compagne habituelle du soldat français dans toutes ses misères.

Ce ne fut que vers la fin de novembre que les troupes, le matériel et les approvisionnements destinés à l'expédition de Mascara furent réunis à Oran. La saison était déjà bien avancée, mais le maréchal, confiant en lui-même, en ses troupes et peut-être aussi en son bonheur, sur lequel il compta trop souvent, ne traita le climat que comme un ennemi de plus qu'il saurait vaincre avec les autres; et, méprisant le conseil des alarmistes, qui lui représentaient les premières pluies déjà tombées comme un avertissement salutaire, il réunit, le 28 novembre, sur le Tlélat, un corps d'armée fort d'environ dix mille hommes*, comprenant onze bataillons, trois cent quatre-vingts chevaux français, six canons, douze obusiers de montagne et trois compagnies du génie.

---

* Il lui avait donné l'organisation que voici :

PREMIÈRE BRIGADE, GÉNÉRAL MARQUIS OUDINOT.

Les Douairs, les Smélas et les Turcs à pied, Ibrahim-Bey ;
Quatre compagnies de zouaves, commandant de Lamoricière;
Le 2ᵉ léger, colonel Menne ;
Deux compagnies du génie ;
Deux obusiers de montagne ;
Le 2ᵉ régiment de chasseurs d'Afrique, colonel de Gouy.

DEUXIÈME BRIGADE, GÉNÉRAL PERREGAUX.

Trois compagnies d'élite (10ᵉ léger, 13ᵉ et 63ᵉ) ;
Le 17ᵉ léger, colonel Corbin ;
Deux obusiers de montagne.

Cette armée, dans les rangs de laquelle marchait le duc d'Orléans, était bien constituée pour vaincre.

Les chefs qui, sous les ordres d'un grand capitaine, commandaient les brigades et les armes spéciales, étaient des officiers de choix.

Deux d'entre eux, le général Oudinot[21] et le colonel Combes[22], paraissaient pour la première fois en Algérie, où le général Oudinot avait voulu apporter à l'armée qui allait venger son frère le tribut de talents militaires de premier ordre.

Le colonel Combes, rentré, à la révolution de 1830, sous le drapeau qu'il avait porté le dernier sur le champ de bataille de Waterloo, arrivait, précédé par le bruit du hardi coup de main d'Ancône, sur ce théâtre où son caractère vraiment

TROISIÈME BRIGADE, GÉNÉRAL D'ARLANGES.

Le 1er bataillon d'Afrique, commandant Secourgeon ;
Le 11e de ligne, colonel de Vilmorin ;
Deux obusiers de montagne.

QUATRIÈME BRIGADE, COLONEL COMBES, DU 47e.

Le 47e de ligne ;
Deux obusiers de montagne.

RÉSERVE, LIEUTENANT-COLONEL DE BEAUFORT, DU 47e.

1er bataillon du 66e de ligne, commandant Leblond ,
Une compagnie du génie ;
Quatre obusiers de montagne ;
Six pièces de huit.

antique, ses exploits et sa mort glorieuse devaient l'immortaliser.

Les corps venus de France avaient été mêlés, dans toutes les brigades, avec des troupes déjà aguerries; mais les nouveaux régiments n'avaient guère besoin de cet enseignement mutuel; ils sortaient de la division Castellane, excellente école à laquelle ils ont fait honneur depuis; car ces nouveaux venus étaient le 2e et le 17e léger, le 11e et le 47e de ligne, dont les numéros sont inséparables du souvenir des plus beaux faits d'armes accomplis en Afrique.

Le maréchal avait espéré suppléer, par l'adjonction d'une nombreuse cavalerie indigène, au petit nombre de la cavalerie française, qui comptait à peine trois cent soixante chevaux. Six cents Arabes à cheval et trois cents Turcs à pied formaient un corps auxiliaire, sous les ordres d'Ibrahim – Bey; mais ce vieux gendarme bosniaque, stupide et médiocrement brave, était incapable de tirer parti de soldats qui ne valent que ce que valent leurs chefs. Avec lui, cette troupe, loin d'être une ressource, fut parfois un embarras.

Pour la première fois en Algérie, les chameaux furent employés aux transports de l'armée. On en avait loué sept cent soixante-quatorze aux Arabes alliés, dont on fut obligé de se servir pour con-

duire ces animaux que les Européens ne savent
point faire obéir.

L'organisation de ce convoi fut nécessairement
défectueuse, la surveillance presque nulle, le char-
gement irrégulier. Plus tard, on s'en aperçut : les
chameaux ne marchaient bien que par le beau
temps; il était impossible de les employer au service de l'ambulance; et souvent cette masse
énorme d'animaux faciles à effrayer, difficiles à
conduire, pouvait devenir un principe de désordre. Néanmoins, si l'esprit inventif du maréchal
Clauzel n'avait pas su trouver cet expédient,
malgré la ferme volonté de ne reculer devant aucun obstacle, la campagne avortait, faute de
moyens réguliers de transporter des vivres; car les
vivres n'eussent été assurés que pour six jours
sur les voitures de l'administration.

Cette combinaison faillit encore manquer au
dernier moment : la nuit qui précéda le départ
d'Oran, tous les chameliers s'enfuirent avec leurs
chameaux, et l'armée eût été condamnée à l'inaction, si le capitaine de Rancé[23], officier actif et intelligent, n'eût réussi, par une battue de nuit, avec
quelques escadrons, à restituer à l'armée cette
ressource indispensable.

Le maréchal comptait, en effet, au moyen du
convoi de chameaux, rendre l'armée indépendante

du parc des voitures toujours si lourdes et si lentes, et en même temps les voitures indépendantes des mouvements de l'armée, au moyen d'une réserve spéciale suffisante pour les défendre pendant quelque temps sans autre secours.

Dans l'ordre de marche, cette réserve dut entourer tous les *impedimenta* et les faire avancer serrés et au centre du carré que formait l'armée ; la première brigade, composée de troupes légères, allait devant ; la quatrième était derrière ; la deuxième à droite, la troisième à gauche du convoi. Toute la cavalerie était réunie derrière l'avant-garde ; l'infanterie marchait en colonne par pelotons à demi-distance, et chaque face du carré avait son commandant spécial.

Ce fut dans cet ordre, vraiment classique pour l'Afrique, que l'armée, pouvant faire face de tous côtés sur-le-champ, en disposant de tous ses moyens, en profitant de tous les avantages de la tactique européenne, franchit, le 29 novembre, après une insignifiante escarmouche, le passage de Muleï-Ismaïl.

Le corps expéditionnaire s'arrêta sur le Sig, et campa, à cheval sur les deux rives, à une lieue en deçà de la gorge où la route directe de Mascara pénètre dans l'Atlas, dont l'accès est fort difficile sur ce point. Le maréchal ne voulut pas s'y en-

gager sans avoir essayé ses jeunes troupes contre
un ennemi enhardi par de récents succès, et sans
se réserver, à tout événement, un lieu de sûreté
pour ses blessés et ses gros bagages, s'il ne pouvait les conduire jusqu'à Mascara.

En séjournant dans la plaine, il forçait l'armée
arabe, munie de vivres pour quelques jours seulement, à se dissiper, au moins en partie, sans
combattre, ou à livrer en rase campagne, avant
que les Français abordassent la montagne, le
combat qu'Abd-el-Kader, dans ses proclamations
et ses prédications du haut de la chaire de Mascara, promettait au fanatisme impatient de ses
soldats.

La riche plaine de Ceirat pouvait, d'ailleurs,
fournir pendant longtemps à tous les besoins de
l'armée française, avec une abondance dont une
administration prévoyante n'eût pas laissé abuser.
Le maréchal, favorisé par le beau temps, se décida donc à construire, sur la rive gauche du Sig,
un ouvrage retranché de six cents mètres de
développement, avec lunette sur la rive droite, et
pouvant contenir mille hommes et le parc entier
des voitures.

Depuis plusieurs jours, Abd-el-Kader, pour qui
le mouvement des Français était dessiné, avait fait
occuper par El-Mezari, son aga, à l'entrée des

gorges du Sig, une position d'où il surveillait les
diverses routes dont ce point est le nœud.

C'était une bonne occasion pour le maréchal de
reconnaître les forces de l'ennemi, de juger de ses
dispositions et d'habituer au combat des troupes
qui n'avaient pas encore vu le feu.

Le 1ᵉʳ décembre, à midi, trois compagnies et
demie de zouaves, les 2ᵉ et 17ᵉ légers et le bataillon d'Afrique, les chasseurs à cheval, les auxiliaires et la batterie de campagne, en tout deux
mille cinq cents hommes, prennent les armes, sans
bruit. L'infanterie laisse ses sacs et l'artillerie ses
caissons. Une trombe de sable, qui avait suspendu
le tiraillement des avant-postes, masque aux Arabes
le mouvement de cette colonne légère, commandée
par le général Oudinot. Une lieue est faite au pas
de course; le camp ennemi est enlevé par les
zouaves et les voltigeurs, et les Arabes emportent
en désordre leurs tentes et leurs bagages, dont
une partie est prise.

Mais, dès qu'ils les ont mis en sûreté, ils se reforment au nombre de quatre mille. Ils reprennent
l'offensive en essayant de tourner l'aile droite des
Français, qui, ayant atteint leur but, commencent
leur mouvement de retraite. Le 1ᵉʳ chasseurs à
cheval fait un changement de front à droite au
galop, et aborde résolûment un ennemi qu'il

étonne de son petit nombre ; mais bientôt la position de cette troupe, qui avait chargé déployée
sur un seul rang afin de présenter plus de front,
devient difficile : les blessés sont compromis ; un
brave officier, M. d'Arnaud [24], reçoit une mort
glorieuse en contribuant à les sauver, lorsque enfin l'infanterie, soutenue par deux pièces de campagne, dont le feu à mitraille arrête à peine les
Arabes, dégage la cavalerie.

Pendant cette action, Abd-el-Kader était ac-
couru de son camp, et, avec cet instinct qui fait
juger à l'homme de guerre le point où sa présence
peut être décisive, il se dirige, à la tête de deux
mille cinq cents chevaux, sur le flanc gauche des
Français, qu'il prend à revers. Il chasse devant lui
les auxiliaires d'Ibrahim ; mais le maréchal en
personne, avec deux pièces de campagne et deux
bataillons, arrête le mouvement offensif des Arabes,
et donne de l'air à ses troupes, vivement pressées
de toutes parts.

La retraite se continue ensuite en échelons par
bataillon et s'exécute avec un aplomb et un sang-
froid remarquables. Bientôt l'arrivée de trois bataillons des 11e, 47e et 66e, amenés par le colonel
Combes au-devant de la colonne française, met fin
au combat. C'était M. Thomas [25], lieutenant d'état-
major, qui avait entrepris avec courage et accom-

pli avec bonheur la périlleuse mission d'aller chercher ces renforts.

La reconnaissance du Sig, qui avait coûté aux
Français une cinquantaine d'hommes tués ou blessés, ne pouvait vider la querelle ; c'était le salut
des armes avant le duel. De part et d'autre, on
s'était trouvé brave, confiant et résolu ; de part et
d'autre, on désira plus vivement une action sérieuse.

Les Arabes, pour qui revenir sur ses pas, c'est
être vaincu, puisaient dans ce combat de nouvelles
espérances.

Le général français a besoin de briser le rassemblement ennemi, avant d'entreprendre deux
passages de rivières, sans ponts, et peut-être même
un siége de Mascara, sans grosse artillerie, avec
la Macta pour préface et la saison pour ennemi.

Il lui faut un combat, car il sait que l'effet moral
d'une défaite amènera parmi les musulmans un
découragement proportionné à leur confiance
actuelle ; mais il lui en faut un seul ; un trop grand
nombre de blessés, qu'il faudrait reporter dans
nos lignes par un mouvement rétrograde, détrui-
rait l'impression de la victoire. La première rencontre doit donc être décisive ; et les Arabes, pour
être vaincus sans appel, doivent l'être tous à la
fois et avec tous leurs moyens.

Le maréchal laisse dans ce but à l'émir la jour-

née du 2, afin que toutes les forces arabes aient
le temps de se réunir, et il se détermine à continuer sa marche dans la plaine, en se tenant rapproché du pied des montagnes.

Le 2 au soir, le camp retranché était terminé ;
le soldat avait apporté au travail la même ardeur
qu'au combat. Mais l'occupation de ce poste,
inutile du moment que l'armée, cherchant ailleurs
le passage des montagnes, devait emmener plus
loin ses bagages, eût été dangereuse en présence
d'un ennemi nombreux et acharné ; elle eût détruit
le plan du maréchal, en attirant sur ce point toutes
les attaques des Arabes, toujours prompts à concentrer leurs efforts contre les positions les plus
faibles. Ce fut un jalon laissé pour l'avenir. Les
Arabes reconnaissent au temps seul le droit de
détruire, et ne brisent que ce dont ils savent se
servir, et l'on était certain qu'ils ne prendraient
pas la peine d'effacer un travail, utile peut-être
pour des opérations subséquentes.

Le 3 au matin, l'armée quitte le camp du Sig,
marchant dans l'ordre qu'elle avait en y arrivant,
et se dirige à travers la plaine vers l'Habra, en
laissant à un peu moins d'une demi-lieue sur la
droite les premières pentes de l'Atlas.

Abd-el-Kader a établi son camp à un endroit
appelé Ghorouf, situé entre les deux principales

routes de Mascara à Oran. Un parti de deux mille
chevaux s'engage d'abord sur son ordre, envoie
des tirailleurs pour harceler l'arrière-garde française, et la charge bientôt à la sortie d'un bois de
tamarins qui avait ralenti sa marche. Le 47ᵉ, ren-
forcé du bataillon du 66ᵉ, s'arrête et repousse avec
calme le hourra des Arabes; mais, la tête de la
colonne ayant continué à marcher, un intervalle
s'est ouvert entre le convoi et l'arrière-garde.
L'émir, à qui rien n'échappe, s'ébranle aussitôt
avec dix mille cavaliers déployés par goums sur
plusieurs lignes, faisant retentir l'air de leurs cris
glapissants. Au milieu des étendards et d'un groupe
de chefs étincelants, Abd-el-Kader est reconnais-
sable à l'extrême simplicité de son costume : il
semble vouloir ne dominer que par l'ascendant du
génie, et dédaigner la fascination par l'éclat et les
pompes extérieures, si puissante et si employée en
Orient.

Cette masse imposante, dont la formation et l'aspect rappellent les armées du moyen âge, s'avance
au grand trot, précédée de nombreux tirailleurs.

Mais le mouvement des Français est encore plus
rapide : un changement de direction à droite par
brigade est commandé par le maréchal, qui, ne
voulant pas recevoir sur son flanc de pied ferme
cette attaque, se porte au-devant de l'ennemi avec

les première et deuxième brigades, tandis que les troisième et quatrième couvrent le convoi en arrière et à droite. Cette manœuvre est exécutée avec une précision et une célérité qui eussent été applaudies sur un champ d'exercice : une batterie de dix pièces de montagne et de campagne ouvre son feu au milieu des tirailleurs de la deuxième brigade, devenue tête de colonne. L'effet en est terrible, surtout autour de l'émir ; son secrétaire et un porte-étendard tombent à ses côtés ; mais lui-même, fier d'être le but de tous les coups, se promène au petit pas sur son cheval noir, et défie, dans son fatalisme confiant, l'adresse des canonniers, obligés d'admirer sa bravoure. Ses cavaliers continuent le combat jusqu'à ce que, débordés sur leur droite par la première brigade qui les a tournés, ils se retirent en bon ordre dans la montagne, cédant à l'emploi habile des moyens supérieurs de la tactique européenne.

Le maréchal ne veut point les y suivre. Un nouveau changement de direction à gauche replace l'armée française dans la route qu'elle avait un instant quittée. Elle redescend tranquillement dans la plaine sans paraître s'occuper davantage de l'armée arabe, qui a vainement essayé de l'attirer dans la montagne.

Cette sorte de dédain, auquel les barbares et les

parvenus sont toujours sensibles, irrite Abd-el-
Kader; cette apparente indifférence pour le combat
excite ses soldats. Il veut forcer les Français à une
rencontre, désirée par eux plus encore que par lui,
mais dont il reste l'arbitre à cause de la pesanteur
de leurs colonnes; et, profitant de l'avantage de
l'initiative que lui assure la légèreté de ses troupes,
il se hâte de choisir le champ de bataille où il
veut se mesurer avec les chrétiens.

Une lieue avant d'arriver à l'Habra, où l'émir
sait que le besoin d'eau conduira les Français, la
plaine, découverte et unie comme un lac, se resserre entre l'Atlas, à droite, et un bois très-touffu,
à gauche. La forêt et la montagne vont se rapprochant, et le fond de cette espèce d'entonnoir
est fermé perpendiculairement par deux ravins
parallèles entre eux, unissant les mamelons escarpés de la droite à la futaie très-resserrée de la
gauche. Derrière ces ravins, d'un accès difficile,
se trouve un cimetière entouré de haies d'aloès et
de petits murs, et rempli de pierres tumulaires et
d'accidents de terrain qui se prolongent en arrière
jusqu'à l'Habra; au centre, on voit quatre marabouts blancs, surmontés d'un croissant, dédiés à
Sidi-Embarek, et servant, dans ces vastes solitudes,
de point de direction et quelquefois d'asile au
voyageur.

C'est dans cette position que l'émir attend les Français, qui jouent quitte ou double la même partie qu'à la Macta. L'infanterie régulière s'embusque avec intelligence dans les ravins et dans le cimetière, lieu saint marqué par des prophéties qui promettent un miracle aux musulmans. Le bois est occupé par les fantassins irréguliers, soutenus par quelques pelotons de nizams; trois petites pièces de canon, qui jusqu'alors n'avaient servi qu'à constater la souveraineté d'Abd-el-Kader, sont pour la première fois mises en batterie contre les chrétiens : du haut d'une colline escarpée, elles prendront d'écharpe les colonnes françaises, obligées de se resserrer à mesure que la plaine se rétrécit.

Toute la cavalerie, au nombre d'environ dix mille chevaux, sous le commandement d'El-Mezari, se réunit sur les versants de la montagne pour se jeter sur le flanc droit et l'arrière-garde des chrétiens, que l'infanterie et l'artillerie combattront de front et sur le flanc gauche.

Telles sont les dispositions, bien appropriées à la nature des lieux et à l'esprit de ses troupes, que l'émir a prises avec promptitude, guidé par son seul instinct; tant il est vrai que l'intelligence du terrain et la connaissance du cœur des hommes sont les premières qualités d'un général, celles auxquelles rien ne supplée, et dont les inspirations peuvent parfois suppléer elles-mêmes au manque d'études et à l'ignorance des règles de l'art.

C'est à la nuit tombante, et après une marche de dix heures par une grande chaleur, que l'armée française aborde cette position redoutable : l'ennemi, que l'on ne peut tourner, s'est assuré l'action convergente des feux croisés, une position aisée, s'il est vainqueur, une retraite facile, s'il est vaincu ; et le lieu même sur lequel on va combattre est une excitation au fanatisme musulman.

Les trois premières brigades marchaient en ordre naturel et en échelons par la droite ; la quatrième brigade continuait à faire l'arrière-garde.

Les Arabes laissent approcher les Français jusqu'à petite portée ; puis, à un signal donné, le ravin s'allume comme une traînée de poudre ; l'artillerie, assez bien servie, ouvre son feu ; les cavaliers entament leur attaque ; le bois se garnit de nombreux tirailleurs, qui mettent en désordre la bande d'Ibrahim-Bey.

Le combat rend aussitôt les forces et la gaieté aux troupes fatiguées ; partout chefs et soldats se précipitent sur l'ennemi : à la droite, les zouaves du capitaine Mollière[26] abordent à la baïonnette les nizams, qui se défendent avec une bravoure digne de ceux qui leur ont servi de modèle. Le 2ᵉ léger,

dans les rangs duquel frappent les boulets arabes,
est entraîné par le général Oudinot, qui tombe
blessé sur le sol encore fumant du sang de son
frère, et veut néanmoins continuer à combattre.

Au centre, la deuxième brigade s'élance sur les
réguliers, et enlève à la course le cimetière, qu'elle
jonche de cadavres arabes.

A la gauche, le bois est déblayé par le duc
d'Orléans avec trois compagnies du 17e léger et
du bataillon d'Afrique, conduites par le colonel
Létang[27] et le commandant Bourgon[28].

L'attaque de la cavalerie est repoussée avec la
même vigueur par les chasseurs à cheval et par
l'arrière-garde du colonel Combes, qui exécute
avec succès un retour offensif. El-Mezari, grièvement blessé, regagne à grand'peine la montagne,
où ses cavaliers dispersés l'ont déjà précédé.

La *furia francese* a vaincu partout et promptement : la Macta est vengée. Effrayés de l'impétuosité de ce choc, si rapide qu'il n'a coûté aux
Français qu'une quarantaine d'hommes mis hors de
combat, les Arabes s'enfuient dans toutes les directions, abandonnant leurs morts et leurs blessés. Ils
sont mitraillés par l'artillerie, qui les écrase chaque
fois que, pour passer un ravin, ils s'entassent sur
les passages frayés ; la cavalerie, malgré son petit
nombre, les poursuit vivement, et, le premier

parmi les plus braves, Richepanse[29], tue deux chefs
de sa main, signalant ainsi sa première apparition
sur cette terre, où une mort glorieuse devait
bientôt couronner une vie chevaleresque et étran-
gement héroïque.

Mais la fatigue revient à mesure que l'ennemi
disparaît à l'horizon, et la nuit met un terme à
une poursuite déjà ralentie par le manque de
cavalerie et l'obligation de construire une route
pour le convoi à travers ce terrain accidenté. Ce
n'est qu'à neuf heures du soir que le corps d'armée
trouve, en campant sur l'Habra, le repos nécessaire
après une longue journée où, de part et d'autre,
on a bien manœuvré et bien combattu, mais où
un succès brillant avait récompensé l'élan des
Français et la supériorité des combinaisons de leur
général.

Le combat de l'Habra ouvrait aux chrétiens le
chemin et les portes de Mascara; mais le maréchal,
justement inquiet des facilités offertes par la montagne à l'ennemi, à qui le succès n'était pas
nécessaire pour faire échouer une entreprise qu'un
trop grand nombre de blessés ou un retard pouvait
rendre impossible, ne négligea aucune précaution,
quoique la démoralisation des Arabes les rendît
peut-être inutiles.

Il continua le 4 à suivre la plaine, laissant son

armée elle-même dans l'incertitude sur ses plans,
jusqu'à un endroit appelé Sidi-Ibrahim, que son
habileté à lire le terrain lui avait fait deviner et
choisir comme le moins mauvais des passages de
l'Atlas.

Les deux premières brigades changent brusquement de direction à droite, et, sous la protection
des fusées de guerre, dont le tir fut cette fois
moins incertain, elles s'emparent rapidement des
premières crêtes entre lesquelles le convoi devait
s'engager. Ce mouvement s'opère presque sans
résistance de la part des Arabes, qui, du haut de
ces collines, observent, en spectateurs découragés,
la marche d'une armée qu'ils ne se flattent plus
de vaincre.

L'ennemi, ce n'est plus l'Arabe, ce n'est pas
encore la saison; l'ennemi, c'est le convoi.

C'est pour le convoi qu'il faut, au milieu des
difficultés qui eussent rebuté d'autres troupes,
frayer péniblement une route carrossable à travers
une affreuse succession de montagnes abruptes,
de ravins à pic et de rochers informes.

C'est le convoi qui condamne l'armée à des
lenteurs capables de compromettre le fruit de la
victoire et peut-être le résultat de la campagne, en
lui faisant consommer ce qu'il y a de plus précieux
dans la guerre d'Afrique, le temps et les vivres.

C'est encore pour le convoi que les troupes sont obligées de couronner successivement et à de grandes distances des crêtes escarpées, et de manœuvrer toute la journée, par la chaleur et sans eau, dans des terrains que l'on pourrait appeler impossibles.

Les trois premières brigades marchent en échelons par la droite, de manière à pouvoir s'appuyer mutuellement, et à tourner, sans les attaquer de front, toutes les positions que l'ennemi serait tenté de défendre. Dans cet ordre, qui mérite d'être étudié, la première brigade déborde de beaucoup les deux autres.

Dans un mouvement de conversion générale vers le col de l'Atlas, le 5, l'avant-garde de la première brigade, commandée par le général Marbot[30], qui a remplacé le général Oudinot, s'empare d'une hauteur occupée par la tribu des Beni-Chougran, après un engagement où les zouaves et le 2ᵉ léger lui tuent ses principaux guerriers.

Peu après cet acte isolé d'hostilité, les têtes de colonne débouchent péniblement sur le plateau d'Aïn-Kébira. C'est le soir, fort tard, que le convoi, à grands renforts de chevaux et en doublant les attelages, parvient à y monter. Il a fallu à tous les travailleurs de l'armée deux jours d'efforts inouïs pour faire franchir aux voitures les trois lieues qu'elles ont parcourues dans la montagne, et encore ce résultat est-il dû à un tour de force des troupes du génie, dirigées par le colonel Lemercier[31] avec l'ardeur qui finit par lui coûter la vie ; car ce ne sont pas les dégâts d'un seul hiver que l'homme doit réparer ici, c'est l'action continue de tous les siècles sur un sol vierge et sauvage qu'il faut corriger et effacer ; et le plus difficile reste encore à faire, l'Atlas, dont le sommet est un vaste plateau tourmenté, présentant, jusqu'à la plaine de Mascara, plus d'étendue que n'en a parcouru l'armée.

Heureusement, l'effet et les résultats de la victoire de l'Habra ont dépassé toutes les espérances, et permettent de hâter et de simplifier les opérations de l'armée. Passant de l'enthousiasme à l'abattement, les Arabes déposent les armes, et maudissent tout à coup les charges d'un gouvernement régulier, dont ils n'avaient jusqu'ici rêvé que les profits ; quelques tribus même font acte de soumission aux Français. El-Mezari, le meilleur des agas de l'émir, influent par ses talents et sa naissance, encore sanglant de sa récente blessure, se laisse entraîner vers les Français par l'attrait que lui inspire un vainqueur brave et habile. Quelques autres chefs, entre autres Kadour-ben-Morfi, l'un des combat-

tants de la Macta, suivent cet exemple, dangereux
pour le fils de Mahiddin. La défection gagne les
tribus du désert d'Angad, et le contre-coup d'un
succès qui eût pu devenir décisif se fait sentir
jusqu'à Tlemcen, bientôt débloqué.

L'émir domine le malheur par sa fermeté.
Abandonné des siens, il ne s'abandonne pas lui-
même : il saura dompter la mauvaise fortune et
réunir de nouveau ce faisceau près de lui échapper.
Mais il fait une cruelle épreuve de la mobilité et
de l'ingratitude de ces peuples, qui n'obéissent
qu'aux favoris de la fortune. Rien n'est sacré
pour ces barbares, qui, dans le besoin d'assouvir
la rage de leur fanatisme trompé, rendent leur
chef responsable d'un revers dont ils n'osent
accuser ni Dieu, ni le courage des chrétiens. La
femme de l'émir n'échappe point aux outrages de
la populace ; ses boucles d'oreilles lui sont arrachées ; et, lorsque Abd-el-Kader, insensible aux
insultes dirigées contre son autorité, s'émeut et
s'irrite de l'affront fait à sa compagne unique,
les Arabes, semblables à ces sauvages qui brisent,
pour les punir de leur impuissance, les faux dieux
qu'ils viennent d'adorer, les Arabes lui enlèvent
le parasol doré, emblème de la souveraineté dont
ils l'ont revêtu, et lui disent insolemment : « Quand
tu seras redevenu sultan, nous te le rendrons. »

Cet engagement, le fils de Mahiddin semble
l'accepter ; il courbe la tête, mais pour la relever
plus haut lorsque la bourrasque aura passé ; et,
pour le moment, il ne songe qu'à sauver quelques
débris du naufrage, et surtout à conserver son
noyau d'armée. Il sacrifie Mascara, qu'il ne peut
plus défendre, et, après avoir emmené la population musulmane, seule richesse qu'il tienne à
soustraire aux chrétiens, il livre la ville à ses
réguliers et aux cavaliers qui lui sont demeurés
fidèles. A défaut de la victoire, il leur donne le
pillage, et cette soldatesque effrénée, se livrant
à tous les excès, se venge de sa défaite par l'incendie, le vol et le meurtre des juifs, que l'émir
abandonne ensuite aux infidèles, avec les ordures
dont il a couvert tout ce qu'il n'a pu emporter.
Ce sont toujours ces mêmes Arabes qui, il y a
deux mille ans, ouvraient déjà le ventre aux juifs
pour savoir s'ils n'avaient pas mangé de l'or.

En apprenant ces nouvelles, le 6 au matin, le
maréchal laisse à Aïn - Kébira toutes les voitures
avec les troupes du génie, la batterie de campagne et les troisième et quatrième brigades
réunies sous le commandement du général d'Arlanges ; il lui donne l'ordre de tâcher d'arriver
jusqu'au village d'El-Bordji, et d'y rester pour
garder, à tout événement, le col de l'Atlas, car

il sait à quels singuliers caprices la fortune de la
guerre est soumise. Alliant ainsi la prudence à
la hardiesse, il se hâte d'occuper Mascara avec
les deux premières brigades et le convoi des
chameaux.

Mascara, qui offrait aux Français le hideux
spectacle d'une ville atrocement saccagée, est
une assez grande ville moderne, bien bâtie, bien
située sur un plateau étendu ; elle est entourée
d'une muraille de vingt-cinq pieds de haut, avec
une casbah servant de réduit.

Si ces remparts, de construction sarrasine et
assez semblables à ceux d'Avignon, avaient été
défendus lorsque la colonne française, précédée
au loin par le quartier général et une avant-garde
de vingt-cinq zouaves qui avaient suivi le trot des
chevaux, y arriva sans aucun moyen d'attaque
même pour un coup de main, un désastre eût pu
s'ensuivre. Mais la prudence a souvent l'apparence de la témérité ; l'art du général consiste à
deviner ce qu'il peut se permettre, et le maréchal
savait qu'il n'avait plus à faire qu'une course au
clocher.

On trouva dans la capitale d'Abd-el-Kader
vingt-deux pièces de canon, quatre cents milliers
de soufre, beaucoup de poudre, de grands approvisionnements gâtés de biscuits et de grains, un

arsenal, et une fabrique d'armes en pleine activité, et, ce qui était surtout précieux pour les
Français, on y reprit l'obusier et les caissons
enlevés à la Macta. Il était temps pour l'armée
d'arriver, et de détruire ces éléments d'une puissance à laquelle le génie créateur de l'émir aurait
pu donner de si dangereux développements.

La perte de ces établissements qui avaient
coûté tant de soins, de persévérance, d'efforts et
d'intelligence, fut un dommage longtemps irréparable pour un ennemi privé ainsi de la ressource
de ce qui alimentait son armée. Cette destruction
fut faite avec soin. L'art de bien détruire est une
science souvent aussi difficile et aussi importante
à la guerre que l'art de créer.

Le 9 décembre, lorsque le feu, l'eau et la mine
eurent anéanti les établissements et les approvisionnements de Mascara, et ouvert une brèche
dans la casbah, la colonne française, éclairée par
la flamme livide et bleue des magasins de soufre,
reprit le chemin de l'Atlas, emmenant avec elle
les trophées de la Macta, et s'éloigna de cette
ville désarmée et déflorée, où l'on avait trouvé
l'hiver, la désolation et la misère, et d'où l'on
rapportait le germe des maladies.

Les dangereux effets du froid et de la pluie
avaient été aggravés par une mauvaise nourriture.

Le convoi des chameaux, chargé des vivres de
la colonne, s'était, dit-on, débandé, sans que
les chefs français de cette imparfaite organisation
pussent retenir les chameliers arabes avides de
vol. Le soldat, transi et affamé, s'était nourri de
la chair des chiens errant par bandes, comme
dans toutes les villes musulmanes, de gâteaux,
de figues fermentées, et d'autres aliments mal-
sains, déjà souillés par le pillage.

Ce n'était, d'ailleurs, que le prélude des plus
pénibles épreuves. La pluie ne cessait point; plus
on montait, plus le brouillard devenait épais et le
vent glacial, surtout à partir d'El-Bordji, où la
colonne avait bivaqué le 9. Ce qu'on appelait la
route d'Aïn-Kébira n'était qu'un ravin fangeux,
rempli d'une boue grasse où les soldats demeu-
raient fichés jusqu'aux genoux et étaient obligés
de s'aider de leur fusil pour marcher. En approchant du col de l'Atlas, ce fut une vraie tourmente
des Alpes : la grêle, chassée par le vent du nord,
coupait la figure; le froid était tellement vif, que
les membres s'engourdissaient; l'obscurité obligea
en plein midi à battre la marche des régiments,
pour que chaque peloton pût suivre celui qui le
précédait. Mais la patience des troupes ne se dé-
mentit point, et elles oublièrent leurs souffrances
pour en soulager de plus grandes encore.

La colonne ramenait un millier de juifs de Mascara, échappés au massacre. Cette lamentable
caravane, près de périr de fatigue et de froid, ne
pouvait plus avancer. Les vieillards roulaient défi-
gurés dans les précipices, où ils paraissaient une
avalanche de boue; des femmes, drapées comme
les juives de la Bible, tombaient affaissées sous le
poids de leurs enfants, qu'elles ne pouvaient ni
abandonner ni sauver; des chameaux portant des
familles entières s'abattaient des quatre membres,
et restaient enfoncés dans la glaise, où eux et leur
charge disparaissaient pour ne plus présenter
qu'une masse sans forme et sans couleur. Le
psaume du retour de la captivité, chanté d'une
voix nasillarde par ces malheureux enfants d'Israël,
semblait un appel à un dévouement qui ne leur fit
point faute.

Chaque soldat se fait sœur de charité : les enfants sont chargés sur les havre-sacs des fantassins, déjà pliant sous le poids de cent cinquante
cartouches : les vieillards sont recueillis par les
chasseurs à cheval, qui les placent sur leurs chevaux. Les soldats malades cèdent leurs places aux
femmes, et, lorsqu'on se reforme sur le plateau
d'Aïn-Kébira, où l'on retrouve tout à coup le soleil
et le beau temps, ces malheureux juifs, adoptés et
portés par l'armée française, étaient tous là, sans

exception, pour rendre hommage à l'humanité et
à la générosité des soldats, auxquels ils devaient
leur salut, et qui ne soupçonnaient même pas
qu'ils eussent fait une belle action.

Les troupes du général d'Arlanges avaient encore plus cruellement souffert, surtout de la faim.
Les approvisionnements de vivres, mal calculés,
s'étaient trouvés épuisés, et, lorsqu'on voulut recourir à la réserve du petit sac de riz donné ca-
cheté à chaque soldat lors de l'entrée en campagne,
on s'aperçut que cette ressource précieuse avait
été gaspillée par des troupes novices et aussi
imprévoyantes du lendemain qu'ignorantes du
danger. Un seul bataillon avait conservé cette réserve intacte jusqu'au bout : c'était le bataillon
du 2ᵉ léger, commandé par le capitaine Changarnier[32]. Ce chef si brillant témoignait déjà ainsi de
cet ascendant sur le soldat qui est devenu depuis
une de ses plus éminentes qualités.

Pendant les cinq jours que la colonne d'Arlanges
passa sans distributions régulières, sans abri sur
ce plateau glacial, avec un lac de boue pour bivac, les soldats, qui ne pouvaient ni manger ni
dormir, avaient vaillamment repoussé quinze cents
Arabes, dont une brume épaisse favorisa deux fois
les attaques. Ils avaient travaillé sans relâche à
faire avancer les voitures jusqu'à El-Bordji, puis

à les faire rétrograder, suivant les ordres successifs du maréchal, jusqu'à Sidi-Ibrahim, où les deux colonnes se rejoignirent; et leurs efforts ne furent pas même récompensés par le séjour de Mascara, qui leur semblait une terre promise, tant il est vrai que tout est relatif dans les jouissances et dans les misères de ce monde!

Deux jours après la réunion de tout le corps expéditionnaire, l'armée atteignait Mostaganem à la suite d'une légère escarmouche. Elle y déposa ses blessés, ses malades, y prit des vivres, et se dirigea vers Oran.

Le passage de la barre de la Macta, par un vent violent du nord-ouest faisant déferler les lames, fut une opération difficile, que les généraux Perregaux et d'Arlanges réussirent à terminer sans accident, et, le 21 décembre, les derniers régiments étaient rentrés à Oran.

Les troupes étaient fatiguées ; les privations, et surtout la mauvaise eau, avaient développé des maladies, peu dangereuses il est vrai en hiver, mais que le repos seul pouvait guérir. Cependant, le maréchal, ne perdant pas de vue le but final de ses opérations, dut subordonner le soin du soldat et la considération de la saison à l'urgence de rentrer immédiatement en campagne.

Abd-el-Kader, en effet, était ébranlé, mais

n'était ni abattu ni découragé. Il fallait, sous peine de perdre les fruits d'un premier avantage, achever de le poursuivre avant qu'il eût le temps de se remettre du choc.

Aussi le maréchal redoubla d'efforts et d'activité, et, dès les premiers jours de janvier, il était en mesure de marcher sur Tlemcen avec un corps expéditionnaire, qu'il avait reconstitué en moins de quinze jours et malgré les entraves du ministre de la guerre.

Cependant, Abd-el-Kader était prêt avant les Français. Il avait mis à profit le répit forcé que donnaient à la barbarie les exigences d'une armée civilisée, et il essayait déjà, avec ses réguliers, de soumettre les populations flottant entre une protection souvent inefficace et un châtiment rigoureux et certain.

Si celui qui a le moins de besoins et qui y pourvoit le plus vite est celui qui fait le mieux la guerre, peut-être l'émir dut-il croire à sa supériorité sur les Français.

TLEMCEN

JANVIER 1836

Quand une société imparfaite se personnifie en un seul homme, la présence de cet homme, partout où la cause qu'il représente est menacée, devient la première condition d'existence de la puissance dont la destinée est tout entière en lui.

Lorsque la résistance arabe, engourdie partout, n'avait de corps et ne pouvait se réveiller que par Abd-el-Kader, ce chef habile ne manqua pas aux devoirs imposés dans les moments critiques aux fondateurs d'empires.

Il accepta le rendez-vous que les Français lui donnaient à Tlemcen, et, arrivé le premier sur ce champ clos, il y attendit les chrétiens, résolu à leur disputer, sinon le sol, du moins la conquête des hommes, sachant que, pour un chef, il vaut souvent mieux être vaincu que ne pas avoir combattu.

Le fils de Mahiddin avait puisé un nouveau prestige religieux dans sa retraite de Kashrou, saint pèlerinage, où, après sa défaite de l'Habra, il avait été s'enfermer et prier sur les tombeaux de ses pères. Il s'en servit avec sa constante habileté, et, lorsqu'il parut au milieu des populations toujours profondément remuées par la présence de cet homme extraordinaire, il se présenta à elles plus encore comme prêtre que comme prince.

Usant de cet art merveilleux d'entraîner les masses, véritable cachet des grands hommes, il annonce qu'il ne vient à Tlemcen que pour accomplir le devoir d'arracher, même malgré eux, des mahométans au contact des chrétiens près de les souiller.

Sa cause eût fait un pas immense le jour où les derniers musulmans auraient été séparés des Français, et où les Arabes, en choisissant entre la France et l'émir, auraient semblé devoir se prononcer entre le Christ et Mahomet. La politique et le fanatisme étaient d'accord pour lui révéler ce but comme celui de tous ses efforts; il n'a jamais cessé de le poursuivre à travers toutes les vicissitudes de sa fortune si capricieuse.

Une tâche aussi sainte lui assure le concours de la population arabe de Tlemcen. Les Maures de la ville, appuyés par cinq cents hommes d'infanterie régulière et quelques canonniers, resserrent le blocus étroit du Méchouar. Les couloughlis tentent en vain une sortie ; après un combat corps à corps, la victoire est décidée par la bravoure personnelle d'Abd-el-Kader, qui leur coupe soixante têtes, et les renferme dans leurs murs où ils sont bientôt réduits aux abois.

Joignant la dérision à la cruauté, l'émir leur fait jeter avec des frondes les oreilles des braves qui viennent de succomber, et quelques morceaux de pain, en attendant, dit-il, la chair de porc que les chrétiens leur apportent. Son orgueil est satisfait d'avoir humilié ses plus mortels ennemis, en leur prouvant qu'ils ne peuvent plus vivre que par les chrétiens.

Un instant même, son khalifa le flatte de l'espoir de ne laisser aux Français que les cadavres des couloughlis.

Ben-Nouna, homme de couleur, soldat obscur, porté au rang qu'il occupe par l'ardeur des passions qu'il tient de son père le nègre et de sa mère la juive, parvient à déterrer des canons enfouis par les Espagnols, et il les met en batterie devant la faible muraille contre laquelle, depuis six ans,

ses efforts viennent échouer. Mais, avant que les
boulets aient produit leur effet, le maréchal était
déjà en marche, et Abd-el-Kader évacuait la ville
avec toute la population, qu'il emmenait dans les
montagnes.

La nouvelle de la position critique de Mustapha-
ben-Ismaïl avait accéléré le départ du maréchal
Clauzel. Dès le 8 janvier, sans même attendre que
les pluies eussent cessé, la colonne expéditionnaire
était partie d'Oran.

Elle était forte de sept mille cinq cents hommes
formant neuf bataillons, six escadrons, quatre
compagnies du génie, et servant huit obusiers de
montagne, quatre pièces de campagne et une
batterie de fusées à la congrève*.

L'expérience de l'expédition de Mascara avait
fait renoncer le maréchal, au moins pendant l'hiver,
au poétique emploi du « messager du désert ».

---

* Ces troupes, à l'exception de deux compagnies du génie
et de six pièces gardées en réserve, étaient ainsi réparties en
trois brigades :

PREMIÈRE BRIGADE, GÉNÉRAL PERREGAUX.

Quatre compagnies de zouaves ;
Bataillon d'élite (2e et 10e léger, 13e et 63e de ligne),
17e léger ;
Deux compagnies du génie ;
2e régiment de chasseurs à cheval d'Afrique ;

N'employant plus les chameaux aux transports de l'armée, il s'était trouvé réduit à la très-prosaïque ressource des caissons à quatre roues, et, comme ce sont les sapeurs encore plus que les chevaux qui font avancer les voitures en Afrique, il avait accru les moyens du génie pour faire cheminer rapidement le convoi ; car il ne pouvait emporter de vivres que pour huit jours, et il comptait sur ce qu'il trouverait à Tlemcen pour nourrir l'armée au delà.

Les moyens de poursuivre l'ennemi avaient été accrus. Le régiment de chasseurs à cheval mettait en campagne sept cents cavaliers d'élite, et l'on devait espérer de meilleurs services des auxiliaires indigènes, depuis que l'aga El-Mezari en avait reçu le commandement en remplacement de l'incapable

Cavaliers douairs et smélas ;
Deux obusiers de montagne.

DEUXIÈME BRIGADE, GÉNÉRAL D'ARLANGES.

1er bataillon d'Afrique ;
66e de ligne ;
Deux obusiers de montagne.

TROISIÈME BRIGADE, COLONEL DE VILMORIN,
DU 11e DE LIGNE.

11e de ligne ;
Deux obusiers de montagne.

Ibrahim. Ce chef entreprenant portait à l'émir une haine d'autant plus vive qu'il l'avait plus longtemps aimé. C'était une garantie de ses efforts pour montrer à son ancien maître tout ce qu'il avait perdu en lui, et pour trouver l'occasion de lui faire encore plus de mal qu'il ne lui avait rendu de services.

Mais cette colonne n'était pas assez considérable pour que l'opération exécutée par elle eût un succès complet, décisif et durable. Elle était trop faible pour occuper Tlemcen, ainsi que le maréchal l'avait conçu, d'une manière large et permanente, en y laissant un corps assez nombreux pour se suffire à lui-même, et pour s'attacher comme un ver rongeur au cœur de la puissance d'Abd-el-Kader. Cette condition nécessaire pour que Tlemcen devînt un centre d'opposition contre l'émir, centre autour duquel se grouperaient, en y trouvant protection, les tribus indécises, ne pouvait être remplie, malgré toute l'habileté du maréchal, avec aussi peu de monde.

Au lieu de tirer des renforts d'Alger, il avait fallu y renvoyer des troupes; et, au moment de l'expédition, le 2e léger avait été expédié à Alger, pour y remplacer les régiments dont le départ inopportun allait aggraver les embarras du présent et les sacrifices de l'avenir.

L'armée parcourt en cinq jours et demi, sans avoir brûlé une amorce, la route directe d'Oran à Tlemcen. Cette route, qui présente les traces d'une ancienne voie romaine, coupe perpendiculairement les nombreuses rivières et les montagnes qui descendent de l'Atlas vers la mer.

Les rivières, qui n'étaient pas encore trop grossies par les pluies, furent passées à gué, et les montagnes, dont la forme est généralement arrondie, ne présentèrent qu'un défilé et un petit nombre de passages difficiles, dont les travaux du génie diminuèrent les obstacles pour l'avenir.

Le 13 janvier, la colonne débouchait sur le vaste plateau de Tlemcen, qui occupe le centre d'un immense amphithéâtre de montagnes s'élevant majestueusement en gradins gigantesques. Des sources limpides, véritables mines d'or sous un climat brûlant, s'échappent avec profusion des cimes neigeuses de l'Atlas, dont elles relient les divers étages par de gracieuses et fraîches cascades; et, après avoir arrosé des forêts suspendues, comme les jardins de Babylone, au-dessus des divers ressauts de la montagne, ces eaux de cristal viennent se perdre dans la plaine sous les voûtes d'une riche végétation tropicale. Tous les climats, toutes les productions des divers pays se trouvent réunis dans cette magnifique oasis, remplie de beaux villages et garantie du vent desséchant du désert.

Ce lieu, déjà si riche des dons de la nature et encore enrichi par la main de l'homme, réaliserait les descriptions des *Mille et une Nuits*, si les ruines qui encombrent le sol ne rappelaient que c'est en Europe maintenant que le vieil Orient, dépouillé de son prestige, doit venir admirer des merveilles rivales de celles dont il ne conserve plus même le souvenir.

Ici, l'ouvrage de Dieu subsiste seul dans sa beauté primitive, l'œuvre des hommes disparaît.

Trois villes mortes, mais dont le squelette est encore debout, Mansoura, Tlemcen et Méchouar, forment la réunion des capitales déchues que l'on confond sous le nom de Tlemcen.

Leurs monuments, qui portent l'empreinte de tous les siècles et la trace de tous les règnes, attestent les longues luttes que toutes les races, toutes les religions, tour à tour triomphantes et vaincues, ont soutenues pour la possession de ces lieux vraiment privilégiés.

Mais toutes ces races ont disparu, laissant leurs ossements mêlés dans d'innombrables cimetières. La dernière étincelle de vie vient de s'éteindre dans ce cadavre depuis longtemps paralysé : les Arabes ont fui cette ville si féconde pour eux en

grands souvenirs. Les derniers enfants des Turcs,
restés seuls dans cette vaste nécropole, accourent
au-devant des Français, qui s'approchent à leur
tour pour posséder cette esclave, un jour si belle,
qui a déjà échappé à tant de maîtres !

Les couloughlis accueillent, avec une joie et des
illusions bien promptement détruites, les libérateurs
qui mettent fin à un nouveau siége de Troie, auquel
il ne manqua peut-être qu'un Homère.

Pendant six longues années, cette brave garnison avait combattu tous les jours. Séparée, ignorée
du reste du monde, sans espérance de secours,
sans retraite ni capitulation possibles, destinée à
s'éteindre au milieu des Arabes qui l'usaient sans
la vaincre, elle a résisté à l'ennemi, au découragement, aux privations : elle a même résisté à
l'aveugle complicité de la France avec Abd-el-
Kader, n'ayant que quatre cents fusils pour huit
cents hommes ; c'était au milieu des rangs ennemis qu'elle cherchait les armes qui lui manquaient,
dans des luttes individuelles dont le singulier caractère rappelait les combats antiques.

Le commandant de cette vaillante milice, vieillard de soixante et quinze ans, à l'œil de feu, à la
barbe blanche, jeune au combat, vieux au conseil,
toujours et partout chef digne et imposant, Mustapha-ben-Ismaïl remet aux Français les mu-

railles de cette place qu'il avait gardée pour nous, sans nous, et malgré nous.

Fier du petit nombre de ses guerriers, montrant les brèches du Méchouar avec l'orgueil qu'un vieux soldat apporte à faire voir ses blessures, il s'adresse au maréchal Clauzel dans un langage noble et simple comme sa vie.

« Ces jours-ci, lui dit-il, j'ai perdu soixante de mes plus braves enfants ; mais, en te voyant, j'oublie mes malheurs passés, je me confie à ta réputation. Nous nous remettons à toi, moi, les miens et tout ce que nous avons ; tu seras content de nous. »

Mustapha a tenu fidèlement parole ; mais, aujourd'hui, en montrant les cicatrices des nouvelles blessures qu'il a reçues dans nos rangs, ce vieillard vénérable ne peut-il pas demander à la France ce qu'elle a fait du dépôt qu'il lui avait remis ?

Les murs déserts de Tlemcen n'avaient qu'une valeur militaire ; il fallait, pour que cette position acquît une importance politique, repeupler la ville et enlever à l'émir la population musulmane, qu'il avait pu arracher, mais non éloigner de ces lieux où elle était habituée à vivre et à mourir.

Cette mission fut confiée au général Perregaux[33], qui partit, le 15 janvier, avec une colonne composée -d'une avant-garde d'auxiliaires indigènes commandée par Mustapha-ben-Ismaïl, de l'infanterie de la première brigade, de deux obusiers de montagne et d'un tube de fusées.

L'émir, pour compenser la faiblesse des moyens de défense qu'il est parvenu à grand'peine à réunir, compte sur les rochers inaccessibles au milieu desquels il a planté son camp. Mais les Français vont le chercher dans ce nid d'aigle. Les couloughlis, heureux de respirer l'air libre après un si long emprisonnement, gravissent résolûment des sentiers impraticables, et les cavaliers douairs et smélas, véritables hommes de cheval, qu'aucun obstacle n'arrête, débouchent en même temps sur l'emplacement du camp ennemi.

Le camp était levé ; mais les troupes de l'émir, parmi lesquelles se trouvaient une partie de ses réguliers, couvraient la retraite et avaient pris position à l'extrémité du plateau.

Aussitôt El-Mezari enlève la charge à la tête des indigènes. Ils enfoncent tout ce qui est devant eux. Le prince des croyants, exaspéré d'être vaincu par des musulmans au service des chrétiens, essaye de rallier ses soldats qui fuient à cette attaque impétueuse. En vain il leur crie : « Lâches, voyez donc qui vous avez devant vous ! » Tout est tué autour de lui ; son drapeau est enlevé à ses côtés par le brave cavalier sméla Ben-Kadour, et lui-même, entraîné par le torrent des fuyards, est bien près de payer de sa vie son infructueuse ténacité.

Au milieu de la mêlée, il a été reconnu, et il est poursuivi à travers la déroute par Richepanse et quelques cavaliers qu'enflamme la perspective de débarrasser la France d'un rival souvent heureux et presque toujours digne d'elle. Le commandant Youssouf[34] surtout le serre de très-près ; ce brave officier qui, par un acte d'heureuse témérité, avait rejoint l'armée à son retour de Mascara, continue pendant plusieurs lieues la chasse qu'il donne à l'émir. En ce moment, le destin de l'Afrique dépendit de la vitesse de deux chevaux ; la lutte entre les deux peuples fut un instant réduite aux proportions d'une course. Si l'émir eût été pris, l'empire de l'Afrique nous appartenait ; mais il échappa encore cette fois.

Tous ses bagages avaient été enlevés ; son infanterie avait laissé sur le carreau soixante et dix cadavres sans têtes, et le reste de ses troupes s'était dispersé dans toutes les directions.

A la nuit, entièrement seul, sans tente, sans nourriture, sans feu, il coucha à côté du cheval auquel il devait la vie. Il remercia Dieu de l'avertissement qu'il venait de lui donner de ne plus compromettre, avec sa personne, la fortune de son

peuple, et il se chargea bientôt de prouver aux
Français que, par cela même que tout finissait avec
lui, rien n'était terminé tant qu'il était encore libre
et debout.

Après la déroute de l'émir, la poursuite des
habitants de Tlemcen ne fut plus qu'une battue,
.mais une battue pénible, qui éprouva la constance
des troupes, obligées de grimper jour et nuit de
rocher en rocher pour atteindre ces malheureux,
qu'on joignit là seulement où la terre leur manqua,
sur le sommet des pics neigeux de l'Atlas.

Cernés par les brigades Perregaux et d'Arlanges, trois mille musulmans, dont douze cents bien
armés, se rendirent au général Perregaux ; il leur
prouva, en les protégeant contre la vengeance de
leurs coreligionnaires, qu'ils n'avaient point compté
à tort sur sa générosité.

L'hiver sévit après la rentrée des troupes à Tlemcen, mais l'abondance régnait dans la ville. De
nombreux troupeaux avaient été ramenés par le
général Perregaux, des moulins avaient été établis,
et les ressources de ce riche pays assuraient les
subsistances de l'armée.

Pendant ce séjour, qui malheureusement ne fut
point employé d'une manière utile pour la position
morâle et la considération de l'autorité française,
on travailla activement à remettre en état le

Méchouar, seule partie de la ville demeurée assez entière pour que le maréchal songeât à la faire occuper par les Français.

La conservation de ce poste impliquait la nécessité de fréquentes communications avec la base d'opérations, c'est-à-dire avec la mer. La pensée du maréchal se porta vers les moyens de les simplifier. Sa longue expérience de la guerre d'Espagne lui avait appris ce qu'étaient ces ravitaillements qui offrent tant de chances à l'ennemi, et combien la difficulté de soutenir un poste s'accroît avec la distance à parcourir.

La mer n'était qu'à quatorze lieues de Tlemcen; pourquoi aller la chercher à Oran, à trente-cinq lieues, par ces longues marches qui, bien plus que les combats, finissent, dans les pays sauvages, par user et faire fondre les armées?

Les cours d'eau qui, de Tlemcen, descendent jusqu'à l'île de Rachgoun, après s'être jetés dans la Tafna, principale rivière de cet étroit bassin, indiquaient la véritable route à suivre. Les deux extrémités de cette ligne, Rachgoun et Tlemcen, étaient déjà occupées; il ne s'agissait plus que de les relier, mais les moyens manquaient pour entreprendre, par les deux bouts, une opération qui, ainsi conduite, eût réussi. Le maréchal dut se borner à envoyer l'ordre, à Oran, de diriger

des bâtiments portant des blockhaus vers Rachgoun pour y créer un établissement, tandis que
lui-même s'y rendait de Tlemcen.

Un de ces ordres, envoyé en plusieurs doubles
par des nègres qui ne voyageaient que de nuit
et rampant de buisson en buisson, fut-il inter-
cepté? ou bien faut-il faire honneur à l'émir de la
découverte des projets de son adversaire? Toujours
est-il que, lorsque le maréchal Clausel arriva au
confluent de l'Isser et de la Tafna, l'ennemi occupait déjà les hauteurs escarpées qui couvrent tout
le pays depuis ce confluent jusqu'à la mer.

Peut-être aussi le but des Français avait-il été
révélé par le mouvement du colonel de Gouy[35]. Cet
officier supérieur, avec la cavalerie et le génie,
avait précédé de deux jours le maréchal, qui
comptait sur l'impossibilité où serait Abd-el-Kader
de ressusciter son armée détruite.

Aussi était-ce avec d'autres éléments que l'émir
venait s'opposer aux Français.

Toujours supérieur à sa fortune, sachant également profiter des leçons du malheur et des
chances de la prospérité, il employait tout ce qui
lui restait de troupes régulières à contenir les
tribus qu'il ne pouvait plus soulever, et il avait
cherché et trouvé dans le Maroc les soldats que
l'Algérie, lasse et abattue, ne lui fournissait plus

La voix des marabouts est la seule autorité reconnue par le peuple marocain, au milieu de l'anarchie qui dévore cet empire et rend purement nominale l'autorité de l'empereur, surtout dans les parties éloignées de la capitale.

Marabout lui-même, Abd-el-Kader était certain de l'appui de tous les fanatiques, dont ce pays a toujours été le berceau et l'asile. Toutes les mosquées du Maroc retentissent de prédications contre les chrétiens qui sont déjà à Tlemcen, et exaltent les vertus et les talents de El-Hadji Abd-el-Kader, le nouveau prophète, le serviteur des serviteurs de Dieu, le champion infatigable de l'Islam.

Des volontaires à pied et à cheval partent de toute la contrée voisine de la province d'Oran, et vont se ranger sous les drapeaux de l'émir, qui pouvait, lui aussi, se dire : « Rome n'est plus dans Rome, elle est toute où je suis. »

Aux pèlerins armés du Maroc se joignent les Kabyles habitant la chaîne de montagnes qui séparent le plateau de Tlemcen de la mer. Les fières tribus d'Ouel-Hassa qui n'avaient point voulu subir le joug d'Abd-el-Kader pour seconder son ambition, en allant loin de leurs sauvages demeures attaquer les Français, l'acceptent pour général, lorsqu'elles vont défendre un sol que cette race indomptée ne laisse jamais fouler sans résistance.

Déjà cinq ou six mille combattants s'étaient
réunis, lorsque le maréchal Clauzel campa, le
25 janvier, dans la presqu'île formée par la jonc-
tion des deux rivières. Il s'y établit de manière à
laisser l'ennemi incertain de la rive par laquelle
il se porterait vers la mer. La prudence lui était
nécessaire ; l'aspect des montagnes faisait présa-
ger de grandes difficultés de terrain. La colonne
traînait à sa suite tous les bagages de l'armée et
quelques malades que le maréchal se proposait
de déposer à Rachgoun ; elle n'était forte que de
quatre mille hommes, avec deux pièces de campagne et quatre de montagne *.

Abd-el-Kader ne sut pas se résigner à être

---

* Elle était ainsi composée :

AUXILIAIRES INDIGÈNES, L'AGA MUSTAPHA.

Couloughlis à pied, quatre cents hommes ;
Douairs et Smélas, six cents chevaux.

DEUXIÈME BRIGADE, GÉNÉRAL D'ARLANGES.

1er bataillon d'Afrique, 66e de ligne, quinze cents hommes ;
Une compagnie du génie.

TROISIÈME BRIGADE, COLONEL DE VILMORIN.

11e de ligne, neuf cents hommes.

CAVALERIE, COLONEL DE GOUY.

2e chasseurs d'Afrique, six cents chevaux.

fort sur une seule rive ; il voulut les garder toutes deux.

Les hauteurs très-roides de gauche furent occupées par les Kabyles et quelques Marocains, sous les ordres de Bou-Hamédi, chef d'Ouel-Hassa, dur comme tous les Kabyles, intelligent comme un Arabe, hardi comme un Turc, ambitieux comme un Européen.

Abd-el-Kader s'établit en personne sur la rive droite avec les Marocains, qui couvrirent un contrefort situé entre deux petites plaines et descendant jusqu'à l'Isser, au point où le passage du convoi semblait devoir s'effectuer.

Le maréchal ne lui fit pas si beau jeu. Il laisse le convoi parqué entre les deux rives, sous la garde du 11e de ligne et de cinquante chasseurs, afin de pouvoir manœuvrer librement.

Puis, profitant de la faute qu'il a provoquée, et sans s'occuper du corps ennemi posté sur la rive gauche, il fait passer ses troupes sur la rive droite de l'Isser, par des rampes que le génie a pratiquées pendant la nuit.

Un bataillon demeure à la garde de ce passage, et le reste des troupes commence un mouvement général de conversion à gauche, pour débusquer les Marocains des hauteurs et les rejeter dans la plaine, où la cavalerie les recevra.

Le général d'Arlanges, avec les indigènes et le bataillon d'Afrique, entame l'affaire par la droite. Un bataillon du 66ᵉ, avec le génie, combat au centre et se relie avec la cavalerie et l'artillerie de campagne, qui tiennent la gauche.

C'est aux auxiliaires qu'est confiée la première attaque. Mustapha-ben-Ismaïl se montre à la fois général et soldat. Il comprend avec intelligence et exécute avec bravoure la pensée du maréchal.

Au lieu d'engager un combat mou et disséminé, il crève par un choc impétueux et en masse le centre de l'ennemi. El-Mezari, avec la cavalerie des Douairs et des Smélas, et Youssouf, à la tête de l'infanterie indigène, dépassent la ligne qu'ils ont enfoncée, puis rabattent brusquement à gauche, tandis que le bataillon d'Afrique contient et éloigne sur la droite l'aile gauche d'Abd-el-Kader, séparée du centre par le hardi mouvement de Mustapha.

Les couloughlis, accessibles à ce point d'honneur dont la race turque subit, comme la race française, la noble influence, ne se vengent des torts qu'ils peuvent déjà reprocher à l'ingratitude de la France qu'en justifiant ce mot de leur vénérable chef : « Vous serez contents de nous. » Sous les yeux des troupes françaises, ils emportent vaillamment toutes les positions et poussent l'ennemi dans la plaine ; malheureusement, les cavaliers douairs, quelquefois difficiles à lancer, mais encore plus difficiles à arrêter, s'emportent trop à la poursuite de leurs adversaires, qui les enveloppent et les ramènent sur la ligne française.

C'était le moment prévu et attendu par le maréchal. Le colonel de Gouy se jette avec son régiment, soutenu par un bataillon du 66e, au pas de course, sur la masse qui s'avance. Les Marocains, chargés à fond, sont refoulés en désordre jusque sur les bords escarpés de la Tafna, qu'ils s'efforcent de franchir. La plupart ne peuvent choisir qu'entre le sabre des chasseurs et les précipices auxquels ils sont acculés. L'escadron turc du 2e de chasseurs, commandé par le lieutenant Mesmer[36], se trouvant le plus rapproché de la rivière, fait surtout un grand carnage des Marocains, qui se défendent avec désespoir; ils parviennent même à sauver leur drapeau, grâce au dévouement héroïque du cavalier chargé de le porter : préférant la mort à la perte de son étendard que lui dispute le sous-lieutenant Savaresse[37], ce brave soldat s'élance vers le précipice, où son cheval et lui périssent en tombant.

Pendant cette brillante action, Bou-Hamédi, pour dégager l'émir, avait passé la Tafna au-dessus de son confluent, et était venu attaquer le convoi, ce constant objet d'attraction pour des hommes qui mettent la plus petite proie au-dessus de la plus grande gloire.

Le parc, un moment menacé par la vigoureuse attaque des Kabyles, fut dégagé par une charge à la baïonnette des grenadiers du 11ᵉ, commandée par le capitaine Ripert ; et le brave Bernard trouva encore, pour se signaler avec son détachement de chasseurs, l'occasion qu'il savait toujours faire naître.

Il était temps pour Bou-Hamédi de repasser promptement la rivière, sous peine d'être coupé. Le maréchal, dans l'ardeur d'une poursuite heureuse, faisait remonter à ses troupes les deux rives de la Tafna. Il poussa ainsi pendant quelque temps l'ennemi qui ne tenait plus, et, lorsqu'il n'y eut plus personne devant lui, il revint camper sur le point où il avait laissé ses bagages.

Dans cette journée, c'étaient encore les habiles manœuvres d'un général vraiment tacticien qui avaient donné la victoire aux Français ; mais Abd-el-Kader n'avait pas dit son dernier mot.

Le lendemain 27, le maréchal, avant de s'engager dans les montagnes, voulut s'assurer des forces de l'ennemi, et attendre la brigade Perregaux restée à Tlemcen, et à laquelle il venait d'envoyer l'ordre de le rejoindre.

La méfiance après le succès est une des qualités

précieuses à la guerre : le maréchal s'applaudit bientôt de ne pas l'avoir oublié.

La reconnaissance envoyée par lui revint en toute hâte lui annoncer que les Français vont recevoir l'attaque qu'ils se préparaient à donner.

Pendant la nuit, de nombreux renforts sont arrivés du Maroc. Ces guerriers amateurs qui, sans faire courir aucun risque à leur pays ni à leurs familles, viennent se donner la joie de la chasse aux chrétiens, ont salué avec transport le chef de la guerre sainte, le pieux Abd-el-Kader, dont l'ambition satisfait leur passion, sans rien demander à leur bourse.

L'ennemi a déjà quitté la montagne et vient se placer entre Tlemcen et le camp des chrétiens.

La situation des trois mille cinq cents Français, séparés de leurs deux bases d'opération, Tlemcen et la mer, acculés aux montagnes, et pressés par dix mille fanatiques, eût été critique avec tout autre que le maréchal Clauzel, dont la tranquille sérénité se communique dans tous les rangs.

Il attend de pied ferme l'attaque de cette masse, dont le premier choc peut être terrible, mais qui est incapable d'un second effort.

Le convoi, avec un bataillon, est massé sur un étroit plateau ; les quatre autres bataillons prennent position sur une petite crête, perpendiculaire à la

route de Tlemcen; la cavalerie se place au pied
de cette colline, les auxiliaires à la gauche de l'infanterie française.

Les troupes étaient à peine formées, que l'ennemi,
s'avançant en bon ordre, avec une avant-garde et
une réserve, sa cavalerie à gauche, son infanterie
sur la droite, dans un terrain inégal, commença
son attaque avec cette audace aveugle que l'ignorance du danger donne à des soldats enthousiastes
qui n'ont jamais vu le feu. Les chasseurs combattent avec leur vaillance habituelle; ils entrent
dans le flot des Marocains, leur enlèvent des armes
et des chevaux, mais ils cèdent au nombre et se
replient avec calme. Rien n'est plus difficile devant
les Arabes qu'une retraite lente après une attaque
impétueuse, et le mouvement des chasseurs dut
être aidé par le feu à mitraille des deux pièces de
campagne hardiment conduites par le lieutenant
Princeteau[38], et soutenues par des compagnies
du 11e.

A la gauche, les auxiliaires sont enfoncés; les
Marocains à pied abordent les couloughlis et les
poussent jusque sur le bataillon d'Afrique, contre
lequel leur fougue vient s'amortir.

Ils s'arrêtent d'abord un instant et engagent une
fusillade très-vive; puis, devenant plus nombreux,
ils essayent de déborder la gauche de l'infanterie

française, contre laquelle Abd-el-Kader va se ruer avec toutes ses forces.

Alors, par un de ces coups de théâtre si communs dans cette guerre, où tout est soudain et éphémère, le feu cesse sur toute la ligne ; les bandes africaines, déjà massées pour l'attaque, se retirent à la hâte, en refusant surtout leur aile droite, qui était le plus engagée.

La précipitation de ce mouvement paraît inexplicable au maréchal, et lui fait craindre un piége ; et, jusqu'à ce qu'il ait le secret de cette énigme, il fait suivre avec précaution l'ennemi par la cavalerie et les auxiliaires.

C'était le général Perregaux venant de Tlemcen avec mille hommes, qui, au bruit de la mousqueterie, s'était jeté à gauche de la route, sur les derrières d'un ennemi toujours vaincu quand il se croit tourné, et avait déterminé une retraite que les Français durent s'estimer heureux d'avoir si facilement obtenue.

Mais les deux combats de l'Isser ne leur livraient point le chemin de Rachgoun ; l'émir, campé dans les montagnes d'Ouel-Hassa, occupait, avec dix mille hommes, une masse isolée de contre-forts disposés en amphithéâtre, et dont les abords étaient inaccessibles.

Cette position, qu'il était presque impossible

d'emporter de front, ne pouvait être tournée que
par un mouvement très-large, et fait dans un pays
inconnu : le maréchal avait trop peu de monde
pour le tenter ; il était, en outre, gêné par un
convoi de voitures, et c'était une nécessité pour
lui de ne pas user vite des troupes dont on se
montrait si avare à son égard.

Cependant, après avoir bivaqué sur le champ
de bataille, il hésita s'il ne marcherait pas en
avant à tout risque. Renoncer volontairement à
son entreprise était déjà fâcheux, mais y être contraint plus tard était encore plus grave. Aussi eut-
il la fermeté d'esprit de ne point se laisser aller
à cette confiance en soi qu'un bon général, avec
de bonnes troupes, écoute souvent plus que les
conseils de la raison ; et il rentra le 28 janvier à
Tlemcen.

L'émir l'y fit suivre par un parti de cavalerie,
afin de bien constater la retraite des Français aux
yeux des Marocains, auxquels il devait sa nouvelle
grandeur.

L'apparition de ces derniers avait réveillé le
fanatisme musulman ; leur soumission avait relevé
l'émir dans l'esprit des peuples, souvent disposés
à n'estimer leurs chefs qu'à la valeur que les
autres leur accordent.

Les Arabes, dans leur logique simple et dégagée

7

de toute convention, ne voient que la conclusion finale.

Ici, les résultats partiels étaient deux combats honorables pour les armes françaises; mais le résultat d'ensemble était l'abandon d'une entreprise malheureusement assez indiquée pour que les Arabes vissent, dans cet abandon, un succès qui ranima leurs espérances abattues.

Divers symptômes avertirent bientôt le général français du nouveau crédit que son mouvement infructueux avait rendu à l'émir.

Les avant-postes commencèrent à être harcelés jour et nuit : les habitants de Tlemcen désertèrent ensuite en grand nombre, indiquant ainsi que notre protection ne faisait plus assez contre-poids à leurs tendances naturelles; et Abd-el-Kader avait déjà reconquis les contingents d'un assez grand nombre de tribus de l'Ouest, lorsque le corps expéditionnaire, dont le départ avait été retardé par la neige, se remit en route pour Oran.

En partant, le maréchal laissa dans Méchouar, avec les couloughlis, une garnison française, mais une garnison trop faible pour pouvoir rayonner en dehors des murs de la place.

Tlemcen, occupé d'une manière insuffisante par suite de la réduction de l'effectif de l'armée, au lieu d'être une base facultative d'opérations utiles

et efficaces, devint un but forcé d'expéditions stériles et par conséquent dangereuses.

On ne put y laisser que cinq cents hommes :
c'étaient cinq cents prisonniers condamnés à ne
pas sortir de leurs murailles, et condamnant eux-
mêmes la garnison d'Oran à venir périodiquement
leur apporter à manger dans la cage où ils étaient
renfermés vivants.

Mais cette troupe, destinée à une épreuve bien
cruelle pour le caractère français, celle de tout
souffrir passivement, était composée de ces hommes
énergiques et d'un moral inébranlable comme il
s'en fait tant en Afrique. C'étaient tous des volontaires, auxquels l'attrait d'un avenir effrayant avait
fait briguer un poste où il n'y avait de certain que
le danger.

L'expérience des guerres subséquentes, qui a
consacré tous les principes posés en Afrique par
le maréchal Clauzel, a prouvé aussi, par l'exemple
des autres garnisons laissées plus tard dans l'intérieur du pays, combien ici encore le grand
général avait bien jugé quelle était la nature
d'hommes que réclamait une si périlleuse situation.

Il avait donné pour chef au bataillon de Tlemcen le capitaine Cavaignac, de l'arme du génie,
l'un de ces officiers rares dont la supériorité, géné-

ralement acceptée, s'était révélée même avant les épreuves.

Le maréchal assura pour plus d'un an l'approvisionnement de la place, et, n'emportant des rations que pour huit jours, il quitta Tlemcen le 7 février.

Afin d'éviter l'apparence d'une retraite, qui équivaut souvent pour les Arabes à la réalité d'un succès, il se dirigea vers Mascara, en se rapprochant du sommet des montagnes et en passant près de la source des rivières qu'il avait traversées plus bas, en venant d'Oran.

Le 9, au delà du haut Isser, l'avant-garde d'Abd-el-Kader vint engager mollement avec la brigade Perregaux un combat promptement terminé par un retour offensif du 17ᵉ léger et du 2ᵉ chasseurs.

Le soir, l'armée coucha au delà des sources du Rio-Salado, après avoir dépassé l'arête des montagnes qui séparent le bassin de Tlemcen de celui d'Oran.

Le génie avait eu constamment à travailler ; les sapeurs, qui marchaient à l'extrême avant-garde, rencontraient à chaque pas des ravins et des côtes perpendiculaires à la direction que suivait l'armée ; ils ouvraient rapidement le passage, puis reprenaient leurs sacs, et regagnaient, en forçant de marche, la tête de la colonne, où c'était à recommencer de nouveau. Occupés jour et nuit, leur zèle n'avait pas même été diminué par l'ingrate pensée que les travaux péniblement exécutés sur cette route excentrique demeureraient stériles pour l'avenir.

Le 10, Abd-el-Kader, pressé de compromettre contre les chrétiens les hommes qui venaient de se donner de nouveau à lui, se montra avec quatre mille cavaliers. La colonne française s'engageait dans un long défilé, où il fallait faire la route pour le convoi.

Le général Perregaux prit position à l'arrièregarde; le convoi se massa au pied de la montagne; le général d'Arlanges couronna les hauteurs des deux côtés, et l'ennemi fut repoussé au loin par la brigade Perregaux, qui opéra sa retraite par les deux ailes.

Les Arabes s'étaient pourtant peu à peu rapprochés; et quatre à cinq cents fantassins, soutenus par toute la cavalerie, tentèrent, sur les pelotons qui étaient restés les derniers en position, une attaque que le 17ᵉ léger et les zouaves du capitaine Cuny [39] leur firent payer cher; aussi le défilé était-il déjà entièrement passé avant que l'émir cherchât à recommencer le combat.

Le maréchal, qui ne voulait plus s'engager, se

retira en échelons, tantôt par la droite, tantôt par la gauche, menaçant toujours une des ailes de l'ennemi.

Par ces mouvements, si bien adaptés au terrain, le général français prouve au chef arabe qu'il sait aussi être insaisissable lorsqu'il le veut ; que ce privilége n'est pas seulement celui de l'indiscipline et de l'absence de tactique, et que l'initiative du combat appartient toujours au plus habile, quelles que soient la nature et la constitution des troupes sous ses ordres.

L'émir, irrité de son impuissance comme d'une défaite, finit par renoncer à ces vaines tentatives contre un serpent qui lui échappe sans cesse. Il fait seulement inquiéter l'armée par des alertes de nuit. D'adroits voleurs, entièrement nus et couverts de feuilles de palmier nain, se coulent la nuit, en rampant, à travers les broussailles, jusqu'au milieu du camp, tuent et blessent quelques sentinelles, et enlèvent des armes jusque devant la tente du maréchal, qui est elle-même percée par des balles.

Ces agressions de détail furent aisément réprimées, et, le 12, après une marche forcée, le corps expéditionnaire rentrait à Oran.

La campagne dans cette province n'était pas encore terminée; pour atteindre le but, le plus difficile restait à faire.

Le ministre de la guerre demandait au maréchal des résultats, et lui refusait le temps et les moyens; mais les ressources de son esprit ne firent point défaut au général français. Ayant hâte de frapper encore un coup avec les régiments qui allaient s'embarquer, il retourne promptement à Alger, ramenant avec lui les zouaves, les compagnies d'élite, une partie du génie et de l'artillerie de la division d'Oran; et c'est au général Perregaux qu'il laisse la mission de continuer les opérations, dont le but sera de réunir contre l'émir les tribus qui déjà n'étaient plus avec lui, et de créer ainsi une contre-coalition arabe.

Cette tâche qu'il était presque impossible de remplir avec si peu de troupes et tant de mauvais précédents, le général Perregaux l'accomplit rapidement et brillamment; il réussit, parce qu'il sut employer avec énergie et talent la justice et la persévérance. Ce sont des armes dont on a rarement fait usage en Afrique, parce qu'elles exigent, pour être maniées avec succès, d'autres et de plus rares qualités que le courage et l'ambition.

Ce fut sur le Chélif que le général résolut d'opérer d'abord. Le plus pressé était d'isoler l'émir de la province d'Alger; et, d'ailleurs, il était trop tard déjà pour lui disputer avec succès les populations voisines du Maroc.

Une campagne politique ne pouvait s'entreprendre qu'avec des troupes bien portantes et bien disciplinées : il fallait diminuer les privations du soldat, qui manquait de viande dans Oran, où les coureurs d'Abd-el-Kader ne laissaient rien arriver.

Le général Perregaux n'était pas homme à faire venir des bœufs de France, quand l'ennemi en avait. Le 23 février, il sort avec quatre mille hommes, et, par une marche rapide de jour et de nuit, il surprend les troupeaux de la plaine du Sig.

Au retour du général, l'émir lui fit l'honneur de venir en personne lui disputer son bétail, le premier des trophées chez des peuples pour qui la guerre est le vol. Il tenta une surprise de nuit, mais elle échoua contre la vigilance du 66e, qui déploya ce courage de deux heures du matin dont l'empereur Napoléon faisait si grand cas ; et la colonne rentra à Oran sans autre obstacle qu'un temps affreux.

A la première éclaircie, tandis que le général d'Arlanges fait une diversion sur Bridia, le général Perregaux sort avec trois bataillons des 17e léger, 11e et 66e de ligne, trois escadrons et six pièces de campagne et de montagne, et les cavaliers de Mustapha-ben-Ismaïl ; et il rejoint, le 16 mars, dans la plaine de l'Habra, El-Mezari,

Ibrahim et le colonel Combes avec le 47ᵉ, venant de Mostaganem.

La colonne Perregaux était un modèle de bonne organisation : les transports étaient bien entendus, les marches bien réglées, et la nourriture du soldat avait été augmentée et adaptée au climat, par l'usage régulier du café, du sucre, et un emploi plus fréquent du riz.

L'émir ne se montra point ; il envoya son aga Habi-Bouhassem avec un millier de chevaux, pour observer les Français et isoler les populations du camp chrétien.

Le général Perregaux se débarrassa par un coup de vigueur de ce blocus incommode qui eût rendu son entreprise stérile, en lui interdisant les communications avec les Arabes. Il ordonne aux indigènes de charger à fond les cavaliers de l'aga et les fait soutenir par les chasseurs à cheval. Le vaillant Mustapha joint l'ennemi, le pousse à outrance, lui prend ses deux drapeaux, lui coupe quarante têtes, et ne cesse la poursuite que lorsque le dernier cavalier a disparu.

Aussitôt les troupes françaises se répandent dans la plaine, dont les tribus se soumettent à un vainqueur ferme et équitable.

Le général ne voit dans ce premier succès que l'obligation d'en remporter promptement de nouveaux. Il jette pendant la nuit les troupes dans l'Atlas, et assure à la fois, par un châtiment inattendu, l'approvisionnement de sa colonne et la soumission des montagnards.

Après avoir su vaincre, il sut attendre et persévérer; il sentit qu'il fallait rester dans le pays, mais n'y pas rester inactif. En trois jours, trois bataillons construisirent un camp retranché pour mille hommes : c'était une prise de possession pour le présent et un ouvrage utile pour l'avenir.

Le 21 mars, les Français pénètrent dans les populeuses et fertiles plaines du Chélif. Le fils de Sidi-el-Aribi, portant encore la marque des fers dont l'émir l'avait fait charger, vint se joindre à Mustapha-ben-Ismaïl. L'exemple de ce jeune homme, dernier rejeton d'une famille dont l'autorité était respectée depuis des siècles, entraîne la soumission des populations déjà ébranlées par les défections précédentes.

La marche du général Perregaux devient une marche triomphale : escorté par plus de quatre mille cavaliers qui se succèdent autour de lui, il parcourt la vallée, recevant l'hommage des chevaux et les autres marques de vasselage qu'il a soin d'exiger des Arabes; car il connaît l'empire des formes sur ces hommes dont la vie est tout extérieure.

Partout l'ordre et l'abondance naissent sous ses pas : ce n'est qu'après avoir terminé la conquête pacifique d'une contrée où il régnait par sa modération, par la discipline de ses troupes et par son intelligence des besoins du peuple arabe, qu'il rentre à Mostaganem et à Oran.

Pendant son retour, il voulut visiter un ancien établissement romain, nommé Sourkelmitou, situé près du Chélif, sur la montagne de Zarouel, dans une de ces positions remarquables que le grand peuple savait si bien choisir. C'était un nid de Kabyles, véritable guêpier dont personne ne s'approchait impunément. Ils prennent les armes, blessent El-Mezari, et se font tuer à la baïonnette par les soldats du 47e, conduits par le colonel Combes. Cette peuplade de sauvages isolés semblait rappeler aux anciens et aux nouveaux conquérants du sol l'indépendance d'une race qui les a précédés et qui peut-être leur survivra.

En peu de jours, et avec bien peu de moyens, le général Perregaux avait créé les éléments d'une puissance rivale de celle de l'émir, et la rude campagne d'hiver de la division d'Oran aboutissait à une situation satisfaisante. Le résultat était presque complet ; mais le dernier fil qui rattachait Abd-el-Kader aux Arabes n'avait pas été coupé : on lui donna du temps, et l'émir, plus persévérant que

la France, prouva bientôt aux tribus qui s'étaient
fiées aux Français, qu'en Afrique le rôle de leur
ennemi est souvent préférable à celui de leur allié.

Tant que le général Perregaux avait été en situation de faire le bien, il avait oublié la fausse position où l'avait placé, vis-à-vis du général d'Arlanges, commandant la province, ce détestable
système de double commandement, dont on devrait
toujours se garder ; mais, lorsque la garnison de
Mostaganem, réduite à quatre cents hommes par
suite du manque de troupes, ne fut plus en état
de protéger les populations du Chélif, le général
Perregaux ne voulut pas assister au sacrifice de ceux
qu'il se trouvait ainsi avoir compromis, et il obtint
de quitter sa brigade.

Son nom lui a survécu dans la province d'Oran,
comme en Égypte celui du *sultan juste,* de Desaix,
mort, ainsi que Perregaux, sur un champ de
bataille auprès de celui dont il était le conseil et
l'ami.

L'ATLAS

AVRIL 1836

Un taureau assailli par un essaim s'agite d'abord lourdement au milieu des mouches qui le harcèlent, puis il cherche à frapper de ses cornes les subtils ennemis contre lesquels il s'est gauchement défendu, et, après cet effort excessif et inutile, il retombe épuisé, laissant sa masse inerte plus exposée aux piqûres.

C'est l'histoire de la guerre des Hadjoutes contre la province d'Alger. De petits groupes de cavaliers rapides comme l'éclair voltigent en tout sens autour des postes français et les fatiguent. Leur marche irrégulière et imprévue, comme celle des comètes, échappe souvent aux patrouilles et aux colonnes qui gravitent régulièrement dans un orbite limité.

Bientôt on s'irrite de l'impuissance de la force contre la faiblesse, de la masse contre l'individualité : les brigands qu'on tue sont remplacés aussitôt par de nouveaux aventuriers qu'attire l'odeur de la chair fraîche ; et le butin, seul mal qu'on puisse faire à ce ramassis de voleurs, ne fait pas toujours pencher la balance en faveur d'une armée obligée parfois de poursuivre avec des charrettes la cavalerie la plus leste du monde.

La colère commande alors un grand mouvement, et l'on dépense, pour un résultat petit, une force que l'on regrette plus tard, et dont l'inutile emploi accroît l'audace de l'ennemi.

À l'ubiquité, à la mobilité de l'attaque, on oppose trop souvent l'immobilisation de la défense. L'incertitude prolongée des volontés de la France rend impossible l'adoption d'un système général de défense de la province d'Alger. Il faudrait définir le territoire que l'on veut garder, avant de savoir comment on le défendra, et les diverses opinions ne sont d'accord que pour laisser dans le vague une possession qu'elles espèrent plus tard restreindre ou étendre à leur gré. A défaut du seul remède efficace, un obstacle continu de défense protégé en avant par des colonnes aussi mobiles que les Hadjoutes, à défaut de ce moyen impossible à employer sous le coup du provisoire, on multiplie, à

chaque incident nouveau, les blockhaus, véritables
sangsues qui épuisent l'armée, et dont le nombre,
accru sans harmonie, ne peut suppléer à l'absence
d'un plan d'ensemble. Ces lignes imparfaites n'arrêtent point un ennemi qui passe partout et ne se
fixe nulle part.

Le 1er décembre 1835, à la suite de quelques
courses heureuses du colonel Marey, les Hadjoutes
se réunissent et paraissent tout à coup au nombre
de six cents chevaux commandés par le bey de
Miliana, en arrière des postes de Douéra et d'Ouled-
Mendil. Cet ouragan de cavaliers, qui dévaste tout
sur son passage, est arrêté par l'énergie du capitaine de Signy [40] et du lieutenant Vergé [41]. Ces
deux braves officiers montent à cheval en un clin
d'œil, et, avec un seul escadron, chargent en tête
et en queue les Arabes, qui, après une chaude
mêlée, fuient, laissant plus de trente des leurs
sabrés sur le terrain où ils avaient attendu le choc
des chasseurs.

Cette leçon apprit aux Hadjoutes que se réunir,
c'était se livrer.

Ils se dispersèrent, après ce combat, pour recommencer leurs déprédations isolées, qu'ils exécutaient avec une adresse remarquable.

Ces coups d'épingle journaliers lassèrent bientôt
le bouillant général Rapatel. Une grosse colonne,

où la routine fit emmener du canon, investit le repaire des Hadjoutes, par une marche de nuit rapide et silencieuse, comme les troupes avaient appris à en faire depuis quelque temps. Le mouvement, dirigé par le général Desmichels, réussit complétement, et, après un engagement assez vif, la colonne ramena une prise considérable. En revenant, quatre flanqueurs furent enlevés, la nuit, dans un marais où la colonne, qui marchait depuis vingt-quatre heures, resta longtemps embourbée. Contrairement au cruel usage des Arabes, trop souvent imité par les Français, ces prisonniers furent épargnés et échangés contre quelques-uns de ceux que nous avions faits.

Il est triste de songer que le premier principe d'humanité introduit dans cette guerre féroce l'ait été par une bande de pillards pour qui l'homme n'était qu'un butin, et qui avait trouvé qu'un vivant vaudrait plus que la tête d'un mort.

Cette succession de rapines, d'embuscades et d'escarmouches continuait dans son ennuyeuse monotonie, lorsque le maréchal Clauzel revint d'Oran à Alger, ramenant l'appoint de troupes nécessaires pour compléter, dans chaque province, la colonne destinée à opérer dans l'intérieur.

Tout lui faisait une loi de se hâter : quatre régiments étaient déjà désignés par le ministre pour s'embarquer immédiatement, et bientôt les moyens de franchir l'Atlas allaient manquer.

Le bey qui, à Médéah, tenait pour la France contre le lieutenant d'Abd-el-Kader, était aux abois, et son influence ne s'étendait guère plus au delà du silo où ce pauvre vieillard vivait caché. Enfin, la diversion du général Perregaux sur le Chélif isolait la province de Tittery de l'action directe d'Abd-el-Kader, et présentait une chance favorable pour y relever le parti de la France.

Le 30 mars 1836, une colonne de sept mille hommes environ, commandés par le lieutenant général Rapatel et les généraux Desmichels et Bro, sous la direction supérieure du maréchal en personne, débouchait de Boufarick★.

La garde des postes sédentaires, qui est à l'en-

★ Les troupes, bien portantes, bien commandées, et joyeuses de quitter leurs cantonnements, se composaient de :

INFANTERIE.

Zouaves;
3e bataillon d'Afrique;
2e léger;
13e de ligne;
63e de ligne.

CAVALERIE.

Spahis irréguliers (Aribs);

semble de l'armée d'Afrique ce que le convoi est
à chaque colonne, ayant réduit le chiffre de l'infanterie qu'on pouvait mobiliser, des armes avaient
été distribuées à quatre cents condamnés aux travaux publics, qui firent partie du corps expéditionnaire.

Élever les hommes à leurs propres yeux, c'est
les rendre meilleurs, et bientôt ils deviennent
réellement tels qu'on semble les croire.

Le but de l'opération n'était un secret pour personne, pas même pour les Kabyles de Mouzaïa et
de Soumata. Dès que les Français eurent traversé
la Chiffa, ces tribus parurent en armes sur le flanc
gauche de la colonne, indiquant qu'on ne passe-
rait que « par la poudre » ces Thermopyles de la
Numidie, dont elles étaient, depuis des siècles et
sous des noms divers, les immuables gardiennes
contre tous les conquérants de l'Afrique. Leurs

Spahis réguliers ;
1er régiment de chasseurs d'Afrique.

ARTILLERIE.

Six pièces de campagne ;
Six obusiers de montagne ;
Deux tubes de fusées de guerre.

GÉNIE.

Cinq compagnies de sapeurs-mineurs.

longues files blanches se forment en bataille au
pied de la montagne, sur une pente douce : de
profonds ravins, naturelles et invisibles fortifications, bases de la confiance des Kabyles, sont
masqués par une nappe de verdure formée d'é-
paisses broussailles. Le maréchal craint de laisser
échapper l'occasion de frapper un coup décisif
pour la suite de la campagne : il se hâte de lancer
les Aribs, mais ils s'arrêtent court au bord d'un
ravin ; les spahis réguliers, qui reprennent la
charge, heurtent à l'improviste contre le même
obstacle, et sont décimés par une fusillade meurtrière. Ils parviennent cependant, à la suite du
brillant colonel Marey et du lieutenant-colonel de
la Rue[42], déjà blessé, à franchir ce premier ravin : à quelques pas plus loin, ils en trouvent un
autre. Le général Rapatel, conduisant en personne
cette attaque, est démonté; le capitaine Bouscaren[43], qui le premier parvient à joindre l'ennemi,
tombe grièvement blessé. Les rangs des spahis
s'éclaircissent sous le feu assuré des Kabyles, mais
ils se maintiennent pourtant jusqu'à l'arrivée de
l'infanterie, dont le mouvement met fin à ce combat
inégal et inutile.

Le soir, l'armée campa sur le ruisseau de Mouzaïa et déposa dans les ruines de la ferme le
convoi, deux pièces de campagne et les blessés,

sous la garde des condamnés et sous le commandement du chef de bataillon Marengo [44], vieux soldat de l'Empire, à la fois sévère et humain.

Quatre cents condamnés, mal protégés par quelques restes d'un mauvais mur en pisé, et dominés à petite portée par un bois d'oliviers, allaient garder ce que l'armée avait de plus précieux, ses blessés, son artillerie, son trésor! Mais le maréchal avait bien jugé ces hommes, excessifs dans le bien comme dans le mal; il les savait plus liés par la preuve anticipée d'une estime et d'une confiance dont ils n'étaient pas encore redevenus dignes, que par les fers qu'ils avaient mérités.

Le 31 mars au matin, on s'engagea dans les montagnes sur trois colonnes. Les bagages, réduits à douze voitures de l'artillerie et deux prolonges du génie, marchaient avec la colonne du centre où se trouvaient les cinq compagnies de sapeurs. Dès les premiers pas, les horribles anfractuosités du terrain obligèrent les voitures à s'arrêter, jusqu'à ce que le génie leur eût ouvert une route carrossable. Les colonnes de droite et de gauche continuèrent à avancer lentement, débusquant de chaque mamelon les tirailleurs ennemis, qu'on ne pouvait ni joindre ni même voir, et dont les coups bien dirigés causèrent, surtout aux zouaves, des pertes sensibles.

Vers le soir cependant, au moment où le bivac allait s'établir sur le plateau du Déjeuner, Richepanse, avec des détachements de chasseurs à cheval, parvint à les aborder sur une éminence d'où ils venaient de chasser les Aribs, malgré les valeureux efforts du capitaine Gastu[45], affreusement blessé.

Ainsi se passa la première journée : pendant la nuit, les blessés sont transportés à bras à la ferme de Mouzaïa, et, le 1er avril, à huit heures du matin, le corps expéditionnaire s'ébranle sur deux colonnes seulement. Le terrain l'exige ainsi : la droite est couverte par des précipices, et à gauche il faut emporter les hauteurs à pic qui dominent la route jusqu'au col de Mouzaïa.

Le général Bro est chargé de cette tâche difficile et s'en acquitte avec honneur. Tandis que, dans les batailles européennes, où la fin seulement est décisive, on garde les meilleures troupes en réserve, on doit, au contraire, les mettre en tête de colonne dans les combats où la retraite est impossible, et où il faut réussir du premier coup, ou mourir.

Les zouaves marchent les premiers, le 2e léger les suit, puis vient le 3e bataillon d'Afrique. Les chefs, à pied comme la troupe, encouragent de leur exemple le soldat, qui s'aide de ses mains pour avancer, et qui, déjà chargé de son sac, doit encore porter les blessés, car l'ambulance n'a pu suivre, sur ces pentes inaccessibles aux mulets.

Bientôt tout devient facile aux troupes animées par le feu des Kabyles qui, au nombre de deux mille, défendent cette formidable position : à quatre heures du soir, les sommets de l'amphithéâtre circulaire de Mouzaïa avaient été emportés jusqu'à la hauteur de la tête de la colonne des bagages. L'ennemi se retirait après avoir lutté pied à pied, mais les soldats, épuisés, s'arrêtaient et se couchaient, accablés par la fatigue, sur les rochers qui leur avaient déchiré les pieds.

Le maréchal n'était pas homme à s'arrêter au milieu d'un succès. Le jour baissait, et il ne voulait ni remettre au lendemain le reste de l'attaque, ni la tenter de front, comme en 1831, par un de ces coups de main qui ne réussissent qu'une fois.

Les sons enivrants de la charge réveillent le soldat et apprennent au maréchal que son ordre, porté à travers mille dangers par le capitaine Villeneuve[46], s'exécute. Les zouaves s'avancent, au bruit des tambours et des clairons, sur ce terrain qui leur rappelle déjà de glorieux souvenirs, et qui doit devenir, pour leur chef et pour eux, le théâtre de nouveaux exploits. Sans s'arrêter, le colonel de Lamoricière leur commande un feu d'ensemble

contre la masse des Kabyles groupés autour du
bey de Miliana, sur les derniers pitons du col.
Ceux-ci y répondent aussitôt par une décharge
générale. Avant que la fumée soit dissipée et que
les armes aient été rechargées, les zouaves sont
au milieu d'eux ; le 2e léger, le bataillon d'Afrique
s'emparent des autres positions, tandis que le 13e de
ligne éloigne l'ennemi de la colonne de droite.

Le col était pris, mais l'artillerie et les bagages étaient encore bien loin : à peine, en
deux jours, avaient-ils avancé d'une lieue dans
ce chaos dont les difficultés effrayaient l'imagination. Tous les obstacles cédèrent pourtant à la
calme persévérance du maréchal, aux efforts infatigables des troupes, et à l'active habileté du
colonel Lemercier, si digne de diriger le corps
du génie français, le plus pratique en même temps
que le plus savant de l'Europe.

Les ingénieurs entreprennent le siége de la
montagne. On chemine à la sape et à la mine,
à travers des rochers pour lesquels la poudre
remplace le vinaigre d'Annibal, et dont les éclats,
dispersés sur la voie, servent à assurer l'écoule-
ment des eaux pluviales et à garantir, en le con-
solidant, la durée de cet ouvrage remarquable.
Certes, les soldats qui, la pioche d'une main et
le fusil de l'autre, ne prenant, malgré la neige et

le froid, que trois heures de repos sur vingt-quatre,
ont construit, en cinq jours, quinze mille six cents
mètres de route carrossable, pour s'élever à la
hauteur de neuf cent soixante mètres; certes, ces
soldats laborieux et patients méritent le glorieux
nom de « Roumis », de ce seul peuple dont
l'Afrique ait gardé la mémoire.

En 1840, l'armée retrouva ce beau travail
respecté par le temps; elle rendit hommage à la
constance des soldats qui l'avaient si promptement
et si solidement élevé, et aux prévisions d'un
général dont la généreuse habileté avait préparé
un avenir qui ne lui appartenait pas.

Le 4 avril, les voitures étaient arrivées au pied
du dernier sentier de chèvres qui montait au rocher du col. Dans la journée, six cents mètres
de rampe avaient été taillés dans le roc, et l'artillerie de campagne, amenée pour la première
fois au sommet de l'Atlas, se mettait en batterie
sur des plateaux où les Français venaient de solder
de leur sang le péage de la nouvelle route.

Les positions que les troupes avaient dû prendre
pour couvrir le col et les travaux du chemin
étaient difficiles à défendre. Aucune arête continue
ne relie les monticules boisés, isolés les uns des
autres, et tous à bonne portée du fusil, qui s'élèvent au sud du ténia de Mouzaïa. La ligne dont

la sûreté des troupes avait exigé l'occupation
tenait plus d'une demi-lieue, n'avait point de
flanquements et était coupée au centre par une
gorge profonde, qui la séparait en deux.

Les zouaves gardaient seuls la droite ; au centre
gauche était placé le 3ᵉ bataillon d'Afrique ; le
2ᵉ léger était à gauche ; un bataillon du 13ᵉ en
réserve : en tout, deux mille cinq cents hommes.

C'est dans cette situation, la plus défavorable
pour livrer un combat défensif sur place, la plus
favorable aux Kabyles pour blesser un grand
nombre de Français, que les tribus de l'Atlas, au
nombre de trois ou quatre mille fantassins, excitées
par le revers non encore vengé de 1831, viennent,
le 2 avril, se ruer sur les chrétiens, dont l'immobilité leur paraît un signe d'impuissance.

Toute la ligne est attaquée à la fois, mais
l'ennemi concentre particulièrement ses efforts sur
la droite qui ne peut s'appuyer à rien, et sur le
centre gauche dont on peut s'approcher presque
sans être vu. A la droite, les zouaves, après un
combat corps à corps, conservent leur position :
au centre gauche, l'impétueuse audace des Kabyles
crève la ligne française ; le bataillon d'Afrique
perd sa position, mais le capitaine de Montredon[47],
avec les voltigeurs du 2ᵉ léger, la reprend à la
baïonnette.

L'ennemi, trop fort pour être poursuivi dans un tel terrain, se retire, repoussé mais non découragé.

Le lendemain 3, il renouvelle ses attaques avec la même rage; une sorte d'adhérence semble lier ces adversaires furieux, qui ne peuvent ni se vaincre ni se quitter. Les Kabyles qu'on tue sans pouvoir se dégager, et qui semblent renaître incessamment et se multiplier, suivent les mouvements de la ligne française, comme le flot suit les oscillations d'une digue mobile.

Le danger de recevoir toujours de pied ferme ce choc acharné est plus grand que le danger d'étendre encore des positions déjà trop vastes. Le maréchal ordonne l'offensive. Nos soldats, rendus à leurs habitudes et à leurs goûts, se montrent par l'intelligence et la bravoure individuelles, plus Kabyles que les Kabyles eux-mêmes : ils chassent l'ennemi de tous les ravins où il s'opiniâtre, et campent en avant de leurs lignes sur des rochers rougis du sang de bien des braves.

Trois cents Français avaient été mis hors de combat : pendant la nuit, ils furent transportés à bras à Mouzaïa par les troupes qui avaient combattu ou travaillé tout le jour.

La résistance, une fois aussi énergiquement vaincue, ne se reproduisit plus : les Arabes n'a-

vaient pas encore acquis cette forte organisation
qui fait combattre même sans espoir de triompher,
et le reste de l'expédition fut pacifique.

Le général Desmichels se rendit, le 4 avril, à
Médéah, pour y châtier nos adversaires, et donner
des armes et des munitions à notre bey, auquel
ce secours ne rendit qu'un pouvoir éphémère
comme notre apparition.

Pour conquérir, il fallait rester; mais le maréchal, arrêté dans l'exécution de ses plans sages
et habiles par la défense formelle d'occuper aucun
point nouveau, dut renoncer à s'établir en per-
manence dans la province de Tittery.

Se soumettant malgré lui à des ordres regrettables, il fit tout pour pallier les fautes du présent,
aplanir les voies de l'avenir, et pour prolonger dans
cette province une lutte d'influence dont l'issue,
dans ces conditions, ne pouvait malheureusement
être douteuse. Car les populations, déjà rendues
méfiantes par nos fluctuations, n'avaient à choisir
qu'entre la colère passagère des Français et le
pouvoir permanent d'Abd-el-Kader, qui s'incrus-
tait partout au sol que nous effleurions à peine.

Le 7, le corps expéditionnaire, flanqué sur les
hauteurs par le général Rapatel, redescendit à la
ferme de Mouzaïa.

Les murailles avaient été relevées, des fossés

creusés, des plates-formes construites ; des cadavres
ennemis gisaient auprès de cette forteresse improvisée. Quatre cents blessés ou malades, entassés
dans cette étroite enceinte et manquant d'effets
d'ambulance, s'étaient vus soignés et défendus
par les condamnés avec un zèle et un courage
honorables et pour le chef qui avait su rendre au
bien de tels hommes, et pour les condamnés qui
avaient si bien employé leur énergie jusqu'alors
coupable.

Deux fois l'ennemi s'était présenté en forces,
deux fois il avait été repoussé par ces malheureux
auxquels la nécessité avait fait donner des armes,
et que leurs services auraient dû réhabiliter.

Cependant, victimes d'un inflexible et inintel-
ligent esclavage des formes administratives, ils
furent rendus à leur flétrissure lorsqu'on n'eut plus
besoin d'eux.

Sur les instances du maréchal, quelques-uns
furent graciés et obtinrent de conserver les armes
dont ils avaient fait un noble usage : l'un d'eux,
décoré pour une action d'éclat, échangea sans
transition la livrée de la honte pour la distinction
de l'honneur.

Mais la plupart furent refaits infâmes par cette
loi, cette dure loi, non invoquée par eux lorsqu'on
la viola pour les armer, et plus tard impitoyable-

ment appliquée pour charger de chaînes les mains
qui avaient gardé le trésor, pansé les blessés, et
fait courageusement couler le sang de l'ennemi. On
eut l'impolitique cruauté de remettre au bagne ces
hommes que leur passage sous les drapeaux et le
baptême de sang avaient amnistiés. Vraiment soldats par la résignation, comme ils l'avaient été par
la bravoure et l'humanité, ils embrassèrent en
pleurant les fusils qui pour eux étaient le symbole
de l'honneur, et rentrèrent sans murmurer dans
leurs ateliers.

Les beaux travaux qui leur sont dus perpétueront
le souvenir des « chamborans du père Marengo »,
à la valeur et à l'infortune desquels toute l'armée
rendit hommage.

Le 8 avril, après une affaire d'arrière-garde,
où les Hadjoutes eurent leur caïd tué, les troupes
étaient de retour dans leurs camps. Elles y ren-
traient avec le printemps, auxiliaire si précieux et
trop souvent négligé des opérations militaires.

La belle saison semblait devoir appeler à de
nouveaux succès, et à la consolidation d'une œuvre
déjà avancée, le général et l'armée qui avaient
déjà tant fait pendant un rude et pluvieux hiver.
En cinq mois, l'émir, vaincu partout, privé de ses
établissements, dépouillé de son prestige, avait vu
son vaste empire réduit aux environs du Maroc;

et l'occupation de Tlemcen et la route de l'Atlas restaient comme des menaces permanentes suspendues sur sa tête.

Si ce n'était pas tout ce qu'on eût pu obtenir avec des moyens suffisants, du moins était-ce tout ce que les fautes antérieures et les ressources du moment permettaient de réaliser.

Mais ces ressources mêmes, à la faiblesse desquelles le génie du maréchal avait suppléé, ces ressources lui échappaient.

Le 10ᵉ léger était déjà rentré en France; le 13ᵉ de ligne, le 3ᵉ bataillon léger, les vétérans, les disciplinaires, venaient d'être arrachés à l'Algérie. Leur départ frappait de paralysie une armée pour laquelle un temps d'arrêt, dans les circonstances du moment, pouvait être un mal longtemps irréparable.

La persévérance semblait n'appartenir qu'aux ennemis de notre conquête, et ce n'était plus en Afrique, c'était à Paris que se trouvaient les plus redoutables. Le siége périodique d'Alger allait recommencer dans la Chambre des députés. Le général en chef se rendit au poste du danger, qui était toujours le sien, et partit pour Paris le 14 avril, laissant le commandement par intérim au général Rapatel.

LA TAFNA

AVRIL 1836

La réduction de l'effectif qui frappait d'inaction
toute l'armée d'Afrique ne pouvait soustraire la
division d'Oran à l'obligation d'entrer promptement en campagne : il fallait, à tout prix, soutenir
la garnison française de Méchouar, et ouvrir entre
Tlemcen et la mer une ligne de communications
régulières.

Cette ligne devait être d'autant plus courte, que
l'effectif de la division, affaiblie encore par le départ du 11ᵉ de ligne, diminuait journellement :
aussi le maréchal Clauzel avait-il repris le projet
de relier Tlemcen à Rachgoun, et il avait ordonné
au général d'Arlanges, commandant à Oran, d'établir, à l'embouchure de la Tafna, un poste retranché

qui lui servît ensuite de point de départ pour les ravitaillements de Tlemcen, où un convoi devait être prochainement conduit.

Il n'avait que trois mille cinq cents hommes à mettre en campagne*.

Quoique avec des forces égales le maréchal Clauzel eût échoué dans la même entreprise, cependant, le général d'Arlanges, homme de cœur et d'esprit, se mit immédiatement à l'œuvre, sans

---

* En voici le détail :

INFANTERIE.

1er bataillon d'Afrique.	500 hommes.
17e léger.	1,000
47e de ligne. . . . . . ., ...	800
66e de ligne.	300
	2,600

CAVALERIE.

150 auxiliaires commandés par Mustapha-ben-Ismaïl.
200 chevaux du 2e chasseurs d'Afrique.

350

ARTILLERIE.

Quatre pièces de campagne,
Quatre obusiers de montagne,
Six voitures d'administration.

GÉNIE.

180 hommes.

hésiter ni réclamer, comptant sur sa calme et tenace
fermeté et sur la bonté de ses troupes.

Le matériel de l'établissement projeté fut embarqué, et, le 7 avril, la division d'Oran se mit en
marche vers le sud, en passant à l'est du lac Salé.
Une si faible colonne aurait dû marcher promte-
ment; cependant, le général s'arrêta, le 9, sur
l'Oued-Heïmer, et fit travailler, pendant les journées des 9, 10 et 11, à une route dans le mont
Tessaïla. Cette route, qui ne put être terminée
parce qu'elle ne menait nulle part, n'avait d'autre
avantage que d'ébranler les croyances superstitieuses des Arabes sur cette montagne. Mais un
travail inachevé et sans but était un mauvais emploi de l'énergie des troupes et un fâcheux spectacle
pour les indigènes, déjà trop habitués à notre in-
conséquence.

Le 12, on se remit en marche au nord-ouest
vers la Tafna, et, le 14, le bivac fut établi sur
l'Oued-Ghazer, où quelques coureurs annoncèrent
le voisinage de l'ennemi, qui ne s'était pas encore
montré.

L'émir, depuis l'expédition de Tlemcen, s'était
établi à Nédroma, au centre du pays des Kabyles.

Ces hommes vraiment patriotes, en acceptant
Abd-el-Kader comme général, lorsque le maréchal
Clauzel menaça leur territoire, n'avaient cru se

donner qu'un défenseur de leur indépendance ; ils s'étaient donné un maître. Ce n'était pas l'émir qui était l'instrument de leur délivrance, c'étaient eux qui, saisis par sa main de fer, étaient devenus les instruments de tous ses desseins ; et ces fiers républicains allaient, de leurs bras et au prix de leur sang, lui rendre cet empire de l'Afrique que les Arabes n'avaient pu lui conserver.

Lorsque les Français s'approchèrent de ces montagnes, jusqu'alors impénétrables aux conquérants de l'Afrique, l'émir vint avec six à sept mille hommes, dont cinq mille fantassins, se placer entre les routes de Tlemcen et de la Tafna, sur la gauche de la colonne.

C'était le 15 avril au matin. La division d'Oran gravissait une montagne élevée et aride, appelée Dar-el-Atchoun, qui fermait perpendiculairement l'entrée d'un défilé long, tortueux, étroit et très-accidenté.

Il était dangereux de s'y engager sans avoir vaincu ces Kabyles, dont le rassemblement menaçant avait l'air de compter le nombre des chrétiens qui allaient se jeter dans la souricière laissée ouverte devant eux. Mustapha-ben-Ismaïl donna au général d'Arlanges le conseil de livrer combat, mais son avis ne prévalut pas. Il n'écouta alors que son instinct de la guerre, de préférence à une disci-

pline qui manquait à ses yeux de la sanction nécessaire, celle de la supériorité de la raison ou de
la force brutale, et il attaqua avec ses cavaliers
l'avant-garde d'Abd-el-Kader.

En comptant qu'il serait soutenu, il reconnaissait
la loyauté du général d'Arlanges, auquel il croyait
de son devoir de rendre service malgré lui.

Cette attaque impétueuse surprend la tête de
colonne de l'émir ; mais le reste tient ferme, et
l'infanterie ennemie, se portant rapidement sur les
flancs, entoure la poignée de Douairs. Les chasseurs, envoyés au grand trot pour retirer Mustapha,
se trouvent eux-mêmes compromis par le mouvement des fantassins, et réclament un secours qu'ils
ne suffisent plus à donner.

Un bataillon du 17ᵉ léger et deux pièces de
canon sont détachés pour les appuyer ; mais Mustapha ne veut profiter de ce renfort que pour rendre
plus inévitable le combat auquel le général d'Arlanges s'obstine à vouloir se soustraire ; il reprend
la charge avec ses cavaliers, qui sont ramenés en
déroute.

A travers la cavalerie qui les talonne et leur
coupe des têtes, débouche l'infanterie kabyle, qui
aborde le faible bataillon du 17ᵉ.

Le général d'Arlanges, contraint d'accepter le
combat, qu'il aurait dû engager, qu'il n'a pas su

empêcher, et qu'il ne peut plus rendre décisif, place au haut de la montagne les bagages, le bataillon du 66ᵉ et le génie, et redescend avec ses quatre autres petits bataillons. Deux pièces de campagne, placées habilement par le colonel Combes, écrasent de leurs coups certains les Kabyles, qui se sont entassés dans un profond ravin pour tourner la droite du 47ᵉ ; mais cette affreuse boucherie n'arrête point leur tête de colonne, toujours foudroyée, toujours renouvelée.

Elle arrive jusque près des pièces, et sur toute la ligne les Kabyles chargent intrépidement les tirailleurs. Il faut renverser à la baïonnette ceux que le canon a épargnés, et nos soldats, heureux de cette lutte corps à corps, plus au gré de leur courage, tuent à l'arme blanche ces braves qu'on hésitait presque à mitrailler. Animés par les plus nobles passions de l'homme, la foi et la haine de l'étranger, les Kabyles se dévouent pour emporter les martyrs du canon des chrétiens, et n'abandonnent aucun trophée aux Français, dont les baïonnettes n'ont conquis que le champ de bataille.

Le sanglant combat de Dar-el-Atchoun, heureux sans être décisif, commandait une nouvelle et plus complète victoire ; car il était certain que la redoutable bravoure de tels ennemis ne demeurerait pas inactive avec Abd-el-Kader pour chef.

Et ce n'était pas tout d'aller à la Tafna ; en Afrique, le plus difficile est de revenir. Il fallait ensuite ravitailler Tlemcen ; trois mille hommes ne pouvaient suffire à cette tâche qu'autant qu'ils ne seraient point sérieusement combattus. Deux hommes seulement comprirent cette situation, Abd-el-Kader et Mustapha-ben-Ismaïl.

Abd-el-Kader a tâté le nouvel adversaire avec lequel il vient de croiser le fer ; il se garde bien, cette fois, de se placer entre les Français et la vallée de la Tafna, car il sait qu'il a les moyens de les empêcher d'en sortir. Il cherche même à endormir sa victime, en faisant parvenir au général d'Arlanges quelques paroles de paix, écrites avec la même plume qui appelle les croyants à la guerre sainte.

Le vieux Mustapha n'est pas dupe de cette tactique : le génie inculte et le sauvage bon sens de ce véritable homme de guerre ont deviné l'issue d'une situation dont le calme apparent aggrave encore le péril. Il supplie son général de ne point pénétrer dans les montagnes, sans avoir encore une fois mesuré ses forces avec celles de l'ennemi. Il lui garantit que, s'il reste sur le champ de bataille, les fougueux Kabyles viendront bientôt lui disputer jusqu'au terrain que recouvrent les semelles de ses bottes.

« Si tu parviens à dompter ici l'ennemi, lui dit-il, alors seulement tu seras libre de tes mouvements. Si tu ne peux le détruire ici, estime-toi heureux de ne pas l'avoir rencontré dans ces défilés qui se refermeront sur toi. »

Et enfin, pour dernier argument, *ultima ratio,* Mustapha se couche, comme Souvorov, en travers du chemin, sous les pieds du cheval du général d'Arlanges.

Mais le général, justement irrité de sa récente désobéissance, n'écoute ni ses instances prophétiques, ni cette expressive protestation ; il engage à midi sa colonne dans le défilé.

Abd-el-Kader, comme pour escorter une proie qu'il croit lui appartenir, fait harceler par ses cavaliers l'arrière-garde commandée par le colonel Combes, qui bientôt les dégoûte de cette poursuite.

La colonne, aux prises avec les seules difficultés d'un terrain à travers lequel on se dirigeait avec peine, atteignit, le lendemain 16, la plage sablonneuse de l'embouchure de la Tafna, en face de l'île de Rachgoun. Le camp fut établi sur la rive droite, avec une avancée sur la rive gauche de la rivière, dont la largeur est de trente à quarante mètres.

Le débarquement des deux blockhaus qui, dans

la pensée du maréchal, devaient suffire au poste de la Tafna, s'opéra le 17 ; mais, au lieu d'un simple pied-à-terre tel que le maréchal l'avait conçu, le colonel du génie Lemercier, qui dirigeait les travaux, se mit à tracer une place en règle, et une place bloquée avant même d'être construite.

Les événements donnaient déjà raison à Mustapha. La porte de terre s'était refermée sur le général d'Arlanges. De nombreux renforts, signe certain que, dans l'opinion des peuples, le jugement des armes n'avait pas été contraire à l'émir, avaient porté son armée à près de douze mille hommes.

Si la jalousie qu'inspirait à l'empereur Muleï-Abd-er-Rahman un voisin plus puissant que lui, même dans son empire, avait entravé cette fois le départ des volontaires marocains, néanmoins Abd-el-Kader, fort de cette influence qui, dans les moments de crise, échappe au pouvoir régulier et devient le partage presque exclusif des opinions violentes, avait levé dans le Maroc une bande de ces fanatiques, convaincus de bonne foi de l'impuissance des boulets français devant leurs talismans. Mais le fond de son armée se composait de sept à huit mille hommes d'infanterie kabyle, sous les ordres de Bou-Hamédi, dont il se servait comme de son bras droit ; car il n'y avait qu'un

Kabyle qui pût conduire ses immaniables compa-
triotes.

A la tête de si nombreuses et si redoutables
troupes, l'émir se sentait fort, mais il se faisait
petit; il montrait seulement des grand'gardes qui
inquiétaient les avant-postes et attaquaient les
fourrages.

Néanmoins, on devinait l'ennemi sans le voir, on
se sentait bloqué sans le savoir. Le général d'Arlanges voulut chercher où était la garde de cette
épée dont il rencontrait la pointe partout, et, avant
de tenter le ravitaillement de Tlemcen, il se détermina à reconnaître cet ennemi dont l'habileté allait
faire sortir les Français de leur camp, sans leur ·
avoir donné le sentiment complet de leur position.

En Afrique, les reconnaissances doivent être
faites ou avec très-peu de monde, ou avec le plus
grand nombre possible. Il faut être ou très-leste
ou très-fort. Lorsque, après avoir vu, on n'est ni
assez peu nombreux pour s'esquiver, ni assez fort
pour combattre, qu'on est assez lourd pour être
atteint, si l'ennemi le veut, et pas assez léger pour
l'atteindre, s'il ne le veut pas, on se trouve dans
les conditions les plus défavorables pour faire une
reconnaissance.

La division tout entière du général d'Arlanges
n'avait que trois mille hommes; c'est le chiffre

constant de toutes les colonnes qui ont éprouvé
des échecs en Algérie.

Il n'emmena que quatorze cents hommes d'infanterie, du 17ᵉ léger, du 47ᵉ de ligne, du 66ᵉ de
ligne, du premier bataillon d'Afrique, deux cent
cinquante chevaux et huit pièces de campagne ou
de montagne, en tout dix-huit cents hommes, qui
passèrent sur la rive gauche de la Tafna dans la
nuit du 24 au 25 avril.

Le gué, mauvais comme tous les gués situés
sur les barres que la mer forme à l'embouchure
de ces rivières sauvages et sans cesse battues par
le vent du nord, fut défoncé par la cavalerie avant
le passage de l'artillerie, dont les munitions furent
ainsi mouillées et avariées. Ce fut la première de
ces fautes de détail qu'on pourrait appeler petites,
si l'expérience de cette guerre difficile ne prouvait
qu'il n'y a pas de petites fautes en Afrique. Leur
accumulation dans cette journée devait bientôt
accroître le vice primitif de la situation.

A cinq heures du matin, le fruit d'une nuit
passée par l'infanterie en silence et sans feu se
trouva perdu par la maladresse des sentinelles qui
tirèrent sur une de ces patrouilles volantes fréquemment employées par les Arabes dans leur
excellent système d'avant-postes.

A sept heures, la colonne, se dirigeant à l'ouest,

arrive sur une grand'garde qui se replie assez vite et contre laquelle on tire le canon hors de portée.

C'est le rappel de l'armée de l'émir que l'on bat ; c'est le tocsin des Kabyles que l'on sonne dans ces silencieuses montagnes, où le canon retentit à des distances immenses. Ils y répondent tous, mais ne se montrent pas encore ; ainsi le veut Abd-el-Kader ; plus les Français seront loin de leur camp, plus il aura beau jeu.

Au bout de deux heures et demie de marche, le général, inquiet du vide qui se fait devant lui, s'arrête auprès du village de Sidi-Yakoub, sur une agglomération de contre-forts qui domine toute la contrée, et envoie de là ses cavaliers indigènes à la découverte. Leur imprévoyance rend sa prudence inutile. Ils courent sur la droite, où ils avaient aperçu des troupeaux, fouillent les cabanes et s'éparpillent à perte de vue.

Dès qu'ils sont hors de la portée de leurs officiers, des groupes de Kabyles, drapeau en tête, le fusil sur l'épaule, s'approchent rapidement et en silence jusqu'à petite portée de l'infanterie restée en position.

Dès ce moment, la reconnaissance était faite : l'audacieuse confiance de ses allures a révélé l'ardeur et le nombre de l'ennemi ; mais l'on n'a reconnu la nécessité de se retirer que lorsqu'il n'en est déjà plus temps.

La fusillade était très-animée autour de l'infanterie, lorsque les spahis, qu'il avait fallu attendre cinq quarts d'heure, reviennent en désordre.

Abd-el-Kader paraît alors avec toutes ses forces, prompt à saisir l'occasion qu'il avait patiemment attendue, et qui se présentait si belle.

Les troupes réunies sous sa main, et six fois plus nombreuses, n'avaient devant elles, d'un côté, que dix-huit cents hommes, sans moyens de transport pour les blessés, obligés de rentrer dans leur camp, dont ils étaient séparés par deux lieues d'un terrain où leur artillerie, mal approvisionnée, ne pouvait ni voir, ni marcher, ni se mettre en batterie. Au camp, il restait à peine six cents travailleurs ou écloppés pour garder tout le matériel sur une plage unie, sans défilement possible, et dans des lignes dont le tracé, à peine ébauché, n'était pas encore défensif et présentait de nombreuses lacunes.

Pas un Français n'eût échappé, si l'émir avait concentré tous ses moyens d'action sur une seule des deux proies entre lesquelles il ne sut pas choisir. Ébloui par l'espérance de pouvoir à la fois enlever le camp et écraser le général d'Arlanges, il diminua, en divisant ses forces, son principal avantage, le nombre et l'unité compacte.

Deux mille de ses moins bons soldats, envoyés sans chefs vigoureux pour emporter la plage, car on ne pouvait pas dire encore le camp de la Tafna, s'arrêtèrent devant la ferme attitude du colonel Lemercier, qui mit en bataille derrière son artillerie la petite garnison, que la moindre hésitation, impossible à cacher, eût vouée à une mort certaine.

Le coup est manqué, et une molle et lointaine tiraillerie qui s'engage sur ce point ne fait même plus diversion à l'action principale qui, à Sidi-Yacoub, allait décider du sort de la journée.

Le combat y devenait acharné. Deux faibles colonnes d'infanterie, commandées par les colonels Combes du 47ᵉ et Corbin[48] du 17ᵉléger, exécutent péniblement un mouvement parallèle de retraite sur les crêtes, déjà occupées d'avance par l'ennemi. De Sidi-Yacoub jusqu'à la mer, les collines uniformes sont couvertes d'épais maquis, sans chemin ni sentier, et souvent l'on n'y découvre l'ennemi que lorsqu'on le touche.

A l'arrière-garde et sur les flancs, une ligne serrée de tirailleurs combat pêle-mêle avec les Kabyles : à chaque ravin, à chaque mamelon, il faut s'arrêter et faire un retour offensif. On gagne du terrain, mais on perd du temps, et ici le temps est plus précieux que l'espace ; car il ne suffit pas de tenir ferme, mais il faut durer.

Chaque arme fait des prodiges de valeur : dans un terrain où l'on ne peut charger qu'isolément, plusieurs fois les chasseurs à cheval plongent dans la masse conduite par l'émir en personne, et donnent ainsi au général le temps de renforcer le réseau de tirailleurs rapidement éclairci, et dont les mailles, s'élargissant de plus en plus, vont bientôt donner passage à l'ennemi, qui s'est déjà emparé des morts et même de quelques blessés.

L'artillerie, qui ménage ses munitions, et dont les coups sont comptés, comble de cadavres les intervalles ouverts dans nos lignes. Elle sème la mort, mais non l'épouvante ; elle n'arrête que ceux qu'elle tue, elle n'agit que sur ceux qu'elle atteint ; les autres viennent chercher de plus près encore une mort qu'ils semblent envier. On voit ainsi combien l'effet matériel des moyens de destruction à la guerre est limité contre des troupes dont le moral reste inébranlable.

Les Kabyles comprennent que, dans cette lutte à courage égal, mais où la mitraille compense le nombre, l'artillerie seule les empêche d'abattre assez de Français pour que la colonne ne puisse plus marcher et meure tout entière.

El-Yali, l'homme au burnous vert, le grand

saint en vogue au Maroc, le fabricant inimitable
d'amulettes enchantées, le prophète qui avait
prédit l'innocuité des boulets français, met le
premier la main sur un canon ; le coup qui le tue
à bout portant n'ébranle point la foi robuste des
fanatiques, décidés à le suivre jusqu'au paradis,
où il vient de les précéder.

Ils saisissent par les roues les pièces que les
canonniers tiennent par l'affût ; on se hache mutuellement les mains sans se faire lâcher prise.

De même que les vieillards, au déclin de leur
vie, sont parfois ranimés par des retours de jeunesse, de même les peuples déchus et abaissés
retrouvent aussi quelquefois tout l'éclat de leurs
primitives vertus. Ce jour-là, Malek-Afuki, Yousef,
Mouça, tous ces héros du Moghrab, eussent reconnu leurs soldats, les conquérants de l'Europe
méridionale, dans ces musulmans se ruant, mal
armés, sur les baïonnettes françaises, et tenant
encore convulsivement, après leur mort, les chrétiens qu'ils avaient saisis par leurs buffleteries.

Abd-el-Kader enflamme leur enthousiasme ; il
leur montre la mer sans vaisseaux,. et leur de-
mande d'y rejeter les mécréants qu'elle a vomis
sur la terre d'Afrique.

Un effort général est tenté au moment où les
tirailleurs évacuent une crête ; les braves Kabyles

coulent, comme un liquide qu'on verse, sur le flanc de la montagne; ils passent à la course à travers les tirailleurs, qu'ils entraînent avec eux jusque contre les deux petites colonnes d'infanterie, dernière ressource des Français.

Dans cet instant terrible, une pluie de balles frappe ceux que la crosse ou le yatagan ne renversent pas. Le lieutenant-colonel de Maussion, chef d'état-major, les aides de camp du général d'Arlanges sont blessés : le général lui-même est atteint au col, et les soldats, tout entiers à cette lutte héroïque, n'apprennent qu'ils ont été un moment sans chef qu'en voyant le colonel Combes, auquel le commandement est échu, prendre ses dispositions pour sauver la division d'un anéantissement imminent.

Appelé à user, dans cet instant solennel, d'un ascendant dont il n'avait pas toujours fait un irréprochable emploi, et à remplacer un général qui avait à se plaindre de lui, le colonel Combes se montra supérieur à une tâche aussi difficile.

Sa sombre énergie se communique et inspire une confiance sans bornes aux troupes, fermes comme un roc. Les deux colonnes des 17e et 47c, réduites chacune à quatre compagnies (tout le reste est hors de combat ou mêlé aux Kabyles); exécutent avec un élan chevaleresque une charge à la baïonnette. Les pièces sont sauvées, et le capitaine de Martimprey [49] a retrouvé un chemin pour les remettre en batterie sur une hauteur. Les tirailleurs, dégagés, se reforment; mais leur ligne, qui, à chaque nouveau danger, s'est successivement étendue aux dépens des colonnes de réserve, est paralysée comme par l'étreinte d'un serpent dont les anneaux flexibles la pressent également partout.

Le premier soin du colonel Combes est de rendre l'air et le mouvement à ces troupes qui se débattent sur place, étouffées par le poids de l'ennemi. C'est encore avec ses deux petites colonnes, auxquelles il fait faire la navette en avant et latéralement, qu'il va habilement rechercher les compagnies déployées, je dirai presque délayées en tirailleurs. A chaque retour offensif, ces boules de neige se grossissent des détachements qu'elles ramènent à la réserve. Le front, promptement resserré, présente moins de développement au feu de l'ennemi, auquel une partie de ses forces devient dès lors inutile. Le corps expéditionnaire, plus compacte et plus maniable, opère plus vite et plus régulièrement sa retraite, et il arrive par une demi-conversion en arrière à gauche, et en pivotant sur les deux colonnes de réserve, sur la dernière crête que borde la Tafna. Le général d'Arlanges, qui, malgré la douleur de sa blessure, avait repris le commandement, s'arrête dans cette position, où des bastions naturels et un petit plateau découvert rendent à l'artillerie et à la cavalerie la possibilité d'agir. Il fait une dernière fois face à l'ennemi; mais l'impuissance lasse même le fanatisme, et le combat cesse à midi.

Les têtes des chrétiens échappent à l'émir vainqueur, mais il a reconquis l'empire de l'Afrique.

Militairement, sa victoire n'était pas complète, puisque l'imparfaite organisation de la multitude qu'il commandait l'avait arrêté au moment où des Européens eussent redoublé d'efforts; mais les conséquences politiques en furent immenses. Cette journée fut un trait de lumière qui révéla aux Arabes la faiblesse des Français, d'autant plus frappante qu'elle était volontaire.

Tandis que les chrétiens rembarquaient leur général en chef, retiraient leur troupes, parlaient et écrivaient contre l'Algérie, à la tribune et dans les journaux, Abd-el-Kader reparaissait, plus radieux après une éclipse, et grandi par le malheur. Les populations, rendues à leurs instincts naturels, se donnèrent de nouveau à lui. Son pouvoir, jusqu'alors mesuré à ses succès, ne connut plus de bornes, et, désormais, la fidélité des Arabes lui assurera les moyens de survivre à la défaite. A

10

l'avenir ce ne sera plus à la victoire, ce sera à la persévérance qu'appartiendra le triomphe. Poser ainsi la question, n'était-ce pas déjà presque avoir vaincu les Français?

L'effet électrique du combat de Sidi-Yacoub détruisit en un jour l'œuvre pénible de toute une campagne heureuse, et rendit d'un seul coup à Abd-el-Kader bien plus qu'il n'avait perdu en détail.

Le bruit du revers des Français bloqués à la Tafna vaut des armées à l'émir. La nouvelle, sur son chemin, prend des villes et conquiert des provinces. La garnison d'Oran apprend cet événement par l'apparition de nombreux cavaliers qui assiégent ses blockhaus et lui enlèvent ses troupeaux. Ibrahim et El-Mezari sont chassés des remparts de Mazagran par les tribus du Chélif, heureuses que l'émir daigne à ce prix leur pardonner d'avoir compté sur la persévérance des Français. Les Arabes de Tittery, ivres de joie, livrent à Abd-el-Kader la ville de Médéah, le vieux bey des Français, et tous les Turcs et couloughlis, dont l'émir se débarrasse par de sanglantes exécutions, ordonnées à froid et de loin, comme une garantie contre le retour des défections qui l'ont mis si près de sa ruine.

Du fond du désert, des tribus dont l'émir ignorait même le nom lui envoyèrent leur soumission

volontaire, et implorèrent l'honneur d'avoir pour
sultan celui qui venait de prouver que, « si le jour
appartenait quelquefois aux chrétiens, le lendemain
était toujours aux musulmans ».

Mais son ambition grandissait encore plus vite
que sa fortune.

Déjà il croyait tenir Tlemcen, et avoir condamné
à mort, en les séparant à jamais de la France, les
cinq cents Français qui y étaient renfermés, manquant de vivres, d'habits et d'argent.

En effet, avec plus de trois cents hommes mis
hors de combat, dont un grand nombre de blessés,
et en outre la nécessité de construire, puis de garder
le camp de la Tafna, le général d'Arlanges était
plus que jamais hors d'état de porter secours au
capitaine Cavaignac.

Mais il se cramponna sur la plage de Rachgoun,
résolu à y accomplir du moins la première partie
de sa mission, et il demanda, pour sauver ensuite
la garnison du Méchouar, des renforts que l'humanité seule eût accordés, quand même la politique
ne les eût pas impérieusement réclamés.

Aussi l'armée, réduite à vingt et un mille
hommes avant cet échec, fut-elle renforcée par
un contingent dont le maintien eût prévenu un mal
que son retour ne pouvait plus réparer.

Le gouvernement du roi, qui avait toujours et

malgré tout poursuivi la conquête et la conservation
de l'Afrique, ordonna le départ immédiat de trois
régiments d'infanterie, sous les ordres du général
Bugeaud [50]. Ils furent embarqués sur une escadre
qui se rendit ensuite sur la côte de Tanger, pour
appuyer les réclamations du colonel de la Rue
contre les hostilités des Marocains.

Cette mission, bien conduite, réussit de point
en point, et, depuis lors, la coopération des Marocains, moins apparente, ne motiva plus les mêmes
plaintes.

Mais, quelque rapidité que l'on mît à l'envoi
de ces renforts, six semaines s'écoulèrent entre le
combat de Sidi-Yacoub et le débarquement de la
brigade Bugeaud.

Ce temps fut bien long, si on le mesure aux privations et aux souffrances des troupes du général
d'Arlanges.

Abd-el-Kader, avant de renvoyer dans leurs
montagnes ses fidèles Kabyles, ces Vendéens de
l'Afrique, voulut les repaître d'un succès qui leur
avait d'ailleurs coûté bien cher, car deux mille des
leurs avaient péri dans cette journée, plus glorieuse
encore pour les vaincus que pour les vainqueurs.
Il provoqua par des décharges de mousqueterie, et
par la fantasia exécutée devant son armée en bataille, les Français, pour lesquels l'impuissance de

répondre à ses fanfaronnades accroissait encore l'amertume d'une situation cruelle.

Puis, se retirant avec sa réserve dans une position d'où il surveille également les routes d'Oran et de Tlemcen, l'émir laisse le commandement du blocus à Bou-Hamédi, qui s'efforce de réduire par la lassitude les ennemis qu'il n'avait pu enlever de vive force.

L'eau saumâtre de la Tafna, chaque pelletée de terre remuée, chaque fagot pour le bivac, chaque botte d'herbe pour les animaux, l'air lui-même, si précieux aux chevaux et aux hommes entassés sans abri sur cette plage désolée pendant quarante-deux jours, tout devient pour les Français le prix d'un combat toujours renouvelé, toujours nécessaire.

Le dernier anneau qui les rattache à la patrie semble se rompre.

Pendant onze jours, une mer furieuse fait un gouffre inabordable de l'étroit chenal qui sépare le rocher de Rachgoun de la plage de la Tafna.

La marine, cette pourvoyeuse de l'armée d'Afrique, la marine qui, pendant toute la campagne, avait fait vivre les troupes et rendu les opérations possibles, en transportant partout les hommes, le matériel et les munitions, et même en gardant les forts d'Oran, la marine manqua tout à coup, vaincue par la tempête.

La famine vient alors s'ajouter aux autres privations : les troupes, réduites à une poignée de riz cuit dans une eau bourbeuse, conquise chaque jour les armes à la main, se nourrissent de la chair des chevaux tués à l'ennemi.

Les soldats, rongés par la vermine, tour à tour trempés par des pluies torrentielles et brûlés par un soleil d'été, dépérissaient à vue d'œil sous leurs vêtements en lambeaux. Leur moral résiste à tout : ces hommes, *auxquels il ne reste d'entier que le cœur,* combattent et travaillent avec gaieté jour et nuit ; les malades n'entrent point dans cette cage construite des débris des caisses à biscuit, et qu'on décore du nom d'hôpital ; les officiers blessés restent avec eux dans les rangs de ces troupes qui manquent de tout, excepté du sentiment de leurs devoirs, et dont les épreuves semblent encore accroître le dévouement et l'obéissance.

On en abusa sans que la discipline en souffrît ; les ouvrages du camp, depuis longtemps imprenables aux Arabes, furent développés outre mesure par le colonel Lemercier, sans qu'un murmure s'élevât pendant la pénible exécution de ces travaux, visiblement superflus pour le présent et dangereux pour l'avenir ; car c'était un point vulnérable ajouté à tant d'autres, et il résultait de son occupation une garnison de plus, et, par conséquent, une force mobile de moins.

Une véritable place forte était déjà terminée, lorsque, le 5 juin, quatre vaisseaux mouillèrent à l'embouchure de la Tafna, et débarquèrent les 23ᵉ, 24ᵉ et 62ᵉ régiments de ligne.

Le général d'Arlanges remit au général Bugeaud le commandement de la place construite sous ses ordres et des troupes, dont l'estime suivit dans sa retraite l'officier général distingué que sa chétive apparence avait souvent privé d'un ascendant nécessaire au commandement. Ils sont rares, dans les armées, les généraux qui ne cherchent jamais, en recevant un ordre, le moyen de s'y soustraire, et qui oublient jusqu'au soin de leur propre gloire, pour exécuter à tout prix la tâche qui leur est imposée!

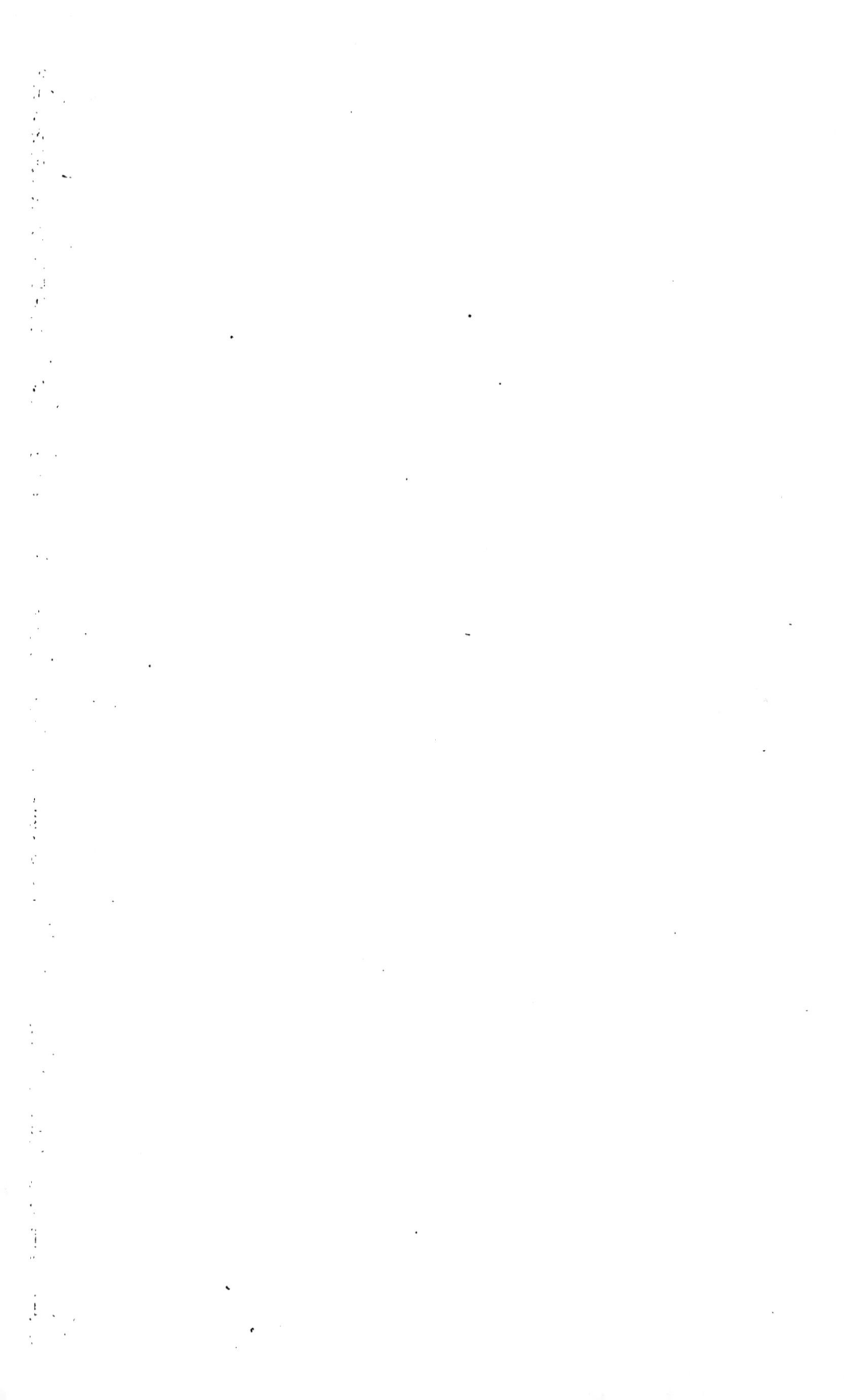

LA SICKACK

JUILLET 1836

Le général Bugeaud comprit largement la mission qui lui avait été donnée de reprendre l'offensive, mission si belle, dans de telles circonstances,
pour un officier général ambitieux de s'élever et
voulant tout devoir à ses services militaires.

L'offensive, pour cet homme vraiment guerrier,
ne consistait pas seulement dans la faculté de
sortir de la tanière où l'on se fortifiait depuis deux
mois, pour entreprendre quelques courses, limitées
dans leur direction et leur durée par l'embarras
du matériel et le manque de vivres ; l'offensive,
c'était la puissance de porter ses coups à fond, de
les porter le premier partout et toujours, sans en

être réduit à ne faire que parer et riposter ; l'offensive, c'était la liberté la plus absolue du mouvement, c'était de se faire aussi léger que les Arabes :
car, en Afrique, c'est le plus léger qui finit par
être le plus fort ; et le succès, si souvent dépendant
de l'initiative, appartient à celui qui peut éviter
les combats préparés dans des passages obligés,
les provoquer dans des terrains choisis par lui, et
toujours marcher partout sans jamais perdre le
temps ni fatiguer ses troupes à faire des routes.

Le nombre, qui ne tient lieu nulle part, et surtout en Afrique, de la bonne organisation, ne pouvait pas seul atteindre ce but. Les renforts débarqués à la Tafna étaient numériquement suffisants ;
mais c'était par sa constitution lourde et peu mobile
que l'armée péchait.

Les autres généraux n'avaient su que se plaindre
de leur convoi, « dont la grandeur les attache au
rivage ». Il était dans la nature énergique du
général Bugeaud de se débarrasser sur-le-champ
de ce qu'il aurait reconnu être un obstacle à ses
desseins. Fort de sa conviction et de son bon sens,
il heurta de front, lui nouveau venu, à peine débarqué, tous les principes admis, toutes les théo-
ries et tous les sophismes qui avaient résisté à six
années d'expérience, et il se détermina à ne plus
avoir une seule voiture dans sa division, et à créer

à tout prix des transports mobiles, chargés de plus de vivres que les chariots n'en auraient pu porter.

Il fit embarquer les prolonges du génie, de l'administration et de l'artillerie, et même le canon de campagne, car une seule roue conservée dans sa colonne lui eût imposé les mêmes sujétions que s'il en avait eu mille, et, par la force des choses, il se trouvait ainsi poussé à une de ces mesures excessives qui plaisaient à son caractère.

Jusqu'alors, on avait considéré l'artillerie de campagne comme le seul moyen de compenser le nombre des ennemis et de diminuer celui des blessés, en éloignant les Arabes; la supprimer brusquement au moment d'entrer en campagne, c'était plus que de la hardiesse pour un général qui n'était pas connu à l'armée d'Afrique, c'était peut-être attaquer le moral des vieilles troupes, dont la confiante ardeur était bien nécessaire aux nouveaux régiments. Ceux-ci, débarqués avec le mal de mer, passant, sans transition, de l'opulente Marseille aux misères et à la détresse de la Tafna, avaient été attristés et émus par le spectacle soudain de ce que la guerre a de plus laid ; et l'enthousiasme avec lequel ils étaient partis se refroidissait par la comparaison presque involontaire de l'existence qu'ils avaient quittée avec celle qui commençait pour eux.

Mais le général Bugeaud comptait sur la force
de vérité des principes que ses talents militaires
lui avaient fait deviner, et qui, depuis, ont amené
une révolution véritable dans la guerre d'Afrique;
il brava tout, et il attendit avec patience le résultat
des dispositions qui lui garantissaient la victoire.
L'inquiétude semée dans les rangs des troupes
par cette mesure, qui n'avait point pour elle le
sentiment des officiers et des soldats, n'était que
le moindre de ses embarras.

Il est toujours facile de détruire; mais, quand
il fallut remplacer les moyens de transport dont
on s'était dépouillé, on s'aperçut que les bêtes de
somme mangeaient plus et portaient moins que
les animaux attelés. On manquait de tout, même
de bâts pour des chevaux qui n'avaient jamais été
chargés. Néanmoins, la tenace volonté et l'infatigable activité du général Bugeaud vinrent à bout
d'une transformation jugée d'abord inexécutable
sur cette plage, où tout était difficile, et où ce qui
était nouveau était déclaré impossible. Ingénieux
dans ses détails, comme il avait été judicieux dans
l'ensemble de ses vues, le général parvint, par
des prodiges d'industrie, à improviser en quatre
jours, avec de vieilles toiles de la marine et de la
paille d'orge tressée, des bâts pour trois cents
chevaux de trait devenus bêtes de somme, et sur

le dos desquels il chargea pour six jours de vivres.

Ce n'était pas assez pour aller à Tlemcen, c'était le strict nécessaire pour arriver à Oran, où cette organisation improvisée et incomplète devait être perfectionnée avant qu'on pût songer à entrer sérieusement en campagne.

La division tout entière était, si je puis m'exprimer ainsi, à l'état de chrysalide, dans une transition confuse d'anciennes habitudes à un système nouveau. C'eût été diminuer et peut-être compromettre le succès que d'aller, à travers les montagnes, chercher des combats hasardeux et difficiles, avant d'avoir donné de l'harmonie à des éléments hétérogènes, et d'avoir sanctionné par la pratique de nombreuses innovations. Une théorie sur les avant-postes mobiles avait étonné les officiers les plus versés dans la guerre d'Afrique ; le général Bugeaud, qui avait deviné, sans la faire, cette guerre que d'autres avaient faite sans l'apprendre, avait donné une suite d'ordres de marche et de combats imités de ceux du maréchal Clauzel, mais plus absolus et moins élastiques.

Les dix bataillons de la division se formaient sur trois colonnes : quatre à la colonne du centre, qui renfermait les bagages entre le premier et le deuxième bataillon, et trois à chacune des deux

autres. La cavalerie marchait en deux fraction
entre les colonnes des ailes et les bagages. A
signal du combat, donné par un pétard, on s'arr
tait : les colonnes des ailes s'échelonnaient à ce
vingt pas sur le premier bataillon de la colonne
centre, dont les autres bataillons exécutaient
arrière le même mouvement, de manière à trac
les quatre faces d'un losange. Les nouveaux rég
ments n'étaient pas encore rompus à cette manœ
vre, trop régulière pour être exécutée à la guerr
où les circonstances modifient ce que l'on prépa
loin d'elles. Les anciens Africains se pliaient
mauvaise grâce à une méthode non encore app
quée, et doutaient d'un général qui se faisait réfo
mateur avant d'avoir vu.

Le général Bugeaud avait commandé, ma
n'avait pas encore convaincu, ce qui est si néce
saire pour obtenir des troupes françaises toute
puissance de leur action. Avant de se mesurer av
Abd-el-Kader, il lui fallait vaincre les préjug
par l'évidence de faits incontestables. Il en sais
bientôt l'occasion.

L'émir, lors du débarquement des renfort
avait concentré son monde sur la route de Tlemce
il n'avait laissé que des postes d'observation st
le bord de la mer, jusqu'alors suffisamment garc
par des obstacles naturels, insurmontables pou

le matériel, dont il ignorait que les Français fussent
débarrassés.

Le général résolut de prouver, en se rendant
par là à Oran, que sa division ne dépendait plus
ni des Arabes ni du convoi. Dans la nuit du 11
au 12 juin, il se mit en marche le long de la mer,
sur une seule colonne, laissant à la Tafna une garnison de dix-huit cents hommes, premier tribut
payé à l'extension abusive des ouvrages de ce camp.

Une marche de nuit, dans un pays sans chemin,
sans points de repère, et d'une désolante uniformité, ne doit s'entreprendre qu'avec des reconnaissances très-bien faites et des troupes parfaitement
façonnées. On peut finir ainsi une campagne; il
était dangereux de la commencer par là, avec des
soldats dont les jambes étaient engourdies par suite
de la traversée ou du blocus, et dont les derniers
débarqués avaient plusieurs fois fait feu, la nuit,
les uns sur les autres, dans ce mélange d'ardeur
et d'inquiétude ordinaire aux troupes qui débutent.

Le général Bugeaud s'en aperçut, et l'avoua
avec sa loyale et expansive franchise.

Cependant, son plan avait réussi; la division était
déjà à quatre lieues du camp et sur des plateaux
faciles, avant d'être rejointe par les cavaliers de
l'émir, qui vinrent, contre leur habitude, attaquer
l'avant-garde, afin de donner au gros de leur ar-

mée le temps d'arriver. Le général les fit charger
et les poussa de colline en colline ; mais la température était excessive : des hommes tombèren
morts de chaleur, d'autres se tuèrent eux-mêmes.
Il fallut laisser un régiment pour recueillir les
nombreux traînards de la colonne, qui s'allongeait
Les Arabes, prompts à accourir sur le point le plus
faible, ébranlèrent un instant, par leur cris et
par leur fantasmagorie, ces troupes exténuées qu:
voyaient le feu pour la première fois. L'avant-
garde dut revenir sur ses pas, en renonçant à la
poursuite de l'ennemi, pour protéger les bagages
entièrement découverts ; une charge de chasseurs
à cheval mit fin à cette affaire sans résultat.

Mais l'infanterie kabyle n'avait pu regagner sept
lieues d'avance, et la cavalerie arabe s'éloigna,
certaine de revoir bientôt les Français, impérieusement appelés à Tlemcen par les besoins d'une
garnison affamée. La division, épuisée par une
première marche de dix-huit heures, bivaqua sur
l'Oued-Ghazer, où elle trouva à peine de quoi
étancher sa soif, et, le 17, elle arrivait à Oran sans
nouvel incident.

Dès le 19, la prodigieuse activité physique et morale du général Bugeaud avait déjà organisé un convoi qui portait un mois de vivres pour le corps expéditionnaire et pour Tlemcen, dont le ravitaillement

devenait de plus en plus urgent. Cinq cents chameaux, trois cents mulets, un troupeau considérable, plusieurs centaines d'ânes chargés des bagages particuliers, formaient une arche de Noé, dans laquelle cependant le général était parvenu à introduire de l'ordre, de la régularité et de la discipline. Par la sécheresse de l'été, les chameaux marchaient mieux ; néanmoins, ces animaux, lents et difficiles à conduire, n'offraient qu'une ressource bien incomplète, et le seul avantage qu'ils présentassent était de n'exiger aucune nourriture.

Les marches de la division, formée sur trois colonnes, d'après la manière du maréchal Clauzel, étaient bien réglées : elle partait de très-grand matin et prenait son bivac à onze heures ; et cependant, la chaleur accablait les nouvelles troupes ; les soldats, mal équipés pour ce climat, tombaient comme foudroyés par les rayons dévorants d'un soleil de feu, reflétés par une terre rouge et brûlante. Dès la seconde marche, cent soixante et dix hommes furent renvoyés à Oran, triste preuve de la cruauté de la loi qui, en admettant dans l'armée des hommes trop chétifs, appauvrit à la fois la population et l'armée, et conduit à n'avoir pour conseil de révision que l'hôpital et souvent le cimetière.

Plusieurs malheureux, dans les accès trop com-

11

muns, hélas! d'une affreuse folie, se brûlent la cervelle au milieu de la colonne.

Malgré ce déplorable spectacle, le moral de la division, soutenu par l'énergie des vieilles troupes, endurcies par la victoire et les revers, et insensibles à la chaleur comme au froid et à la misère, s'affermit chaque jour.

Le 24, sur les bords de l'Ammiguier, la cavalerie qui bloquait le Méchouar vint attaquer à l'improviste l'arrière-garde. La division, déjà bien manœuvrière et très-mobile, se retourna brusquement. Les chasseurs à cheval chargèrent en échelon les trois cents chevaux qu'ils avaient devant eux; le premier échelon fut ramené avec perte, mais les autres, lancés à fond, appuyés par un mouvement de flanc exécuté avec grande intelligence par Mustapha et soutenu par l'infanterie, poussèrent jusqu'à l'horizon les Arabes, qui abandonnèrent une soixantaine des leurs sur le terrain.

Après ce succès, le corps expéditionnaire entra à Tlemcen, où son séjour fut un court entr'acte dans les souffrances de cette garnison, séparée du monde entier depuis le mois de février, et qui pouvait se croire oubliée par la France. Deux fois elle avait entendu le canon du général d'Arlanges, et deux fois ce bruit, en s'éloignant, avait trahi son espérance sans ébranler son ferme dévouement.

Les jours de combat étaient des jours de fête et
de distraction pour ces hommes exposés sans cesse
au supplice de Tantale, dans ces beaux lieux qu'ils
ne voyaient que de loin, et où les burnous blancs,
errants comme des fantômes, leur rappelaient qu'ils
ne pouvaient sortir de la fosse où ils étaient en-
terrés vivants. L'expression assurée et la pâleur
de leurs figures amaigries attestaient à la fois leurs
privations et la persévérante énergie d'âmes inaccessibles au découragement et à la nostalgie.

Le plus pâle et le plus maigre de tous, parce
qu'il avait voulu souffrir plus qu'aucun de ses
soldats, le capitaine Cavaignac rehaussa encore
par sa modestie et son abnégation une conduite
admirée de toute l'armée. Son industrie avait créé
un hôpital, fabriqué des vêtements, et son humanité, imitée par le bataillon tout entier, avait partagé avec les malheureux couloughlis la demi-
ration de pain d'orge à laquelle la garnison était
réduite depuis deux mois.

Le convoi conduit à Tlemcen ne l'approvision-
nait que pour un mois; une triste expérience
prouvait la nécessité d'assurer un avenir moins
limité. Le général Bugeaud partit dès le 26, avec
les bêtes de somme, haut le pied, pour aller chercher un nouvel approvisionnement à la Tafna.
Une nécessité bien pressante changeait ainsi le

caractère de la guerre : la campagne n'était plus
qu'une navette de convois, et le général était réduit au rôle d'un brigadier du train.

Le général Bugeaud tira un grand parti de
cette situation ingrate, et exécuta avec une adresse
remarquable une opération difficile.

Deux fois, en allant à la Tafna, et en revenant,
le général français, libre de ses mouvements et
débarrassé de ses *impedimenta,* trompa la vigilance de l'émir et lui escamota le passage des
montagnes, que ce dernier gardait avec des forces
considérables.

En partant de Tlemcen, le général Bugeaud
bivaqua de bonne heure au confluent de l'Isser
et de la Tafna, et poussa son avant-garde comme
pour surprendre le col de Seba-Chioukh, au pied
duquel le maréchal Clauzel s'était arrêté. Aussitôt
l'ennemi accourt de toutes parts à l'entrée de la
gorge. Dès que les Kabyles y sont réunis, le camp
français est soudainement levé, un mouvement de
flanc rapide transporte l'infanterie sur des hauteurs qui tournent et commandent le col, et les
bêtes de somme suivent les fantassins, portant,
sur ces rochers à pic, de l'eau pour leur nouveau
bivac, où l'ennemi n'ose les inquiéter.

En revenant de la Tafna, le convoi était chargé :
il fallait passer par le col ; un nouveau stratagème

le livra sans combat. Le colonel Combes est envoyé à l'ouest avec trois bataillons, qui travaillent à construire une route carrossable sur ce point de la montagne. L'émir se persuade que les Français ont repris leurs chariots à la Tafna, et fait pendant la nuit ses dispositions pour leur disputer cette nouvelle route. Au point du jour, les Kabyles étaient en bataille devant les feux allumés par le colonel Combes. Le soleil levant leur montre le col, qu'ils ont évacué pour se réunir devant un bivac désert, déjà occupé par les trois bataillons que le colonel y a conduits de nuit, et, le 5 juillet, la division et son convoi étaient campés dans la plaine de l'Isser.

Avoir su éviter le combat là où l'ennemi le voulait, c'était se l'assurer ailleurs. En effet, tout annonçait une rencontre pour le lendemain. Abd-el-Kader supportait mieux une défaite qu'une mystification; il se résignait à subir la supériorité de la force, il ne pouvait accepter la supériorité de l'intelligence et de la ruse. L'humiliation de ce double chassé-croisé, la colère d'avoir été deux fois dupe, ajoutent à son impatience de se venger d'un adversaire dont l'habileté faisait ainsi de la vanité de l'émir l'instrument de ses desseins. « Ce Français est un renard, et son armée est un serpent, s'écria Abd-el-Kader, mais sera-t-il un lion? »

L'armée musulmane quitta les montagnes, et comme fascinée par ce convoi qui venait de lui échapper, elle descendit à sa suite dans la plaine et campa sur l'Isser, au-dessus du bivac français, en détachant un fort parti de cavalerie en aval, dans la direction de Tlemcen.

Pour y conduire le convoi auquel le général Bugeaud allait devoir l'occasion si désirée de combattre l'ennemi en plaine, il fallait franchir deux fois le ravin profond de la Sickack, qui formait, en tournant sur la gauche, un arc de cercle dont la route de Tlemcen était la corde. Sur la droite, la plaine était coupée par le cours encaissé de l'Isser, et le plateau sur lequel l'action allait avoir lieu se trouvait ainsi fermé de trois côtés par des ravins escarpés.

Chacun des deux adversaires conçut à la fois la pensée d'y précipiter son ennemi.

Abd-el-Kader, qui avait avec lui douze mille hommes, dont neuf mille cavaliers et mille hommes d'infanterie régulière recrutée depuis sa nouvelle grandeur, s'était placé de manière à profiter du premier passage de la Sickack pour y attaquer le général Bugeaud, qui chercha dès lors à arriver avant l'ennemi sur le plateau s'étendant au delà.

Le 6 juillet, longtemps avant le jour, la division

française prend les armes dans le plus grand silence : elle est forte de huit mille hommes*.

Elle marche sur trois colonnes, le convoi au centre, les auxiliaires à l'arrière-garde. La confiance règne dans ses rangs : les soldats apprécient et aiment un général soldat lui-même, infatigable, plein d'une sollicitude efficace pour sa troupe, sachant également la ménager et l'employer.

Mais le bruit que font les chameaux lorsqu'on

---

* En voici le détail :

INFANTERIE, 5,000 HOMMES.

1er bataillon d'Afrique ;
17e léger ;
23e de ligne ;
24e léger ;
47e, un bataillon seulement ;
62e.

CAVALERIE.

Douairs et Smélas	600	chevaux.
2e régiment chasseurs d'Afrique.......	600	.
	1,200	

ARTILLERIE.

Deux obusiers de montagne ;
Un chevalet à fusée.

GÉNIE.

Quarante sapeurs.

les charge avait averti l'ennemi du mouvement
des Français : il s'était ébranlé en même temps,
et, à quatre heures et demie du matin, au milieu
de ce brouillard qui annonce les journées étouf-
fantes et sans air, la cavalerie arabe, détachée la
veille, s'engageait vivement à l'arrière-garde, avec
les Douairs et le 24ᵉ, obligés de rester en position
pendant le long et difficile passage de la Sickack.

Le convoi n'était pas encore reformé sur le plateau, lorsque l'émir déboucha sur la droite de la
division française, qui va être attaquée en flanc et
en queue au moment où elle est encore coupée en
deux par le ravin qu'obstruent les bagages.

La colonne de droite se hâte d'occuper le plateau : ce sont trois bataillons des 17ᵉ et 47ᵉ, les
plus vieilles troupes de la garnison, impatientes de
faire expier aux Arabes leurs souffrances et leurs
misères. Le colonel Combes est à leur tête. Le
général Bugeaud lui ordonne de faire face à
droite; les trois bataillons en colonnes doubles
s'échelonnent sur le centre.

Le 2ᵉ chasseurs à cheval se forme en colonne
serrée par escadrons derrière cette première ligne.

Le 23ᵉ régiment est placé en réserve.

Le 24ᵉ, le 62ᵉ et le bataillon d'Afrique appuient
leur gauche à la droite de la cavalerie, et se déploient perpendiculairement à la ligne du colonel

Combes, pour contenir l'attaque dirigée contre
l'arrière-garde.

Le front de la division française présente ainsi
la forme d'un V très-ouvert, au milieu duquel les
bagages se massent.

Cet ordre de bataille, qui eût été défectueux
vis-à-vis de troupes européennes et sur un terrain
civilisé, est commandé par la bizarre configuration du sol et par les dispositions irrégulières
d'Abd-el-Kader, qui livre à la fois deux combats
distincts.

La formation était encore inachevée, lorsqu'un
vaste nuage d'une poussière rouge et d'une fumée
épaisse qu'aucun souffle ne déplace, et d'où sortent des rugissements affreux et une fusillade plus
vive que le feu de deux rangs de plusieurs régiments, annonce au colonel Combes l'attaque des six
mille cavaliers d'Abd-el-Kader. Le choc de cette
cohue, dont la force, comme celle de toutes les
insurrections, réside dans une première impulsion,
rejette les tirailleurs et les spahis sur les colonnes
d'infanterie, qui, devant ce spectacle et malgré ce
bruit saisissant, restent calmes et silencieuses et
forment les carrés. Mais ces fantassins à cheval,
dont la multitude les entoure, ne sont que de la
mauvaise infanterie et de la médiocre cavalerie.
Ils n'ont ni l'intelligence des grands courages, ni

l'aveuglement des grandes frayeurs. Ils ne chargent ni ne fuient ; ils tourbillonnent autour des bataillons français assez près pour se faire tuer, trop loin pour les enfoncer.

Un combat tâtonné n'était pas l'affaire du général Bugeaud. Après un feu bien dirigé, le colonel Combes fait battre la charge ; les chasseurs à cheval passent au galop à travers les intervalles de l'infanterie. C'est trop tôt : les ailes des régiments sont enveloppées par la cavalerie arabe, qui s'est ouverte et a démasqué le feu roulant de l'infanterie régulière. Les chasseurs, désunis par une charge poussée trop loin, ne peuvent entamer les réguliers ; ils sont ramenés.

La masse des Arabes se reforme aussitôt ; elle va se heurter de nouveau contre la brigade Combes, qui a pris le pas de course pour soutenir la cavalerie ; de part et d'autre, les réserves s'approchent, les deux chefs s'avancent l'un contre l'autre. L'émir, qui sent qu'un nouveau succès des Arabes sera une condamnation sans appel pour la garnison de Tlemcen et décidera peut-être du sort de l'Afrique, se place lui-même dans les rangs de son infanterie régulière, dernière réserve qu'il a appris des chrétiens à employer à propos, et il appuie résolûment le mouvement de ses cavaliers.

Le moment décisif est arrivé; mais la victoire
est aux Français, puisque l'on va se joindre. Le
général Bugeaud, en personne, suivi de son état-
major, entraîne le régiment de chasseurs, qui
s'est rallié devant le front des bataillons. Une
charge furieuse bouscule un ennemi dix fois plus
nombreux. Les chasseurs, mêlés avec les cavaliers
arabes en déroute, arrivent sur les nizams; tout
est rompu, tout est enfoncé par l'élan de cette intrépide cavalerie.

Les plus braves parmi les musulmans essayent
de se grouper autour des sept drapeaux, emblèmes de la puissance souveraine, que de hardis
cavaliers portent devant le prince des croyants.
Ce dernier signe de ralliement disparaît bientôt :
le maréchal des logis Jugneault[51] saisit, le premier,
un de ces étendards; cinq autres de ces trophées
sont enlevés par les chasseurs.

L'émir seul, le premier et le dernier au combat,
se révolte contre le destin. Il veut encore résister ;
il ne fait plus que compromettre une vie toujours
précieuse à son peuple, et surtout nécessaire le
lendemain d'un revers, sans pouvoir même sauver quelques débris de cette infanterie, pénible
création qu'il est condamné à voir anéantir sous
ses yeux. Il ne reste plus à Abd-el-Kader que son
cheval noir, si connu des chrétiens et des musul-

mans. Ce compagnon de sa bonne et de sa mau
vaise fortune, qui l'a porté vainqueur à la Mac
et à Sidi - Yacoub, qui lui a sauvé la vie à Tlem
cen, est tué sous lui.

Mais la protection divine semble entourer
pieux émir et détourner de lui les coups qui brise
les instruments de son gouvernement et les ins
gnes de son autorité. Quelques serviteurs fidèl
se dévouent pour l'arracher à ce champ de ca
nage et l'entraînent malgré lui hors de la mêlé

Il était temps. L'infanterie française, utile sou
tien, arrivait à toute course, suivant de très-prè
la cavalerie, comme elle doit toujours le faire e
Afrique. L'armée arabe n'est plus qu'un troupea
de plusieurs milliers de fuyards, mitraillés
bonne portée par l'artillerie de montagne, et qu
les chasseurs poussent l'épée dans les reins, su
un terrain en pente aboutissant aux bords escarpé
de l'Isser.

Les Arabes à cheval, arrivés les premiers à
ce ravin qu'ils avaient dû passer pour venir à
l'attaque, parviennent, en abandonnant chevaux
armes et cadavres, à franchir cet obstacle, où
embarrassés par leur nombre, beaucoup d'entr
eux s'écrasent et s'entre-tuent; mais l'infanterie
régulière, acculée, ainsi que le général Bugeau
l'avait prévu et annoncé, à un escarpement de

rente à quarante pieds, y périt tout entière.

Les Douairs et les Smélas, à la vue de cette confusion, étaient accourus d'eux-mêmes de l'arrière-garde, où ils avaient combattu jusqu'alors. Mustapha-ben-Ismaïl les conduit, entouré, comme un patriarche, de tous ses parents, dont le plus jeune, qui n'a que sept ans, rougit aussi son yatagan. L'impétueux vieillard vient d'avoir la main brisée par une balle, mais le sang de ses adversaires lui fait oublier sa douleur. Le Léthé n'était-il pas un fleuve de sang ennemi? Ses cavaliers font un horrible massacre des nizams de l'émir, qui n'ont même plus la triste ressource de se jeter dans le précipice, à moitié comblé par les cadavres mutilés; les tirailleurs des 17ᵉ et 47ᵉ y sont déjà descendus.

Avec l'aide de ces soldats, toujours généreux envers les vaincus, le général Bugeaud, dont la voix a bien de la peine à dominer au milieu du tumulte, réussit à soustraire à leurs bourreaux cent trente malheureux, suspendus sur un rocher sans issue, entre les baïonnettes des voltigeurs et le yatagan des Douairs. Pendant que l'on s'emparait de ces prisonniers deux fois conquis, sur l'ennemi d'abord, et puis sur nos propres auxiliaires, le feu cessait à l'arrière-garde. Les 24ᵉ et 62ᵉ régiments et le bataillon d'Afrique avaient pris l'offensive en même temps que le colonc Combes, et avaient dispersé la cavalerie qui s trouvait devant eux, livrée de plus près à leur coups par une retraite simulée.

Le convoi était entré à Tlemcen : au plus for de l'action, le capitaine Cavaignac avait eu l témérité de venir le chercher avec son batail lon et les couloughlis. Mais tout devait réussi dans cette heureuse journée, et ce qui eût pu de venir une grande faute fut, cette fois, un servic signalé.

A huit heures du matin, le combat était fir sur tous les points. La division, soulagée de so convoi et rejointe par son arrière-garde, continu la poursuite de l'ennemi, dont les derniers traî nards furent chassés par la cavalerie et l'artilleri de montagne jusqu'à quatre lieues de là, sur l Tafna. Là, le général Bugeaud, quoiqu'il n'eû ni vivres ni tentes, campa à midi pour bien con stater son triomphe, et pour reposer ses troupe fatiguées par l'excès de la chaleur.

Le combat de la Sickack n'était pas seulemen le plus brillant succès obtenu en rase campagne c'était la victoire la plus légitimement remportée car c'était celle à laquelle le hasard avait eu l moins de part, et pour laquelle le général avai le plus fait, par des combinaisons bien adaptée

aux qualités de ses soldats et aux défauts de ses
ennemis.

L'émir avait perdu son infanterie régulière,
sept cents fusils, six drapeaux et cent trente prisonniers, souillés désormais par le contact des
chrétiens, et plus regrettables ainsi que les douze
cents musulmans tués les armes à la main dans
la guerre sainte.

Cette vigoureuse affaire n'avait coûté aux Français que trente-deux tués et soixante-dix blessés.
C'était un grand échec pour Abd-el-Kader, mais
il venait deux ans trop tard. La puissance de
l'émir avait déjà assez de racines pour résister à
une tempête passagère. Il pouvait se passer de
son infanterie régulière, car il n'avait plus besoin
d'exiger ce qu'il obtenait spontanément de l'empressement des populations. Il le savait, et il osa,
après sa défaite, plus qu'il ne s'était permis après
ses succès. Pauvre et sans ressources, il refusa
avec dédain les riches présents que lui envoyait
Achmed, bey de Constantine. Sa fierté préférait
un ennemi de plus à un protecteur, et surtout à
un protecteur turc. Il déporta loin de leur territoire des tribus entières dont il soupçonnait la
fidélité ; il fit tomber la tête des chefs suspects de
découragement. Partout les Arabes obéirent à un
prince dont la confiance en lui-même et dans le

triomphe final de sa cause semblait s'accroître encore dans l'adversité.

Les Arabes s'étaient exagéré leurs avantages; ils furent incrédules à leurs revers. Si c'est une faiblesse dans un chef de ne croire que ce qu'il désire, c'est une force dans un peuple; car c'est encore de la foi, ce principe indispensable de toutes les grandes œuvres. Cette vertu des musulmans les soutint dans le malheur; partout ils doutèrent de la défaite de leur émir, et, dans la ville d'Alger même, il fallut leur montrer les prisonniers pour convaincre leur honorable incrédulité.

L'armée arabe était dissoute, mais le peuple demeurait entier dans ce qui faisait sa force, dans son union, son moral, son *insaisissabilité*.

Il eût fallu le conquérir; le général Bugeaud n'en avait ni le moyen, ni la volonté, ni l'ordre. N'ayant plus aucun plan à exécuter, il essaya de rendre moins lourde la chaîne qui attachait la division d'Oran à la garnison de Tlemcen, en grossissant les approvisionnements du Méchouar de grains moissonnés dans les environs; mais ses troupes consommaient plus qu'elles ne pouvaient récolter sans outils, et il rentra à Oran le 19 juillet, en parcourant la province, faisant du dégât, affaiblissant les Arabes, mais sans soumettre les tribus, qui attendaient le moment où les Français s'arrêteraient après la victoire.

Le général Bugeaud s'était glorieusement acquitté de la mission qu'il avait reçue de débloquer la Tafna, de ravitailler Tlemcen pour trois mois et de battre Abd-el-Kader; il avait même trouvé le moyen, en prenant pour base de ses combinaisons l'amour-propre, la cupidité et l'ambition de son ennemi, aussi bien que l'art et la science militaires, d'amener le moderne Jugurtha à une bataille rangée.

Il remit au général Létang le commandement d'une division bien aguerrie et bien instruite, et retourna, rappelé par le télégraphe, en France, où les événements de la frontière d'Espagne avaient hâté son retour.

Cette fois encore, la France, distraite et inattentive, laissa échapper, dans son insouciante imprévoyance, la dernière occasion peut-être de terrasser le pygmée qu'elle avait fait géant; il eût fallu, immédiatement après la Sickack, disputer à Abd-el-Kader, en s'établissant dans l'intérieur, le sol où, comme ce personnage mythologique, il puisait de nouvelles forces à chaque chute; tandis que les ordres les plus formels et les plus précis défendaient aux généraux d'étendre l'occupation.

On leur ordonnait l'impossible en leur prescrivant de tenir la campagne pour y vaincre un ennemi qu'on leur interdisait d'aller chercher là où seulement on pouvait combattre son influence.

A Oran, le général Létang n'usa point ses troupes dans une activité nécessairement stérile. Il se borna, pendant le mois d'août, à donner de l'air à ses garnisons, en rejetant au loin, par une pointe vigoureuse, les tribus qui s'étaient rapprochées. Cette excursion, bien conduite, réussit malgré la chaleur qui asphyxia plusieurs hommes, et la division ne sortit de nouveau qu'au mois d'octobre, lorsque l'ardeur du soleil n'était déjà plus à craindre.

Une colonne de sept mille hommes parcourut pendant quinze jours tout le pays compris entre Oran, l'Atlas, le Chélif et la mer. Le général Létang avait repris des voitures pour emporter plus de vivres; il ne put parvenir à joindre l'émir, qui se montrait comme un fantôme, toujours présent et toujours insaisissable. Sachant se faire suivre sans se laisser atteindre, et habile à ne plus se prêter à des combats que son adversaire avait besoin de livrer, Abd-el-Kader sut ainsi lui opposer le système de résistance le plus dangereux, celui contre lequel les armes françaises devaient plus d'une fois s'émousser.

A Alger, l'été et l'automne ne furent pas seulement perdus, ils furent mal employés. Les fluctuations politiques, déplaçant si souvent le pouvoir à

Paris, se traduisaient en Afrique par autant de fautes, aggravées encore par leur contradiction, et dont les résultats étaient renvoyés à la France, comme réfléchis par un miroir grossissant.

La victoire était restée, dans les Chambres, aux défenseurs de l'Algérie. Le maréchal Clauzel, prompt à s'exagérer les conséquences de ce succès de tribune, rêva de nouveau la conquête immédiate et générale de toute la régence, et il donna, aussitôt après l'issue de la campagne parlementaire, l'ordre à la division d'Alger de préparer des bases d'opération pour porter la guerre au delà de l'Atlas.

Le maréchal ne doutait pas que ceux qui avaient voulu conserver l'Algérie ne voulussent aussi, par cela même, le seul moyen d'assurer cette conservation. Cependant, le vote des Chambres n'avait été qu'une négation de l'abandon d'Alger. Il n'était ni l'expression d'un plan quelconque, ni la résolution d'accroître les ressources de l'armée.

Les ordres du maréchal, fondés sur des espérances, avaient devancé même les promesses; ils étaient vagues et indéfinis, mais leur exécution dut être mesurée aux ressources existantes et fit rentrer forcément dans la réalité, que les illusions avaient fait perdre de vue.

Au lieu d'un réseau de fortes colonnes portées loin dans l'intérieur et embrassant chacune beaucoup de terrain, ce qui eût été la seule manière de conquérir et de soumettre le pays, la sphère d'action des troupes, déjà trop disséminées, fut encore rétrécie par un nouvel éparpillement, à la porte même de nos établissements.

Toutes les forces actives de la division d'Alger, sous les ordres du général de Brossard[52], travaillèrent, pendant les mois d'août, de septembre et d'octobre, par une fâcheuse succession de chaleurs et de pluies, et au milieu des attaques constantes des Arabes, à semer des camps retranchés et des blockhaus isolés sur un arc de cercle qui passait à peine à deux lieues en avant des anciennes lignes de défense, à Sidi-Kelifa, Oued-el-Alleg, la Chiffa et Ouled-Yaïch.

Le maréchal, dès son retour dans la colonie, arrêta ce démembrement de l'armée, qui s'immobilisait dans des postes parasites, où il eût bientôt fallu élever casernes, hôpitaux, magasins, écuries, etc., de manière que chacun d'eux pût se suffire à lui-même. Il fit évacuer les nouveaux camps dans lesquels s'était égrenée la colonne du général de Brossard. Les nouvelles courses des Hadjoutes avaient d'ailleurs suffisamment démontré que ces camps n'étaient funestes qu'à ceux qui les avaient construits. Ce n'était ni une base d'opérations, ni même une ligne de défense contre les maraudeurs;

pas plus que des pieux plantés dans un lac n'em-
pêchent le poisson de passer.

Il ne resta donc de trois mois de travaux pénibles
que des caravansérails éventuels pour nos colonnes,
beaucoup de malades et un pas de plus fait en
arrière. C'était là le plus dangereux mécompte de
cette entreprise; aussi le maréchal chercha-t-il à
masquer cette retraite tardive par un mouvement
en avant sur les Hadjoutes. Deux faibles colonnes,
commandées par les lieutenants-colonels Marey et
de Lamoricière, soutenues par la réserve du général de Brossard, pénétrèrent au cœur du petit
territoire d'où ces habiles partisans, comme les
Seminoles de l'Amérique, arrêtaient la marche de
la civilisation européenne et bravaient une armée
tout entière.

Le colonel Marey eut plusieurs engagements de
cavalerie assez vifs, dans l'un desquels les spahis
se seraient trouvés compromis sans le secours d'un
escadron conduit avec vigueur et à-propos par le
lieutenant de Drée[53].

Cette expédition, par cela même qu'elle n'avait
pas détruit les Hadjoutes, devait les fortifier. Ils
renaissaient, comme le phénix, de leurs cendres.
Il était littéralement vrai que plus on en tuait,
plus leur nombre s'augmentait; car les pertes de
la guerre étaient, et au delà, compensées par les

émigrés de toutes les tribus accourant à la curée des chrétiens.

Des pluies précoces, survenues aussitôt après cette course, annoncèrent aux troupes fatiguées et malades l'approche de l'hiver, qui allait prématurément terminer la campagne, sans que l'ennemi, ni à Alger, ni à Oran, fût complétement vaincu.

Après une alternative de victoires souvent stériles et de fautes toujours trop fécondes, la guerre languissait en octobre 1836. Il fallait un nouvel effort de la France pour mettre fin à une situation qui ne profitait qu'au génie organisateur d'Abd-el-Kader. Le maréchal proposa au gouvernement d'occuper sur-le-champ toutes les villes importantes, d'établir des postes sur les communications de ces villes jusqu'à la mer, et de construire dans chaque province un camp central, comme dépôt et point de départ des colonnes mobiles chargées de parcourir et de dompter le pays.

Il ne demandait que trente cinq mille combattants pour exécuter en un an ce plan dont la pensée était juste, comme celle de toutes les conceptions de ce général remarquable, mais qui manquait de proportion entre le but et les moyens, le maréchal cherchant à les prendre au rabais, dans l'espoir de conquérir plus de suffrages par l'attrait du bon marché. Il n'obtint ni renforts, ni même une décision sur son projet.

Un nouveau ministère venait de se constituer ; de mauvais rapports et une méfiance réciproque avaient remplacé cette harmonie intime, ce concours actif et mutuel, premières et indispensables garanties du succès.

Le maréchal, protégé seulement par sa renommée, sentait déjà s'affaisser sous lui le piédestal sur lequel ses faits d'armes antérieurs l'avaient élevé : jamais il n'avait eu plus besoin de vaincre. Tout lui était refusé, même une destitution ; il se décida à tout demander aux hasards d'une entreprise éclatante par l'excès de sa témérité.

Il se lança dans l'aventureuse expédition de Constantine, séduit par la grandeur du revers ou du triomphe, et résolu à provoquer sous cette forme le jugement de Dieu, qui devait brusquer sa chute ou accroître sa gloire.

Malheureusement pour la France, pour l'armée et pour lui, le maréchal Clauzel s'était condamné d'avance ; car il avait déjà toutes les chances contre lui lorsqu'il risqua ce coup désespéré, avec l'illusion d'un joueur poussé à bout : c'est ce que prouvera trop clairement le récit des circonstances qui ont précédé et marqué ce lugubre épisode de l'histoire de l'armée d'Afrique.

CONSTANTINE

NOVEMBRE 1836

Le bey de Constantine, Hadji–Achmed, n'était,
ni par position, ni par caractère, un ennemi re-
muant et dangereux pour la France. Il s'était résigné, après le succès du général d'Uzer, autour
de Bône, à l'établissement des Français dans cette
ville, et une longue et mutuelle inaction avait amené
une trêve de fait entre le général, qui ne songeait
point à la conquête du pays, et le dernier prince
turc, qui ne demandait à la France qu'à conserver
l'usufruit viager de son beylick.

Une durée de deux ans avait déjà donné force
de loi à ce pacte muet, lorsqu'il fut rompu par la
nomination du chef d'escadron Youssouf à la dignité de bey *in partibus* de Constantine. Cette pro-

motion, faite par le maréchal Clauzel à Tlemcen, en février 1836, détruisait le système du général d'Uzer et amena son départ.

Instituer bey de Constantine un soldat ambitieux, brave et hardi, c'était annoncer hautement à Achmed lui-même sa déchéance et la conquête prochaine de ses États.

L'entreprise était difficile : Achmed régnait sans opposition sur près de deux millions de sujets faciles à gouverner. Il était soutenu par la Turquie, approvisionné par Tunis. Son pouvoir, déjà ancien et toujours craint et obéi, était exercé par de bons lieutenants et appuyé par des troupes étrangères braves et dévouées.

Dans cette milice turque, cause habituelle de tant de désordres, Achmed ne voyait que des soldats et peu de rivaux, depuis que Ben-Aïssa avait réorganisé les joldachs en décapitant tous les chefs et donnant leurs dépouilles aux subalternes, qu'un intérêt commun de conservation liait déjà presque malgré eux à la cause de leur bey.

Une garde d'infanterie kabyle et de cavalerie arabe, où les otages des premières familles du pays étaient mêlés aux compagnons de fortune de Ben-Aïssa, servait à la fois de contrôle à la fidélité des Turcs, et de garantie à la soumission de la province, dont toutes les têtes étaient ainsi toujours sous les mains du maître.

Achmed n'avait pas, comme Abd-el-Kader, d'empire à fonder, et, le besoin de jouissance remplaçant chez lui l'inquiète et ambitieuse ardeur de l'émir, il n'avait que des préoccupations défensives, et avait habilement centralisé dans Constantine son gouvernement, dont Ben-Aïssa était l'âme et le bras, ses trésors, son armée et tous les moyens d'action de ses vastes États, qui s'étendaient depuis les limites des provinces d'Alger et de Tunis jusqu'au delà du désert de Biskara.

C'est qu'en effet Constantine, par sa position géographique et topographique, était sa meilleure et sa plus sûre défense.

Cette capitale est un de ces lieux privilégiés de la nature, voués, comme certains hommes ou certaines nations, à une destinée qui s'accomplit d'une manière constante et immuable à travers les siècles, malgré les transformations du sol et les révolutions des peuples.

Le rocher inaccessible sur lequel s'éleva successivement la Cirta des Numides et des Romains, la Constantine du Bas-Empire, des Vandales, des Arabes et des Turcs, fut toujours l'antre inexpugnable des tyrans de l'Afrique. De ce nid d'aigle, planté au milieu du désert, et qui n'avait encore

connu de vainqueur que la famine, les maîtres de
cette ville prédestinée ont toujours bravé des armées vaincues d'avance, en été, par le manque
d'eau, en hiver, par le manque de bois, et, en
toute saison, par l'éloignement et les obstacles
naturels.

Aussi le maréchal Clauzel, à cause des difficultés d'exécution et du peu d'urgence politique,
avait d'abord classé l'expédition contre Constantine
comme la dernière opération de son plan de conquête générale de la régence.

Même après la nomination de Youssouf, Achmed
espérait encore être oublié par la France, et demeurait dans cet engourdissement inerte qui caractérise les gouvernements turcs.

Il laissa le colonel Duverger[54], à qui le maréchal
avait confié le commandement de la division de
Bône et le soin de préparer l'expédition de Constantine, installer pompeusement son compétiteur.
Il laissa Youssouf lever un régiment de spahis, un
bataillon d'infanterie turque, et soumettre, à la tête
de cette bande d'aventuriers de toutes les races,
à qui le maréchal avait donné quatre obusiers de
montagne, les tribus jusqu'à quinze lieues de Bône.

Bientôt, cependant, l'établissement du camp retranché de Dréan, qui eut lieu en avril 1836, à
cinq lieues de Bône, à la première étape sur la

route de Constantine, ouvrit les yeux à celui-là même qui se refusait à sortir de son indolent et commode aveuglement.

Ce premier pas, sagement fait dans l'esprit d'une marche progressive et méthodique, fut bientôt suivi de la prise de possession de la Calle, ancien chef-lieu des concessions françaises en Afrique, et centre de la pêche du corail. Cinquante Turcs, commandés par un officier français, s'installèrent le 15 juillet sur les ruines du bastion de France, poste important pour l'avenir commercial du pays, mais dont l'excentricité et l'inutilité pour la conquête de Constantine révélèrent de plus en plus le projet d'occuper toute la province.

Après ces opérations, entreprises trop tôt, puisqu'on n'était pas en mesure de les soutenir, il fallut s'arrêter : la division de Bône, qui ne comptait que mille hommes, sans moyens de transport, ne pouvait pousser au delà de Dréan la tête de sape dirigée contre Constantine.

Le doute naquit aussitôt de ce retard, et ébranla les populations que Youssouf avait domptées, moitié par prestige, moitié par violence.

Ben-Aïssa, l'actif et vigilant Kabyle qui veillait pour son maître, avait prévu ce moment et sut en profiter. Il arracha Achmed à la débauche dans laquelle ce vieillard sanguinaire dépensait sa lâche oisiveté, et le conduisit jusqu'au col de l'Atlas, au Ras-el-Akba, où il dressa ses tentes à la fin d'août. Ben-Aïssa lui-même s'avance au delà ; il prend l'offensive et soulève les tribus, déjà lasses de leur nouveau bey, et qui avaient appris à leurs dépens la fable du roi soliveau et de la grue.

La délimitation tacitement établie et observée depuis deux ans entre la France et Achmed se trouvait ainsi franchie ; la guerre était rallumée. Il fallait, ou se résigner à perdre peu à peu le terrain conquis et à être bloqué dans Bône, ou aller sur-le-champ détrôner Achmed dans Constantine. Acculé à cette alternative fatale, le maréchal Clauzel n'hésita pas, et, dans la situation que lui faisaient ses actes antérieurs, les événements de la guerre contre Abd-el-Kader et ses rapports avec le nouveau ministère du 6 septembre, il fut heureux de voir les circonstances rendre inévitable pour la France une expédition qui était déjà nécessaire au général en chef de l'armée d'Afrique.

Tout dépendait pour lui de cette opération ; mais, par un malheur qui témoignait encore de la grandeur et de la puissance de ses facultés, à mesure que ce projet l'absorba davantage, l'ardeur de son imagination, la force inflexible de sa volonté et le besoin qu'il avait du succès, lui firent prendre pour des réalités, les espérances d'abord, puis les illusions, puis enfin les impossibilités sur lesquelles reposa successivement son plan.

Ce fut seulement dans les premiers jours d'octobre qu'il reçut à la fin le refus du gouvernement de lui donner les renforts qu'il demandait, et l'autorisation d'entreprendre l'expédition avec les moyens dont il disposait déjà. Réduit par là à se démentir lui-même ou à tenter une œuvre impossible, le maréchal répondit : « Je ferai comme je pourrai, le mieux que je pourrai, mais j'agirai avec ce que j'aurai, et je compte sur ma bonne étoile. »

C'était malheureusement la seule garantie de succès qu'il pût donner ; car l'état du pays et l'insuffisance des ressources existantes condamnaient également cette résolution extrême, à laquelle le maréchal s'abandonna sans réserve, comme fasciné par les illusions dont se berçait le brave Youssouf.

La défection des tribus, découragées par la lenteur d'une opération trop ouvertement annoncée pour que son retard ne fût pas un signe de faiblesse, avait fait d'effrayants progrès. La zone hostile s'était journellement rapprochée de Bône sur les pas de Ben-Aïssa, qui s'avança jusqu'au camp de Dréan. Le 9 octobre, il lance quatre mille cavaliers sur les tribus voisines de cette capitale du bey des Français, voulant ainsi le forcer à assister au malheur des derniers sujets qui lui soient restés fidèles. Laisser faire eût été signer sa déchéance.

Youssouf sort hardiment du camp avec un millier d'hommes de ses spahis et de son infanterie : il se jette le premier tête baissée au milieu de l'ennemi, dont le nombre eût fini par rendre le combat douteux, si un escadron du 3ᵉ chasseurs, commandé par le capitaine Marion [55], ne fût tombé à l'improviste sur les derrières des Arabes : ceux-ci lâchent pied, se croyant attaqués par l'avant-garde d'un corps nombreux, car ils ne peuvent croire qu'au milieu d'une province insurgée, on continue encore à faire circuler des détachements comme en pleine paix. Youssouf se met ensuite à la poursuite de l'ennemi, lui prend tout son butin, et lui coupe près de quatre-vingts têtes.

Mais ce succès partiel n'arrête point la marche de l'insurrection, qui gagne la plaine de Bône : les Kabyles de l'Edough viennent tirer jusque sur les portes de la ville, et, quelques jours après (24 et 25 octobre), Achmed en personne tiraille devant Dréan avec une masse de cavalerie si considérable, que le général Trézel, nouveau commandant de la division, doit se borner à observer un ennemi trop fort, contre lequel la faible garnison de Bône ne peut tenir la campagne.

Ainsi s'évanouissait l'espoir de trouver dans le pays les ressources indispensables sur lesquelles le maréchal avait compté pour suppléer à l'absence du secours qu'il avait espéré d'abord recevoir de France.

Les populations qui devaient fournir des auxiliaires, des vivres et des transports, étaient devenues un obstacle de plus pour l'armée d'Afrique ; celle-ci devait dès lors, elle seule, suffire à tout pour la conquête de Constantine.

En pressurant toutes les divisions pour en extraire le corps expéditionnaire, le maréchal arriva seulement à créer la faiblesse sur tous les points qu'il dépouillait du nécessaire, sans parvenir à concentrer une force suffisante à Bône.

En voyant quels efforts, quelle persévérance il lui fallut pour opérer ce revirement de moyens, qui n'aboutissait qu'à une sorte de diversion en faveur d'Abd-el-Kader, on est obligé de reconnaître un nouvel exemple de cet attrait fatal et irrésistible qui entraîne souvent les hommes vers leur perte, et leur donne la force de surmonter tous les obstacles qui les en séparent : inutiles avertissements que la Providence sème en vain sous leurs pas.

Les éléments, ces dangereux ennemis auxquels le grand Doria ne connaissait de vainqueurs que mai, juin et juillet, combattirent les opérations

préliminaires de la campagne ; malgré l'activité
de la marine royale, qui fit remorquer par ses
bateaux à vapeur jusqu'à sept bâtiments de transport à la fois, il fallut plusieurs voyages pour
réunir à Bône le matériel et le personnel, grapillés
sur toute la côte de l'Algérie et dans les dépôts
de l'armée. Des naufrages, tristes et prophétiques
emblèmes du sort qui attendait les troupes, avaient
encore diminué leurs trop faibles ressources avant
que les vaisseaux, ballottés par la tempête,
fussent arrivés devant le détestable port de Bône,
où l'absence des moyens de débarquement ajoutait
encore aux embarras d'une armée obligée de tout
tirer de la mer.

Ce fut lentement, après de longues et orageuses
traversées, que le 17ᵉ léger, le 62ᵉ de ligne, le
1ᵉʳ bataillon d'Afrique venant d'Oran, la compagnie
franche et des sapeurs pris à Bougie, le 63ᵉ, le
3ᵉ bataillon du 2ᵉ léger, l'artillerie, le génie et
l'administration, embarqués à Alger, arrivèrent
successivement à Bône.

Hommes et chevaux quittèrent le pont des vaisseaux, où quelques-uns avaient été entassés pendant quarante jours au bivac, mouillés par la
pluie, mouillés par les vagues, sans pouvoir ni se
chauffer, ni se sécher, ni marcher, ni presque
remuer, pour s'amonceler dans la ville de Bône,

affreux cloaque encombré de ruines et d'ordures.

Pas une chambre, pas une tente, pas un hangar n'était à l'abri des pluies glaciales qui tombèrent sans interruption depuis le 10 octobre.

Une humidité pénétrante et malsaine qui pourrit jusqu'aux munitions de l'artillerie, un brouillard froid qui couvrit, au 1er novembre, de neiges précoces des montagnes situées sous le 35e degré de latitude, ne furent suspendus, pendant quelques jours, que par les rayons ardents d'un soleil caniculaire. Sa chaleur inopportune développa la fermentation dans ce foyer d'infection, et fit éclore tous les germes morbides que l'oisiveté, cette mère de toutes les maladies en Afrique, avait déjà inoculés à des soldats engourdis par la traversée et privés de toute protection contre les intempéries d'une saison si variable.

Sur huit mille hommes, deux mille sont saisis par la fièvre. Couchés sur la paille humide, avec une couverture pour deux, sous la tente ou sous le hangar où ils sont tombés malades, ils cherchent dans l'excès du sulfate de quinine, dont on fait en quelque sorte des distributions régulières, des forces qui trahissent leur moral et leur ardeur. Des ballots entiers de ce poison sont avalés en quelques jours dans les régiments transformés en infirmeries; car Bône, ce charnier, qui a déjà

englouti tant de victimes, n'a pas même un hôpital
suffisant ; les soldats, attendant un tour de faveur
pour y entrer, voient souvent la tombe s'ouvrir
pour eux avant cet hôpital, mesuré à la mesqui-
nerie des fonds votés, et non pas à l'étendue des
misères qu'il doit soulager.

En refusant trois fois de suite les fonds demandés pour l'assainissement et la reconstruction de
Bône, la philanthropie fastueuse et mensongère
qui élève des palais aux criminels, avait condamné
à mourir ces soldats envoyés au nom de l'humanité et de la civilisation pour coloniser l'Afrique,
et qui n'y peuplaient que les cimetières.

Lorsque le maréchal Clauzel arriva à Bône le
31 octobre, peu après le duc de Nemours, qui
avait voulu faire cette périlleuse campagne, toutes
les bases de l'organisation croulaient à la fois, et
les moyens manquaient pour transporter les vivres,
déjà insuffisants, d'une armée dont la tâche était
hors de proportion avec sa valeur numérique.

Mais le maréchal suppléait par une nouvelle
confiance à chaque mécompte nouveau ; c'était un
défi de plus jeté à ses talents militaires, et il
acceptait avec une énergie désespérée cette lutte
inégale, dans laquelle il avait contre lui tout ce
qui ne dépendait pas d'un caprice de la fortune,
son unique espoir, et qui, elle aussi, le trahit

bientôt. En s'absorbant exclusivement dans sa
volonté, il finit par croire qu'elle suffirait pour
triompher, et il ne chercha de remède à une situation fâcheuse que dans ce qui devait l'aggraver.

Atteint lui-même, malgré sa constitution hercu-
léenne, par le mal qui lui enlevait ses soldats, ce
fut encore par un mouvement en avant qu'il crut
retrouver la santé et la réalisation des promesses
trop facilement escomptées du bey Youssouf. Hors
d'état de proportionner les moyens d'attaque aux
difficultés de l'entreprise, il renversa les rôles, et
ne mesura les obstacles probables qu'à l'échelle
de ses faibles ressources. Placé dans l'impossibilité de vaincre, sans matériel administratif et
sans artillerie, une résistance dont la prévision lui
était importune, le maréchal compta comme une
certitude la reddition volontaire de Constantine.
Les prises faciles de Mascara et de Tlemcen paraissaient donner à cette opinion présomptueuse
l'autorité des précédents; n'ayant rien de ce
qu'eût exigé le siége de la place, il agit comme
s'il en eût tenu déjà les clefs.

Par une déplorable erreur politique, le maréchal
croyait Youssouf, bloqué dans Bône, plus maître
de Constantine qu'Achmed soulevant les populations jusqu'à la porte de la caserne de son rival :
il en déduisait toutes les conséquences avec cette

confiante et irrémédiable logique qui appartient
bien plus aux combinaisons de l'aveuglement qu'aux
calculs de la raison; et, comme s'il eût craint
d'être éclairé sur une entreprise à laquelle il ne
pouvait plus renoncer, il ne fit reconnaître ni Constantine, ni la route par laquelle on devait y arriver; et pas plus que le condamné, il n'essaya de
soulever le bandeau qui lui couvrait les yeux.

Ces illusions, fortes de leur bonne foi, furent
contagieuses : il est si doux de trouver un prétexte
pour croire ce que l'on désire. On ne parla bientôt plus de la marche sur Constantine que comme
d'une partie de plaisir et d'un voyage archéolo-
gique, auquel s'associèrent de nombreux amateurs,
parmi lesquels on remarquait les ducs de Caraman et de Mortemart, pairs de France, MM. de
Chasseloup et Baude, députés.

Mais la plupart des chefs de l'armée étaient
loin de partager cette confiance. Les sages repré-
sentations des colonels Lemercier et de Tournemine [56], commandant le génie et l'artillerie, et de
l'intendant militaire Melcion [57], tous trois gens de
cœur, retardaient de jour en jour le départ de la
colonne, qui n'était que l'ébauche d'une armée. Le
maréchal coupa ce dernier câble qui retenait au
port son vaisseau délabré ; il donna rendez-vous à
Guelma, à quinze lieues de Bône, aux diverses

fractions du corps expéditionnaire, voulant le faire sortir de ce cercle vicieux dans lequel s'agitait l'impuissant essai d'une organisation confuse.

L'effectif de cette troupe de fiévreux, qui allait à travers un pays inconnu, sans vivres et sans artillerie, attaquer le Gibraltar du désert, ayant contre soi la saison, la maladie, la distance, la famine, la politique, et toutes les chances militaires, n'était que de 7,270 hommes de toutes armes *.

* En voici le détail :

Infanterie.	5,400
Cavalerie.	520
Artillerie.	550
Génie	500
Administration	300

AVANT-GARDE, GÉNÉRAL DE RIGNY.

Spahis réguliers, spahis irréguliers, infanterie turque, artillerie du bey, Youssouf-Bey;

3ᵉ régiment de chasseurs à cheval d'Afrique, colonel Corréard;

1ᵉʳ bataillon d'Afrique, lieutenant-colonel Duvivier;

6ᵉ compagnie franche du 2ᵉ bataillon d'Afrique, capitaine Blangini;

Deux pièces de campagne;

Deux compagnies du génie.

CORPS DE BATAILLE, GÉNÉRAL TREZEL.

3ᵉ bataillon du 2ᵉ régiment d'infanterie légère, commandant Changarnier;

Les troupes indigènes, au nombre d'environ
1,500 hommes, et les gens de toute espèce à la
suite de l'armée, élevaient à huit mille sept cents
le nombre des rationnaires.

La portée de cette colonne, en la considérant
comme un projectile lancé par la France, dépendait nécessairement du nombre des jours de vivres
qu'elle emportait; comme son effet, une fois rendue à sa destination, pouvait se mesurer à la
puissance de ses moyens de destruction.

N'ayant pas la faculté de pouvoir à la fois aller
loin et vite et frapper fort, il fallait opter entre la
légèreté de la colonne ou la puissance de l'artil-

17e régiment d'infanterie légère, deux obusiers de montagne, colonel Corbin;

62e régiment de ligne, deux obusiers de montagne, colonel
Lévesque;

63e régiment de ligne, colonel Hecquet.

RÉSERVE, COLONEL PETIT D'HAUTERIVE.

59e régiment de ligne;

Deux pièces de montagne;

Trois compagnies du génie;

Quatre pièces de campagne;

Quatre obusiers de montagne.

Intendant Melcion, intendant en chef de l'armée;

Colonel Duverger, chef d'état-major;

Colonel de Tournemine, commandant l'artillerie;

Colonel Lemercier, commandant le génie.

lerie. Le corps expéditionnaire n'était constitué ni
pour recevoir promptement une soumission, ni pour
faire énergiquement une conquête; il allait à la
mort, et il courait au gouffre avec la pierre au cou.

On emmenait une batterie de huit, impuissante
à ouvrir une brèche, et gênante dans la marche;
c'était trop pour une porte ouverte, pas assez pour
une porte fermée. On laissait à Bône une batterie
de douze qui eût pu être efficace contre des
murailles dont tous les voyageurs avaient parlé,
et un équipage de pont qui eût accéléré la marche
et épargné bien des souffrances. Les chevaux
manquaient pour atteler plus d'une batterie.

Avec trois cent vingt-huit animaux décrépits,
tous en Afrique depuis la conquête, l'artillerie ne
pouvait emporter, pour les six canons de huit et les
dix obusiers de montagne, que treize cent quatre-
vingt-deux coups en tout, dont sept cent seize seulement pour la batterie de campagne, et six cent
soixante-deux pour les petits obusiers.

Le matériel de l'artillerie se composait, en outre,
de trente-six fusils de rempart, n'ayant chacun
que six coups à tirer, et de deux cents fusées de
guerre déjà trop vieilles; car, la routine bureau-
cratique ne permettant de tirer ces artifices que
par ordre d'ancienneté, leur tour n'arrivait que
lorsqu'ils étaient hors d'état de servir.

Il n'y avait pas là de quoi prendre la moindre
bicoque, et il y avait un matériel assez lourd pour
ralentir une armée pressée; car on avait à peine
assez de vivres pour atteindre Constantine, où l'on
courait risque d'arriver avec des caissons vides.
Il fallait franchir quarante lieues, des montagnes
sans chemins, des torrents sans ponts, des terres
détrempées, avec des voitures chargées et de
mauvais chevaux; et l'on avait pris pour base des
calculs vingt-cinq lieues faites en plat pays et par
le beau temps. L'état du terrain dans la mauvaise
saison, en retardant la colonne et en forçant à
réduire la charge du convoi, devait à la fois
augmenter les jours de marche et diminuer les
vivres emportés. En mesurant la charge des
bêtes et des hommes, non à ce qu'il eût fallu
avoir, mais à ce qu'il était possible d'emporter, l'administration put placer seulement cinq
jours de vivres sur les dix voitures attelées de
chevaux malingres et sur les trois cent douze
mulets arabes mal bâtés, sans organisation, plutôt
enlevés de force qu'enrôlés volontairement, qui
étaient disponibles pour le service des vivres, dans
l'informe convoi de cette armée vaincue avant de
partir.

On avait le tort d'emporter cent vingt-huit mille
rations d'eau-de-vie, dangereux poison qui devait,

lui aussi, faire des victimes. Mais, comme le superflu passe la plupart du temps avant le nécessaire, il n'y avait que cinq jours de biscuit et de riz, un jour de vin, trois jours de sel, et guère plus d'un jour d'orge pour des chevaux auxquels on demandait les plus grands efforts, dans la saison où ils trouvaient le moins à manger.

Les fantassins, auxquels on n'avait distribué qu'une couverture pour deux, s'affaiblissaient sous le poids de soixante cartouches et de sept jours de vivres. Mais cet expédient préparait seulement un embarras ou une déception de plus ; car il était facile de prévoir que des soldats hors d'état physiquement de soutenir cette charge, et bercés de l'espoir d'une course pacifique jusqu'à un Eldorado prochain, chercheraient, en se donnant la satisfaction de manger, à diminuer le fardeau qui les écrasait.

Le mouvement commença le 9 novembre. Youssouf s'ébranla le premier à la tête de sa milice : cette bande eût pu être un instrument politique utile dans une campagne où la pénurie de l'armée donnait tant de prix au concours des indigènes ; elle fut seulement une avant-garde d'éclaireurs commandée par un officier vigoureux. Le chef et les soldats étaient trop étrangers à Constantine pour y exercer aucun des moyens de propagande que des émigrés rapportent avec eux dans le pays qu'ils viennent révolutionner.

Les troupes légères d'Afrique marchèrent ensuite : on remarquait parmi elles le bataillon commandé par l'habile et intrépide défenseur de Bougie, le lieutenant-colonel Duvivier [58], et surtout la compagnie franche du capitaine Blangini [59], dont les soldats, à peine couverts par quelques lambeaux de capote et de pantalon, avaient reçu de l'armée, à cause de leurs longues barbes et du désordre de leur tenue, le nom de zéphirs à poil.

Le 10, le général de Rigny [60], dont la brigade avait été renforcée du 17e léger, s'établissait sur les ruines de Guelma, l'antique Calama. Cette cité, jadis puissante, victime des invasions qui frappent si souvent les contrées qui valent la peine d'être conquises, s'était plusieurs fois rebâtie avec des ruines antérieures; mais elle avait péri sans retour sous le fer des musulmans, et elle ne présentait plus aux Français qu'un chaos de débris romains, renfermés dans les restes encore bien marqués d'une enceinte flanquée de tours, et construite avec d'énormes pierres de taille superposées sans mortier.

Le général de Rigny en prit possession sans résistance : Achmed et Ben-Aïssa, voyant que l'épidémie et la saison se chargeaient de leur besogne, s'étaient retirés dans Constantine, mettant entre eux et les Français quarante lieues de pays inconnu, et de bonnes et épaisses murailles défendues par des gens de cœur.

Les tribus, pour qui une marche en avant est toujours un signe de force, se tenaient à l'écart, inactives, comme des esclaves attendant l'issue du combat que leurs maîtres se livrent pour leur possession, et n'attaquèrent point l'avant-garde, pendant qu'elle attendait à Guelma le gros de l'armée.

Le maréchal parvint le 13 seulement à pousser hors de Bône les derniers débris des régiments que lui disputait la maladie, débris destinés à n'échapper momentanément à la mort que pour la subir plus cruelle, après avoir enduré toutes les souffrances. Mais l'homme, lorsqu'il souffre, ne connaît pas de maux pires que ceux qu'il endure : cette armée se relevait avec joie de son grabat pour marcher en avant. L'infaillible séduction de l'inconnu était, cette fois, rehaussée par l'affreuse réalité à laquelle on avait hâte de se soustraire.

Une formation en marchant est, en stratégie comme en tactique, l'opération qui exige les troupes les plus parfaites et la plus grande précision. L'ennemi n'était point là pour stimuler par

sa présence le zèle de chacun; on se négligea, ca
l'amour de la régularité, l'observation scrupuleus
et le goût de la méthode, qui sont pour les armée
allemandes une habitude et un besoin, disparais
sent avec le sentiment de la nécessité dans le
armées françaises, dont l'esprit est plutôt guerrie
que militaire.

Le désordre se mit bientôt dans la colonne, o
chacun, croyant faire une promenade paisible
marcha droit devant lui le plus vite qu'il put e
sans précaution. A la tombée de la nuit, chacu
s'arrêta où il se trouvait. Le quartier général e
les premières troupes avaient déjà atteint Bou-
Heufra, à neuf lieues de Bône, tandis que la
réserve avec le convoi, retardés par les terre
détrempées, n'avaient pu dépasser Dréan.

L'armée, fatiguée par une journée trop pénible
pour un début de campagne, fut surprise la nui
par un orage terrible, accompagné d'une de ces
pluies d'équinoxe dont on ne peut se faire une
idée lorsqu'on ne les a point vues dans ces climats.
Le troupeau, qui eût pu donner quinze jours de
viande fraîche, fut effrayé par le tonnerre et se
débanda dans l'obscurité. Le lendemain 14, les
diverses fractions de l'armée, éparpillée sur toute
la route de Bône à Guelma, ne peuvent encore
se rejoindre; le convoi, comme ces navires qui ne

se soutiennent plus à flot qu'en jetant sans cesse
des effets à la mer, avance seulement à condition
de s'alléger; et l'on devine ce que c'est qu'alléger
un convoi qui n'emporte pas l'indispensable nécessaire. L'orge destinée aux chevaux, les échelles
d'assaut et une partie du matériel du génie sont
les premières sacrifiées; ce matériel, que la prévoyance du colonel Lemercier avait fait emporter,
était, en effet, un contraste et presque un reproche.
Même au prix de cet abandon, il fallut encore
deux jours pour faire franchir aux équipages les
collines d'argile qui séparent Dréan de Guelma,
devant lequel l'artillerie n'arriva que le 16, avec
ses ressources déjà notablement diminuées et ses
chevaux exténués.

Il avait fallu souvent tripler les attelages et
chaque cheval avait dû ainsi traîner successivement toutes les voitures, surtout dans la gorge de
Moualfa, encombrée de rochers roulant dans la
glaise.

Le maréchal avait précédé d'un jour le convoi
devant Guelma : sa colonne avait déjà souffert de
la privation de l'équipage de ponts qu'il avait
fallu laisser à Bône : plusieurs chevaux s'étaient
noyés en passant le Bou-Heufra et la Seybouse
grossie par une pluie incessante.

Mais la brigade de Rigny, malade et affamée,

avait encore plus souffert pendant sept jours de
temps calamiteux. Guelma avait déjà dévoré sa
proie. Deux cent quatre-vingts nouveaux fiévreux
gisaient au milieu des ruines dont leurs camarades
s'efforçaient de leur faire un abri ; et la désertion
des muletiers arabes, qui avaient emmené quatre-
vingts mulets pendant la nuit, avait encore appau-
vri l'armée. Ce dernier fait était à la fois un indice
du peu de confiance des indigènes dans le succès
de l'entreprise, et un mal irréparable, car il con-
damnait à de nouveaux sacrifices. On préféra les
munitions de bouche aux munitions de guerre, et
on laissa deux cent mille cartouches et quelques
autres objets appartenant à l'artillerie.

Après ce premier pas, si funeste à l'armée expéditionnaire, désorganisée et épuisée par les
efforts qu'avait nécessités sa concentration à
Guelma, il était encore possible de s'arrêter là,
et d'attendre du beau temps et des moyens de
toute espèce, en s'établissant fortement sur cette
position, quoiqu'elle eût été encore bien défectueuse, par l'éloignement où elle se trouvait de
l'eau, et par la difficulté de ses communications
avec Bône.

On le disait tout bas dans l'armée. D'une
opinion émise hautement, dans de telles circonstances, à l'opposition contre le général en chef,

ce dissolvant des armées les plus puissantes, il n'y a qu'un pas. On sut donc se taire, et plusieurs de ces officiers clairvoyants, auxquels la discipline imposait silence, auraient déjà pu dire au maréchal, devant lequel ils défilèrent, en quittant Guelma, pour aller mourir devant Constantine : *Morituri, Cæsar, te salutant !*

Le maréchal laissa cependant une garnison à Guelma; la force des choses l'obligeait, malgré lui, à s'échelonner, et à obéir ainsi à ces principes fondamentaux de l'art militaire dont il n'est permis à personne de s'écarter. Il eût fallu appliquer au reste de la route ce système prudent et sûr, et occuper successivement les positions intermédiaires; mais le temps, limité à la quantité de vivres, allait manquer; le général en chef résolut de pointer le plus rapidement possible sur Constantine. Les ruines romaines semées tout le long du chemin, les vestiges de forteresses nombreuses et rapprochées et d'établissements thermaux pour les blessés et pour les malades, les débris d'une route toute militaire passant par la crête des montagnes, depuis Hippone jusqu'à Cirta, semblaient avertir le maréchal que, dans la guerre contre la nature, le climat et les barbares, on ne néglige pas impunément la méthode, seule arme qui puisse triompher de tels obstacles. Mais le maréchal se laissait moins influencer par les souvenirs éloignés du peuple roi que par les traditions toutes récentes de l'aventureuse école de l'Empire, qui a mis en honneur la guerre irrégulière et l'exagération d'une offensive téméraire. Cette copie en miniature de l'expédition de Russie apprit du moins aux jeunes officiers de l'armée française que le génie lui-même n'a pas longtemps raison contre le bon sens.

Les mêmes causes qui avaient retardé la concentration à Guelma s'opposèrent, au delà de ce point, à la marche rapide de l'armée; le génie eut à travailler jour et nuit pour faire des rampes aux passages des rivières gonflées, et pour adoucir les pentes abruptes qui forment, depuis Medjez-Amar, comme les degrés d'un escalier taillé dans les flancs de l'Atlas. La colonne atteignit, le 18 novembre seulement, le Ras-el-Akba : c'est une montagne âpre, mais moins élevée que les autres passages de la même chaîne. Le versant septentrional que les Français avaient à gravir est fort raide et exigea de grands travaux : tous les obstacles disparurent cependant sous les bras infatigables des soldats, qui ne devaient recueillir, pour prix de leurs peines, que de nouvelles privations au delà de cette montagne où ils venaient de se frayer un chemin. Dès qu'on eut dépassé le sommet, le bois manqua complétement; il fallut manger les aliments crus,

et se coucher sans autre feu de bivac que la flamme
éphémère de quelques rares chardons, insuffisants
pour réchauffer le soldat.

Ce plateau glacial, nu et tourmenté, s'étend
jusqu'à Constantine. Le despotisme turc n'a laissé
ni un arbre, ni une maison dans cette immense
Thébaïde, dont rien ne vient rompre la triste
uniformité. Nulle part l'étude de la topographie
n'est plus importante et plus difficile. Dans ces
monotones solitudes, où la convoitise jalouse des
beys n'a respecté que la demeure des morts, le
marabout de Sidi-Tamtam est le seul point de
repère sur lequel l'œil puisse s'arrêter.

C'est sur ce point que le maréchal dirige le corps
expéditionnaire; mais le manque d'une reconnaissance soigneusement dressée se fait souvent
sentir : les rivières se ressemblent toutes, et chacune change dix fois de nom. Les distances ne
peuvent guère être évaluées, d'après le dire des
guides arabes, qui n'ont pas l'idée des nombres,
ne comptent point les heures de marche, et pour
qui tout est relatif. Aussi les étapes, inexactement
calculées, semblent se doubler sous les pieds des
soldats, devant lesquels Constantine paraît fuir, et
auxquels chaque journée vient enlever une illusion.

Dès le 19, l'avant-garde est accueillie par des
coups de fusil; c'est un nouvel avertissement : le

maréchal en profite pour donner à la marche de son armée un caractère et des allures plus militaires; mais c'est aussi une de ses espérances qui lui échappe. On les perd toutes une à une le long de la route, en même temps que les moyens de vaincre.

Les chevaux, pour lesquels la nourriture commence déjà à manquer, ont chaque jour plus de peine à traîner le convoi; le 20, les voitures ne peuvent suivre les troupes, qui marchent dix heures sans s'arrêter, soutenues par l'espoir de combattre la cavalerie d'Achmed-Bey, aperçue à l'horizon; mais cette cavalerie évite de s'engager sérieusement; elle fuit vers Constantine, comme les feux follets attirent ceux qui les suivent jusque dans les abîmes d'où ils sont sortis. C'est à la nuit close, circonstance si fâcheuse en Afrique, que la colonne bivaque, par un temps affreux, au monument romain de Souma. Là recommence la guerre avec les éléments déchaînés.

La nuit fut horrible. Le soldat, exposé, sans feu, sans abri et presque sans nourriture, à la grêle, à la neige, à une bise violente, roule dans une mare de fange glacée, où l'armée est menacée d'être ensevelie vivante. Le 21, à neuf heures du matin seulement, après treize heures d'une obscurité telle qu'on ne croyait pas avoir les yeux ou-

verts, le jour pénètre à travers cette atmosphère
de Groënland, et laisse voir aux troupes, à leur
prise d'armes, les cadavres des hommes gelés qui
marquent les lignes des bivacs, et qui révèlent
ainsi l'étendue de ce premier désastre. Tandis que
la colonne se forme péniblement, un rayon de soleil perce les nuages et éclaire un amas de maisons blanches, suspendues dans les airs au centre
d'un amphithéâtre de montagnes dont les cimes se
perdent dans le brouillard : c'est Constantine, sur
laquelle le feu du ciel semble descendre; c'est la
terre promise que le maréchal Clauzel ne devait
voir que de loin, sans y entrer.

Le soldat, trompé par cette apparition fantastique sur la distance qui le séparait encore du but
de ses efforts, quitte le bivac, auquel il a laissé
le nom trop mérité de « camp de la boue », et se
remet en route toujours poursuivi par la tourmente.
Les troupes harassées parviennent, en glissant sur
un terrain glaiseux où l'on tombe à chaque pas,
jusqu'au bord de l'Oued-Akmimin, torrent de neige
fondue qui charrie des quartiers de roc. Les cavaliers qui, les premiers, se dévouent à chercher un
gué dans cette avalanche liquide, ont leurs chevaux tués ou blessés ou noyés, et ne se sauvent
que par miracle. Enfin on reconnaît un endroit où
les fantassins n'auront de l'eau que jusqu'aux ais-

selles. La compagnie franche s'y jette gaiement la première au chant de *la Marseillaise* et de *la Parisienne*. Les autres troupes suivent; mais le torrent grossit à vue d'œil; beaucoup d'hommes, saisis par le froid ou renversés par les vagues, ne peuvent atteindre l'autre rive. En vain de braves zéphyrs se groupent au milieu des flots, et essayent d'amortir l'impétuosité du courant furieux qui entraîne leurs camarades ; ils vont périr, victimes de leur humanité. Mais le dévouement des officiers montés et des chasseurs à cheval croît avec le danger. Ils réussissent à tendre des cordes d'un bord à l'autre, et établissent une sorte de va-et-vient. Ils passent ensuite sur leurs chevaux les malheureux qui se sont réveillés le matin avec des membres gelés, qu'ils ont encore eu la force de traîner jusque-là. La confiance d'arriver bientôt « à l'étape » rend la force d'aller plus loin aux soldats transis qui ont perdu leurs munitions et leurs vivres. Cette scène de désolation dure plusieurs heures, sans que, fort heureusement, l'ennemi songe à y ajouter.

Mais le maréchal voit l'épuisement de son armée. Il est pressé de mettre un terme, par l'entrée dans Constantine, à des souffrances auxquelles personne peut-être n'eût pu résister, si l'on avait prévu que ce n'était encore que la lugubre préface d'une ter-

rible épopée. Dès que l'on a passé cette nouvelle
Bérésina, il part seul en avant avec le duc de
Nemours, l'état-major et quelques spahis, et pré-
cède tous les éclaireurs, tant il a hâte de connaître quelques instants plus tôt l'événement qui doit
couronner sa témérité ou condamner son erreur.
Tout, en effet, dépendait de l'accueil des habitants
de Constantine, dont il se flattait encore de trouver les portes ouvertes.

Ce qui était en jeu, ce qui dépendait de la première apparition devant Constantine, ce n'était pas
seulement la gloire du général en chef, parvenu
au moment d'être proclamé vainqueur audacieux
ou ambitieux imprévoyant, c'était la vie et le salut
de ces troupes mourant de froid, de fièvre et de
faim, et qui allaient trouver ou un asile contre tant
de maux, ou la nécessité d'un siége impossible.

La dernière incertitude cesse bientôt. Dès que
le maréchal eut atteint le sommet du Mansoura,
il découvrit devant lui la ville fantastique.

Aucun être vivant n'y apparaissait; un silence
solennel y régnait; il est bientôt interrompu par
un coup de canon. A ce signal, le drapeau rouge
est arboré, et, à l'appel du muezzin, la ville déserte
s'anime tout à coup.

Les voix d'hommes, de femmes et d'enfants, ré-
pondant à la prière, annoncent que la population

est unanime pour combattre les chiens de chrétiens, et qu'elle s'unit à la garnison déjà accourue à son poste sur les remparts et aux batteries.

Ainsi se trouve brisée la dernière illusion : le boulet qui a ricoché aux pieds du maréchal a rompu le charme fatal qui l'avait aveuglé. Tout reprend sa place et sa valeur réelle; l'homme politique égaré disparaît, le grand capitaine reste seul en présence de la situation; il voit son armée et Constantine telles qu'elles sont; il ne se laisse point abattre par l'effroyable déception qui, au lieu d'une entrée triomphale, lui impose une lutte sans chances de succès. Il considère de sang-froid cette ville à laquelle rien ne ressemble dans le monde.

Constantine, suspendue sur un énorme rocher vertical, ne tient à la terre que par un isthme étroit, appelé Coudiat-Aty. La muraille fermant sur cet isthme l'un des quatre côtés du trapèze dont la ville présente la forme, est épaisse et haute de huit mètres, et se trouve précédée d'un faubourg qui va en montant, sans obstacles naturels jusqu'à environ mille mètres de la place. Le front de Coudiat-Aty, qui a six cents mètres de développement, presque entièrement en ligne droite, est percé de trois portes, les portes Bab-el-Djedid, Bab-el-Oued et Bab-el-Djebia.

Sur les trois autres faces, qui ont chacune neuf

cents mètres, Constantine est entièrement isolée
sur un promontoire aérien : elle est séparée du
Mansoura, où se trouvait le maréchal, par de
larges précipices où le Rummel s'est ouvert un
chemin à travers d'effrayants bouleversements de
rochers, tantôt tombant en cascades verticales de
deux cent trente pieds, tantôt bouillonnant dans
des gouffres souterrains, recouverts par des arches
naturelles d'une hardiesse et d'une élégance qui
n'appartiennent qu'à la nature.

Un seul pont, ouvrage grandiose des Romains,
jeté à deux cents pieds au-dessus d'abîmes dont
l'œil ne pénètre point la profondeur, relie Constantine aux dernières pentes du coteau du Mansoura.
La porte du pont, Bab-el-Kantara, est la seule
entrée de la ville qui ne s'ouvre point vers Coudiat-
Aty. Depuis Bab-el-Kantara jusqu'à la Kasba,
bâtie sur des rochers de granit à pic plus hauts
que les plus hautes falaises de Normandie, la ville
va en montant, et se présente inclinée à l'œil du
voyageur parvenu sur le Mansoura. La couleur
des maisons et les toits recouverts en tuiles donnent à Constantine l'aspect d'une cité espagnole.

En 1836, elle renfermait à peu près vingt-cinq
mille habitants, fournissant quinze cents à deux
mille fusils pour la défense. La garnison se composait, en outre des canonniers turcs, de cinq

cents hommes de la milice et de cinq cents
Kabyles; en tout, trois mille hommes environ,
commandés par l'intrépide Ben-Aïssa, qui n'a
point partagé le découragement de son maître,
qui s'est jeté dans la ville lorsque le prudent
Achmed s'est retiré dans la montagne, et qui ne
fléchira ni devant les armes des chrétiens ni
devant la terreur des habitants.

Du premier coup d'œil, le maréchal a vu qu'une
telle place, défendue par la nature, par de bonnes
murailles et de braves soldats, ne peut se prendre
que par un siége; mais il a vu, en même temps,
qu'avec une armée réduite à trois mille combattants, encombrée de malades, sans grosse
artillerie, sans vivres et presque sans munitions
de guerre, il ne peut ni assiéger Constantine, ni
même seulement l'investir : « Il faut recourir à la
force, s'écrie-t-il avec amertume, et la force me
manque déjà! »

L'investissement d'une place grande par elle-
même, et entourée de gigantesques accidents de
terrain, eût exigé un effectif cinq ou six fois plus
considérable : le maréchal se trouve ainsi privé
de la première arme de l'assiégeant, surtout contre
des Arabes, auxquels il faut une retraite assurée
pour se bien battre, l'isolement des assiégés et la
limitation de la garnison qu'il s'agit de vaincre.

Aussi, n'ayant ni troupes pour bloquer la place, ni artillerie pour lui faire brèche, ni vivres pour pouvoir attendre, et résolu cependant à tenter plus que le possible, il se décide, en désespoir de cause, à essayer un de ces coups de main audacieux qui réussissent quelquefois contrairement aux règles de la guerre. Avant tout, il est pressé d'occuper Coudiat-Aty; ce point décisif, le véritable et unique point d'attaque, paraît faiblement gardé, et la pluie, de plus en plus intense, menace, si l'on ne se hâte, d'en rendre l'accès impraticable. Dès lors, sans attendre ni la réunion de l'armée, échelonnée depuis l'Oued-Akmimin jusque sur les flancs du Mansoura, ni même l'arrivée de l'artillerie et du génie, le maréchal dirige promptement sur Coudiat-Aty le général de Rigny avec les bataillons des 2e et 17e légers, et la brigade d'avant-garde, moins les pièces de campagne, qui n'ont pu suivre.

La colonne traverse en bon ordre, sous le feu des batteries de la place, les gués du Rummel et de l'un de ses affluents, le Bou-Merzoug, où les fantassins ont de l'eau jusqu'à la ceinture, et attaque avec impétuosité le mamelon de Coudiat-Aty et les vastes cimetières de Sidi-Bokséa. C'est encore la compagnie franche, la première au feu comme à l'eau, qui se déploie en tirailleurs, mais elle s'engage, trop loin sans réserve, jusque dans les maisons du faubourg, Elle est entourée et enfoncée par les Turcs et les Kabyles sortis de la place, qui massacrent les blessés et reprennent le faubourg. Les musulmans, à leur tour, expient chèrement cet avantage momentané : les chasseurs à cheval reprennent la charge, et, malgré les obstacles du terrain et le feu à mitraille des canons du rempart, ils cherchent à couper de la ville Turcs et Kabyles, et les sabrent jusqu'au delà des dernières maisons. Le bataillon d'Afrique et le 17e léger appuient ce brillant mouvement : tous les dehors de la place sont emportés par les Français, y compris les écuries du bey, appelées le Bardo, grand bâtiment carré, situé sur la pente qui conduit au Rummel. Les musulmans, refoulés partout, rentrent en ville en brandissant les premières têtes coupées aux chrétiens. Ces sanglants trophées sont accueillis par les cris de joie des femmes, qui, du haut de toutes les maisons, excitent les hommes au combat contre les infidèles.

Sur le Mansoura, le maréchal cherche, avec le peu de moyens qu'il a sous la main, à soutenir l'attaque de Coudiat-Aty. Il met en batterie les quatre obusiers de Youssouf ; mais les coups bien dirigés des canonniers constantinois culbutent les pièces, et font fuir les artilleurs des spahis. Quatre obusiers de montagne, servis par des Français, s'avancent alors, et, malgré l'énorme infériorité du calibre, soutiennent quelque temps l'engagement contre la grosse artillerie de la Kasba. Peu après, le général Trézel arrive et prend position à la droite du pont, avec les 59ᵉ et 63ᵉ régiments et l'infanterie de Youssouf.

Ben-Aïssa profite aussitôt de la dissémination du faible corps français pour porter successivement sur tous les points des forces supérieures; et, pour montrer que ce n'est pas une défense passive et engourdie que médite la garnison de Constantine, il lance par la porte du pont et par les arcades naturelles de Sidi-Mécid, les Turcs et les Kabyles qui viennent de combattre sur Coudiat-Aty, et les dirige à travers les cactus et les accidents de terrain sur la droite des troupes du général Trézel, qui les repousse néanmoins promptement.

C'est longtemps après ces mouvements préliminaires, vers six heures et demie du soir, que les six pièces de campagne, arrachées de la boue par les efforts admirables du colonel de Tournemine et du capitaine Munster [61], arrivent sur le plateau du Mansoura. C'est le seul moyen d'attaque que possède l'armée contre les remparts de Constan-

tine, et déjà il n'est plus possible de l'employer là
où seulement peut-être il eût été efficace. Dans
l'état de l'atmosphère et des terres, avec des
hommes et des chevaux épuisés, on ne peut songer
à conduire les pièces sur Coudiat-Aty et à leur
faire entreprendre la descente, le passage et la
montée du Rummel.

Ce nouveau contre-temps détermine le maréchal
à faire élever sur le Mansoura une batterie dont
le feu, dirigé sur la ville, intimidera peut-être les
habitants, et démontera les pièces qui battent le
plateau. L'artillerie, avec ce zèle patient et modeste qui la caractérise, se met aussitôt à l'œuvre
pour construire l'épaulement de la batterie, et continue son travail pendant l'affreuse nuit du 21
au 22 novembre. Tout le monde est à son poste,
les malades sont dans le rang, et ceux qui sont
morts ont expiré près de leurs pièces.

Le 22, à dix heures du matin, la batterie est
achevée et ouvre son feu à environ neuf cents
mètres; mais, à cette distance, des munitions trop
comptées se consommaient dans une canonnade
sans effet. Le maréchal ne voulut point perdre
plus de temps et de poudre à constater notre impuissance, et il prescrivit au colonel de Tournemine de se rapprocher de la place pour chercher
à enfoncer la porte du pont qui n'était point cou-

verte, et pour ouvrir ainsi un passage à une colonne
d'assaut.

Il était temps d'essayer cette dernière tentative,
car l'armée tout entière succombait sous le poids
de soixante-douze heures de pluie, de neige, sans
feu, sans nourriture et sans sommeil, dans un lac
de boue. Le 22 au matin, quatre pouces de neige
chassée par un vent glacial couvraient les soldats,
dont un grand nombre ne se relevèrent plus;
quelques lambeaux de pantalons et de capotes,
paraissant à travers des flots de fange, indiquaient
çà et là les tas de cadavres roidis dans toutes les
attitudes. La malheureuse armée d'Afrique trouvait sous le 36ᵉ degré de latitude les boues de la
Pologne, les frimas de la Russie, et la disette du
désert. Chassés du camp par le froid et par la
faim, les hommes les plus valides vont, jusque
sous le feu le plus rapproché de la place, se faire
tuer pour ramasser quelques broussailles qu'ils ne
peuvent même pas allumer. D'autres tombent
morts à la recherche d'un butin imaginaire, qu'ils
n'auraient pas eu la force de rapporter s'il eût
existé. Le moral lui-même ne soutient plus les
soldats, et les plus braves s'éteignent de faiblesse,
le fusil à la main, veillant auprès des bivacs,
où il ne reste que les infortunés dont le tronc survit encore aux membres paralysés. Les chevaux,

plus malheureux que les hommes, meurent encor
plus vite que leurs maîtres.

L'effroyable agonie d'une armée ne peut s
raconter. Qui pourrait décrire l'horreur de ce
lieux où le feu constant des tirailleurs se mêle au
gémissements des mourants parfois déshabillé
avant d'être morts? Qui pourrait peindre cet hori
zon où tout est couleur de boue, habits, animaux
figures; où hommes et chevaux ont l'air de statue
de glaise non encore animées par le feu de Pro
méthée?

Mais ces cadavres ambulants vivent encore pa
l'âme; dans ces corps épuisés et mutilés, le cou
rage est entier; et, lorsque la cavalerie d'Achme
et l'infanterie de Ben-Aïssa s'avancèrent sur l
neige, croyant n'avoir plus qu'à exécuter de
condamnés, les Français, grelottant de froid, pou
vant à peine tenir leurs armes, et pris entre deu
feux, surent encore se faire place, le sabre et l
baïonnette à la main.

Ce fut contre la brigade de Rigny que se port
le principal effort de l'ennemi. La rivière, extrême
ment grossie, rendait la communication impossibl
entre le Mansoura et le Coudiat-Aty. Ben-Aïssa
comprenant tout le parti qu'il pouvait tirer de
cette circonstance si critique contre les troupe
détachées sur Coudiat-Aty, avait pu combiner se

mouvements avec Achmed-Bey; car les assiégés étaient libres comme l'air, et c'étaient les assiégeants qui étaient bloqués.

Pendant la nuit, les Turcs et les Kabyles, sortis de la place, tournèrent par la gauche la position de Coudiat-Aty, sur laquelle le général de Rigny occupait des lignes assez étendues. Le 22, au point du jour, ils s'avancent avec fureur; les Turcs, combattant au centre, gravissent la colline et abordent le 17e léger, qui les charge à la baïonnette. Le carabinier Crust[62] arrache au porte-drapeau de la milice l'étendard qu'il était venu planter jusque sur le camp français, et rapporte à son général ce glorieux trophée, le seul qui vint adoucir l'amertume d'une si triste situation. Sur le reste de la ligne, les tirailleurs combattent avec le même acharnement, et la ténacité que l'ennemi montre à Coudiat-Aty indique, non moins que le relief du terrain, que c'est là le véritable point d'attaque.

Dès que le combat de l'infanterie est engagé, Achmed-Bey paraît sur les derrières des Français à la tête d'une nombreuse cavalerie, accourue de toute la province au bruit du canon de Constantine.

Le 3e chasseurs à cheval fait aussitôt face en arrière, rougit la neige du sang des Arabes, et met en fuite tout ce qu'il rencontre, montrant ainsi du moins que, de toutes les prévisions du maréchal, une seule n'était pas exagérée, celle qu'il avait fondée sur la vaillance de ses soldats.

Tandis que la brigade de Rigny résistait glorieusement à des forces aussi supérieures, l'artillerie avait exécuté les ordres du maréchal. Les pièces avaient été descendues, par des efforts inouïs, sur une pente de glaise à pic. Les canonniers infatigables, et calmes sous un feu meurtrier auquel ils ne peuvent encore.riposter, établissent, en exécutant les manœuvres de force, une batterie de quatre pièces de campagne et de quatre obusiers de montagne à Aïn-Arb, fontaine située à mi-côte du Mansoura : cette batterie est à trois cents mètres de la porte El-Kantara, sur laquelle elle tire d'écharpe. La porte en bois, large de quatre à cinq mètres, est surmontée par un tambour en maçonnerie crénelée. A droite et à gauche, des maisons bâties en saillie sur le mur d'enceinte et quelques tours crénelées donnent de bons flanquements pour la mousqueterie et beaucoup de commandement sur le pont, large de six mètres et long de quatre-vingt-dix mètres, en ligne droite, qui joint la contrescarpe naturelle de Mansoura à l'escarpe verticale des rochers que surmonte comme une couronne le rempart de Constantine.

La crête du fossé naturel, au fond duquel coule

le Rummel, et qui n'a que quatre-vingts mètres de large sur cent de profondeur, est occupée par les grenadiers du 63ᵉ et l'infanterie turque de Youssouf.

L'ennemi ne reste pas oisif en présence de ces préparatifs : toutes les maisons, construites en amphithéâtre, se garnissent d'une nuée de tirailleurs. Les canonniers musulmans parviennent même à hisser une pièce de gros calibre sur un pan de mur voisin de la porte, qu'aucune artillerie ne protégeait, tant on comptait peu sur une attaque par ce point, déjà si bien défendu par la nature.

Mais le feu régulier et excellent des artilleurs français a bientôt démonté la pièce et démoli les pieds droits de la porte, qui tombe renversée obliquement à gauche contre le mur intérieur. Le tambour en maçonnerie vole en éclats ; chaque brèche laisse voir les Turcs accroupis à côté des cadavres de leurs camarades, et continuant à tirer sans relâche, avec les fusils qu'on leur passe tout chargés, jusqu'à ce que la pierre sur laquelle ils demeurent impassibles avec un peu d'eau et une galette à côté d'eux s'écroule aussi sous les boulets des chrétiens.

Chassés de cette position, les Turcs de Ben-Aïssa se coulent dans les rochers et les cactus pour attaquer les Turcs de Youssouf.

Ces Suisses de l'Orient, fidèles et consciencieux, combattent vaillamment, chacun pour leur maître, animés de part et d'autre par la foi de l'homme en l'homme, et par ce principe de la fatalité, qui fut souvent le mobile des plus grandes choses, et leur tient lieu ici du sentiment de la patrie.

Les tirailleurs des 59e et 63e régiments soutiennent nos Turcs et s'engagent avec l'énergie du désespoir; car un nouveau malheur, qui vient de frapper l'armée, rend encore plus nécessaire le succès de l'aventureuse attaque à laquelle se rattache la dernière lueur d'espérance.

Le convoi est perdu, les vivres, les voitures, une partie de l'ambulance et du matériel du génie sont au pouvoir de l'ennemi.

Il ne reste plus aux Français que quelques bœufs, une ration de riz, et une demi-ration de biscuit moisi, sans un brin d'herbe ni un grain d'orge; et ensuite il n'y a plus à manger que dans Constantine ou à Bône.

Après le funeste passage de l'Oued-Akmimin, le convoi n'avait pu gravir les mamelons qui conduisent à Mansoura. Il était resté à deux lieues en arrière sous la garde du 62e régiment, fiché dans la glaise où les roues disparaissaient. La soif du butin et l'instinct des positions faibles réunirent bientôt la cavalerie arabe autour des voitures,

contre lesquelles elle commença à tirailler. Pendant
cinquante heures de tempêtes et de combats, les
soldats durent rester debout, s'enfonçant peu à
peu jusqu'au-dessus du genou dans une argile
grasse et collante, et obligés de rester plusieurs
heures à la même place pour attendre les imper-
ceptibles mouvements des voitures.

Le 22 au matin, les efforts les plus soutenus
n'avaient réussi qu'à disséminer les prolonges sur
un espace plus long, et par conséquent plus difficile à garder. Une partie des défenseurs avaient
péri, gelés debout ; cent vingt-sept hommes étaient
morts ; quelques-uns, victimes de l'indiscipline,
avaient été foudroyés par l'eau-de-vie, dont ils
avaient défoncé les barils, pour oublier dans une
dernière ivresse l'approche de la mort. Les soldats
qui ont survécu, à peine assez forts pour tirailler
contre un ennemi de plus en plus nombreux, et
qui avait le sentiment de sa supériorité physique
et morale, se retirent devant une nouvelle et plus
impétueuse attaque des Arabes.

Au milieu de ce désastre, les troupes du génie
déploient leur calme et leur industrie habituelles,
et leur énergie contraste avec les scènes sinistres
du convoi des vivres. Une partie du matériel est
jetée pour soulager les voitures, et, à force de persévérance, les prolonges du génie arrivent à dix

heures du soir sur le Mansoura, où un nouveau et plus périlleux devoir attendait les officiers de cette arme d'élite.

Il faut, dans la nuit du 22 au 23, aller reconnaître la brèche que l'artillerie a entr'ouverte à l'extrémité du pont, et, par un surcroît de la fatalité qui s'attache à cette malencontreuse expédition, la lune paraît tout à coup, et la pluie cesse au seul moment où elle eût pu être favorable. Mais rien n'arrête les braves ingénieurs; les capitaines Hackett[63] et Ruy[64], et le fourrier Mourreau[65], traversent le pont sous une grêle de balles, et se glissent en rampant sous la porte, qu'ils trouvent seulement inclinée en arrière contre un passage voûté conduisant à une autre porte intacte et en bon état.

C'était au génie à faire sauter ce nouvel obstacle, que ne pouvait atteindre l'artillerie, dont les munitions commençaient d'ailleurs à s'épuiser. Mais il fallait pour cela un pétard, et il n'y avait plus de sacs au parc du génie; et les sapeurs arrivaient seulement à minuit sur le plateau, où ils se couchaient exténués et incapables de nouveaux efforts, après ceux que leur avait coûtés la conservation de leur matériel. Le colonel Lemercier, épuisé, n'est plus lui-même, il est déjà frappé à mort, et vaincu par le mal auquel il succomba peu après, justement estimé et regretté de toute l'armée.

Il faut remettre l'attaque à la nuit suivante;
c'est un jour de plus à passer sans manger; c'est
un jour de plus où l'ennemi va accourir de toutes
parts, enhardi par son butin, et exalté par les
têtes qu'il a conquises avec le convoi.

Chaque jour, en effet, agrandit le cercle d'où
tous les musulmans rayonnent vers Constantine.
Le 23, dès le matin, les cavaliers de la province,
au nombre de six mille, conduits par leurs agas,
paraissaient sur les derrières du camp français. Les
douteux se sont prononcés, et les anciens alliés
des Français veulent racheter leur erreur par
l'ardeur de leur hostilité de fraîche date. Ils se
répandent partout pour enlever les chevaux sans
maîtres, et les hommes qui errent en tout sens
pour chercher de la nourriture; puis ils attaquent
tous ensemble le général de Rigny, qui commence
à manquer de cartouches. Le capitaine Saint-Hippolyte[66] parvient à conduire un petit convoi à cette
brigade, qui jusqu'alors avait été complétement
isolée, en sorte que les efforts communs, déjà trop
peu efficaces, avaient encore manqué d'ensemble;
mais le moral est resté ferme, et une brillante
charge du 3e chasseurs, conduit par le chef d'escadron de Thorigny[67], disperse la masse des Arabes
mollement commandée par le bey Achmed. Cependant, les troupes du Coudiat-Aty, inquiétées

par l'artillerie et les sorties de Constantine, ne
peuvent que maintenir leur position.

Les rôles de l'assiégé et de l'assiégeant sont in-
tervertis; c'est l'assiégé qui prend partout l'offensive. La garnison ne se trompe pas sur le silence
des batteries françaises; elle sait que, si l'on riposte
peu à la canonnade de la place, c'est que les munitions de guerre deviennent aussi rares que les
munitions de bouche. Elle communique avec le
dehors, et puise dans la connaissance qu'elle acquiert de la misère de l'armée française une audace et une confiance décelées par tous les actes
d'une défense vraiment intelligente. Turcs et Kabyles se multiplient et se portent successivement
sur tous les points. A Coudiat-Aty, la milice turque,
mêlée aux tirailleurs français, se laisse sabrer de
pied ferme par les chasseurs, dont les chevaux
épuisés peuvent à peine trotter; les Kabyles débouchent brusquement sur Sidi-Mabrouk, et enlèvent presque l'ambulance; il faut les repousser
à la baïonnette.

Mais, avec le soleil qui a reparu le 23, tout devient plus facile; un temps d'arrêt dans cette pro-
gression de souffrances semble du bien-être; un
changement de position, même sans adoucissement
réel, est déjà un soulagement. Le soleil rend la vie à
tous ceux qui ne sont pas complétement morts.

L'ardeur de ces troupes affamées tient lieu de la force physique qui leur manque, et l'armée semble ressusciter pour la dernière et suprême tentative qui, le soir, va décider sans appel de l'issue de la campagne. L'attaque doit avoir lieu simultanément par le pont (El-Kantara) et par Coudiat-Aty.

Les mineurs, portant des sacs à poudre et deux échelles construites par le génie avec des morceaux de voitures, doivent traverser le pont, se couler entre les deux portes, s'y loger, et faire sauter la seconde : la compagnie franche, les carabiniers du 2ᵉ léger, qui ont été rappelés de Coudiat-Aty, et les grenadiers des 59ᵉ et 63ᵉ régiments, sont désignés pour donner l'assaut aux premières maisons, dès qu'une ouverture aura été pratiquée ; le général Trézel a le commandement de cette attaque.

En même temps, le général de Rigny doit essayer de faire sauter la porte Bab-el-Djebia, la moins défendue de l'enceinte. Il n'a pour cette attaque, dont le lieutenant-colonel Duvivier est spécialement chargé, ni échelles, ni cordes, ni même suffisamment de poudre ; on ne peut y employer que deux obusiers de montagne.

L'ordre du maréchal est porté à Coudiat-Aty par le carabinier Mouramble[68] du 2ᵉ léger. Cet intrépide soldat, canonné par la place et tiraillé par les cavaliers arabes, traverse à la nage les deux rivières grossies par les pluies, et, après avoir remis sa dépêche, qu'il porte dans un mouchoir sur sa tête, il se hâte de revenir reprendre, avant l'assaut, son poste de combat dans les rangs de sa compagnie.

La batterie d'Aïn-Arb, ne pouvant plus battre en brèche, essaye du moins d'énerver la défense en intimidant la population : elle jette des obus et des fusées sur tous les quartiers de la ville; mais le tir des projectiles incendiaires est sans effet sur des maisons qui ne peuvent pas brûler et sur une population fanatisée.

On cherche alors à endormir ceux que l'on n'a pu effrayer, et il n'y avait en effet d'autre chance de succès qu'une surprise. A l'approche de la nuit, la canonnade et la fusillade cessent; mais, dans le silence universel, on entend jusqu'au camp français la voix du muezzin qui avertit les vrais croyants de se bien garder des chiens d'infidèles; la lune, cette lune perfide, qui veille pour les Constantinois, laisse voir les sentinelles sur le rempart se joignant aux prières que toute la population adresse au prophète. Au milieu de ce spectacle imposant, les troupes, joyeuses et bien disposées, s'approchent sans bruit du pont, et se blottissent derrière quelques accidents de terrain. A minuit, la

section des mineurs, guidée par le capitaine Hackett, qui, l'année suivante, devait trouver devant
Constantine même une mort glorieuse, s'élance à
la course sur le pont; elle est accueillie par un
feu terrible : dix hommes sont tués, vingt-deux
autres, dont trois officiers, sont blessés; les deux
sacs à poudre préparés pour faire sauter la seconde porte se perdent parmi les morts et les mourants, sous cette voûte étroite, éclairée seulement
par la lumière des fusils, qui se croisent à bout
portant. Au bruit de la fusillade, la compagnie
franche, entraînée par un courage intempestif et
funeste, accourt sur le pont, sur lequel la pleine
lune jette une lumière éclatante. Le général Trézel
essaye de faire avancer à la tête de la colonne les
deux échelles : les hommes qui les portent sont
tués; le général a le cou traversé par une balle,
et tombe sans connaissance. Le colonel Hecquet[69]
prend le commandement, mais il ne peut que faire
relever, sous un feu des plus meurtriers, les blessés
entassés sur le pont et sous la voûte; puis, d'accord avec le chef du génie, il fait retirer les troupes,
et se hâte de sauver des hommes dont l'armée va
encore avoir besoin, et dont la vigilance et l'adresse
des assiégés rendent là désormais les efforts inutiles.

L'attaque était manquée à Coudiat-Aty, en même

temps qu'elle échouait sur El-Kantara; sur l'un et l'autre point, la bravoure avait été impuissante contre des impossibilités matérielles.

Aux premiers coups de fusil d'El-Kantara, le lieutenant-colonel Duvivier se porta sur Bab-el-Djebia avec une section de sapeurs munis de haches et d'un sac à poudre, et avec deux obusiers de montagne pour tout moyen de destruction. Le bataillon d'Afrique formait la colonne d'attaque : les troupes s'avancèrent sur un terrain en contre-pente exposé aux feux croisés d'artillerie et de mousqueterie d'une ligne de murailles et de maisons crénelées de six cents mètres de développement.

Le lieutenant-colonel Duvivier échelonne successivement les compagnies derrière les maisons du faubourg, pour y défiler ses réserves de la mitraille et des balles des assiégés, auxquels la lune permet de distinguer ses moindres mouvements; puis, arrivé au bout du faubourg, il canonne vivement la porte avec les deux obusiers de montagne, que le lieutenant Bertrand [70], déjà blessé, met en batterie à cinquante pas du rempart; mais les obus d'un si petit calibre ne peuvent ébranler les gonds solides de la porte. Néanmoins, des hommes résolus se précipitent en avant avec les haches et le sac à poudre : tous sont atteints, Richepanse et le ca-

pitaine du génie Grand[71], qui les dirige, sont frappés les premiers. Richepanse, ayant déjà les reins
cassés et trois autres blessures, se cramponne encore à cette porte défendue par des créneaux laté-
raux : un ennemi invisible lui donne, d'un cinquième
coup de feu à bout portant, la mort qu'il cherchait
peut-être, mais que ce guerrier enthousiaste, héros
par le cœur et par ses actes, sinon par sa renommée, reçut cependant trop tard pour ne pas
connaître l'échec des armes françaises.

Le lieutenant-colonel Duvivier, quoique blessé,
vient, lui aussi, heurter du pommeau de son épée
cette porte fatale, devant laquelle dix officiers sont
blessés, et cinq mortellement. Il constate par lui-
même l'impossibilité de réussir : trente-trois tués
et soixante-dix-neuf blessés marquent au pied d'un
rempart intact les efforts héroïques de ces hommes
qui n'ont pas reculé devant l'évidence de l'impossible. Le bataillon d'Afrique s'avance à la course,
recueille et emporte tous les blessés, et exécute
ensuite, lentement et en bon ordre, la retraite sur
ses réserves. L'ennemi n'ose l'inquiéter, et paraît
craindre d'ouvrir, même pour une poursuite, cette
porte de Bab-el-Djebia, qui, pour les Français,
était la porte du paradis, car derrière elle se trouvaient la gloire et la vie.

La ligne des feux, s'éteignant à mesure qu'elle

s'éloigne de la place, apprit au maréchal Clauzel la non-réussite de l'attaque.

Tout était ainsi épuisé, et, après ce dernier effort, tenté plus encore pour l'honneur du drapeau que pour un succès impossible, il ne restait plus au maréchal qu'un devoir à remplir, et celui-là devait être le plus difficile de tous : c'était de sauver les débris du corps expéditionnaire.

Mais comment faire faire à une armée manquant de tout, écrasée par le poids d'un revers, énervée par les privations et décimée par la mort, une retraite de quarante lieues, à travers un pays difficile et en présence d'un ennemi nombreux et féroce? Le génie n'a plus aucun moyen de frayer des chemins dans des passages dont chacun connaît et prévoit la difficulté. Il ne reste à l'artillerie que quinze kilogrammes de poudre et quelques gargousses; les cartouches sont comptées; l'administration, dont tous les chevaux, excepté vingt, sont morts, ne peut ni emporter les blessés, ni nourrir les valides. Ses seuls vivres sont quelques petits bœufs chétifs et moribonds, comme tous les êtres vivants associés au triste destin de la colonne française, et ces hôpitaux de Bône, qu'on a été si heureux de quitter, apparaissent à l'armée comme un lieu de félicité; ainsi les objets changent de valeur selon le point de vue, tant Dieu a voulu que

rien ne fût absolu dans ce monde! Mais comment
arriver à Bône sans le beau temps? comment
compter sur le beau temps dans cette saison? On
ne peut ni s'en passer ni l'espérer.

La solennelle horreur de cette position agit sur
tous les esprits et fait chanceler des âmes jusqu'a-
lors fermes. Le passé et l'avenir pèsent également
sur cette armée menacée de dissolution ; mais il
lui reste, ce qui lui tient lieu de tout dans cette
extrémité, un chef plus grand encore que son
malheur et que son danger.

La physionomie, l'attitude et le langage du
maréchal Clauzel suffisent déjà pour relever le
moral de ces troupes, que ses talents et son énergie allaient arracher à une mort certaine. Il semble
que l'armée n'ait été si compromise que pour être
sauvée avec plus d'éclat et d'habileté.

Aussitôt après l'attaque manquée, le maréchal
prend son parti et ordonne la retraite ; il ignorait
alors que les principaux habitants de Constantine,
effrayés par la vigueur de l'assaut, songeaient à
capituler, et que cet étrange dénoûment avait été
détourné par les sanglantes exécutions ordonnées
par Ben-Aïssa, inébranlable entre les ennemis du
dehors et ceux du dedans.

Le maréchal a la fermeté, dont plus d'un général eût manqué à sa place, de renoncer aux chances

que lui laissaient encore le beau temps et le cou
rage des troupes pour employer uniquement l'u
et l'autre au salut de la colonne confiée à so
commandement.

Le reste de la nuit doit être consacré à ra
mener sur Mansoura l'artillerie mise en batteri
à Aïn-Arb et les troupes détachées sur Coudiat-
Aty, et, au point du jour, le maréchal veut s'éloi
gner de la ville avec sa petite armée serrée autou
de lui.

Mais c'est seulement à neuf heures et demie, le
lendemain 24 novembre, que le corps se trouve
concentré autour de la redoute tunisienne, antique
monument de l'inviolabilité de Constantine. Il a
fallu toute la nuit à l'artillerie pour faire remonter
aux canons de huit le coteau à pic de Mansoura.
Les forces ont plusieurs fois manqué aux chevaux,
et aussi aux hommes, qui se sont attelés aux pièces,
soutenus par l'exemple des officiers, tous décidés
à périr plutôt que d'abandonner leurs canons.

Le mouvement de la brigade de Rigny, com
mencé fort tard, est encore retardé par les atta
ques de l'ennemi, auquel il n'a pu être dérobé.
Les troupes, portant à bras leurs blessés et leurs
malades, ont marché lentement à la descente du
Rummel; elles ont été obligées de s'échelonner et
de faire face aux tirailleurs musulmans de plus en

plus hardis. Des groupes de traînards, coupés de
la colonne par la milice turque, eussent péri
malgré une défense opiniâtre, si le commandant
Changarnier, du 2ᵉ léger, ne fût revenu sur ses
pas pour les dégager, préludant par cet acte de
dévouement à une journée qui devait être si glorieuse pour lui.

Enfin le corps expéditionnaire, formé en carré,
s'ébranle : les spahis sont à l'avant-garde et
partent les premiers; vient ensuite le bataillon
d'Afrique, puis ce qui reste de bagages, flanqué
à droite par le 17ᵉ léger et le 59ᵉ, à gauche par
le 62ᵉ et une partie du 63ᵉ. Le reste du 63ᵉ, les
chasseurs à cheval et le bataillon du 2ᵉ léger se
placent à l'arrière-garde.

A ce mouvement, annonçant aux assiégés la fin
de leurs dangers et la délivrance de Constantine,
la garnison, la population, les Arabes de la campagne, plus de dix mille combattants, se ruent sur
ces troupes engourdies, qui avaient tant de peine
à quitter un bivac devenu pour elles presque un
tombeau. Les portes de la ville sont trop étroites
pour vomir la foule pressée des vrais croyants. Il
n'y a plus de murailles ni de précipice; les musulmans franchissent tout pour assouvir leur fureur
contre le chrétien, et cette multitude semble sortir
de dessous terre, comme ces insectes que le soleil

16

fait éclore tout à coup. Les hommes sans armes, les femmes, les enfants se précipitent derrière les combattants et les poussent devant eux sur le camp des infidèles. Le maréchal, à côté duquel se tient le duc de Nemours calme et résolu, se porte à la ligne des tirailleurs, qui reçoivent avec sang-froid cette sortie plus impétueuse que régulière, plus effrayante que dangereuse.

Le mouvement se continue sans désordre ni murmure : on se retire les yeux fixés sur le chef en qui tous ont placé leurs espérances. Le Ciel le protége et conserve à l'armée un général qui se prodigue pour elle, et qui peut, lui aussi, dire à ses détracteurs, sans crainte d'être pris au mot : « Et, s'il en est un plus digne que moi de commander, qu'il s'avance! »

Mais, pendant la sortie des Constantinois, les ordres donnés pour la destruction de ce que l'on ne peut emporter faute de chevaux ne sont point complétement exécutés : vingt-cinq voitures de l'artillerie, du génie ou de l'administration, dont les attelages sont morts; des effets d'ambulance, la lithographie de l'armée, des bâts, des harnais, des fusils, deux des obusiers de Youssouf, et une foule d'objets divers restent sur le plateau après le départ des Français.

Et ce n'était pas là encore le sacrifice le plus

douloureux que l'intérêt du salut général eût
imposé à l'armée : après avoir chargé de blessés
et de malades le petit nombre de voitures encore
attelées, les canons, les chevaux des chasseurs,
enfin tout ce dont on peut disposer pour sauver
ces malheureux, les moyens manquent pour emmener tous les impotents; quelques-uns des hommes le plus grièvement atteints, de ceux qui n'ont
plus la force de supplier ou de maudire, sont
abandonnés.

Ce sont les femmes qui viennent les égorger un
à un; elles pénètrent ensuite dans des grottes où
des soldats, restés engourdis, ignorant le retour
du soleil, n'apprennent le départ de l'armée qu'en
recevant une mort lente et cruelle de la main mal
exercée de ces furies.

Pendant qu'elles accomplissent joyeusement
cette sanglante besogne, les hommes poursuivent
avec acharnement l'arrière-garde, qui se traîne de
mamelon en mamelon sur les contre-forts du Mansoura. Les musulmans concentrent leurs efforts
sur le bataillon du 2ᵉ léger, réduit à deux cent
cinquante hommes, qui formait la pointe de l'extrême arrière-garde. La ligne de tirailleurs est
enfoncée et en partie sabrée par six mille cavaliers
entourant cette poignée de braves séparée du
reste de l'armée, non loin du marabout de Sidi-

Mabrouk. Dans ce moment critique, où les grandes
âmes révèlent leur empire, le commandant Changarnier n'a que le temps de faire former le carré,
et il attend jusqu'à vingt-cinq pas les Arabes qui
le chargent à fond, séduits par l'espoir d'une
victoire facile. « Allons, mes amis, dit-il à ses
soldats, voyons ces gens-là en face, ils ne sont que
six mille, et vous êtes deux cent cinquante : vous
voyez bien que la partie est égale. Attention à
mon commandement ! Vive le roi ! Feu de deux
rangs ! » Et un feu bien nourri jonche de morts
trois des faces du carré.

Ce témoignage d'une énergie encore tout entière
après tant de désastres fit reculer le flot des
Arabes jusque sous les murs de Constantine : les
voltigeurs sortent du carré, tuent à la baïonnette
les cavaliers démontés. Le bataillon ramasse et
emporte ses blessés et même ses morts, au nombre
de trente-quatre ; puis le 2e léger jette un regard
d'adieu sur cette ville de Constantine, où il devait,
un an après, entrer le premier par la brèche ; et,
fier de cet à-compte sur la vengeance réclamée
par l'honneur de la France, il rejoint en bon ordre
l'armée, que le commandant Changarnier venait
de sauver tout entière ; car le massacre de l'arrière-
garde au début de la retraite eût été un arrêt de
mort pour tous.

Ce beau fait d'armes, qui eût suffi à lui seul pour illustrer le nom de Changarnier, ralentit la poursuite, mais ne l'arrêta cependant point. Le feu des Arabes, pour lesquels une retraite est toujours une fuite, cesse seulement à la nuit tombante, lorsque la colonne s'arrête dans un douar abandonné. On y trouve un peu d'orge et de blé, et les soldats, privés de tout moyen de faire cuire, le mangent cru avec un sixième de ration de viande saignante.

On avait marché huit heures pour faire deux lieues et demie; ainsi l'avait voulu le maréchal dans sa prudence : s'il avait pressé cette cohorte de martyrs, les liens si faibles de la cohésion se fussent rompus, et tout se fût dissous.

Il fallait cependant gagner du terrain, car il y avait encore quarante lieues jusqu'à Bône, et chaque heure diminuait les forces des troupes qui ne mangeaient pas, et pouvait priver du beau temps, sans lequel toute l'armée eût péri. Avec une nouvelle pluie, pas un homme n'eût échappé à la maladie, et pas un malade à la mort. Aussi le maréchal Clauzel, après avoir fait l'épreuve de ses dispositions défensives, habilement commandées et exécutées en bon ordre, se décida à gagner le plus rapidement possible Guelma, où le corps expéditionnaire arriva le **28**.

Ces quatre marches furent faites presque sans halte : les troupes furent parfois en route dix-huit heures de suite, allant, de douar en douar, chercher quelque nourriture pour les chevaux et pour les hommes, toujours privés de feu.

Après le combat de Sidi-Mabrouk, la garnison de Constantine était rentrée dans la place, et Achmed-Bey avait seul suivi les Français, avec quatre ou cinq mille chevaux et deux pièces de trois qu'on tirait de dessus le dos d'un cheval : étrange et impuissante artillerie, qui eût été ridicule, s'il y avait eu place pour le ridicule dans une aussi terrible tragédie. Le bruit sauvage de l'infernale musique du bey, qui répondait, dans le lointain, au tambour des tirailleurs battant lentement la retraite sur sa caisse enrhumée, semblait sonner le glas des morts à la colonne morne et défaite, qui avait moins l'aspect d'une armée que celui d'un convoi funèbre.

A mesure que la fatigue augmente et que l'intensité des dangers diminue, le nombre des malades va croissant. La charité se multiplie en proportion. Tout le régiment de chasseurs à cheval marche à pied à côté des chevaux pliant sous le poids des écloppés. Le vénérable duc de Caraman, qui vient d'accomplir sous les murs de

Constantine sa soixante-quinzième année, donne
aux jeunes gens l'exemple du dévouement. Il
relève les traînards, les charge lui-même sur son
cheval, et la gaieté spirituelle de ce vrai gentil-
homme français encourage et soutient ceux qu'il
ne peut autrement soulager.

Mais, malgré les efforts que l'humanité inspire
à chacun, çà et là de pauvres soldats, déjà morts
avant de tomber, et ayant perdu l'instinct de la
conservation, s'affaissent hébétés sur leurs membres gelés, et attendent avec une sombre résignation le yatagan qui va mettre un terme à leurs
souffrances et à leur vie. La route de Constantine
au Ras-el-Akba en est jalonnée. Ce sont comme
les gouttes de sang du lion blessé, se traînant à sa
tanière pour y mourir.

Cependant, grâce à la persévérante et stoïque
énergie des troupes, les Arabes ne peuvent entamer la colonne française; elle se retire, n'évacuant
les positions que lorsque d'autres les commandent ou les battent d'écharpe, et les cavaliers
du bey perdent un drapeau enlevé par les
spahis.

Dans un combat qui dure tout le jour à l'arrière-
garde et sur les flancs du convoi, les uns combattent avec les pieds gelés; d'autres, hors d'état
de manier leurs armes, font encore à leurs cama-

rades un rempart de leurs corps contre un ennemi auquel ils ne peuvent répondre; tous font d'eux-mêmes plus que leur devoir.

Le 27, en approchant du Ras-el-Akba, les Français retrouvent, avec la montagne, le Kabyle, ce compagnon obligé de tous les passages de l'Atlas. Dès que le corps expéditionnaire a abandonné son bivac, les montagnards se précipitent sur le maigre butin que des troupes misérables ont pu y laisser. Ce qui reste de chasseurs à cheval, conduit par le bouillant capitaine Morris[72], taille en pièces cette horde de pillards aux yeux de toute l'armée, qui commence à s'échelonner sur les premières pentes de l'Atlas. Malgré cette sévère leçon, les Kabyles s'engagent de nouveau, et obligent le maréchal à manœuvrer, pour éviter ces combats opiniâtres et corps à corps que ne comporte pas la faiblesse physique des soldats français. Il se hâte de faire occuper le col par l'infanterie turque. Youssouf, débarrassé par la défaite de son titre de bey, redevient officier français, et emporte bravement les positions où il n'a pu devancer l'ennemi. Les troupes se déploient ensuite sur un front étendu, afin de toujours déborder les Kabyles, et se retirent, tantôt en échelons par des arêtes continues, tantôt en échiquier irrégulier sur les crêtes parallèles.

Le 17e léger et le 62e de ligne, restés les derniers en position, furent seuls vivement pressés le soir en redescendant vers la Seybouse; mais le colonel Boyer[73], à l'intelligence et à la vigueur duquel le maréchal a confié le commandement de cette arrière-garde, exécute à propos, à la tête du 17e léger, un retour offensif, pendant lequel son cheval lui est tué sous lui; et les derniers coups de fusil que tire l'armée sont tirés sur un ennemi en fuite.

La guerre finit au Ras-el-Akba, car on ne peut appeler combat quelques coups de fusil échangés avec des Kabyles qui avaient essayé de barrer la Seybouse.

L'armée retrouvait sur le versant septentrional de l'Atlas du bois, des bœufs, des populations inoffensives et un autre climat, dont le contraste soudain fut encore une souffrance; car la chaleur était extrême lorsqu'on arriva à Guelma.

Ce poste imparfait venait d'être bravement défendu par le 3e bataillon du 62e contre les Kabyles insurgés à la nouvelle de la retraite des Français. Ce malheureux bataillon s'y était traîné en débarquant, après quarante-six jours d'une traversée horrible, où plusieurs hommes avaient été tués par le roulis ou étouffés sous le tas de malades que chaque coup de mer transportait d'un bord à

l'autre; la fièvre et les balles avaient encore
éclairci les rangs.

Jusque-là, Guelma n'avait été qu'un embarras :
le maréchal songea à en faire un établissement
permanent qui pût servir de point de départ plus
avancé pour la future expédition contre Constantine. Ainsi, du moins, cette malheureuse campagne finissait en facilitant une revanche qu'elle
avait rendue nécessaire. Mais c'était vouloir tout
faire avec rien. Cependant, un homme seul, sans
autres ressources que son caractère et son industrie, grandis et fortifiés par les obstacles et par
l'isolement, accomplit cette tâche ingrate, au milieu de l'hiver et malgré la difficulté des communications avec Bône, difficulté telle, à cause du
passage de la Seybouse, qu'il fallut plus tard
placer un autre camp en deçà de cette rivière
torrentueuse. Le lieutenant-colonel Duvivier, avec
deux faibles bataillons des 17ᵉ léger et 1ᵉʳ d'Afrique, quelques sapeurs et quelques spahis, y créa
une base d'opérations solide, avec un hôpital, des
fortifications, des casernes, des écuries, des moulins, des silos; il sut rendre féconds pour la science
les loisirs forcés que lui fit souvent une saison
hostile; il fit plus encore, il sut, le lendemain d'un
revers, se faire aimer des tribus voisines, où sa
justice et sa fermeté lui créèrent des amis, et se

faire craindre de l'ennemi, sur lequel, jusqu'au jour si désiré de la revanche, il veilla du fond de son antre de Guelma.

Le 1er décembre, le reste du corps expéditionnaire terminait, en rentrant à Bône, une retraite qui fait honneur aux troupes qui l'ont exécutée et au chef qui l'a conduite. Une belle page militaire couronnait ce drame, où tout fut grand, les illusions, les erreurs, les calamités, les souffrances, le talent et les vertus.

Que ceux qui n'accordent à l'armée française que l'impétueux courage de l'attaque, et s'obstinent encore, malgré sa glorieuse histoire, à lui contester la patience et la fermeté dans les privations, se demandent quelle autre armée eût vécu de si peu, quelle autre armée eût conservé toute sa discipline, tout son ressort, jusqu'au terme de cette lutte héroïquement soutenue contre l'ennemi, la faim, le froid et la maladie?

L'armée, diminuée de plus de moitié, épuisée par la misère et les privations de toute nature, attaquée depuis le matin jusqu'au soir par un ennemi vainqueur, avait fait en bon ordre une retraite de plus de quarante lieues, et avait mêlé quelque gloire à des scènes de deuil supportées avec une inébranlable constance. Sans vivres, sans bois, sans chemins, elle avait ramené à Bône, à

travers un pays difficile et après des combats continuels, ses drapeaux, ses malades, toute son artillerie et deux étendards pris à l'ennemi. Le 2ᵉ léger et le bataillon d'Afrique n'avaient point laissé
d'hommes vivants au pouvoir de l'ennemi; mais
ces vaillantes troupes étaient au bout de leurs
forces : sept cents hommes avaient déjà péri par
le feu ou la misère. La détente qui suivit des émotions si vives coûta la vie à bien d'autres. Outre
les deux cent quatre-vingt-huit blessés rapportés
de Constantine, trois mille hommes sur six mille
entrèrent aux hôpitaux; douze cents moururent;
les autres, couverts d'effets pourris et délabrés,
furent poursuivis par le malheur jusque dans les
derniers abris qui les protégeaient contre les intempéries de l'air : un magasin à poudre, dont
l'explosion fit sauter la kasba de Bône, mutila trois
cents hommes du 17ᵉ léger et du 1ᵉʳ bataillon
d'Afrique, dont cent huit expirèrent sur la place.

La mort aidait ainsi à désencombrer Bône; sans
ce terrible auxiliaire, et malgré le zèle de la marine, cette ville, qui semblait maudite, eût été
aussi lente à se vider qu'elle l'avait été à se remplir.

Le 59ᵉ régiment fut renvoyé en France. Quelques autres troupes furent transportées à Alger et
à Oran, où leur absence avait déjà porté ses fruits.

Dans la province d'Oran, le ravitaillement de la garnison de Tlemcen n'avait pu s'accomplir que par la ruse, qui est l'arme du plus faible. Le général Létang, par la réunion de trois qualités précieuses à la guerre, le secret, la promptitude et la vigueur, avait assuré le succès de cette opération nécessaire et qui, par conséquent, pouvait être prévue par l'ennemi.

Il surprit tout le monde, même ses troupes, en partant brusquement d'Oran le **23** novembre. Sa colonne conduisait six cents chameaux et trois cents mulets ; elle se composait en tout de quatre mille hommes à peine *, qui arrivèrent le **28** à Tlemcen sans que l'émir eût eu le temps de rassembler les contingents des tribus.

La garnison du Méchouar soutenait gaiement son long emprisonnement : la maigre ration de pain d'orge et de son fut remplacée par une abondance, de courte durée cependant, comme l'appa-

---

* Trois bataillons du 47ᵉ régiment ;
Deux bataillons du 24ᵉ ;
Demi-bataillon du 23ᵉ ;
Trois cents chevaux du 2ᵉ chasseurs à cheval ;
Trois cents cavaliers douairs et smélas ;
Deux cents chasseurs démontés ;
Quatre pièces de campagne ;
Six obusiers de montagne ;
Deux compagnies du génie.

rition de la colonne qui avait apporté ces tro.
mois de vivres.

Le général Létang revint à Oran, comme il e
était parti, en trompant l'ennemi. Une second
fois, c'était plus difficile; l'émir, d'ailleurs, éta
sur ses gardes et avait réuni assez de monde pou
que le retour de la division française fût très
périlleux.

Le général annonça qu'il allait se rendre a
camp de la Tafna, toujours bloqué de très-prè
par les Kabyles : il donna tous ses ordres en con
séquence ; puis, le 30 novembre au matin, il pri
la route directe d'Oran.

Il fut rejoint, le 1ᵉʳ décembre seulement, pa
Abd-el-Kader, qui était allé l'attendre à la Tafna
et qui, arrivant avec une avant-garde de cavalerie
ne put, ce jour-là, retarder la marche de la co
lonne française. Cependant, le lendemain, 2 dé
cembre, l'émir essaya, avec quatre mille chevaux
d'entamer l'arrière-garde au difficile passage du
défilé de la Chair, ainsi nommé depuis le désastre
d'une division espagnole de quatre mille hommes.
massacrée dans cette gorge étroite, d'où il ne
s'échappa pas un seul homme pour en porter
la nouvelle à Oran. Mais c'est le colonel Combes
qui commande cette arrière-garde. Il déploie les
trois bataillons de son régiment, le 47ᵉ, et, après

avoir laissé les Arabes engager leurs masses, il se retourne vivement sur eux. Le général Létang, avec la cavalerie, passe à travers les intervalles de l'infanterie, charge le premier l'ennemi, et donne encore, en tuant un Arabe de sa main, l'exemple trop fréquent en Afrique de chefs qui se font soldats, séduits par le côté chevaleresque de cette guerre étrange.

La division rentre ensuite à Oran pour y apprendre le revers qui imposait de nouveaux et plus grands devoirs à l'armée d'Afrique, consumée par tant d'efforts et partout numériquement inférieure à sa tâche.

Dans la province d'Alger, où il restait à peine, sept mille hommes, les Hadjoutes continuaient leurs déprédations. Le bey de Miliana serrait de plus près les lignes françaises; il parcourut même la Métidja avec les contingents des tribus et deux mauvaises pièces d'artillerie.

Son avant-garde était conduite par un renégat nommé Moulin, qui avait déserté les spahis pour éviter le châtiment d'une action honteuse. Ce criminel, communiquant sa fureur aux Arabes qu'il commandait, enfonça un escadron de spahis réguliers, dont les trois officiers se firent bravement tuer, et il écrivit, avec la pointe de son yatagan, son nom sur le cadavre décapité de l'un de ceux qui avaient été ses chefs.

L'éclat du désastre des Français devant Constantine aggrava encore, dans toute l'Afrique, une situation déjà mauvaise.

Toute la province de Constantine se resserra autour d'Achmed, qui reconquit l'équivoque fidélité de ses sujets par le prestige qui s'attacha à sa faible victoire.

Le sultan lui conféra le titre de pacha et le décora de l'ordre du Nitcham-Iftihar; et, tandis que la vanité d'Achmed se pavanait sous des honneurs conquis à bon marché, Ben-Aïssa, le véritable, le seul défenseur de Constantine, se tenait modestement à l'écart, prévoyant le retour de ce flot qui n'avait reculé que pour revenir plus puissant et plus irrésistible, et il se préparait en silence à soutenir ce nouveau choc. Redoutant plus encore la pusillanimité que l'aveuglement de son maître, Ben-Aïssa contribua à l'éblouir sur l'avenir par l'éclat des fêtes qui célébrèrent sa rentrée dans Constantine. Il chercha même à attribuer l'honneur de la défense au bey, qui n'avait pas osé confier sa fortune à cette ville, que son fidèle lieutenant lui rendait sans souillure, pleine de butin et ornée de sept cents têtes et de deux cents paires d'oreilles chrétiennes, qui demeurèrent étalées jusqu'à leur dissolution naturelle sur ces mêmes portes contre lesquelles s'était brisée la valeur française.

Mais Abd-el-Kader, plus encore qu'Achmed, grandissait par le désastre des Français; car c'était à lui, à l'expression et au chef réel de la nationalité arabe, que profitaient nos malheurs et nos fautes, quels qu'en fussent la nature et le théâtre. La défense de Constantine était une des formes de la résistance arabe, et la résistance arabe incarnée, c'était Abd-el-Kader.

L'émir se crut à la veille d'avoir raison des derniers Français : la désertion de nos troupes indigènes, la fuite des habitants de Tlemcen, lui révélaient la décadence de la puissance française et lui fournissaient de nouveaux moyens de la braver. Il vit la France, le grand pays de France, obligé de demander à un chef de barbares du pain pour ses soldats de Tlemcen, qui ne semblaient plus vivre que par la permission et sous le bon plaisir de leur ennemi; car la division d'Oran, réduite à trois mille cinq cents combattants, sans viande et sans transports (la campagne de Constantine avait tout englouti), ne put recommencer avec le général de Brossard le coup de main hardi qui avait une fois réussi au général Létang.

Des juifs se chargèrent de cette négociation, dont le fier émir leur laissa presque tous les

17

profits : quant à lui, il ne voulut échanger la nourriture de deux mois donnée à la garnison du Méchouar, comme à des bêtes féroces en cage, que contre du fer, du soufre, et contre les Arabes faits prisonniers à la Sickack, c'est-à-dire contre les moyens de faire la guerre à ceux qui s'humiliaient devant lui.

A Alger, cependant, son orgueil si exalté eut à souffrir des leçons données à ses partisans, dans plus d'une rencontre, par le lieutenant général Rapatel et le colonel Marey. Ce dernier, à la tête de colonnes mobiles, traque partout les Hadjoutes ; officier actif et vigoureux, il fait reverdir, par quelques brillantes actions, des lauriers momentanément flétris ; chaque jour, il enlève à l'ennemi des hommes et des chevaux ; une fois entre autres, par une manœuvre adroite, il accule les Hadjoutes à la montagne, qu'ils sont obligés de gravir à quatre pattes, abandonnant armes, chevaux et cadavres aux spahis réguliers.

En France, le retentissement du revers de Constantine fut immense : une victoire éclatante eût moins profondément ému le pays. Heureuses les nations qui ressentent leurs malheurs plus vivement encore qu'elles ne jouissent de leurs triomphes ! Le souvenir amer des mauvais jours est souvent un excitant plus puissant pour le moral d'un peuple que l'exaltation produite par les gloires antérieures. Si la vengeance, comme le dit le poëte, est un plaisir pour les dieux, elle est un devoir pour les États, et c'est du sentiment de ce dernier que dépend leur grandeur : c'est le souvenir de Rosbach qui animait les Français à Iéna; c'est Iéna qui a fait les Prussiens de 1813. Que la France, qui a besoin d'un si ferme moral, songe toujours à la fois à Austerlitz et à Waterloo, à 1792 et à 1814. Sentir l'injure, c'est l'avoir presque effacée. Le cri de vengeance unanime qui s'éleva de la France, à la nouvelle de l'échec des armes françaises, présageait déjà le succès de 1837. Mais cette vengeance, réclamée par le pays tout entier, ne fut pas confiée à celui que l'armée de Bône appelait, à si juste titre, son sauveur. Le général en chef, que la mort avait épargné dans cette retraite conduite avec tant d'habileté, fut privé de l'honneur de prendre une revanche nécessaire à la dignité de la France.

Le maréchal Clauzel, rappelé à Paris, s'éloigna, dans le mois de janvier 1837, de ce pays pour lequel il avait beaucoup fait : il s'était d'avance résigné à toutes les chances de cette audacieuse entreprise, et il emportait avec lui la confiance du soldat et l'estime des hommes de guerre, créées par la victoire, et accrues encore par les revers.

Le lieutenant général comte Denis de Damrémont[74] fut nommé, le 12 février 1837, au commandement en chef de l'armée d'Afrique, que le
lieutenant général Rapatel exerçait par intérim.

BOUDOU·AOU

La campagne de 1837 commençait sous de
tristes auspices.

En face d'ennemis grandis et fortifiés, disposant
de ressources toujours croissantes, l'armée d'Afrique, appauvrie, se tenait sur la défensive. Tout
s'écroulait à la fois, comme ces édifices longtemps
abandonnés, qu'une vive secousse fait tomber.
Hommes, chevaux, transports et matériel, tout,
excepté le moral, était usé, non-seulement par
suite d'efforts fréquents et prolongés, mais aussi
par l'application du système d'accorder moins
que le nécessaire, système qui est une des fai-
blesses de la France, et peut un jour devenir un
de ses dangers.

Et le véritable remède ne pouvait encore être
appliqué; car la pensée des Chambres se trahissait par un vote de réduction d'effectif, au moment
où chacun savait que cette réduction était complétement impossible.

Mais tout ce qui était compatible avec les dispositions du pays fut fait par le Gouvernement.
L'effectif, qui était de trente et un mille cent
quinze hommes et de quatre mille cent cinquante-
cinq chevaux, fut élevé jusqu'à quarante-trois
mille cent vingt hommes et six mille trois cent
soixante-six chevaux, par l'envoi en Afrique :
1° des 1er et 48e régiments de ligne; 2° du 3e bataillon d'infanterie légère d'Afrique, qui, lors de
la diminution de l'armée, avait été dirigé sur la
Corse; 3° d'une nouvelle légion étrangère, dont
les rangs avaient recueilli les débris de cette brave
et malheureuse légion algérienne qui périssait en
Espagne, ensevelie dans sa gloire; 4° du bataillon
de tirailleurs créé à Pau des volontaires de toutes
armes qui s'étaient présentés pour servir la cause
constitutionnelle au delà des Pyrénées, et auxquels
on accorda ensuite, comme pis-aller, en Afrique,
ce champ de bataille que la politique leur refusait
en Espagne.

La cavalerie reçut des remontes à Tunis. Le
bey, secrètement jaloux des nouveaux princes qui

grandissaient trop vite auprès de lui, et obligé de
ménager la France, dont il avait besoin, consentit
à laisser exporter cinq cents chevaux.

Six cents mulets furent achetés en Poitou et en
Languedoc, car l'Algérie ne fournissait plus rien
à l'armée, si ce n'est des ennemis chaque jour
plus nombreux; non-seulement la guerre n'y
nourrissait plus la guerre, mais les Français ne
pouvaient plus ni acheter un cheval, ni faire une
paire de souliers, dans un pays où les chevaux
pullulent et où les cuirs sont en abondance.

Achmed et Abd-el-Kader avaient défendu sous
peine de mort tout commerce avec les chrétiens,
et ils étaient obéis.

Aussi, même avec ces renforts, qui ne faisaient
guère que remplacer les pertes, on n'était pas en
état de mener de front le difficile siége de
Constantine et la chasse bien plus difficile encore
de l'insaisissable émir. Pour avoir la supériorité
sur l'un des deux ennemis contre lesquels l'armée
d'Afrique se débattait, comme étouffée par l'é-
treinte d'un serpent qui l'enlaçait de toutes parts,
il fallait choisir entre eux. Le premier à frapper,
sinon à cause de son importance politique, du
moins par point d'honneur, c'était Achmed, bey
de Constantine : et les conseils du point d'honneur
ne sont-ils pas toujours la meilleure des poli-

tiques? Mais, pour être fort contre Constantine, il était nécessaire d'être tranquille à Alger et à Oran. On ne pouvait l'être qu'autant qu'on serait débarrassé d'Abd-el-Kader, soit en le détruisant par la guerre, soit en le désarmant par la paix.

La tâche de faire au prince des croyants une guerre à outrance, ou de conclure la paix avec lui, fut confiée au lieutenant général Bugeaud, replacé à la tête de la division d'Oran pour remplir cette mission épisodique en dehors de la marche générale des affaires d'Afrique. Sa vigueur et ses talents militaires étaient un gage assuré du succès, s'il y avait à combattre : son patriotisme éprouvé garantissait qu'il saurait faire la paix en sacrifiant l'intérêt de sa gloire personnelle, s'il croyait que la guerre ne pût abattre l'émir assez promptement pour faire servir contre Constantine les troupes de la division d'Oran.

Aussitôt la campagne contre l'émir terminée, ou par un coup de massue ou par une trêve, le lieutenant général de Damrémont, investi du gouvernement général de l'Algérie et du commandement en chef de l'armée, devait réunir toutes les troupes devenues disponibles, pour obtenir, de gré ou de force, la soumission d'Achmed-Bey.

Tel fut le plan de campagne pour 1837. Il avait l'inconvénient d'ajourner l'expédition de Constan-

tine jusqu'après la saison des chaleurs, sans profiter du printemps, seule époque favorable pour
cette grande entreprise; mais le Gouvernement
avait dû, avant tout, régler ses projets d'après les
moyens dont il pouvait disposer et d'après les exigences diverses et souvent contradictoires dont il
avait à tenir compte.

Les généraux chargés de la conduite des opérations débarquèrent en Afrique dans les mois de
mars et d'avril.

Le général de Damrémont avait quitté l'Algérie,
en 1830, comme maréchal de camp; il y reparaissait comme général en chef, et entrait dans la
carrière des honneurs, qui devait être si courte
pour lui, non sans doute avec l'éclat d'une de ces
grandes renommées qui ne sont pas toujours
l'apanage exclusif du plus digne, mais précédé
par l'honorable réputation d'être l'homme du devoir : ce fut la récompense modeste de sa vie, jusqu'au jour où une place dans l'histoire devint le
prix de sa mort glorieuse.

Des généraux, choisis parmi les plus capables
de l'armée française, accompagnèrent le nouveau
général en chef. Le général de Négrier[75], si apprécié pour ses brillantes qualités, eut le commandement d'une brigade et d'une partie des avant-
postes de la division d'Alger. Le général Perre-

gaux fut nommé chef d'état-major général. Avant tout autre, il semblait créé pour ces fonctions, auxquelles ses vertus austères, l'étendue de son esprit et son aptitude guerrière l'appelaient plus encore que l'amitié du chef dont il partagea la fortune et le tombeau.

Le général de Damrémont, inaccessible à l'envie, n'aggrava point les frottements nuisibles au bien du service qu'amena la position peu définie du général Bugeaud, et, chacun de leur côté, les deux généraux s'occupèrent activement de compléter leurs préparatifs. Mais la nécessité de tout faire venir d'au delà des mers ne permit pas que, même à Oran, où devaient commencer les opérations, on fût prêt avant le mois de mai.

Abd-el-Kader le sait : il est informé exactement de tout ; il connaît l'intérieur du camp des Français et jusqu'à la pensée de nos généraux, qui ignorent ce qui se passe chez les Arabes. Il a déjà tiré parti de cet immense avantage sur l'armée française, réduite souvent à lutter comme un aveugle contre un homme clairvoyant ; il en profite encore cette fois pour empêcher qu'on ne l'attaque simultanément par Alger et par Oran. Il emploie toutes les ressources de la politique, car il est plus homme d'État que guerrier ; et c'est encore là une de ses supériorités sur des adversaires qui détruisent par leurs fautes politiques l'effet de leurs victoires militaires.

L'émir, certain d'avoir encore un mois de répit, quitte les environs d'Oran ; il surprend par sa brusque apparition la province de Tittery, émerveillée de le voir reparaître puissant après tant de revers, et il enflamme ces populations lasses d'elles-mêmes et tourmentées du besoin de se dévouer : noble sentiment qui réhabilite à leurs propres yeux les peuples déchus comme les individus avilis. Il semble que, chaque fois qu'Abd-el-Kader secoue son burnous, il sorte de ses plis des armées pour la guerre sainte : comme tous les hommes du destin, il trouve sur ses pas, et presque sans les chercher, les conditions inespérées de son succès.

La ligue des tribus des Isser, qu'il soulève contre la France, lui fournit la diversion dont il a besoin pour occuper loin d'Oran les troupes de la division d'Alger.

Le pays des Isser, qui borde la plaine de la Métidja à l'est d'Alger, depuis la mer jusque vers le lit de l'Oued-Kaddara, était le seul point par lequel les établissements français, enveloppés partout ailleurs par l'empire d'Abd-el-Kader, eussent conservé des relations paisibles avec les indigènes.

C'est un faisceau de montagnes abruptes et

boisées, dont les chaînes presque parallèles aboutissent à un piton principal, sorte de nœud se rat-
tachant au mont Djurdjura ; les plaines, étroites et
saccadées, ne sont guère que le lit des torrents, et
le limon entraîné par les pluies les rend souvent
impraticables. Les habitations, véritables forteresses, entourées de cactus et de murs en pierre,
sont groupées au haut des rochers les plus inaccessibles, comme dans tous les pays où le pouvoir n'est que l'abus de la force, où la loi ne protége pas, et où la violence règne seule.

Cette contrée sauvage, dont la ville de Dellys
est la capitale et le seul port, ne s'ouvre vers la
plaine de la Métidja que par deux passages, le
col difficile de Beni-Aïcha, et un défilé voisin de
la mer, bordé de fourrés impénétrables, appelé
Cherob-ou-Heurob. C'est une Suisse pour la nature du terrain, et aussi pour la forme démocra-
tique du gouvernement, morcelé entre une foule
de municipalités rivales et tracassières : tant il est
vrai que c'est dans la configuration du sol qu'il
faut chercher l'origine première des mœurs et des
institutions des peuples.

Les tribus kabyles des Isser, qui forment une
ligne à part de la grande Kabylie de Bougie, dont
ils sont limitrophes, peuvent mobiliser six mille
hommes de pied. Les Arabes Amraoua, qui habitent

les contre-forts les plus rapprochés de la Métidja,
peuvent mettre huit cents cavaliers en campagne.
L'émir ne cherche point à soumettre à son joug ces
peuplades indépendantes par leur sol, leurs habitudes et leur caractère ; il suffit à ses desseins de
les compromettre contre les chrétiens. Il dédaigne
les dehors de l'autorité pourvu que sa volonté se
fasse ; il sait d'ailleurs qu'une fois lancées dans
l'hostilité contre les Français, ces tribus finiront
par lui appartenir, parce qu'il est la négation des
chrétiens, contre lesquels elles ne pourront lutter
seules. Il n'approche même point de l'Isser, pour
ne pas effrayer la jalouse susceptibilité des tribus,
dont il sait user pour mieux confisquer à son profit
cette indépendance, tout en feignant de la ménager.
Il conseille en bon voisin et remue par ses intrigues cette démocratie, inévitablement soumise,
comme tous les gouvernements de la multitude, à
la loi des plus violents. Il parle religion à des
hommes pour qui la religion est à la fois la patrie
et le devoir : le besoin de brûler de la poudre, qui
agite périodiquement cette race belliqueuse, et la
persuasion où ils sont de l'affaiblissement des
Français, font le reste. Une prise d'armes contre
les chrétiens est décidée ; le parti du mouvement,
mené par un certain Sidi-Soudi, prédicateur et
orateur populaire, va chercher Ben-Zamoun dans

la retraite où il espérait être oublié, et lui impose
malgré lui le périlleux honneur de commander les
contingents des tribus. Les Amraoua montent à
cheval ; les plus ardents fondent sur les fermes des
Européens, qu'ils pillent d'abord pour faire du
butin, et puis aussi pour compromettre tout à fait
les timides.

C'est dans les premiers jours de mai que ces
avant-coureurs de la guerre annoncent le danger
au général en chef, occupé alors à observer les
mouvements de l'émir, et lui apprennent que, si
la personne d'Abd-el-Kader paraît oisive, son esprit pénètre partout pour y souffler la discorde.
Le général de Damrémont craint que ce ne soit une
fausse attaque : il n'ose d'abord dégarnir le pied
de l'Atlas des troupes que la présence de l'émir à
Médéah retient concentrées auprès de Blidah. Il
sent néanmoins la nécessité de comprimer promptement cette révolte, dont le développement eût
complété le blocus d'Alger, y eût créé la famine,
et eût paralysé pour toute la campagne un grand
nombre de troupes.

Une expédition fut préparée par terre et par
mer. Le colonel de Schauenburg[76], du 1er régiment
de chasseurs d'Afrique, qui occupait depuis les premières hostilités les fermes pillées de la Réghaïa,
dut surprendre par une marche de nuit le col de

Beni-Aïcha, pénétrer dans la vallée de l'Oued-el-Merdja, où fermentait l'insurrection, puis tourner à gauche, et rejeter les Arabes sur le général Perregaux, qui devait débarquer avec mille hommes d'infanterie et du canon pour recevoir sur le bord de la mer la battue faite par le colonel de Schauenburg.

Le mauvais temps qui survint brusquement fit échouer ce plan bien combiné. Le général Perregaux, retenu par la tempête, ne put sortir de la rade d'Alger, et le colonel de Schauenburg, parti la nuit du ruisseau de Boudouaou, sur lequel il avait rassemblé une colonne de deux mille hommes *, arrive à huit heures du matin seulement, le 18 mai, devant le col, où un parti de Kabyles accourait déjà.

Du plus loin qu'on les aperçut, un bataillon tout entier du 2e léger fut lancé sur eux pour s'emparer promptement de cette position importante qui, plus tard, eût coûté cher. A mesure qu'on les refoulait dans le long défilé descendant à la plaine des Isser, les tribus voisines entraient en ligne ; mais

---

* Composée de :

Deux bataillons du 2e léger ;

Un bataillon du 48e ;

Deux cents chasseurs à cheval du 1er régiment, et spahis réguliers ;

Cent spahis irréguliers ;

Deux pièces de montagne.

le 2ᵉ léger, auquel ce combat fit éprouver quelques pertes, les poussa de plus en plus vite pour s'emparer de la sortie de la gorge avant le gros de l'ennemi, auquel ce terrain eût été si avantageux. A l'entrée de la plaine, la colonne allongée se reforma. Ben-Zamoun s'approchait avec les contingents déjà rassemblés, environ deux mille hommes. Le 2ᵉ léger prévint leur attaque en les culbutant vigoureusement; puis la colonne conversa à gauche, déploya au loin des tirailleurs sur ses flancs, et chassa rapidement les populations surprises et de nombreux troupeaux vers la plage de l'Oued-el-Merdja, où aucun débarquement n'avait eu lieu, et où hommes et bestiaux s'enfuirent.

L'opération étant ainsi manquée, un plus long séjour dans le pays insurgé eût attiré, sans bon résultat possible, des forces supérieures sur la colonne du colonel de Schauenburg.

Cet officier ramena, le lendemain 19, et par une très-forte marche, son corps à Boudouaou. Il y trouva un convoi d'approvisionnements, dont il était près de manquer; car il avait compté sur ceux que le général Perregaux devait lui apporter par mer, et les troupes, qu'aucun bagage ne suivait, avaient pris seulement pour trois jours de vivres dans le sac. Il évita de passer le col de Beni-Aïcha, et revint par Cherob-ou-Heurob et

par le bord de la mer, qui couvrait ainsi un des
flancs de la colonne.

Au moment où la colonne arrivait à la fontaine
de Cherob, Ben-Zamoun, qui, depuis le matin,
harcelait l'arrière-garde, essaya une double attaque
latérale, sur la plage de la mer, par la cavalerie
des Amraoua, et, sur les hauteurs, par l'infanterie kabyle ; mais le colonel de Schauenburg
avait deviné ce mouvement, qui semblait annoncé par l'aspect du terrain, coupé de profonds
ravins descendant à un entonnoir presque impénétrable. Le feu de deux pièces de montagne et
de l'infanterie, embusquée derrière les premiers
mamelons et tirant d'écharpe, arrêta les cavaliers
arabes, tandis que, sur la droite, un retour offensif, exécuté en débordant les Kabyles, donna le
temps de franchir le défilé.

L'ennemi ne continua pas sa poursuite au delà ;
le général de Damrémont espéra que le soulèvement allait avorter, et crut pouvoir disposer des
troupes pour favoriser, par un mouvement vers
l'Ouest, les opérations du général Bugeaud.

Il voulut cependant menacer d'une manière permanente le pays des Isser, par l'établissement
d'un camp retranché à Boudouaou, dans une position stratégique, à égale distance de diverses
vallées et de la plaine de la Métidja.

18

C'était déjà un succès pour Abd-el-Kader que d'avoir obligé les Français à la construction d'un poste de plus, avec tous les embarras et tous les dangers qu'entraîne chaque nouvel établissement sédentaire.

Mais ce n'était qu'une victoire latente et indirecte pour l'ennemi : il espéra un triomphe plus éclatant et plus immédiat, lorsqu'il apprit qu'on n'avait guère laissé plus d'un bataillon pour élever la redoute. Les meneurs de la coalition ne manquèrent pas une si belle occasion d'attaquer avec des forces supérieures ce faible détachement, avant que son travail l'eût mis à couvert.

L'épaulement n'avait encore que très-peu de relief, lorsque, le 25 mai, au lever du soleil, cinq mille cinq cents Kabyles à pied et cinq cents Arabes à cheval parurent sur la rive droite du Boudouaou, en face du bivac des Français.

Ceux-ci, commandés par le chef de bataillon de la Torre[77], du 2ᵉ léger, n'étaient que neuf cents hommes d'infanterie, des 2ᵉ léger et 48ᵉ de ligne, et quarante-cinq chasseurs à cheval, du 1ᵉʳ régiment, avec deux obusiers de montagne, approvisionnés à quatre coups.

La position obligeait, pour ne pas y être dominé, à un grand développement, tout à l'avan-

tage d'un ennemi nombreux. Le terrain, favorable
aux tirailleurs kabyles, ne se prêtait point à l'action, ordinairement si efficace contre les masses
arabes, des armes de la cavalerie et de l'artillerie,
dont cette poignée de braves était d'ailleurs à peine
pourvue.

L'ouvrage ébauché avait été tracé sur un petit
plateau au sommet d'une colline qui va s'abaissant par une pente assez longue, surtout vers la
gauche, jusqu'au ruisseau coulant au fond de la
vallée.

A mi-côte était situé le village abandonné de
Boudouaou, amas de cabanes environnées de
plusieurs enclos d'épines sèches et de figuiers de
Barbarie.

Plus bas encore, quelques petits murs en
pierres superposées s'étendaient jusqu'à des ruines
romaines et sarrasines semées au milieu de buis-
sons de lentisques.

A droite de la redoute se prolongeait un chapelet de mamelons arrondis et séparés par de
larges fissures. En arrière, le sol, quoique profondément sillonné, allait en se nivelant de plus en
plus.

La situation des Français était critique ; ils
n'avaient pas de secours à espérer contre une attaque qui devait réussir dès le premier assaut, et

pouvait aussi triompher par un blocus prolongé;
mais l'idée de la retraite ne se présenta à aucun
de ces hommes dont la sagace intelligence avait
aperçu le péril dans toute son étendue, et ce fut
avec la résolution de tenir jusqu'à toute extrémité
quand même, que le commandant de la Torre prit
rapidement ses dispositions pour un combat défensif de pied ferme. La nécessité de ménager
le sang et les munitions de ses soldats, pour une
lutte qui pouvait être longue, l'obligeait impérieusement à adopter ce mode de défense si défavorable à des troupes supérieures par la tactique
à un ennemi qui excellait, au contraire, dans le
combat dispersé.

La redoute en construction servit de réduit :
deux compagnies y furent placées, avec l'ambulance et les deux pièces de montagne; quatorze
prolonges de l'administration furent, avec deux
autres compagnies, parquées en carré en arrière
de l'ouvrage, qui était encore ouvert de ce côté;
le village arabe fut occupé par deux compagnies;
le reste de l'infanterie garda le mamelon de
droite; les quarante-cinq chevaux se tinrent entre
le parc et la droite de la position, où les troupes
disséminées pouvaient avoir besoin de soutien. Le
poste avancé des ruines ne fut défendu que par
une chaîne de tirailleurs embusqués; car on devait

s'attendre à être tourné, le terrain par derrière
étant le plus désavantageux à la défense, toujours
affaiblie d'ailleurs par la crainte qu'inspire l'occupation de la ligne de retraite.

Mais, soit que Ben-Zamoun redoutât, en se plaçant sur la route d'Alger, d'être pris entre deux
feux, soit qu'il voulût laisser le chemin libre aux
Français, pour les engager à commencer une
retraite qui leur eût été fatale, il aborda de front
la position. Contre la sage habitude des Kabyles,
il démasqua sur-le-champ tout son monde, espé-
rant tout enlever du premier effort, et voulant aussi
frapper le moral de ses adversaires par l'étalage
de sa supériorité numérique.

Une nappe de neige sembla couvrir les collines, lorsque six mille burnous blancs s'ébranlèrent à la fois. De fortes lignes de tirailleurs
s'approchent des mamelons de la droite, profitant
des ravins qui en descendent, et qui sont autant
de boyaux de tranchée dans lesquels les assaillants
cheminent à couvert. La masse principale marche contre les ruines, qu'elle emporte après un
combat très-vif. La cavalerie arabe, qui se tenait
sur les flancs, saisit le moment, avec cette intelligence individuelle qui lui rend la discipline toujours impossible et souvent inutile, et, par un
mouvement large, elle se dirige au galop sur les

derrières des Français et menace le parc des voitures. Aucun renfort ne peut y être envoyé, car le
village et la droite sont pressés par l'infanterie
kabyle. Les quarante-cinq chasseurs à cheval,
voyant l'imminence du danger, ne comptent pas
des ennemis qu'ils sont depuis longtemps habitués à vaincre : ils se déploient sur un rang, et
chargent en flanc les cavaliers arabes; ceux-ci
tournent bride et attendent l'effet de l'attaque de
leur infanterie. Son feu convergent et très-nourri
déloge du village de Boudouaou les deux faibles
compagnies isolées et déjà débordées des deux
côtés. Les Kabyles, maîtres de ce point, qui est le
nœud du combat, s'élancent avec ardeur sur la
redoute, dernier et impuissant obstacle auquel les
Français vont être acculés, car la gauche de l'ennemi a aussi gagné rapidement du terrain; mais
la nécessité de vaincre ou de mourir, qui se présente si souvent dans cette guerre, cette alternative qui enfante la panique dans les mauvaises
armées et l'héroïsme parmi les bons soldats,
inspire ici un effort impétueux. Des troupes ébranlées ne peuvent plus s'arrêter devant un ennemi
enthousiaste, elles ne peuvent se sauver que par
l'offensive; il est plus difficile de les reformer que
de les porter en avant. Le capitaine Chaspoul[78], du
2ᵉ léger, à découvert sous le feu le plus rappro-

ché, court droit, avec sa compagnie, sur les
Kabyles qui ont dépassé le village. Cette première
impulsion est transmise sur toute la ligne par un
de ces mouvements électriques si fréquents dans
les troupes françaises, lorsqu'on traduit en action
le sentiment qui les anime. Les officiers, les premiers en avant, chargent l'ennemi à l'arme blanche ; le cri « A la baïonnette ! » s'élève dans tous
les rangs. Quoique dépourvus de cette arme nationale des Français, les musulmans défendent le
village avec un opiniâtre acharnement, et ne cèdent
qu'en laissant plus de cent cadavres des leurs
entassés dans ce labyrinthe de masures s'écroulant
sous le choc d'une lutte corps à corps. C'est encore
le courage qui les perd ; car, à la guerre, les plus
nobles qualités, laissées sans direction, deviennent
des défauts et la source de bien des revers. De
toutes parts les Kabyles accourent, mais trop tard,
au secours des défenseurs du village ; leur absence
dégarnit la gauche de leur ligne, où les Français
reprennent, et pour ne plus le céder, le terrain
perdu. Le trop est aussi nuisible que le trop peu,
et l'empressement déréglé des Arabes à se porter
sur Boudouaou n'aboutit qu'à donner prise à la
mitraille des deux pièces de montagne que les
lieutenants Letellier-Valazé[79] et Bosquet[80] ont fait
avancer. La foule, inutilement amassée près du

village, est écrasée de projectiles et rejetée jusqu'aux ruines.

La journée est aux Français; les Arabes ne tiennent plus que pour gagner le temps d'emporter
leurs morts et leurs blessés. Une compagnie du
48ᵉ, accourue sans ordre de la Réghaïa, au bruit
du canon, se dirige d'elle-même sur la ligne de
retraite de l'ennemi; cette démonstration, plus
efficace que prudente, suffit pour accélérer encore
le départ des Kabyles effrayés, comme les barbares
le sont toujours de ce qu'ils ne comprennent point,
par une manœuvre dont la témérité leur fait craindre un piége.

De la continuité de la poursuite dépend son
succès final. En guerre comme en dynamique, il
faut un bien moindre effort pour entretenir une
impulsion donnée, que pour déterminer de nouveau un mouvement interrompu. Le glorieux
combat de Boudouaou, qui avait coûté aux vainqueurs soixante et dix tués ou blessés, fût demeuré
stérile si le général en chef n'avait rapidement
profité de ce brillant succès. Mais ses espions lui
avaient appris, dès le 24, l'agression de Ben-
Zamoun; et, immédiatement après le combat
du 25, un corps commandé par le général Perregaux, et composé du 2ᵉ léger, du 1ᵉʳ de chasseurs à cheval, de détachements du 48ᵉ et du 63ᵉ,

et des spahis réguliers, avec cinq jours de vivres
et quatre pièces de montagne, pénétrait dans le
pays des Isser, sur deux colonnes, par les défilés
de Beni-Aïcha et de Cherob-ou-Heurob.

Ces passages difficiles ne furent pas défendus :
les tribus, démoralisées par la brusque transition
des plus brillantes illusions à un sanglant échec,
étaient occupées à pleurer et à enterrer leurs
morts, dont le grand nombre se trahissait par la
multitude des fosses fraîchement creusées. Trois
mille hommes seulement étaient encore réunis dans
une très-forte position, sur une montagne appelée
Droueu, au delà de la vallée de l'Isser, plutôt pour
obtenir des conditions que pour prolonger une
lutte désespérée.

Le général Perregaux, qui avait rassemblé,
le 27 au matin, son corps sur les bords de la
rivière, marcha aussitôt contre ce dernier réduit
de l'insurrection aux abois. L'infanterie, employée
avec vigueur et discernement, tourna et culbuta
en même temps de front les fantassins kabyles ; la
cavalerie, qui, dans les montagnes, sert de réserve, chargea à bride abattue l'ennemi en déroute, dans un terrain où d'autres cavaliers que
les chasseurs du 1ᵉʳ régiment n'eussent osé passer
au pas, et acheva l'affaire en faisant un grand
carnage.

La coalition des Isser, dissoute par ce coup de vigueur, tombait aussi à Dellys : cette ville se rendait sans résistance aux bateaux à vapeur qu étaient venus la sommer.

Ben-Zamoun, abandonné par ceux dont il avai été l'esclave plutôt que le général, s'éloigna pour toujours de la scène politique, s'effaçant, lui aussi, devant le génie dominateur et persévérant de l'émir, qui savait faire disparaître successivement tous ceux qui s'étaient élevés au-dessus de la foule et auraient pu partager avec lui la faveur et le gouvernement des peuples.

Les grands et les marabouts de tout le pays des Isser vinrent s'incliner devant le général Perregaux. « Que la main fermée qui tient le glaive s'ouvre pour laisser tomber la grâce, » dirent-ils à celui dont l'épée les avait rudement châtiés, et dont le cœur était toujours enclin à pardonner.

Mais le général ne se contenta point de soumissions éphémères et d'un hommage sans garantie : il exigea et obtint des otages, des indemnités pour les fermes pillées; il imposa aux Isser des chefs et un tribut, et ne rentra à Alger qu'après avoir reconstitué le pays avec cette prévoyance de l'avenir qui marquait toutes ses entreprises.

En quelques jours, des mesures énergiques et

promptes avaient comprimé la diversion fomentée
par Abd-el-Kader et sauvé les établissements
français d'un blocus qui eût été funeste. Le succès couronnait les premières opérations de la campagne, et le général de Damrémont se hâta de
marcher vers l'Ouest, pour donner la main à la
division d'Oran.

Avant de s'éloigner de la plaine de la Métidja,
il voulut néanmoins faire sur une grande échelle
une battue complète du pays des Hadjoutes; car
ces hardis partisans faisaient plus de mal aux
Français que tout le reste des forces ennemies, de
même que les Cosaques, dans les guerres de l'Empire, contribuèrent, plus que toutes les troupes
régulières, à détruire l'armée française. La surveillance continuelle, rendue nécessaire par leurs
courses de plus en plus audacieuses, usait les
troupes bien plus qu'un effort violent une fois fait.
Toute nature se dompte, toute force s'épuise par
la privation du sommeil. Les Hadjoutes empêchaient l'armée de dormir en la tenant sur un qui-
vive perpétuel. Jamais la guerre de partisans ne
fut mieux faite que par cette horde de fanatiques
et de pillards en quelque sorte introuvables, vivant
toujours à cheval, rôdant jour et nuit autour des
Français sur une étendue de près de vingt lieues.
Leur coup avait-il réussi, ils allaient à Blidah dé-

penser leur butin dans les plaisirs de ce lieu en-
chanteur, sorte d'auberge toujours ouverte au
vainqueur, et où, tour à tour, spahis et Hadjoutes
venaient célébrer leur victoire par des fêtes.
Avaient-ils échoué, des bois et des marais impraticables, qui semblaient se refermer sur eux
comme la caverne magique des Quarante Voleurs,
leur offrait un refuge assuré pour attendre une
meilleure occasion, que leur procuraient bientôt
leurs ruses, leurs déguisements, et l'emploi simul-
tané des tours d'adresse du voleur et des strata-
gèmes des officiers d'avant-garde.

Tout aventurier ayant un bon cheval et un fusil
allait dans cette confrérie de mécontents, sans
cesse recrutée par la politique, la religion, la misère, la cupidité, et même par l'amour, pour y
prendre sa part de cette guerre qui, de tout temps,
a eu bien du charme pour les hommes, la guerre
du sauvage oisif et nomade contre le civilisateur
laborieux et sédentaire.

C'étaient tous les jours de nouvelles expéditions,
et, par suite, de nouvelles rencontres avec les troupes légères françaises. En général, l'avantage de
la maraude demeurait aux Arabes, l'avantage du
combat aux Français; si les uns tuaient plus de
monde, les autres ébranlaient cette sécurité sans
laquelle une colonie ne peut s'établir, et cette con-

fiance de la supériorité sous toutes les formes, si nécessaire aux conquérants.

Cependant, la mort d'un simple cavalier hadjoute, de Bouteldja le poëte, tué dans un de ces engagements qui restent sans nom parce qu'ils sont sans résultat, fut une perte sensible pour la cause arabe.

Au milieu du mouvement de résurrection de ce peuple, qui renaissait du sang de ses plus braves enfants, Bouteldja fut le plus inspiré, parce qu'il était le plus convaincu de tous les poëtes prêchant journellement aux mahométans attiédis la haine du chrétien. Ses chants lyriques, empreints d'une douleur touchante et d'un farouche patriotisme, étaient devenus populaires parmi la jeunesse arabe, dont ce Tyrtée inculte avait développé et ennobli les sentiments. Plus d'une fois, Bouteldja, que sa valeur eût suffi pour faire remarquer, refusa les honneurs offerts par Abd-el-Kader, qui connaissait la puissance de la poésie sur un peuple qui ne lit ni n'écrit. Le poëte préféra rester en volontaire, au premier rang des Hadjoutes, dans la guerre sainte, qui ne cessa jamais pour lui ; et, simple soldat, comme Kœrner, il mourut, comme lui, de la main d'un Français, en combattant pour une patrie que tous deux avaient rêvée grande, et qu'ils ne connurent que malheureuse. Mais les

poésies de Bouteldja lui ont survécu et se conser-
veront parmi ces populations où les traditions sont
si vivaces. Son chant de guerre conduira longtemps encore au combat les champions de l'islam,
et entretiendra la fanatique ardeur d'un peuple
resté fidèle à la mémoire du seul homme qui ait
pensé et parlé pour lui.

Et nous, amants enthousiastes de la patrie,
nous, pour qui la défense de la nationalité et du
sol est le premier devoir, la première passion, la
plus grande vertu, nous donnerons un regret au
vaillant soldat, au poëte fervent, mort les armes
à la main dans cette guerre qui, selon sa belle
expression, est « une meule impitoyable qui tourne
pour les deux partis, écrasant sans cesse des victimes nouvelles, et qui ne saurait avoir de durée
éternelle qu'aux enfers ».

Il était écrit que, cette fois encore, les Hadjoutes
échapperaient miraculeusement à leur destruction.
Trois colonnes convergentes les refoulent vers l'intérieur du bois des Karrezas : ils n'avaient plus de
moyens de fuir; toutes les issues de leur repaire
étaient soigneusement gardées; ils n'avaient plus
de chances d'être secourus, car la cavalerie du
bey de Miliana, deux fois battue par le général de
Damrémont, s'était éloignée, traquée de tous côtés; ils combattaient sans espoir, lorsque tout à

coup, le 7 juin, deux officiers du bey arrêtent les
tirailleurs en leur jetant ce mot : « La paix ! la
paix ! » talisman qui frappe d'immobilité les deux
partis, parmi lesquels cette nouvelle excite des
sentiments bien divers.

La paix était en effet conclue entre la France et
l'émir El-Hadji-Abd-el-Kader, fils de Mahiddin.

Dès son arrivée à Oran, le général Bugeaud
avait reconnu qu'Abd-el-Kader était devenu trop
fort pour être abattu d'un coup ; il avait vu que
la division d'Oran n'avait ni les moyens ni
le temps de l'amoindrir. La guerre, limitée dans
sa durée, puisque les troupes devaient être enle-
vées pour l'expédition de Constantine, restreinte
dans son action, puisqu'il était interdit de s'établir nulle part, la guerre, ainsi faite, n'eût été
qu'une course vagabonde, sans but et sans résultat ; elle eût usé la division d'Oran et fortifié l'an-
tagonisme d'Abd-el-Kader, au moment où l'on
éprouvait le besoin de le neutraliser. Le général
Bugeaud, pour remplir ses instructions, n'avait
donc plus qu'à conclure la paix avec l'émir, et il
s'y employa avec la courageuse abnégation d'un
bon citoyen et la naïve confiance d'un honnête
homme.

Mais ni les négociations, ni la paix elle-même,
ne pouvaient ajourner la pressante nécessité du

ravitaillement de Tlemcen : les deux mois de vivres
à la durée desquels était mesurée l'existence de la
garnison allaient être épuisés, et l'on n'avait pas
les moyens d'y porter des approvisionnements
qu'on ne devait plus demander à l'émir, au moment où il fallait paraître fort afin de traiter plus
avantageusement.

L'urgence de cette situation qui se reproduisait
si fréquemment, et la crainte qu'après avoir été
si menaçante, elle ne devînt un jour fatale, firent
résoudre l'évacuation de Tlemcen. L'occupation de
cette place, conçue dans d'autres idées, était devenue un contre-sens dans la marche qu'on était
obligé de suivre. Il n'en fallait pas moins y aller
encore une fois; et, grâce à l'infatigable activité
du général Bugeaud, un corps de neuf cents
hommes de toutes armes, avec quinze cents chevaux et douze obusiers de montagne, sous les
ordres des généraux de Laidet[81] et Rulhières[82],
arrivait le 20 mai à Tlemcen.

Les transports étaient faits par cinq cent cinquante mulets, à peine débarqués, et par trois
cents chameaux, auxquels il avait encore fallu
recourir.

Depuis six mois, six longs mois d'hiver, les
Français de Tlemcen n'avaient rien reçu de France,
pas même une de ces mauvaises nouvelles, pour

lesquelles ordinairement toutes les barrières s'a-
baissent. Isolés du monde entier; étrangers même
aux phases de la guerre, dont leur sort dépendait; guettés sans être combattus par les Arabes,
qui leur faisaient la chasse et non la guerre, et
qui venaient en pèlerinage du Maroc pour tirer
un chrétien à l'affût; condamnés à se méfier de
tout, même de leur courage, journellement provo-
qués, ou par des fanfaronnades qui masquaient
une embuscade, ou par le supplice de Tantale,
lorsque les Arabes faisaient paître des troupeaux
sous les yeux de soldats privés de viande; ces
hommes résignés avaient supporté, sans un murmure, toutes les épreuves de leur *solitary confi-
nement**.

Privés des grades promis par le maréchal
Clauzel, et qui leur furent donnés seulement au
terme de leurs travaux, ils n'en continuèrent pas
moins à faire crédit à la France : noble exemple,
à une époque où tant de gens se font payer
d'avance les services qu'ils ne rendent pas! Ces
véritables Robinsons Crusoés, vêtus des grossières
étoffes que leur avait procurées l'ingénieuse sollicitude de leur chef, et réduits à la demi-ration,
s'imposaient encore des privations pour soulager

* Emprisonnement solitaire.

les malheureux couloughlis, car ils tenaient à honneur d'être plus misérables que ceux qu'ils étaient chargés de protéger. Le capitaine Cavaignac, par la pratique de la bienfaisance et de toutes les vertus, plus encore que par les soins de son administration, avait préservé de la nostalgie et de l'indiscipline une garnison qui résista à toutes les causes de découragement, même au chagrin de n'être plus considérée que comme un embarras par ceux pour lesquels elle s'était dévouée.

Les souffrances et les angoisses avaient été en raison inverse du grade; car le capitaine Cavaignac seul avait su combien était rapproché le jour où, après avoir mangé le dernier sac de grain, il ne resterait plus à ces cinq cents braves qu'à mourir d'une mort ignorée et cruelle, après une agonie sans témoins et par conséquent sans gloire.

Le général Bugeaud les fit remplacer dans le Méchouar par un bataillon du 47ᵉ, pour leur épargner le chagrin poignant de remettre à l'ennemi ces murailles qu'ils avaient relevées, défendues et illustrées. L'héritage de cette gloire, malheureusement stérile, fut recueilli par le corps en qui se personnifie l'armée d'Afrique, par le régiment des zouaves. Le bataillon du Méchouar fut incorporé à cette troupe, dans les rangs de laquelle « les anciens de Tlemcen » soutinrent toujours leur réputation, et il suivit le général Bugeaud à la Tafna, dont la destruction fut résolue, par les mêmes motifs qui déterminaient l'évacuation de Tlemcen.

On se mit donc à défaire péniblement ce que, il y avait à peine un an, on avait élevé au prix de tant de sang et d'argent perdus!

En arrivant, le 23 mai, à la plage de Rachgoun, la division n'avait marché que six jours. Elle avait été bien conduite; elle n'avait été ni retardée par l'ennemi, ni contrariée par la saison; et cependant la campagne était déjà forcément terminée, car les moyens de transport, cet accessoire qui devient le principal en Afrique, étaient détruits; les mulets, trop jeunes et mal choisis, étaient morts en grand nombre; trois cents sur cinq cents avaient été blessés par la forme vicieuse des bâts à arçon triangulaire, construits à la hâte en France et expédiés en pacotille. Les transports sont à l'armée ce que la chaussure est à l'individu.

Cette impuissance trop réelle, quoique due en apparence à une cause secondaire, hâta le dénoûment, et, le 30 mai 1837, une convention de paix reçut à la Tafna la signature du général français et le cachet du prince arabe.

La France se réserva seulement, dans la province d'Oran, un certain rayon autour des villes d'Oran et de Mostaganem, et, dans la province d'Alger, un territoire dont les limites, vaguement définies à l'est, devaient être, à l'ouest, la Chiffa, et, au sud, la crête de l'Atlas.

Tout le reste du vaste pays compris entre la province de Constantine et le Maroc fut abandonné à Abd-el-Kader, auquel on cédait les places de la Tafna et de Tlemcen. Le traité lui donnait plus encore : il lui donnait du temps ; et la France apprit bientôt, à ses dépens, qu'avec du temps le génie du fils de Mahiddin savait tout créer et osait tout entreprendre.

Les Arabes, las de la guerre dont ils avaient souffert, et épuisés surtout par les efforts que leur avait imposés l'enfantement de l'empire régulier d'Abd-el-Kader, acceptèrent avec bonheur une paix qui leur donnait le repos, en consacrant l'élévation du chef auquel ils devaient tout, jusqu'au sentiment d'eux-mêmes.

L'armée française, justement confiante en elle-même, attendit avec son calme habituel le jour déjà prévu où elle retrouverait Abd-el-Kader, plus difficile à vaincre, et grandi par une trêve qui ne devait imposer aux soldats qu'un surcroît d'efforts avec une diminution de gloire.

La paix fut proclamée par une entrevue solennelle des chefs chrétien et musulman près de la

Tafna. Le caractère si tranché des races française et arabe était individualisé dans la personne des deux hommes qui venaient signer le traité, et devaient, plus tard, se heurter de nouveau dans une lutte rendue peut-être plus acharnée par ce souvenir.

La forte organisation et l'énergie des bataillons français avaient pour symbole la charpente athlétique et les allures décidées du général Bugeaud. Le pâle et chétif Abd-el-Kader, dont l'œil de feu révélait des passions dévorantes, était, avec ses vêtements râpés et sa tenue austère jusqu'à l'affectation, l'emblème des Arabes pauvres et fanatiques. L'orgueilleuse astuce du prophète mahométan contrasta avec la familière franchise du soldat périgourdin, dans cette entrevue, où ils paraissaient se donner moins le baiser de la réconciliation que la poignée de main des gladiateurs avant un nouveau combat.

Quelques jours après, la division était rentrée à Oran ; le camp, ou, pour mieux dire, la ville de la Tafna était détruite et évacuée ; et, le 12 juillet, le bataillon du 47ᵉ remettait aux troupes de l'émir cette place de Tlemcen, si longtemps convoitée, et que la guerre ne leur eût jamais donnée.

Lorsque le sultan des Arabes, pour marquer que la paix était une victoire, se fit introniser triomphalement à Tlemcen, entouré de tous les chefs dont il avait fait la fortune et dont il recevait l'hommage, la plupart des couloughlis abandonnèrent ce théâtre de leur valeur et de leur misère, obéissant aussi au mouvement par lequel de nouvelles races se substituent partout à cette race turque, qui ne sait plus ni se mêler aux autres, ni se faire obéir, ni même se perpétuer. Ainsi disparut encore un des centres de résistance contre Abd-el-Kader. Succès et revers, guerre ou paix, tout aboutissait fatalement à ne laisser en face de l'armée française que l'émir seul à la tête de tout l'Islam.

Achmed-Bey restait encore debout, et la convention de la Tafna allait débarrasser le fils de Mahiddin de ce dernier rival, en ouvrant aux Français le chemin de Constantine.

Aussitôt la paix faite, amis et ennemis, tous eurent les yeux fixés sur Constantine; et, le 23 juillet, le général en chef de Damrémont se rendit à Bône pour prendre la direction immédiate de cette grande entreprise.

CONSTANTINE

OCTOBRE 1837

La France, par l'organe du roi et des Chambres, avait indiqué le but qu'elle voulait désormais poursuivre dans la province de Constantine.

De gré ou de force, le drapeau tricolore devait être arboré sur les murs de Constantine. Youssouf avait été éloigné; ce n'était plus son intronisation, c'était la soumission ou le renversement d'Achmed que l'armée devait effectuer.

Les moyens nécessaires à l'accomplissement de cette tâche étaient à renouveler presque en entier, car la dernière campagne avait consommé ou mis hors de service à peu près tout ce qui y avait été employé. Tout devait être tiré de France, et, la distance de Bône à Constantine étant un des principaux obstacles à vaincre, et l'une des causes de l'échec de l'année précédente, on avait songé à changer la base d'opérations et à suivre une nouvelle ligne par Stora, point du littoral le plus rapproché de Constantine, dont il n'était éloigné que de dix-huit lieues. Mais la crainte de l'inconnu, qui est presque toujours un ennemi en Afrique, et surtout l'importance politique que le colonel Duvivier avait su donner à Guelma, déterminèrent à suivre encore le sillon déjà péniblement tracé.

Des travaux considérables avaient d'ailleurs été exécutés sur cette ligne; on n'osa pas les laisser stériles. Une route carrossable de Bône au gué de la Seybouse, gardée par les camps intermédiaires de Dréan, Nechmeya et Hammam-Berda, assurait la communication avec Guelma. Ces ruines désertes, animées par le drapeau de la France, talisman dont un chef habile comprend la valeur et féconde la puissance, étaient devenues un établissement complet, d'où le colonel Duvivier avait soumis tout le pays jusqu'au Ras-el-Akba.

Ces résultats avaient été obtenus, avec une poignée de soldats malades, pendant cette période de pluies continues que les Arabes passent dans l'inaction; car l'homme civilisé seul agit en tout temps, le barbare n'a qu'une saison pour guerroyer; et, lorsqu'au printemps, Achmed tenta d'arracher ses conquêtes à l'homme de fer qui avait veillé pendant sa léthargie, ce fut en vain.

Battu en personne le 24 mai 1837, discrédité auprès des tribus qu'il ne savait pas défendre contre les coups de main hardis de la garnison de Guelma (25 juin), le bey voulut tenter un nouvel effort pour se débarrasser de ce ver rongeur.

Le 16 juillet au matin, Ben-Hamelaoui, un des khalifas du bey, menace les douars voisins du fort de Guelma, devant lequel il défile avec quatre mille chevaux et mille hommes d'infanterie régulière (Turcs et Kabyles). Pour répondre à cette provocation, qu'il ne peut dédaigner à moins de refuser aux tribus soumises cette protection, le premier et le plus difficile des devoirs imposés par la conquête, le colonel Duvivier a seulement cent chevaux, deux obusiers de montagne et six cents hommes d'infanterie du 11e de ligne et des tirailleurs d'Afrique, corps de nouvelle formation qui s'éteignit sur la brèche de Constantine, après s'être consumé à Guelma. Avec cette petite troupe, dont aucun homme n'a échappé à la fièvre, il n'hésite pas à suivre l'ennemi qui s'éloigne pour attirer les Français loin de leur camp. Après une marche de deux lieues, la colonne, au sortir d'un ravin escarpé, déboucha sur un plateau à ondulations plus douces, mais parsemé de broussailles ; c'était

le terrain choisi par les Arabes pour écraser les
Français accablés par une chaleur caniculaire,
aveuglés et étouffés par la flamme et la fumée de
toute la plaine incendiée autour d'eux. Les quatre
mille cavaliers de Ben-Hamelaoui, déployés sur
une ligne assez étendue, pressent aussitôt le colonel Duvivier sur son front. Dès qu'ils ont gagné
quelque terrain, deux corps de cavalerie se déta-
chent de la masse principale qui continue d'entretenir une vive fusillade : l'un prendra les Français à dos et les empêchera de s'appuyer en arrière
au ravin ; l'autre tournera leur droite, tandis que
l'infanterie, jusqu'alors tenue en réserve, prolon-
gera ce mouvement, et, masquée par des broussailles, débordera l'extrême droite. Le colonel
Duvivier s'arrête et partage ses six cents fantassins en trois petites colonnes espacées à grande
distance, avec un détachement de sapeurs pour
réserve. Ce sont, pour ainsi dire, trois forts détachés élevés instantanément autour de la position
qu'il veut défendre, et contre laquelle, il le sait,
la fougue arabe viendra se briser, s'il ne com-
plique point sa situation critique par une marche
toujours bien dangereuse en nombre si inférieur.
Les cent chasseurs à cheval et une des petites colonnes d'infanterie contiennent les Arabes qui
cherchaient à couper les Français par derrière.

Mais, vers la droite, des flots de cavaliers s'approchent en faisant un feu en échiquier. « En avant, en avant! Ils sont si peu, s'écrient-ils, que nous les emporterons tous sur un seul cheval. »

Déjà ils agitent leurs burnous; on les entend s'exciter à la charge, sans être intimidés par la mitraille du seul obusier qu'on puisse leur opposer, l'affût de l'autre pièce s'étant brisé au début du combat.

Cette masse pénètre dans les intervalles des colonnes, trop séparées pour se soutenir mutuellement; c'en est fait des sept cent trente-cinq Français, ils périront jusqu'au dernier! Le colonel Duvivier porte rapidement en avant sa colonne de droite, place lui-même les guides, comme à la manœuvre; le demi-bataillon se déploie à la course; des feux de peloton, vivement répétés et ajustés avec sang-froid, renversent la cavalerie qui s'arrête et tâtonne. Mais un danger plus pressant reste à vaincre : l'infanterie turque s'avance en colonne serrée, drapeau en tête, et précédée d'une ligne de tirailleurs, perpendiculaire à l'arrière du flanc droit des Français; c'est encore le demi-bataillon des tirailleurs d'Afrique, commandé par le brave Paté[83], qui, en exécutant rapidement un changement de front, la droite en arrière, fait face à ce nouvel ennemi. De nouveaux feux de peloton, à

portée de pistolet, abattent toute la tête de la colonne turque; cent des plus braves tombent morts;
deux porte-drapeaux sont tués; enfin le troisième
recule, l'infanterie s'éloigne, et le détachement de
sapeurs achève de la mettre en désordre.

Ces musulmans, qu'un chef vigoureux eût encore ramenés à l'attaque, n'étaient plus qu'une
cohue sans direction; car Ben-Hamelaoui, plus
habitué aux intrigues du sérail qu'aux émotions
de la guerre, s'était enfui, et, après une course de
vingt-cinq lieues sans reprendre haleine, il ne
s'était arrêté qu'à Constantine, où il apaisa par
de riches présents la juste colère de son maître,
encore plus cupide qu'ambitieux.

Ce brillant combat, exemple frappant de ce que
l'emploi opportun de la tactique européenne peut
contre le grand nombre, ne coûta aux Français
que soixante-huit tués ou blessés; le colonel Duvivier, maître du champ de bataille, les rapporta
tous dans le fort de Guelma, contre lequel l'ennemi dispersé et découragé n'osa plus rien entreprendre.

L'importance de ce poste était surtout politique;
séparé de la route directe de Constantine par le
cours torrentueux de la Seybouse, il ne réunissait
pas toutes les conditions propres à en faire le
point de départ d'une expédition contre cette ville.

La place d'armes qui devait servir de dépôt
pour le personnel et le matériel, et de lieu de formation pour l'armée, fut choisie en un endroit
appelé Medjez-Amar, au pied des premières pentes
du Ras-el-Abka, là où la trace parcourue l'année
précédente traverse la Seybouse, de manière à
avoir une tête de pont sur cette rivière, et à se
rapprocher de Constantine autant qu'il était possible, sans compliquer les préparatifs par de fréquents passages de l'Atlas.

Ce camp, situé au fond d'une vallée étroite,
entourée de hauteurs qui se dominent successivement à mesure qu'elles s'éloignent, avait été désigné par des considérations purement stratégiques,
et était loin de présenter les avantages d'une facile
défense. La recherche d'un défilement qui demeura
toujours très-imparfait, et le développement exagéré d'un ouvrage destiné à contenir, outre de
nombreux magasins, tout le matériel de l'armée,
imposèrent aux travailleurs des fatigues qui eussent été excessives pour des troupes moins endurcies que les 23e et 47e régiments, récemment
arrivés d'Oran. En peu de jours, cinq bataillons
et quatre compagnies de sapeurs avaient exécuté
dans un terrain pierreux, et par une chaleur
moyenne de trente-quatre degrés, une tête de pont
de plus de neuf cents mètres de développement

sur la rive gauche de la Seybouse, avec un relie:
énorme sans être efficace, et, sur la rive droite,
un fort de trois cents mètres, en bonnet de
prêtre, reliés ensemble par des ponts de chevalet pour l'infanterie, et des rampes pour les
voitures.

Un réduit intérieur avec ambulance, manutention, fours en tôle à la Dufour, donnant vingt mille
rations par jour, et fours de campagne, complétaient ce vaste et médiocre ouvrage, entrepris peu
après l'arrivée à Bône du général en chef de Damrémont, et terminé dans le courant d'août, ainsi
que la route carrossable, jusqu'au sommet du Ras-
el-Akba, à vingt-quatre lieues de Bône.

Le camp de Medjez-Amar était le berceau du
corps expéditionnaire; mais celui-ci était bien loin
encore de pouvoir en sortir armé de toutes pièces,
comme Minerve du cerveau de Jupiter. Achmed
n'avait pas eu besoin de contrarier ces travaux
menaçants; des attaques eussent irrité les Français : il était plus certain de les retarder par des
négociations, et il comptait sur les mille subter-
fuges de la diplomatie orientale, si habile à entretenir des espérances chimériques, pour endormir ses adversaires jusqu'au moment où la saison
viendrait à son aide.

Était-ce la fermeté qui s'adjuge l'avenir avant

même d'avoir conquis le présent, ou bien cette tendance générale à se soustraire par des devoirs éloignés aux impérieuses obligations du moment, qui poussait la France à se préoccuper bien moins des moyens de prendre Constantine, que de la difficulté de garder une ville qu'on n'avait pas conquise ni su conquérir? De la crainte de se créer là un nouveau Tlemcen avec tous ses embarras naquit le désir de faire garder les murs de Constantine par Achmed-Bey lui-même, au nom et sous l'autorité directe de la France.

C'était lui demander de faire de lui-même, après sa victoire, ce qu'on n'eût pas pu lui faire accepter après sa défaite; et cependant, on se berça de cette illusion, et on négligea des préparatifs aussi nécessaires pour la paix que pour la guerre; car, avec les Arabes, il faut être plus fort pour négocier que pour combattre.

Le personnel tiré des autres divisions de l'armée d'Afrique et les renforts expédiés de France arrivaient lentement; le mois de septembre, le dernier mois de beau temps, était déjà entamé : rien n'était prêt, rien n'était résolu. Le général de Damrémont fit cesser une indécision qui avait pu jusqu'alors protéger certains travaux, mais qui ne profitait plus désormais qu'à l'ennemi. Achmed, sommé de choisir entre la soumission ou la guerre,

se croit assez fort pour braver impunément les
chrétiens et lève le masque.

Il a intéressé à sa cause le grand sultan de
Constantinople. Mahmoud, maître de Tripoli de
Barbarie, a frété une flotte avec des troupes de
débarquement pour s'emparer de Tunis, et donner
ainsi la main au pacha de Constantine.

Les pluies s'approchent, les pluies déjà une fois
victorieuses. Achmed compte aussi sur elles; il
craint même que les éléments, venant trop tôt à
son secours, ne laissent pas arriver les chrétiens
jusque sous les murs de Constantine, contre lesquels il se croit certain de voir tous les efforts se
briser.

Constantine, en effet, était devenue un centre
terrible de résistance. Les avertissements de 1836
n'avaient pas été stériles pour le fidèle et actif
Ben-Aïssa : l'attaque des Français lui avait indiqué
les points les moins forts de cette place dont aucun
point n'est faible, et il avait employé à les corriger
toutes les ressources d'un esprit inventif quoique
ignorant.

La porte d'El-Kantara avait été murée en pierres
de taille, surmontée d'une batterie couverte et de
deux étages de feux. Un mur avec chemin de
ronde, flanqué par des maisons crénelées, ajoutait
une défense, assez inutile du reste, à l'escarpe-

ment du rocher sur lequel la ville est assise.
A son sommet, la casbah avait été réparée, armée
de mortiers et de pièces de gros calibre tirant par
embrasures en terre ; mais c'était principalement
sur la face de Coudiat-Aty que l'instinct guerrier
de Ben-Aïssa avait multiplié les défenses.

La plupart des soixante-trois bouches à feu dont
il avait garni les remparts battaient ce front d'attaque ; une ligne de batteries casematées surmon-
tait une haute et épaisse muraille de granit, dont
le pied avait été soigneusement déblayé. Tous les
parapets, les murs intérieurs, les maisons bâties
en amphithéâtre, avaient été crénelés de manière
à permettre à des hommes à rangs serrés de tirer
à couvert de partout, et souvent par trois étages
de feux. Pour qu'aucun point ne fût dérobé à leur
vue, le faubourg de Coudiat-Aty, même les écuries
du bey, au Bardo, avaient été rasés.

Constantine eût été imprenable, si Ben-Aïssa,
écoutant les conseils des aventuriers européens
qui parvinrent jusque dans cette ville, avait élevé
un fort sur le piton de Coudiat-Aty, et coupé par
un fossé avec glacis l'isthme étroit par lequel seul
la ville tient à la terre ; mais, heureusement pour
la France, le sauvage Kabyle ne comprenait point
les finesses de l'art de l'ingénieur.

Dominé par sa méfiance et son mépris pour

tout étranger, il chassa les officieux donneurs d'avis, et traita cavalièrement même les envoyés de la Porte Ottomane; car il n'avait confiance qu'en lui-même et dans la garnison qu'il avait accrue et exercée.

A côté de l'infanterie turque et kabyle, portée à quinze cents combattants, avec des officiers choisis parmi les plus braves, il avait formé en une milice urbaine, forte de deux mille hommes bien armés, les corporations de métiers commandées par leurs amyns ou syndics, sous l'autorité de Bel-Bedjaoui, caïd-ed-dar (le chef du palais), Turc vigoureux et passionné. Mais l'élite de la garnison, qui, avec les Kabyles du voisinage, pouvait facilement être portée à six mille hommes, c'étaient les cinq cents canonniers, tous Turcs du Levant, et recrutés un à un pour leur adresse et leur bravoure. A défaut d'enseignement théorique, le bach-palaouau (ou chef des hercules), qui les commandait, leur avait donné la meilleure instruction pratique, en les exerçant à tirer sur tous les points où les assiégeants s'étaient établis l'année précédente, et sur ceux où les batteries pouvaient être construites; et les Français purent certifier plus tard qu'ils savaient leur métier.

Ces troupes, fanatisées par les prédications quotidiennes des muphtis, avaient pour réserve une population enivrée d'un premier succès, et qui avait vivres, poudre et armes à discrétion ; car Ben-Aïssà avait accumulé les provisions de guerre, approvisionné la ville pour deux mois en grains et biscuits, et ordonné, en outre, à chaque habitant de se pourvoir de vivres pour lui et les siens.

Il avait enlevé tout prétexte à la mollesse : il traita en ennemi l'apparence de l'inquiétude, et punit de mort et de confiscation les tentatives d'émigration des riches habitants qui, comme partout, craignaient moins la victoire de l'étranger que le devoir de le combattre.

Appuyé sur une défense aussi complète, Achmed répondit avec une insolente arrogance au général de Damrémont, et lui imposa la glorieuse nécessité d'aller prendre cette ville qui ne voulait pas se rendre.

La France releva fièrement le gant qui lui était jeté, et fit preuve de virilité en regagnant le temps que les illusions lui avaient fait perdre.

Toute la jeunesse militaire tressaillit à l'annonce d'une vengeance guerrière. Chacun brigua l'honneur d'une place dans cette députation de l'armée française, conviée à un tournoi que tant de circonstances rendaient dramatique et solennel. Les vides ouverts par le feu et la maladie dans les

rangs des vieilles bandes africaines fournirent de
la place à ces soldats exempts d'ambition, que le
seul bouillonnement du sang et l'attrait du péril
entraînaient en foule, du fond de leur garnison,
vers Constantine. Les officiers des régiments de
l'intérieur furent moins heureux : la plupart virent
encore tristement se refermer devant eux la porte,
si rarement ouverte, qui mène à la gloire, et les
favorisés payèrent avec leur sang, ou en versant
celui de l'ennemi, une exception bien enviée.
Parmi ces rares élus, on remarquait le prince de
la Moskova[84], jaloux de soutenir le fardeau d'un si
grand nom; le capitaine de Richepanse[85], brûlant
de venger la mort de son infortuné frère; le baron
de Frossard, qui représenta sur la brèche la
garde nationale parisienne.

Les oisives armées d'Europe ressentirent le
contre-coup de l'enthousiasme qui animait le militaire français, et envoyèrent de nombreux volontaires pour assister au siége si attrayant de « la
ville du diable ».

Ces étrangers, trop facilement accueillis dans
nos rangs, ne méritèrent pas tous ce droit de bour-
geoisie, dont ils n'usent, en général, que pour
étudier nos défauts et notre côté faible. En les
renfermant dans le cercle étroit d'une hospitalité
officielle, on ne devrait jamais oublier que l'armée

française a l'honneur d'être, à elle seule, la rivale de toutes les armées étrangères, si souvent unies entre elles pour ne former, par leur union contre la France, qu'une même et unique phalange européenne.

Parmi ces *dilettanti di guerra*, trois arrivèrent trop tard, et auraient eu des titres à être admis en première ligne, car c'étaient des officiers de cette armée prussienne, ardente à saisir toutes les occasions de s'instruire, et estimée de ceux-là mêmes qui doivent la combattre, car elle est nationale et patriote.

La certitude du combat, qui excitait un élan si général, venait, à la dernière heure, imposer de nouveaux devoirs au Gouvernement, talonné par l'inexorable saison et résolu à prendre Constantine sur-le-champ et à tout prix. Il se mit activement à l'œuvre, afin de compléter des moyens qu'on s'était habitué à regarder comme suffisants pour une entreprise problématique, et qui se trouvèrent bien impuissants lorsqu'il fallut sérieusement entrer en campagne. En faisant jouer à la fois tous les ressorts d'une civilisation puissante et d'un pouvoir fortement centralisé, on prouva qu'il n'est jamais trop tard pour un grand peuple rendu à ses allures naturelles. Ainsi, bien souvent, l'ouvrier insouciant, mais capable, réussit encore mieux par son génie et ses efforts tardifs, que la médiocrité laborieuse par une application continue.

Le télégraphe, la vapeur et une estafette de Bône à Medjez-Amar, permirent de communiquer en trois jours, de Paris au pied de l'Atlas, avec les avant-postes du corps expéditionnaire, placé entre deux nécessités contraires, le départ immédiat et l'attente des renforts.

Les chefs les plus habiles et les plus éminents furent désignés pour seconder le général de Damrémont dans l'accomplissement d'une tâche pour laquelle rien ne devait être négligé, car elle importait à l'honneur de la France. Le roi fit chercher dans la retraite, d'où il ne comptait plus sortir, pour lui confier la direction si laborieuse du service de l'artillerie, le lieutenant général comte Valée[86], incontestablement le premier artilleur de l'Europe.

Dévoué et modeste, comme Boufflers vis-à-vis de Villars, il partit malade pour aller, en bravant un climat meurtrier, faire sa dix-septième campagne et son vingt-deuxième siége, sous les ordres du général de Damrémont, qui n'était encore que capitaine lorsque lui était déjà lieutenant général sur la brèche de Tarragone.

Le lieutenant général baron Rohault de Fleury[87], connu par son énergie et son noble caractère, fut placé à la tête de l'arme du génie.

Le duc de Nemours, revenu à l'avant-garde de
cette armée, dont il avait partagé les souffrances;
le général Trézel, qui n'avait guéri sa grave blessure que par de nouvelles fatigues; le général
Rulhières, l'un des chaînons qui rattachent les traditions glorieuses de l'ancienne armée avec les
espérances de la nouvelle; les colonels Combes et
Bernelle[88], déjà connus par de beaux faits d'armes,
reçurent le commandement des brigades.

Une escadre, partie de Toulon, enlève à Achmed
l'appui qu'il attendait de Tunis : l'amiral Lalande[89],
avec cinq vaisseaux de ligne, s'embosse devant la
Goulette. Le complot ourdi par les Turcs est dé-
joué : les principaux conspirateurs, parmi lesquels
se trouvait un ministre du bey, sont étranglés par
ordre et en présence de ce prince, et le capitan-
pacha, devancé par les Français, n'arrive que pour
assister au triomphe de leur influence.

La flotte ne borne pas à cette diversion son utile
assistance. Par une abnégation rare, et qui prend
sa source dans le véritable patriotisme, la marine
tranforme en flûtes ses vaisseaux de haut bord,
et, malgré le danger d'une côte sans abri pour de
si grands bâtiments, elle les emploie à des transports multipliés, où ils embarquent jusqu'à douze
millions de livres pesant, avec quatorze mille pas-
sagers.

Trop souvent les diverses armes croient déroger
en sortant de leur spécialité principale pour devenir des auxiliaires subordonnés : les marins, au-
dessus de ce préjugé égoïste qui a causé plus d'une
défaite à la France, se sentent élevés et ennoblis
par le service du pays, sous quelque forme qu'ils
s'y consacrent; ils vont jusqu'à donner à l'armée
de terre leurs poudres, leurs vivres, leurs toiles,
leurs effets de tout genre, pour gagner encore du
temps, même sur la rapidité de leurs voyages.

Ce généreux concours, cette confraternité si efficace, rapprochent de jour en jour le moment
impatiemment attendu où le corps expéditionnaire
sera complété : à mesure que les renforts arrivent
à Bône, ils s'échelonnent sur Medjez-Amar; mais
cette ressource si précieuse manque tout à coup.

Le choléra, qui a franchi de nouveau la Méditerranée dans les rangs du 12ᵉ régiment, débarque
à Bône.

Aussitôt les intendances sanitaires, ce remède
pire que le mal, car le mal passe et le remède
reste, ce fléau absurde et rétrograde qui sépare
des pays que le mouvement du siècle tend, pour
leur bonheur, à rapprocher; les intendances sanitaires arrêtent la formation de colonne serrée qui
s'opérait sur Medjez-Amar. Sous prétexte de
circonscrire le choléra, qu'aucun cordon n'a pu

arrêter, et qui s'est joué de toutes les entraves
apportées à sa marche capricieuse, la Santé de
Bône fait prisonnier le 12ᵉ régiment et les détachements destinés à l'artillerie et à l'administration; les chevaux seuls, qui n'ont pas l'honneur d'être déclarés « corps contumaces », sont
mis, sans harnais et sans conducteurs, à la disposition de l'armée.

Les relations de Bône avec tout le littoral de
la Méditerranée sont grevées de longues quaran-
taines, imposées par une autorité anonyme et
absolue, qui se met au-dessus de tous les pouvoirs, parce qu'elle s'appuie sur les intérêts aveugles de l'égoïsme individuel.

Il devient dès lors impossible de compléter ce
qui manque encore à la colonne expéditionnaire :
séparée de la France, elle est comme Antée séparé
de la terre.

Il faut agir avec les moyens tels quels déjà réunis,
ou attendre encore un an l'heure déjà trop reculée
de la revanche : la maladie fait de nouveau à
l'armée la situation où la politique l'avait acculée
l'année précédente. Chaque jour énerve les troupes.
On est menacé de la peste, qui s'approche de
Tunis par Tripoli, où elle est entrée avec les Turcs.
La chaude et électrique humidité des premières
pluies a déjà annoncé la fin de la belle saison, et

elle avertit que le climat va cesser d'être l'auxiliaire de l'attaque pour devenir l'appui de la défense.

Deux mille quatre cents malades sont entassés à Bône; les hôpitaux s'encombrent rapidement et par la même cause que l'année précédente, parce que les troupes n'ont pu être ni réunies simultanément, ni mises en mouvement sur-le-champ. Un sentiment d'humanité mal entendu a fait relever fréquemment les garnisons des camps les plus insalubres, et a ainsi inoculé la fièvre dans tous les corps, au lieu de lui avoir marqué et livré sa proie, comme un général en chef doit savoir le faire : la maladie est une voie d'eau qui gagne sur les pompes, depuis que les évacuations sur d'autres points sont devenues impossibles. Il n'est pas permis de fuir le choléra : il faut l'attendre sur un grabat, comme on attend le muet qui apporte le cordon. Les Santés d'Alger et de Marseille ont renvoyé mourir en pleine mer les malades venant de Bône, après leur avoir obstinément refusé le débarquement; et le bon et humain général de Damrémont n'eut plus le courage d'exposer ses soldats à de semblables rigueurs.

Pressé par les impossibilités qui s'amoncellent autour de lui, il les brave en homme de cœur. Il sait que l'enjeu, cette fois, est bien supérieur

aux intérêts et aux proportions de la guerre
d'Afrique, il sent que la France est appelée à
donner au monde la mesure de son énergie.
Il se dévoue pour répondre aux espérances de la
patrie, aux ordres de son gouvernement et à l'attente de l'univers, et il se décide à marcher sur
Constantine.

Les deux dernières semaines de septembre
furent à peine suffisantes pour constituer la colonne
d'opérations, obligée d'emporter tout avec elle,
même son bois; et l'on use à ces pénibles préparatifs les moyens déjà trop comptés qui doivent
servir à l'action.

Bône se vide vite, mais Medjez-Amar se remplit
lentement, car chaque voyage du convoi n'y fait
entrer en magasin que le faible excédant des
vivres apportés sur les besoins d'une garnison
nombreuse.

Le général en chef se hâte de la réduire pour
accroître plus rapidement la réserve des approvisionnements, et, rassuré par ses reconnaissances
sur l'attitude d'un adversaire qui n'a pas même
détruit la route du Ras-el-Akba, placée sous la
sauvegarde de la paresse arabe, il ramène à Bône
la plupart des troupes.

Achmed apprend que le général de Damrémont
a retiré toute la cavalerie de Medjez-Amar, et,

certain dès lors de ne pas être poursuivi, il saisit aussitôt l'occasion de sortir, sans avoir l'air de fuir Constantine, où il ne veut à aucun prix rester enfermé. Il rassemble trois mille cavaliers et deux mille cinq cents fantassins, dont cinq cents réguliers, à Hammam-Meskhoutin (les bains maudits), lieu étrange, célèbre dans les légendes superstitieuses des Arabes.

Le 23 septembre, l'attaque, annoncée la veille par des tirailleries sans résultat, commence dès sept heures du matin.

Prendre Medjez-Amar eût été anéantir l'expédition française, en brisant l'œuf avant qu'il fût éclos. Achmed était incapable de se sauver par un expédient aussi énergique ; il voulait seulement parader à cheval avec Osman-Chaouch, l'envoyé de la Porte, devant des retranchements qu'il savait ne renfermer que des fantassins ; mais ses braves Turcs et Kabyles, s'échauffant au combat, outre-passèrent les ordres timides de leur maître.

Les cavaliers arabes s'étaient d'abord répandus sur tout le front du camp, pour jeter de l'incertitude sur leurs desseins ; ils se concentrèrent même peu à peu vers la gauche de la position, où le feu devint nourri ; puis tout à coup, à l'extrême droite, les troupes régulières du bey, précédées et suivies par des essaims de Kabyles, s'avancèrent, au bruit d'une musique infernale et avec des cris rauques, vers un mamelon qui domine, à portée de fusil, l'intérieur de l'ouvrage.

Le général Rulhières avait deviné cette manœuvre. Pendant la nuit précédente, ce point, le plus faible d'une position déjà très-faible par elle-même, avait été garnie d'abatis, dont la défense était confiée au lieutenant-colonel de Lamoricière, avec un bataillon de zouaves, les compagnies d'élite des 47e et 2e légers, et deux obusiers de montagne.

La mitraille et la fusillade des troupes embusquées derrière ces parapets improvisés arrêtent les musulmans, mais sans amortir une ardeur nécessairement stérile avec un chef comme Achmed, qui n'a jamais essayé d'enlever un convoi, et qui attend, pour envoyer ses soldats se faire tuer en nous attaquant, que les retranchements, dont on n'a point entravé la construction, soient terminés.

Une dernière fois, les Turcs remontent intrépidement jusque sur la crête du mamelon; une sortie, faite avec élan et à propos par les Français, ne laisse pas aux ennemis, qui tourbillonnent et plient de nouveau, le temps d'emporter tous les morts dont le sol est jonché. Ils redescendent du mamelon et se cachent dans les plis du terrain ; ils continuent à grande portée une fusillade sans but, qui était plutôt une déclaration de guerre qu'un danger ; et, lorsqu'ils ont épuisé leurs munitions, ils se retirent, donnant rendez-vous aux chrétiens devant Constantine.

Huit jours après, les Français étaient en route pour répondre à cette dernière et insolente provocation *.

* L'armée expéditionnaire était ainsi composée :

Général en chef, lieutenant général comte de Damrémont ;

Chef de l'état-major général, baron de Perregaux ;

Commandant en chef l'artillerie, lieutenant général comte Valée ;

Commandant en second, général marquis de Caraman. Quatre batteries de siége et le parc ;

Commandant en chef le génie, lieutenant général baron Rohault de Fleury ;

Commandant en second, général Lamy. Deux compagnies de mineurs, huit de sapeurs et le parc ;

Intendant de l'armée, sous-intendant, M. d'Arnaud. Cinq compagnies du train, l'ambulance et le convoi.

PREMIÈRE BRIGADE, S. A. R. Mgr LE DUC DE NEMOURS, MARÉCHAL DE CAMP.

Premier bataillon, zouaves, | lieutenant colonel de Lamori-
Premier bataillon, 2e léger,) cière ;
Deux bataillons, 17e léger, colonel Corbin ;
Deux escadrons, spahis réguliers, capitaine de Mirbeck ;
Deux escadrons, 3e chasseurs d'Afrique, colonel Lanneau ;

Il n'y avait pas onze mille hommes pour combattre, mais il y en avait, y compris l'administra-

Deux obusiers de montagne;
Deux pièces de campagne.

DEUXIÈME BRIGADE, GÉNÉRAL TRÉZEL.

Turcs à pied,
Spahis irréguliers, } colonel Duvivier;
Compagnie franche de Bougie, capitaine Guignard;
Tirailleurs d'Afrique, commandant Paté;
Un bataillon, 11e de ligne, commandant Riban;
Deux bataillons, 23e de ligne, lieutenant-colonel de Bourgon;
Deux obusiers de montagne;
Deux pièces de campagne.

TROISIÈME BRIGADE, GÉNÉRAL RULHIÈRES.

Bataillon léger d'Afrique (3e), commandant de Montréal;
Bataillon légion étrangère, commandant Bedeau;
Premier bataillon, 26e de ligne, lieutenant-colonel Grégoire;
Deux escadrons, spahis réguliers;
Deux escadrons, 1er chasseurs d'Afrique, commandant Dubern;
Quatre obusiers de montagne.

QUATRIÈME BRIGADE, COLONEL COMBES.

Deux bataillons, 47e de ligne, lieutenant colonel de Beaufort;
Deux obusiers de montagne;
Deux pièces de campagne.

C'est-à-dire, quatorze bataillons, formant sept mille hommes d'infanterie;

Douze escadrons, dont quatre de spahis, ne donnant que quinze cents hommes de cavalerie;

Douze cents hommes d'artillerie;

Mille hommes du génie.

tion et les non-valeurs, treize mille à nourrir, plus environ trois cent cinquante chevaux et mulets : et c'était là, comme toujours, la plus grande difficulté.

Tous les services étaient demeurés incomplets ; les expédients du talent n'avaient pu suppléer à l'absence des ressources rigoureusement nécessaires et à l'imperfection des détails.

Dans la pénurie générale, l'arme de l'artillerie était encore, relativement parlant, la moins mal partagée : c'est que la faiblesse de l'effectif ne permettait ni d'investir la place, ni de passer par les lenteurs méthodiques d'un siége régulier qui eût exigé des convois de retour à Medjez-Amar. L'artillerie, qui possédait les moyens les plus énergiques et les plus prompts, devait être le principal instrument d'une attaque brusquée, la seule par laquelle l'armée eût chance de se soustraire à la famine, à la défaite, à la mort et à la honte.

Le matériel, transporté par douze cents chevaux ou mulets et cent vingt-six voitures, se composait de trente-trois bouches à feu, dont dix de montagne, approvisionnées de cent quarante coups ; six de campagne, approvisionnées de cent quatre-vingts coups, et dix-sept de siége, savoir : trois mortiers de huit pouces, quatre obusiers de six pouces, deux obusiers de huit pouces, quatre ca-

nons de seize, et enfin quatre canons de vingt-
quatre, emmenés, par la tenace conviction du général Valée, malgré la résistance de ceux dont la
légèreté dédaigneuse eût fait échouer la campagne,
si l'on eût écouté leurs avis. Le parc, qui contenait
en outre deux cents fusées de guerre, cinquante
fusils de rempart, des passerelles pour l'infanterie
et une réserve de cinq cent mille cartouches, n'emportait que deux cents coups par pièce de siége :
c'était encore une limite posée à l'action si restreinte de l'armée française. Déjà, faute de vivres,
il lui fallait vaincre avant une heure bien prochaine ; il lui fallait aussi, faute de poudre, vaincre
par un nombre de boulets comptés. C'était jouer
une de ces parties d'échecs où l'on s'oblige à
faire son adversaire mat en tant de coups et à telle
case, sous peine de perdre. Cette partie-là ne réussit
qu'aux joueurs les plus transcendants : le général
Valée la gagna. L'organisation classique et digne
d'être étudiée qu'il avait donnée à son artillerie
en avait doublé la force et la valeur.

Le génie s'était dépouillé de cent chevaux et de
vingt voitures, prêtées à l'administration pour assurer les vivres du corps expéditionnaire jusqu'au
moment où il les recevrait de la victoire. Le
général Fleury fit généreusement à l'intérêt commun le sacrifice de la moitié de son matériel, et

il s'attacha exclusivement à emporter quarante mille sacs à terre pour cheminer sur le roc nu de Constantine, et suppléer à l'absence de bois pour gabions et fascines. Ils furent un précieux moyen d'accélérer une attaque pour laquelle les hommes et le temps manquaient également.

La cavalerie, trop peu nombreuse et disséminée dans les brigades, ne pouvait être et ne fut employée qu'à éloigner de la route du convoi un ennemi plus taquin qu'entreprenant.

C'était surtout d'infanterie qu'on était dépourvu. Ce qu'il y en avait était excellent; c'était un alliage de vieux soldats et de jeunes volontaires, conduits par des officiers aguerris et vivifiés par ce qui fait les bonnes troupes : une noble passion et le sentiment d'un grand devoir. L'ardeur de ces masses intelligentes n'était pas l'enthousiasme présomptueux et peu durable de militaires novices appelant le danger sans le connaître, mais la fermeté réfléchie et sereine de guerriers éprouvés, ayant mesuré le péril et marchant à sa rencontre avec la volonté de le dompter à tout prix.

Les fantassins avaient quitté les buffleteries, la giberne, le sabre-poignard et la couverture, pour porter seulement le sac de campagne et une cartouchière suspendue au col et à la ceinture. Il avait fallu sept ans pour faire adopter cet équipe-

ment, destiné à devenir un jour celui de toutes les
troupes à pied, parce qu'il est le plus propre à la
mobilité, premier besoin de la stratégie et de la
tactique modernes. Encore ne serait-on pas sitôt
parvenu à vaincre la routine, s'il n'avait pas fallu,
dans cette expédition, débarrasser le soldat d'une
partie de son incommode accoutrement, pour lui
faire porter, sans dépasser les forces humaines,
outre son fusil et son sac, soixante cartouches,
huit jours de vivres, et un fagot de quatre livres,
pouvant servir, avec un grand bâton tenu à la
main, à faire trois fois cuire la soupe.

Après avoir extrait des rangs déjà très-peu nombreux de l'infanterie une garnison pour Medjez-
Amar, qu'il importait de mettre à l'abri d'un coup
de main, et prélevé des auxiliaires pour le génie
et l'administration, dont les conducteurs et les infirmiers étaient enfermés dans le lazareth de Bône,
à peine restait-il six mille baïonnettes.

Pouvait-on, avec si peu de troupes, garder,
contre le dehors et le dedans, toutes les positions
du siége, en même temps que travailler et prendre
la place? Ce n'était même pas assez pour l'escorte
des bagages, grossis outre mesure par la faiblesse
même de l'infanterie, qui rendait impossibles les
détachements et les convois successifs, et obligeait
à tout emporter avec soi de prime abord.

Les parcs de l'administration, de l'artillerie et du génie comptaient seuls trois cents voitures et six cents mulets de bât. Chaque voiture, avec sa distance, occupait au moins dix toises; c'était trois mille toises ou une lieue et demie de long à garder des deux côtés, dans les parties de la route où les voitures ne pouvaient marcher que les unes après les autres. Faites ensuite la part de l'allongement naturel de la colonne, de l'inexpérience et de l'indocilité de conducteurs improvisés, et du désordre des cantiniers et transports irréguliers de toute espèce qu'on avait été heureux de laisser s'adjoindre à l'armée; et songez que cette lourde ville ambulante, rappelant les armées de chariots des invasions barbares, avançait, en plaine, seulement d'une demi-lieue par heure, quoique la sagesse du sous-intendant d'Arnaud [90] eût réduit tous les chargements! Pour défendre cet immense convoi, qui renfermait un peu de tout, voire même un institut scientifique, et qui ne portait que pour sept jours de vivres, il eût été indispensable de le parquer et de s'arrêter. Il dépendait donc du bey Achmed de condamner, par une attaque sérieuse, son ennemi à l'immobilité, et de le mettre ainsi à l'amende d'un ou de plusieurs jours de vivres, c'est-à-dire de diminuer d'autant la durée du danger qui menaçait Constantine. Mais l'indolent Achmed ne comprit pas que, de tous les besoins des Français, le temps était le plus urgent. Moitié par paresse, moitié par la pensée turque de ne pas faire avorter le succès en l'obtenant trop tôt, il laissa échapper l'occasion ; le châtiment suivit bientôt.

C'était donc avec moins de sept mille baïonnettes, quinze jours de vivres et dix-sept bouches à feu de siége, approvisionnées seulement de deux cents coups, que, sans pouvoir communiquer avec une base d'opérations éloignée, on allait faire le siége d'un Gibraltar armé de soixante-trois pièces de canon, défendu par des nuées de fanatiques, et protégé par le prestige d'une ancienne inviolabilité et d'un succès récent.

La logique était contre une entreprise aussi téméraire, nouveau défi jeté aux hommes et aux éléments, et cependant, au fond de cet assemblage incomplet, on sentait la victoire. Chacun s'était dit qu'une énergie désespérée compensait une infériorité visible pour tous, et c'est en se répétant « qu'impossible n'est pas français », cette sublime gasconnade qui a produit et produit encore tant d'héroïsme, que le corps expéditionnaire se mit en route, le front haut, le cœur ferme, l'œil sur Constantine, sans jeter un regard en arrière, résolu à vaincre ou à ne pas reparaître devant la France.

Le convoi avait été partagé en deux divisions

qui partaient de Medjez-Amar le 1ᵉʳ et le 2 octobre 1837, escortées chacune par deux brigades.

Il eût été impossible de remuer d'une seule pièce cet immaniable attirail, comparable aux immenses bagages des expéditions indiennes, avec cette différence, que le superflu seul alourdit les molles agrégations de l'Asie, tandis que c'est à peine le nécessaire dont s'est chargée notre virile armée. Toutes les bouches à feu faisaient partie de la première colonne et servaient de régulateur pour la marche, car c'eût été plus qu'une faute d'arriver devant la place avant d'avoir les moyens de l'attaquer. Les pièces de vingt-quatre se tinrent constamment et sans efforts à la hauteur de l'avant-garde : ce fut une éclatante sanction donnée par la pratique à ce nouveau matériel dont le général Valée avait doté la France, et qui amènera peut-être bientôt de grands changements dans l'art de la guerre, par la mobilité donnée aux canons des plus puissants calibres.

La première journée fut seule difficile, car la marche, qui use et ralentit les troupes, allégeait chaque jour le convoi : c'était le fardeau d'Ésope. L'eau ne manqua nulle part, et les feux de bivac, entretenus par le bois que les soldats portaient sur leur dos, parurent un miracle de l'industrie française aux Arabes, incapables de con-

cevoir et d'exécuter un semblable effort. Les cavaliers d'Achmed, au lieu de disputer le chemin de
Constantine à l'armée qui se traînait lentement sur
ce terrain nu et ondulé, ne s'occupaient qu'à lui
rendre le retour impossible, en détruisant toutes
les ressources du pays. La prévoyance d'Achmed
s'appliquait exclusivement à cette retraite, contre
laquelle il se ménageait l'alliance de la disette. Il
apprit, à ses dépens, qu'à la guerre une chance
passable et présente ne doit jamais être sacrifiée
aux espérances les plus séduisantes.

La cavalerie française, lancée au loin, à la dé-
bandade, avec de petites réserves, s'efforça d'arrêter cette œuvre de destruction, puissant moyen
de défense des peuples ayant peu à perdre, et
osant opposer le vide à un ennemi qui ne peut
vaincre que ce qui lui résiste. Il s'ensuivit plusieurs
rencontres, parmi lesquelles on remarqua la brillante charge du 1er chasseurs d'Afrique contre des
douars opiniâtrément défendus au haut des rochers
par des Kabyles qui se firent tuer sans fuir.

Le 5 au matin, au monument de Souma, ma-
jestueux témoignage de la grandeur de ce peuple
romain dont les Vandales eux-mêmes, ces terribles niveleurs, n'ont pu effacer la trace, l'armée
salua d'un cri de joie Constantine, qui ressortait,
éclairée par un soleil brillant, sur un fond de

montagnes des formes les plus belles et des couleurs les plus riches.

Ce fut déjà une première vengeance pour ceux à qui ce spectacle grandiose rappelait de si funestes souvenirs.

Mais, après cette apparition, des nuages noirs, reflétant en pourpre la lueur des incendies, s'amoncelèrent sur l'armée, qui subissait déjà l'influence diabolique de cette ville fatale, et la pluie vint encore confirmer le nom de « camp de la boue » déjà donné l'année précédente au bivac où les deux colonnes se réunirent, le 5 au soir, après avoir mis cinq jours à faire dix-huit lieues.

Le 6, on part dès la pointe du jour pour gravir le Mansoura, avant que les terres soient trop détrempées. Chaque pas de cette longue montée réveille de nouvelles douleurs : ce sont les stations du Calvaire. Ici, on heurte les débris du convoi pillé par les Arabes; plus loin, les ossements blanchis des Français décapités semblent avertir les chrétiens du sort qui peut les attendre de nouveau; mais voici aussi le lieu où Changarnier donna aux musulmans une si rude leçon :

Hìc Dolopum manus, hìc sævus *pugnabat* Achilles.

Les hauteurs se couvrent de milliers de cavaliers : les uns attaquent l'arrière-garde; les autres

se groupent, immobiles, sur les divers étages de
montagnes, comme des spectateurs sur les gradins
d'un vaste cirque.

Au fond de l'arène, Constantine semble une four-
milière en proie à une agitation fébrile. Une population nombreuse couvre les places, les remparts
et les toits, se serre autour d'immenses drapeaux
rouges ornés de divers emblèmes, et accompagne
de ses cris de guerre le bruit de ses canons. Les
Turcs seuls défendent les approches de la place
en avant d'El-Kantara. La brigade du duc de Nemours débouche la première, les zouaves en tête,
sur le Mansoura, et rejette vivement l'ennemi dans
la ville. Le général en chef prend immédiatement
ses dispositions d'attaque.

Le duc de Nemours est nommé commandant du
siége, avec le capitaine de Salles[91] pour major de
tranchée. Le général Trézel est chargé de la défense du Mansoura, où s'établissent le quartier
général et les parcs. Le poste de Coudiat-Aty est
confié au général Rulhières, qui l'occupe promptement avec les troisième et quatrième brigades,
sans autres pertes que celles occasionnées par les
boulets de la place.

Pour surveiller les sorties, sans trop livrer les
hommes aux vues de la place, il fait immédiatement
élever, par trois compagnies de sapeurs et deux

bataillons, des retranchements en pierres sèches sur les crêtes les plus rapprochées de la ville; les autres troupes sont disposées pour contenir l'ennemi extérieur. Achmed, en effet, a déjà pris ses contre-dispositions : sa cavalerie s'est rapprochée des lignes françaises, qu'elle enveloppe et menace surtout vers Coudiat-Aty; c'est là toujours le point décisif.

Dès le premier coup d'œil, les commandants du génie et de l'artillerie ont reconnu que ce front est le seul où il soit possible d'essayer une brèche; mais, avant d'attaquer directement cette place hérissée de canons, il est nécessaire d'éteindre les feux de la casbah et de prendre de revers et d'enfilade les batteries du rempart de Coudiat-Aty, en se plaçant sur le prolongement de ce front autant que le permettra son extrême obliquité par rapport au Mansoura. Le personnel et le matériel de l'artillerie sont d'ailleurs trop peu nombreux pour conduire à la fois les deux attaques, qui sont commandées : celle de Coudiat-Aty, par le chef d'escadron d'Armandy[92], et celle du Mansoura, par le chef d'escadron Maléchard[93].

Sur ce dernier point, le général Valée a déterminé lui-même l'emplacement de trois batteries. La première, batterie du Roi, pour avoir moins de commandement et plus d'enfilade, prolonge à mi-

côte la courtine de Coudiat-Aty, qu'elle doit battre
à six cents mètres avec une pièce de vingt-quatre,
deux de seize, et deux obusiers de six pouces. La
deuxième, batterie d'Orléans, placée à la droite de
la redoute tunisienne, combattra la casbah à huit
cents mètres, avec les deux autres pièces de seize
et deux obusiers de huit pouces. La troisième batterie recevra les trois mortiers, et tirera de la
gauche de la redoute tunisienne sur tous les édifices et sur les batteries à ciel ouvert de la casbah.

Le génie fait une rampe de douze cents mètres
en remblai pour l'armement de la batterie du Roi;
mais la dureté du roc dans lequel il faut creuser
les plates-formes ralentit l'établissement des batteries. Il fallut porter à la main la terre nécessaire
à la construction des coffres. Le jour revint avant
que les travaux fussent achevés; ils continuèrent
en plein midi avec la plus grande activité, et, à
quatre heures du soir, l'artillerie avait terminé ses
trois batteries, malgré les coups trop bien dirigés
des canonniers turcs, et malgré le caractère offensif
que prit la résistance pendant cette première journée du siége et qu'elle garda jusqu'au dernier
moment. Le système de défense est le même que
celui de l'année précédente; la garnison et les
Arabes du dehors combinent leurs mouvements
pour presser les Français entre deux attaques

simultanées, et pour les user en détail en ne leur laissant aucun repos.

Ben-Aïssa conduit avec sa vigueur accoutumée la part qui lui revient dans l'exécution de ce plan bien adapté à l'esprit et aux habitudes des musulmans. Aussitôt après la prière du matin, Turcs et Kabyles sortent à la fois sur Sidi-Mécid et Coudiat-Aty; en même temps, trois mille chevaux font un hourra sur la quatrième brigade bivaquée au revers de Coudiat-Aty. Le 47ᵉ les reçoit avec fermeté; le 3ᵉ chasseurs d'Afrique reprend la charge, mais il s'emporte trop loin et perd quelques hommes pour n'avoir pas su s'arrêter à temps, ce qui est si essentiel contre des troupes irrégulières.

L'infanterie, selon son habitude, tient plus ferme. Les Turcs, qui s'enivrent facilement de la poudre et finissent souvent avec acharnement un combat mollement commencé, viennent planter leur drapeau tout près des retranchements gardés par la légion étrangère.

Le commandant Bedeau [94], à la tête de ses soldats, franchit l'épaulement, et refoule l'ennemi à la baïonnette jusque près des murs de la place, dont la mitraille met un terme à la poursuite. Les plus tenaces des Turcs, cachés dans les anfractuosités du terrain, continuent une vive fusillade jusqu'à ce que l'appel à la prière de midi les arrache au

combat. Après leur retraite, les Français restent
aux prises avec un ennemi plus redoutable encore,
la continuité du mauvais temps. Les éléments,
auxquels Ben-Aïssa semble commander, sont déchaînés depuis deux jours : la nuit du 7 au 8 est
atroce et se consume en efforts inutiles.

L'armement des batteries du Mansoura ne peut
s'exécuter que partiellement : la pluie a enlevé en
entier les roches schisteuses du chemin de remblai
construit par le génie; le terrain, qu'on s'efforce en
vain de raffermir, manque sous les pieds des chevaux que les lanternes effrayent au lieu de les gui-
der. Les deux pièces de seize et la pièce de vingt-
quatre roulent avec chevaux et conducteurs dans des
précipices, où elles restent renversées dans la boue.
Les zouaves, ces soldats ambitieux, toujours prêts
à tout pour établir la prééminence de leur corps,
s'offrent d'eux-mêmes pour réparer cet accident
qui eût pu être irréparable. A force de bras et en
plein jour, les canons furent remontés dès le lendemain dans une nouvelle batterie n° 5, appelée
batterie Damrémont, et construite en quelques
heures à l'extrême gauche du Mansoura, d'où elle
ne voyait qu'à revers le front d'attaque. Son armement se composa de deux obusiers de six pouces
et de trois pièces de vingt-quatre.

A Coudiat-Aty, la pluie avait encore plus retardé

les travaux. La construction de deux batteries,
l'une de deux obusiers, l'autre (batterie de Nemours) destinée à battre en brèche à cinq cents
mètres la courtine de Coudiat-Aty, avait été commencée par onze cents travailleurs, afin d'être à
l'avance en mesure de recevoir sur ce point les
pièces employées au Mansoura, dès que cette
première attaque aurait produit son effet. Sur ce
terrain de roc et de pierrailles, on ne peut élever
les parapets qu'en sacs à terre, et les nappes d'eau
tombant sans interruption changent en boue liquide
les veines de terre qu'on est obligé d'aller chercher au loin comme des mines d'or. Les sacs, mal
remplis d'une terre fluide, filtrant à travers la
toile, ne parviennent, de main en main, à leur
destination que flasques et vides. Les soldats,
inondés par un déluge d'eau glaciale, fouettés par
les bourrasques d'un vent terrible, dans l'eau, sans
feu et sans soupe, dans les ténèbres, sans sommeil, mitraillés jour et nuit par des canons qui
demeurent sans réponse, travaillent depuis trois
jours sans interruption et sans résultat visible pour
eux. Les hommes malades, mais non découragés,
tombent dans la stupeur et l'épuisement; les
animaux, déjà réduits à une demi-ration d'orge,
car le fourrage tenté par la cavalerie n'a pas
réussi, meurent en grand nombre.

La tempête, qui avait duré toute la journée
du 8, sans ralentir les sorties périodiques des
musulmans, redouble pendant la nuit suivante et
suspend même le combat. On rentrait dans ce
temps de désolation et de misère qui, l'année précédente, avait produit tant de malheurs. Chrétiens
et musulmans voient dans cette sinistre analogie
une manifestation de la volonté divine. Les chefs
observent le temps avec angoisse et cherchent à
lire dans le ciel l'avenir de leur cause; ils obéissent
à ces tendances mystiques qui, au milieu des
grandes souffrances, remplacent dans toutes les
âmes l'incrédulité engendrée souvent par l'oisiveté
et le bien-être.

Enfin, le 9 au matin, le bruit des batteries,
jusqu'alors muettes, du Mansoura et des obusiers
de Coudiat-Aty réveille l'armée, engourdie dans
la boue sous une calotte de nuages bas et lourds
qui ressemblent au couvercle d'un tombeau. La
violente canonnade, qui interrompt les titrailleries
journalières, atteste le courage et l'adresse des
artilleurs français et turcs.

Au bout de quatre heures d'un feu très-vif, le
tir admirable des assiégeants a éteint toutes les
batteries découvertes de la casbah et de la ville;
des pièces sont même démontées dans les casemates. Tout ce qu'on pouvait attendre de cette

attaque était obtenu ; il fallait maintenant transporter à Coudiat-Aty les canons du Mansoura,
pour ouvrir la brèche, cette porte de la victoire,
vers laquelle on n'avait encore fait qu'un premier
pas.

Dans l'état des hommes, des chevaux et du terrain, c'était une entreprise d'une énorme difficulté,
que de faire descendre aux pièces de seize et de
vingt-quatre de la batterie Damrémont, par des
pentes impraticables, l'escarpement du Mansoura,
de leur faire passer, sous le feu de la place, le torrent impétueux et gonflé du Rummel, et remonter
ensuite la glaise à pic de la rive gauche pour
gagner la batterie de brèche. Mais cette entreprise, décisive pour l'issue du siége, et dont l'échec
eût été irréparable, fut accomplie par l'artillerie
avec une énergie sans bornes et une patience à
toute épreuve.

A la tombée de la nuit, pour couvrir, contre les
sorties de la place, le chemin, très-rapproché des
remparts, que l'artillerie est obligée de suivre, les
ruines du Bardo ont été occupées par le 47ᵉ régiment, et quelques débris de masures, que la négligence arabe a omis de raser, sont rétablis par
les sapeurs, et servent d'abri aux postes les plus
avancés.

Pendant ce mouvement, deux pièces de vingt-

quatre, deux de seize et huit chariots d'approvisionnements se mettent en marche. La colonne, battue
par une pluie à verse, arrive à minuit seulement au
Rummel, plus impétueux que jamais. Malgré les
efforts fougueux des soldats, qui restent douze
heures de suite dans l'eau jusqu'à la poitrine pour
déblayer les blocs de rochers qui obstruent le gué,
malgré les tentatives ingénieuses du colonel de
Tournemine et la ténacité du général Valée, le
torrent, où les voitures s'engagent une à une, n'est
franchi qu'à cinq heures du matin. Quarante chevaux et deux cents fantassins essayaient de faire
monter à la première pièce une rampe à peine praticable pour un cavalier isolé, lorsque le jour parut
brusquement et sans crépuscule, comme au lever
d'un rideau. Le feu des remparts, jusqu'alors lent
et incertain, devient précis et terrible. Mais le
danger, qui est souvent un auxiliaire à la guerre,
rend de la force aux hommes épuisés : les canonniers détellent avec calme les chevaux frappés dans
les traits ; les officiers et sous-officiers du train des
parcs saisissent et guident eux-mêmes les attelages de leurs conducteurs : la pièce est enlevée,
la seconde suit aussitôt ; mais les chevaux, effrayés
par les projectiles, se dérobent, et le canon verse
en cage. En un clin d'œil, deux cents hommes du
47ᵉ, dirigés par le capitaine Munster, l'ont relevé

22

comme au polygone, au milieu de la mitraille se concentrant sur eux. La route, si on peut l'appeler ainsi, est libre, et les autres voitures suivent, aidées par le même dévouement; et, après quatorze heures d'un travail herculéen, le convoi qui portait les clefs de Constantine est en sûreté derrière le Coudiat-Aty.

Le siége entrait dans une nouvelle phase : c'est à effectuer ou à empêcher l'ouverture de la brèche que vont tendre tous les efforts.

Pendant la nuit, les assiégeants avaient recommencé à creuser dans le roc de la batterie de Nemours, placée en face de l'isthme en terre qui rattache la montagne de Coudiat-Aty à l'excroissance de granit sur laquelle est bâtie Constantine. Sur la portion la plus saillante de cette courtine sans fossés et sans glacis, les flanquements sont faibles et le mur est vu jusqu'au pied. En le masquant, Ben-Aïssa eût cru l'affaiblir, car les Arabes, comme les enfants, jugent seulement de la puissance d'une fortification d'après la première impression qu'elle leur cause. Mais il savait que ce serait là le point d'attaque, et il avait couronné le rempart d'une grande batterie casematée à onze embrasures, toutes armées de pièces de bronze et entrecoupées de créneaux réguliers. C'est à l'angle de cette batterie, limitée à gauche par une maison

casematée avec deux embrasures et cinq autres
plus loin, et flanquée, à droite, par la grande
caserne à trois étages des janissaires, que le général Valée a reconnu le seul point où l'on puisse
essayer une brèche.

La construction de la batterie de Nemours à
cinq cents mètres de ce formidable dispositif de
défense, sans aucune communication couverte en
arrière, et sous le feu plongeant et non combattu
de la place, était déjà une œuvre hardie et difficile. Le général Valée tenta plus encore : sans
attendre l'expérience du tir, dont il craignait que
l'effet, à cette distance, ne fût trop lent sur une
maçonnerie compacte et terrassée, il résolut de
rapprocher plus tard les canons destinés à battre
en brèche.

L'emplacement de la nouvelle batterie fut reconnu en plein jour par les capitaines Borel[95] et
Lebœuf[96]. Ces braves officiers, miraculeusement
épargnés par les balles arabes, le déterminèrent
à cent cinquante mètres de la muraille, à l'endroit
où le prolongement de l'axe de la batterie de
Nemours rencontrait un ravin parallèle au rempart, descendant à droite jusqu'au Bardo, et pouvant servir à protéger les travaux.

Aller à découvert et au premier vol, sans approches régulières, sur un terrain en contres-

carpe, se planter à portée de pistolet d'un front
dont les feux sont intacts, c'est l'entreprise la plus
téméraire de la guerre de siége. Elle était commandée ici par la nécessité de gagner du temps :
car maintenant ce ne sont plus les jours, ce sont les
heures qui sont comptées; et cette nécessité, plus
encore que le succès, peut seule absoudre le général, condamné pour sauver l'armée à être plus
avare du temps que du sang de ses soldats.

La batterie de brèche, jetée si brusquement en
avant, sera soutenue par les batteries n°s 4 et 6 et
par deux autres (n°s 7 et 8), construites sur la
hauteur en arrière à gauche de Coudiat-Aty. Le
reste de l'artillerie du Mansoura, moins trois
pièces qui demeureront dans la batterie du Roi,
pour continuer à enfiler le front d'attaque, sera
ainsi concentré sur Coudiat-Aty, pour l'épreuve
décisive et encore incertaine du tir en brèche.

L'ennemi sent l'étreinte des Français se resserrer
et s'affermir; mais il voit leurs projets sans découragement, et combat avec une rage nouvelle
pour reculer l'heure fatale.

Le 10 au matin, un mouvement combiné s'o-
père contre les Français, obligés, par le feu du
front de Coudiat-Aty, de suspendre la construction de la batterie de Nemours. Les cavaliers
d'Achmèd essayent de couper la communication

entre Mansoura et Coudiat-Aty, et livrent plusieurs combats aux assiégeants, dont l'effectif diminue à mesure que les travaux et les dangers du
siége commencent. Les sorties journalières de la
garnison sont empreintes, cette fois, d'un caractère particulier de fureur, mais ne sont que de
stériles protestations contre les avantages acquis
à l'attaque; les Turcs surtout s'acharnent contre
les retranchements de Coudiat-Aty.

Le duc de Nemours et le général de Damrémont, désigné aux coups de l'ennemi par son
chapeau à plumes blanches, s'élancent au delà
du parapet. Six des officiers qui les suivent tombent frappés autour d'eux; mais les Turcs, chargés à la baïonnette de haut en bas, sur la pente
la plus verticale de Coudiat-Aty, par les soldats
de la légion étrangère, que le duc de Nemours
excite en allemand, sont délogés des ravins où ils
s'étaient blottis et rejetés en désordre jusque dans
la place. L'activité de Ben-Aïssa se tourne alors
contre le poste du Bardo, qui lui paraît le plus
menaçant parce qu'il est le plus rapproché, et
contre lequel il dirige d'abord, à la nuit tombante,
une fusillade roulante, puis une nombreuse sortie,
dès que la nuit est bien venue.

Le colonel Combes donne aux compagnies d'élite
de son régiment l'ordre de laisser approcher l'en-

nemi, puis de le repousser à la baïonnette, en silence et sans tirer un seul coup de fusil. La discipline et le courage du 47ᵉ, mis à cette épreuve, ne faillirent point, au milieu de l'obscurité de la nuit et du tumulte du combat : pas un cri, pas une détonation ne troublèrent la charge impétueuse de ces vieux Africains, économes de leur poudre et prodigues de leur vie. Les plus hardis des Constantinois furent tués à l'arme blanche, et, après cette leçon, la garnison ne contraria plus que du haut du rempart les travaux du génie, occupé, sous la vigoureuse impulsion du général de Fleury, à convertir en parallèle le ravin qui mène du Bardo à la nouvelle batterie. Le terrain ne permet pas de s'enfoncer, et l'on chemine tantôt à la sape volante, tantôt à la sape pleine, avec des sacs de terre que l'on a passé la journée à remplir. Les sapeurs ne répondent pas à la mousqueterie qui incommode vivement la tête de sape : ils se laissent tuer sans riposter ; car se défendre eût été retarder les travaux, et le moindre retard pouvait devenir funeste.

La nuit continue à être agitée : la faiblesse de l'effectif condamne à ne pas donner un moment de repos aux soldats, épuisés par les fatigues du jour et l'insomnie des nuits, et obligés de se multiplier, comme des comparses d'opéra, pour suffire à toutes les exigences d'une position si pressée.

Tout est en mouvement à la fois pour élever et armer les quatre batteries de Coudiat-Aty et pour retrancher le ravin du Bardo. L'ennemi dirige sur ce point un feu qui, pour être meurtrier, n'a pas même besoin d'être ajusté. L'artillerie française n'y répond pas; elle doit ne tirer qu'à coup sûr : chaque boulet est un trésor pour l'armée, car c'est du temps, et le temps, c'est la victoire. Mais les Arabes du dehors ne s'expliquent la cessation du feu et le bruit des voitures apportant l'armement de Coudiat-Aty, que comme des préparatifs de départ : déjà ils croient tenir leur proie; ils montent à cheval, galopent dans les ténèbres autour des avant-postes, comme des sauvages qui dansent autour de leurs victimes, et exhalent leur joie féroce par des cris aigus et d'impuissantes criailleries contre les grand'gardes.

Au jour, la garnison a réparé ses défenses ; car Ben-Aïssa a compris que la journée du 11 allait être décisive, et les Français ne sont point encore prêts à commencer le tir en brèche. La nouvelle batterie n'est point encore élevée, la dureté du roc de la batterie de Nemours en a retardé l'armement : les sacs à terre ont manqué pour les autres batteries, dont les parapets ont été faits en partie avec des pierres et des briques. La perplexité des chefs de l'armée s'accroît de moment en moment, car la limite du séjour possible devant la place, marquée par l'état des munitions de bouche et de guerre, s'approche avec une effrayante rapidité. Mais la conscience de cette situation inspire à chacun un paroxisme d'efforts héroïques.

Le capitaine d'artillerie Caffort[97] amène en plein jour les pièces de la batterie de Nemours; l'attaque de Coudiat-Aty ouvre aussitôt son feu. A neuf heures et demie du matin, les batteries n°s 4, 6 et 8 font converger leurs feux sur le point marqué pour la brèche. Les obusiers français, si remarquables par leur extrême justesse, élargissent promptement les embrasures des casemates, dans lesquelles les projectiles creux font de terribles ravages et démontent l'artillerie musulmane. Le tir des bombes et des fusées, qui n'a point endommagé cette ville incombustible, est concentré en arrière du rempart pour empêcher les assiégés de s'y ménager un réduit. A midi, le feu de la place était déjà extrêmement ralenti. Le général Valée donna l'ordre de commencer le tir en brèche : les trois pièces de vingt-quatre et la pièce de seize tirent à huit pieds au-dessous des embrasures casematées de la grande batterie, les obusiers fouillant le pied de la muraille. Les premiers boulets qui vont frapper ce mur, bâti en énormes pierres de granit noir blanchi à l'extérieur,

cimenté par des siècles et adossé à d'anciennes
constructions romaines, y laissent à peine l'empreinte d'une balle sur une plaque de métal. Il
faut cependant, non-seulement faire brèche, mais
faire brèche en six cents coups, ou périr, et périr
sans gloire. L'armée, silencieuse et inquiète, suit
avec angoisse les progrès de ce travail, duquel
dépend son destin.

Enfin, à trois heures, un coup d'obusier, pointé
par le général Valée lui-même, détermine le premier éboulement. La confiance renaît et s'annonce
par les cris de joie des soldats, qui ne doutent
plus de leur succès, puisque Constantine est accessible à leurs baïonnettes. Pour la première fois,
un morne silence règne dans cette ville livide,
éclairée par les pâles rayons du soleil d'automne,
qui vient de paraître.

Cependant, si la défense matérielle est atteinte,
le moral des musulmans reste entier et mieux
trempé que jamais.

Pendant le tir en brèche, plusieurs milliers de
Kabyles, accourus de leurs montagnes pour assister à l'issue du drame qui tenait toute l'Algérie
en suspens, ont remplacé les Turcs las de leurs
inutiles sorties. Ils s'élancent avec vigueur sur
Sidi-Mécid, et soutiennent vaillamment la charge à
la baïonnette du 17e léger, qui les fait bientôt re-

culer et les poursuit jusque sous les murs de la place, à travers les cactus et les aloès plantés régulièrement comme des vignes.

Touché de la persévérance de cette défense si vivace, le général de Damrémont, naturellement ennemi des violences de la guerre, voulut, en leur proposant une capitulation, offrir aux Constantinois une dernière chance d'éviter les extrémités d'un assaut. Un jeune soldat du bataillon d'infanterie turque se présenta volontairement pour remplir le périlleux office de parlementaire. Il arrive au milieu des coups de fusil, un drapeau blanc à la main, jusqu'au pied du rempart : on lui jette un panier au bout d'une corde; il s'y blottit, on le hisse dans la ville, et il est conduit devant le caïd-ed-dar.

« Si les chrétiens manquent de poudre, lui dit Bel-Bedjaouï, nous leur en enverrons; s'ils n'ont plus de biscuit, nous partagerons le nôtre avec eux; mais, tant qu'un de nous sera vivant, ils ne prendront pas Constantine. »

« Voilà de braves gens, s'écria le général de Damrémont en recevant cette réponse antique; eh bien, l'affaire n'en sera que plus glorieuse pour nous. »

Et il reprit les préparatifs de cette victoire qui lui apparaissait si belle.

Les progrès de la brèche étaient lents, les blocs

de granit, se détachant difficilement, laissaient voir des rangées de gros silex incrustés dans le ciment : c'était comme une seconde muraille dont la destruction absorbait des munitions de plus en plus précieuses ; et, comme on était trop pauvre pour pouvoir hasarder un seul coup incertain, au coucher du soleil, le général Valée fit cesser le feu ; mais les travaux du siége avancèrent rapidement pendant cette nuit du 11 au 12.

A deux heures du matin, la seconde batterie de brèche était construite avec les sacs à terre qu'on avait dû aller chercher jusque dans les batteries désarmées du Mansoura : l'armement, interrompu par la violence du feu de l'ennemi, que favorisait un intempestif clair de lune, et par une tentative de sortie de la garnison, se termine cependant en deux heures.

Au jour, les trois pièces de vingt-quatre et une de seize, prises à la batterie de Nemours, sont à cinquante mètres de la brèche commencée. La batterie de Nemours a été réarmée avec une pièce de seize et quatre obusiers ; les autres batteries de Coudiat-Aty sont prêtes à faire feu. Mais les munitions ne sont pas encore arrivées dans la nouvelle batterie de brèche : deux cents hommes d'infanterie se dévouent pour les apporter à bras, en parcourant intrépidement, en plein jour et à dé-

couvert, un espace de trois cents mètres, à petite
portée de fusil du rempart.

Ces travaux si périlleux et si pénibles s'exécutent comme par enchantement. C'est le résultat
merveilleux, non d'une passive obéissance à un
commandement aride, mais de cette volonté passionnée et intelligente que le soldat apporte de lui-
même à l'accomplissement d'une œuvre nationale.
De part et d'autre, la tension des efforts, l'ardeur
du dévouement augmentent à mesure que s'approche le dénoûment de ce duel à mort, dans lequel
Constantine ou l'armée doit périr.

La place répare encore une partie de ses défenses : un retranchement est construit en haut de
la brèche avec des ballots de laine, des sacs à
terre, des bâts de mulets et une palissade. Tous
les hommes combattent ou travaillent ; la haine
des chrétiens et les besoins de la défense l'emportent sur les préjugés musulmans ; les femmes
ramassent et emportent des blessés ; les juifs eux-
mêmes sont contraints de prendre part au mouvement unanime, Ben-Aïssa les emploie comme bêtes
de somme pour le service des batteries. Quelques
pièces y sont encore ramenées, et l'un des boulets
de ces canons brisés chaque jour et ressuscitant
chaque nuit, prive les Français de leur chef, et
ne laisse à ce général, tué comme Turenne et

Berwick, que l'honneur d'une victoire posthume.

Le 12 au matin, le général en chef de Damrémont, accompagné de tout son état-major, se rendait à la nouvelle batterie de brèche par un chemin
entièrement vu de la place. Un premier boulet passe
sur sa tête : on l'engage à hâter le pas et à ne point
dédaigner cet avertissement : « C'est égal, » répondit-il avec ce calme et ce courage qui le carac-
térisaient. Un second boulet ricoche aussitôt en
avant, couvre de terre tout le groupe, et renverse
le général en chef, qui tombe mort entre le duc de
Nemours et le général Rulhières. En même temps,
une balle mortelle vient atteindre le général de
Perregaux, chef d'état-major général.

La confiance universelle qu'inspire le général
Valée, appelé par droit d'ancienneté au commandement en chef, prévient les conséquences ordinairement si funestes d'un changement d'autorité
au milieu de si graves circonstances. *Uno avulso,
non deficit alter*.

L'artillerie venge le général de Damrémont en
faisant voler en éclats les pièces qui lui ont donné la
mort : à midi, les derniers feux des remparts sont
éteints pour ne plus se rallumer. Depuis lors, les
salves saccadées et solennelles du tir en brèche
couvrent seules le bruit de la mousqueterie. La
nouvelle batterie continue l'œuvre de la première :

la brèche se perfectionne, le talus se forme. On dispose l'assaut en agrandissant, avec des sacs à terre, une place d'armes commencée la nuit précédente à gauche de la batterie de brèche, pour se garantir d'une attaque à revers. Ce sont encore les sapeurs et les zouaves qui exécutent cet ouvrage, où se masseront les colonnes d'attaque.

La garnison, privée de ses canons, entretient une fusillade violente, et tente encore une dernière fois les sorties qui ont déjà si souvent échoué contre la fermeté des troupes françaises. Mais le cœur manque à Achmed : déjà ses cavaliers ont été, la veille, plus mous que d'habitude, et, à la vue de la brèche qu'il aperçoit avec sa lorgnette, son aveuglement, son abandon à la fatalité disparaissent, il n'espère plus que dans l'instabilité des Français, et leur envoie un parlementaire pour demander de cesser le feu et de négocier.

« Il est trop tard, répond le général Valée ; nous ne traiterons que dans Constantine. »

Et il dicte ses ordres pour l'assaut.

L'assaut sera donné de jour, parce que l'obscurité de la nuit, grandissant les obstacles, est toute à l'avantage du défenseur, qui a disposé et connaît les localités : il aura lieu le lendemain vendredi 13 octobre, au lever du soleil. Des esprits timides, qui eussent dû donner l'exemple de la sécurité et

de la confiance, étaient frappés du sinistre pré-
sage que renfermait, disaient-ils, la date du vendredi 13. « Soit, répondit le général de Fleury,
ce sera tant pis pour les musulmans. » Le temps
presse, et l'armée, au bout de ses forces, ne peut
ni prolonger cette lutte acharnée ni songer à une
retraite impossible. Les hommes, exténués, n'ont
pas fermé l'œil depuis six nuits ; les chevaux sont
morts de misère, après s'être mutuellement rongé
la queue et avoir léché les roues des voitures. L'artillerie a dépensé ses munitions, les vivres sont
presque épuisés : il n'y a pas de lendemain possible à un assaut manqué ; il faut réussir ou perdre
le matériel du siége, l'honneur de l'armée, l'empire
de l'Afrique, et peut-être le respect du monde.
La grandeur de cette situation électrise les troupes, qui semblent courir à une fête plutôt qu'à un
combat meurtrier. Ces sentiments exaltés de dévouement chevaleresque, cherchant sous l'habit
militaire un refuge contre l'impur matérialisme qui
les étouffe partout, se font jour à cet instant critique.
Tous les corps se disputent l'honneur de monter à
cette brèche, derrière laquelle on ne trouve que la
victoire ou la mort ; et le général Valée, pour con-
cilier les exigences de ces nobles rivalités avec
l'intérêt du succès, forme trois colonnes d'assaut
où tous les régiments sont représentés, mais

où les plus aguerris sont placés les premiers *.

Les Constantinois se préparent aussi à cet acte suprême où l'héroïsme de leur défense doit triompher ou succomber sans appel. La brèche ouverte ne donne ni la tentation de se rendre, ni la pensée

---

* 　　　　　### PREMIÈRE COLONNE.

Lieutenant colonel de Lamoricière (blessé à l'assaut);
Commandant le génie, chef de bataillon Vieux (tué à l'assaut);
Quatre-vingts sapeurs, capitaine Hackett (tué à l'assaut);
Trois cents zouaves, capitaine Sanzay (tué à l'assaut);
Deux compagnies d'élite, 2e léger, chef de bataillon de Sérigny (tué à l'assaut).

DEUXIÈME COLONNE.

Colonel Combes (tué à l'assaut);
Commandant le génie, capitaine Potier (tué à l'assaut);
Quarante sapeurs, capitaine Leblanc (tué à l'assaut);
Compagnie franche, capitaine Guignard (tué à l'assaut);
Trois cents hommes du 47e, commandant Leclerc;
Cent hommes, 3e bataillon d'Afrique;
Cent hommes, légion étrangère, commandant Bedeau.

TROISIÈME COLONNE.

Colonel Corbin;
Détachement du 17e léger,
Détachement des tirailleurs d'Afrique, } commandant Paté;
Détachement du 23e de ligne;
Détachement du 26e de ligne.
En tout seize cents hommes.

de fuir, à cette population dont la résistance n'est cependant pas excitée par les devoirs et les lois du point d'honneur.

Ben-Aïssa et le kaïd-ed-dar ont organisé la défense intérieure avec cet instinct et ce bon sens sauvage qui devinent souvent ce que la science n'a découvert qu'après de longues recherches. De fortes barricades qui se flanquent mutuellement sont élevées dans les ruelles étroites qui aboutissent à la brèche ; les maisons sont crénelées intérieurement et extérieurement, de manière à se commander à mesure qu'elles s'éloignent du rempart. Confiants dans ces dispositions, confiants en eux-mêmes, mais plus confiants encore en Dieu, les guerriers musulmans, immobiles à leur poste de combat, attendent toute la nuit, au milieu de ferventes prières, l'assaut qu'ils prévoient sans le craindre. Les vieillards, les femmes et les enfants, réunis sur les places publiques, répondent en chœur aux chants des muèzzins, interrompus de temps en temps par les salves de la batterie de brèche, qui mitraille la crête du rempart pour empêcher les travailleurs d'y construire un retranchement, précaution que l'état du terrain rendait du reste bien inutile.

A trois heures du matin, la brèche, qui n'a que dix mètres de large, est déclarée praticable par les capitaines Boutault [98], du génie, et de Garda-rens [99], des zouaves, qui fut blessé dans cette périlleuse reconnaissance. Les colonnes d'assaut se massent, la première dans la place d'armes, la deuxième dans le ravin, la troisième au Bardo. Le jour se lève pur et chaud.

« Enfoncé Mahomet! Jésus-Christ prend la semaine, » s'écrient, dans leur langage expressif, les soldats impatients.

A sept heures, il ne reste plus que cinq boulets ; le général en chef ordonne une dernière salve pour soulever des nuages de poussière ; les canonniers, épuisés, retombent endormis sur leurs pièces, et la première colonne, lancée par le duc de Nemours, part au pas de charge, au bruit des tambours et des clairons, accompagné des hurlements des Arabes qui tapissent les montagnes.

Le lieutenant-colonel de Lamoricière et le com-mandant Vieux, du génie, arrivent les premiers au sommet du talus, que la colonne gravit en s'aidant des mains. Le capitaine de Gardarens est blessé de nouveau en plantant le drapeau tricolore au delà de la brèche. On tombe dans un chaos sans issue, où les décombres amoncelés en contre-pente, des enfoncements sans passage, forment un terrain défiguré et factice.

Ce marais de matières qui manquent sous les

pieds, ce cimetière de maisons où rien n'est plan, devient une prison dans laquelle la colonne agglomérée reçoit à découvert le feu convergent d'un ennemi dispersé et invisible.

Le colonel de Lamoricière, avec son coup d'œil rapide et sa vigoureuse exécution, fait démolir les murailles, déblayer les ruelles, escalader les maisons avec des échelles faites en démontant les voitures d'artillerie : on débouchera par trois colonnes : les deux premières contourneront le rempart à droite et à gauche; la troisième percera, droit devant elle, vers le cœur de la ville. Mais, avant qu'on ait pu sortir de ce labyrinthe, un pan de mur, fouillé par les boulets et poussé par l'ennemi qui tirait au travers, s'écroule sur les hommes heurtant partout pour trouver une issue, et ensevelit une partie du 2ᵉ léger. Son brave commandant de Sérigny, enterré jusqu'à mi-corps, expire, en sentant successivement tous ses membres se broyer sous le poids de la maçonnerie, et trouvant encore des paroles d'encouragement pour ses soldats, jusqu'à ce que sa poitrine écrasée ne rende plus de son.

Les colonnes de droite et de gauche se jettent tête baissée dans les batteries couvertes qui surmontent le rempart : les zouaves s'en rendent maîtres après une hideuse mêlée, où quatre-vingtonze Turcs et quarante-cinq Français périssent poignardés au milieu d'un épais brouillard de fumée, dans d'étroites casemates, déjà remplies de débris d'affûts et de chair humaine en putréfaction. Au delà, on emporte de vive force les barricades, on enfonce les maisons les unes après les autres, en recevant des coups de fusil à bout portant sans pouvoir en rendre. Il faut monter sur les toits pour contre-battre les feux des minarets. L'ennemi défend pied à pied un terrain tout à son avantage. On arrive cependant ainsi jusqu'à la demeure de Ben-Aïssa, riche palais, dont les meubles, les coussins, les poutres, sont jetés dans la rue, afin d'y élever des contre-barricades qui flanquent l'attaque du centre, où se porte l'effort principal, et dont le colonel de Lamoricière s'est réservé la direction immédiate.

Cette colonne s'est fait jour, à travers un massif de constructions informes, jusque dans le quartier marchand de Constantine, traversé par une rue plus droite et plus grande que les autres, la rue du Marché, large de quatre à cinq mètres. Cette rue et les ruelles adjacentes sont bordées par des rangées de cages en maçonnerie, closes par des volets en bois, qu'on eût dit construites pour des bêtes féroces, et servant de boutiques aux marchands, réunis par corporation dans ces étroits

passages. Chacun de ces bazars devient le tombeau
de ses défenseurs : ils s'y font tuer jusqu'au dernier, dans de furieux combats corps à corps qui
conduisent les Français en face d'une arche romaine fermée par une porte en bois ferré. Le
colonel de Lamoricière la fait ébranler à coups de
hache; mais, au moment où on l'entr'ouvre, une
décharge terrible de l'ennemi, groupé sur les toits
et derrière les barricades, abat toute la tête de la
colonne. Cependant, la compagnie franche passe
sur les morts et les mourants et pousse tout à la
baïonnette devant elle, lorsque l'explosion d'un
magasin à poudre détruit presque entièrement
cette brave troupe.

Dans un vaste cercle, tout est renversé, anéanti :
les murailles s'écroulent, la terre se soulève, les
assiégés reviennent à la charge, et hachent à coups
de yatagan tout ce qui respire encore au fond de
ce cratère.

L'emploi des mines par masse de poudre, en-
terrée ou non, est toujours le plus puissant des
moyens de défense. Si les quinze mille kilogrammes de poudre accumulés encore dans Constantine
eussent été répartis sur le chemin des Français,
l'assaut eût manqué, et le dernier des chrétiens
eût péri.

Cet accident, imprévu pour les deux partis peut-

être, faillit amener une catastrophe : le colonel de
Lamoricière était aveuglé ; tous les chefs et presque
tous les officiers étaient hors de combat ; les soldats, décimés et sans direction, n'avançaient plus
sur un terrain qu'ils croyaient miné ; les blessés,
spectres noircis, sans forme humaine, aux chairs
pantelantes comme celles de cadavres que l'on
enlève d'un cabinet anatomique, redescendaient
la brèche, en répandant l'alarme par leurs gémissements.

Le colonel Combes coupe court à cette hésitation et reprend l'offensive, en faisant emporter par
les voltigeurs du 47e les fortes barricades de la
rue du Marché, la véritable voie stratégique de
l'intérieur de Constantine. Des renforts sont envoyés dans la ville, successivement et par petites
colonnes, de manière à combler les vides sans en-
combrer les lieux. Le cri « A la baïonnette ! »
enlève les soldats de tous les corps ; la charge bat
avec frénésie ; dans les bivacs de l'armée, les tambours et les clairons la répètent tous à la fois,
comme fascinés par un entraînement contagieux et
irrésistible. Les musulmans perdent du terrain ;
mais, dans ce moment décisif, le colonel Combes
est atteint de deux balles en pleine poitrine. Il
donne encore ses derniers ordres, puis il vient dans
la batterie de la brèche, debout et l'épée haute,

rendre compte au général Valée et au duc de
Nemours de la situation du combat. « Ceux qui ne
sont pas blessés mortellement, ajoute-t-il ensuite,
pourront se réjouir d'un aussi beau succès ; pour
moi, je suis heureux d'avoir encore pu faire quelque
chose pour le Roi et pour la France. » C'est alors
seulement qu'on s'aperçoit qu'il est blessé. Calme
et froid, il regagne seul son bivac, s'y couche et
meurt. Son absence n'arrête pas les progrès de
l'attaque ; les officiers inférieurs et les soldats,
livrés à eux-mêmes, font avec intelligence et courage cette guerre de maisons, à laquelle, de l'aveu
de tous les écrivains militaires, les Français sont
éminemment propres.

C'est un Saragosse au petit pied ; car ici, comme
à Saragosse, les défenseurs sont plus nombreux
que les assaillants. De faibles têtes de colonnes,
guidées par les officiers et les sous-officiers du
génie, cheminent dans ce dédale de ruelles tor-
tueuses et infectes, dans les corridors voûtés à
mille issues dont se compose Constantine. Munis
de haches et d'échelles faites avec les côtés démontés des voitures, ils assiégent une à une les
maisons isolées, sans terrasses, et séparées par de
petites cours favorables à la défense, et sautent par
les toits dans celles qu'ils n'ont pu prendre par la
porte. Le dernier effort considérable eut lieu contre

la caserne des janissaires, grand bâtiment crénelé, à trois étages, bâti sur le rempart, à droite de la brèche, où les Turcs et les Kabyles se défendirent avec acharnement.

Mais ces différentes attaques manquaient d'une impulsion unique et régulière, et perdaient de leur ensemble à mesure que leur base allait s'élargissant. Le général Rulhières, envoyé pour relier le réseau des têtes de colonnes isolées, cherche surtout à pousser l'attaque de gauche, de manière à tourner toute la défense de la ville en la prenant à revers. Ce mouvement jette le découragement dans la population effrayée, qui se précipite hors de la ville pour fuir par le côté gauche de Coudiat-Aty, avant que les Français, déjà parvenus aux portes de Bab-el-Djebia et Bab-el-Djedid, ne leur aient coupé cette dernière retraite.

Des hommes sans armes, avec un papier blanc au bout d'un bâton, se présentent au général Rulhières, qui dirige les tirailleurs les plus avancés, et lui demandent la paix. Le général monte aussitôt jusqu'à la casbah, pour empêcher la garnison de s'y défendre comme dans une citadelle, malgré la soumission des habitants. La résistance est brisée; les deux cadis sont grièvement blessés; le kaïd-ed-dar se brûle la cervelle, fidèle à son serment de ne pas assister vivant à la prise de

Constantine. Le fils de Ben-Aïssa, qui a reçu quatre blessures sur la brèche, entraîne hors de la ville son père accablé de douleur; les débris des canonniers et de la milice le suivent. Les plus résolus des défenseurs, ceux qui, jusqu'au bout, avaient cru au succès et n'avaient éloigné ni leurs femmes ni leurs enfants, se trouvant acculés à la casbah, et ne comptant point sur une générosité dont ils eussent été incapables, cherchent à descendre par des cordes du haut des escarpements verticaux qui surmontent de quatre cents pieds les abîmes ténébreux où coule le Rummel. Les derniers poussent les premiers qui roulent dans le gouffre; une horrible cascade humaine se forme, et plus de deux cents cadavres s'aplatissent sur le roc, laissant des lambeaux de chair à toutes les aspérités intermédiaires.

A neuf heures du matin, après une furieuse mêlée de deux heures, Constantine est prise; les soldats couronnent tous les édifices, et, se tournant vers l'armée qui les admire, ils annoncent leur triomphe par le cri unanimement répété de *Vive le roi!*

Le quartier général s'établit au palais du bey, séjour étincelant de toutes les féeries des *Mille et une Nuits*. Achmed en a retiré son trésor, mais il y a oublié son harem, destiné, selon les usages de l'Orient, où la femme n'est qu'une chose, à devenir le prix de la victoire.

A la vue du drapeau tricolore arboré sur sa demeure, le pusillanime bey de Constantine verse de grosses larmes, et fuit en poussant des imprécations. Il est détrôné, car il ne trouvera plus que des ennemis et point de refuge dans cette population nomade, contre laquelle les murs de Constantine servaient d'asile à sa tyrannie.

Les principaux habitants, se rendant à discrétion, n'implorèrent point en vain la générosité française. Le pillage, cette conséquence habituelle et en quelque sorte légale de l'assaut, fut promptement réprimé par les officiers, qui avaient acheté cher le droit d'être obéis; car cinquante-sept d'entre eux avaient arrosé de leur sang et vingt-trois avaient payé de leur vie une gloire qui demeura pure de tout excès.

Cette consommation d'officiers, proportionnellement plus forte que dans toute autre armée, antique et glorieuse coutume qui se perpétue dans l'armée française, est un des secrets de sa puissance et un des gages de son avenir : car, dans l'état moral de toutes les populations européennes, à la première guerre, la victoire restera aux troupes qui feront le plus grand sacrifice d'officiers.

A la voix de l'honneur et de la discipline, on vit

les soldats, qui passaient du dernier degré de la misère aux brillantes séductions du luxe oriental, s'arrêter, tendre la main aux vaincus, et adopter les
enfants que leurs baïonnettes avaient faits orphelins.

Un tel triomphe, plus rare dans l'histoire, et
plus glorieux encore que l'assaut, ne s'obtient
qu'avec des troupes vraiment nationales, dont l'ardeur, puisée dans le zèle du service de la patrie, et
non dans l'ivresse de la poudre et du sang, cesse
avec le combat; un tel triomphe est possible seulement avec des troupes qui ne font pas métier de
la guerre, et trouvent dans l'estime de leur pays
et dans l'approbation de leurs chefs la récompense que les soldats mercenaires cherchent dans
le butin.

C'est aussi là un vivant éloge de la discipline
française, toujours puissante par la cause même
qui la fait critiquer dans les pays où on ne peut
ni l'imiter ni la comprendre, par la solidarité des
officiers, étrangers à tout esprit de caste, et des
soldats qui ne sont ni leurs esclaves ni leurs égaux ;
parce qu'enfin l'officier est, pour le soldat, un
frère aîné au combat, un père au bivac et à la
caserne, un guide et un ami partout et toujours.

C'est à cette constitution toute spéciale que
l'armée française avait dû cette constance et cette
unanimité d'efforts rivaux sans être jaloux, cette

tenace et obéissante persévérance dans les privations, cet infatigable et ingénieux dévouement de jour et de nuit, sans lesquels il eût été impossible de vaincre les éléments coalisés avec une défense intelligente, et d'accomplir en six jours une de ces actions guerrières qui honorent non-seulement une armée et une époque, mais une nation; car c'est le roi qui l'a dit du haut du trône, en parlant de l'expédition de Constantine : « La victoire a plus fait quelquefois pour la puissance de la France, jamais elle n'a élevé plus haut la gloire et l'honneur de ses armes. »

Dans l'histoire de l'art militaire, le siége de Constantine sera remarquable en ce que tous les travaux qu'on entreprend ordinairement de nuit et à couvert ont été exécutés en plein jour et à découvert; en ce que les attaques, sans approches préliminaires, sur un roc pelé, ont commencé aux distances où se font ordinairement les derniers travaux d'un siége; en ce que la place a été prise par moins d'artillerie qu'il n'y en avait sur le seul point attaquable.

Pourquoi faut-il qu'un si beau fait d'armes soit attristé par le nombre et la valeur des victimes qu'il a coûtées * !

* Dans les tués de l'assaut de Constantine, les officiers figurent presque pour un quart, les sous-officiers pour un autre

C'est Perregaux, âme ferme et élevée, général habile, obtenant par sa sollicitude des efforts extraordinaires de ses soldats, toujours dévoués au chef qui voit en eux autre chose que des instruments du succès.

C'est Combes, classé dans le souvenir de l'armée plus haut que son grade, à la place où l'eût élevé sa fière et énergique nature.

C'est Vieux, dont la force athlétique avait enfoncé à Waterloo la porte de la Haie Sainte.

C'est Leblanc, artiste et soldat, oubliant dans le combat, comme Vernet au milieu de la tempête, le danger, pour admirer la scène où il joua et perdit sa vie.

Ce sont ces officiers du génie, qui ont si noblement payé sur la brèche leur droit d'y monter les premiers.

Ce sont ces officiers de zouaves et de zéphyrs, atteints presque jusqu'au dernier.

C'est enfin le plus illustre de tous, Damrémont, enlevé trop tôt à la France, et qui trouvera dans l'histoire le monument que sa mémoire attend encore là où il termina une carrière déjà si remplie.

Ni la sépulture sous le dôme des Invalides, ni

quart; les gradés n'ont donc laissé aux soldats, dix fois plus nombreux, que la moitié des chances mortelles.

les honneurs dont sa dépouille mortelle fut entourée à son retour en France, ne vaudront, pour
le général en chef tué à la tête de ses troupes la
veille de l'assaut, ce catafalque en sacs à terre
et en pierres de revêtement, élevé entre la brèche
où flottait le drapeau en deuil du 47ᵉ et le minaret de Coudiat-Aty, qui reste debout pour
attester l'adresse des canonniers : simple et touchant monument gardé par le 11ᵉ régiment, dont
le général Damrémont avait été colonel, et autour
duquel les troupes, déguenillées par suite des privations de la guerre, se réunirent pour rendre les
derniers honneurs aux braves dont la place était
vide dans les rangs, mais dont la mémoire vivait
dans tous les cœurs !

Dès que la prise de Constantine eut cessé d'être
un but pour devenir un résultat, d'autres embarras surgirent à la place de ceux auxquels remé-
diait cette conquête ; car il est dans la nécessité
de l'homme de se heurter toujours à de nouveaux
obstacles, au delà de ceux qu'il a déjà vaincus, et,
pour lui rappeler son impuissance, la Providence
a souvent voulu qu'il ne trouvât qu'une source
de souffrances dans la réalisation de ses vœux.

Depuis que cette Constantine si désirée était
aux Français, il semblait qu'il leur fût également
impossible d'y rester et de la quitter.

Comment y vivre, sans cavalerie pour aller chercher dans un pays inconnu la viande dont on manquait, sans transports pour faire jusqu'à Medjez-Amar un convoi de retour, déjà impossible avant que l'armée eût perdu ses chevaux et se fût encombrée et diminuée de quatorze cents blessés ou malades? Comment garder Constantine, si l'emploi de la force doit y créer une situation semblable à celle dont Alger, situé au bord de la mer, ne peut se dégager? Et cependant, la difficulté de prendre cette place obligeait à la conserver. Comment revenir à Bône après l'avoir évacuée? L'abandon de Constantine eût été le signal de l'insurrection de toute la province, et ni le matériel ni les blessés n'eussent achevé une retraite commencée sous de tels auspices.

L'habileté du général Valée tira l'armée de ce cercle vicieux. L'art de se servir des vaincus est une grande qualité à la guerre. Par le respect de cette religion qui s'était montrée si puissante sur eux, et par l'intelligence de leurs usages et de leurs besoins, il obtint des indigènes ce que la politique donne plus souvent que la victoire en Afrique, des vivres.

Dès le lendemain de l'assaut, la prière se fit de nouveau; non plus l'hymne passionné et menaçant du soldat musulman qui passe par la mosquée pour aller au combat et de là en paradis, mais la prière silencieuse et résignée du vaincu apaisé. Des chefs furent promptement et heureusement choisis pour substituer, sans un interrègne qui eût fondé l'anarchie, un pouvoir régulier au gouvernement détruit. Ces sages et prévoyantes mesures désarmèrent la population plus efficacement encore que les précautions prises contre une révolte du Caire, que l'implacable fureur des combats de siége autorisait à craindre.

Mais, en assurant la subsistance de l'armée, le général Valée avait aussi pourvu aux soins de la sûreté et de la salubrité.

La ville est assainie et nettoyée. On enlève plus d'un millier de corps brûlés, racornis, mutilés, de troncs vivant encore sans leurs membres, de paquets de membres et de chairs palpitantes, qui gisaient sur un étroit espace, noyés dans des flaques de sang, triste prix auquel s'achète la gloire militaire, alliage impur, mais nécessaire, dans les médailles frappées pour la postérité.

Des réduits contre l'insurrection des habitants avaient été préparés dans quelques maisons isolées et à la casbah, où furent réunis tous les magasins, quinze mille kilogrammes de poudre et deux mille fusils enlevés à la milice.

La brèche est réparée, et du canon est remis

en batterie contre une attaque du dehors, chaque jour plus improbable.

Le 17 octobre, le colonel Bernelle, parti de Medjez-Amar dès l'arrivée du 61ᵉ régiment, envoyé de France, amena à Constantine un convoi de ravitaillement, plus important encore par l'impression qu'il produisit sur les Arabes et par l'établissement des rapports faciles entre Bône et Constantine, que par le secours matériel qu'il procurait.

Dans les rangs de cette colonne marchait le prince de Joinville, lieutenant de vaisseau à bord de *l'Hercule,* et qui se vengea bientôt au Mexique d'être arrivé trop tard cette fois pour partager les dangers et la gloire de son frère le duc de Nemours.

Mais le corps expéditionnaire, jusqu'alors prisonnier dans sa conquête, paya une cruelle rançon pour sa délivrance. La brigade Bernelle, dont l'arrivée lui donnait les moyens de garder Constantine et de ramener à Bône le matériel et les blessés, apportait le choléra, dont les ravages menaçaient d'ensevelir l'armée dans son triomphe. Parmi les nombreuses victimes du fléau, qui frappa surtout les blessés manquant de tout, l'armée regretta particulièrement le général de Caraman[100], militaire distingué, et digne héritier des vertus

24

dont son noble père avait récemment donné un si touchant exemple.

Le déplacement put seul arrêter une contagion dont les progrès rapides, favorisés par l'abondance après la misère et l'oisiveté après l'activité excessive, eussent entièrement paralysé le corps expéditionnaire.

Le mouvement rétrogradé s'exécuta sans précipitation et sans obstacles, au milieu des populations soumises et gouvernées. Ce fut là la constatation d'une conquête réellement accomplie, et qui ouvrait un vaste avenir à la France. L'équipage de siége partit le premier; un convoi de blessés suivit quelques jours après, et le général Valée, avec les troupes les plus valides, ne quitta Constantine qu'après avoir organisé le pays sous l'autorité française, mis la place en état, et laissé, sous les ordres du ferme et intelligent colonel Bernelle, une garnison de deux mille cinq cents hommes approvisionnés pour cinq mois.

Le retour jusqu'à Bône, où tout était rentré le 4 novembre, fut triste et pluvieux. La brigade du duc de Nemours faisait l'arrière-garde et poussait devant elle la cavalerie à pied et les chariots pliant sous le poids des blessés et des malades. Des lions et des milliers de vautours accompagnaient cette armée, sur laquelle le choléra levait journellement sa dîme, et dont chaque bivac était marqué par de vastes fosses remplies de cadavres.

Mais les manifestations de la reconnaissance nationale firent bientôt oublier leurs souffrances à ces braves, qui trouvèrent leur plus douce récompense dans la joie de la France, si justement fière de ses soldats.

Depuis les victoires de l'Empire, aucun événement militaire n'avait aussi profondément remué la fibre nationale que cette campagne de Constantine, qui prouvait à l'Europe que notre race n'était point dégénérée, et que les occasions seules lui avaient manqué.

Le roi honora par un acte de justice ce succès vraiment populaire : le bâton de maréchal de France, accordé au général Valée, fut une noble confirmation d'une nomination préparée par le dévouement, faite par le canon et sanctionnée par la victoire.

Le maréchal comte Valée, nommé général en chef de l'armée d'Afrique, demeura à la tête de ces troupes qui, suivant son expression, « venaient d'égaler ce qu'il avait vu de plus beau dans sa longue carrière ».

La fin de la guerre, que semblaient promettre le traité conclu avec l'émir Abd-el-Kader et la chute d'Achmed-Bey, ne donna ni la paix à l'Algérie, ni le repos au soldat français. L'absence de la gloire rendit même plus pénibles des devoirs qui, pour être différents de ceux qu'on venait d'accomplir, ne furent ni moins nombreux, ni moins importants, et le chapitre suivant dira comment la patiente et laborieuse armée d'Afrique sut remplir sa nouvelle mission.

LA PAIX

1837-1839

LES PORTES DE FER

OCTOBRE 1839

L'exécution du traité de paix signé avec l'émir, mais non encore appliqué ; la conquête de la vaste province de Constantine, héritage d'Achmed dont la France devait se saisir avant qu'il fût recueilli par Abd-el-Kader, jusqu'alors seul héritier de toutes les successions ouvertes par nos armes : telle fut la double tâche que se proposa le nouveau général en chef.

Il commença par l'occupation du territoire que le traité avait réservé à la France.

A l'ouest, les troupes françaises n'avaient qu'à se resserrer dans les places de la côte; mais la mesure qu'Abd-el-Kader avait déjà donnée de lui-même, les avantages de sa position, et la certitude que la paix ne serait pour lui qu'un moyen de se forger des armes nouvelles, obligèrent le maréchal Valée à maintenir à Oran une division de neuf mille hommes.

La terne et monotone vie de garnison que ces troupes menèrent pendant deux ans ne fut interrompue que par la construction d'une route magnifique, taillée en corniche et en galerie, sur une longueur de six mille mètres, depuis Oran jusqu'au fort de Mers-el-Kébir.

Dans la province d'Alger, l'émir élevait des difficultés sur la souveraineté des territoires qui s'étendent de l'Oued-Kaddara jusqu'au beylick de Constantine, et cherchait, dans la lettre assez obscure du traité, un prétexte pour séparer, en s'interposant entre elles, les possessions françaises d'Alger et de Constantine. L'admission de cette dangereuse prétention eût conduit au morcellement et à la ruine de la domination française dans les deux provinces. Le droit et la nécessité de la contiguïté des établissements d'Alger et de Constantine furent reconnus par le Gouvernement, qui ordonna au maréchal Valée de les assurer, fût-ce par les armes.

Ce principe fut consacré dans une convention signée le 4 juillet 1838 par Ben-Aratch, revêtu des pleins pouvoirs de l'émir son maître. La soi-disant route royale d'Alger à Constantine, par Hamza, servit de ligne de partage aux pays contestés, dont la partie sud, jusqu'aux limites de Tittery, fut abandonnée à l'émir, tandis que la partie nord demeurait à la France.

Le maréchal Valée, pressé de prendre des garanties contre l'active ambition d'Abd-el-Kader, n'avait pas attendu cette solution pour commencer l'occupation de la portion de la province d'Alger que la mauvaise foi du sultan des Arabes ne nous disputait point. Ce territoire, borné au sud par l'Atlas, à l'ouest par la Chiffa, à l'est par l'Oued-Kaddara, n'avait pas été défini dans une pensée militaire. Il était ouvert aux incursions des Hadjoutes que le traité n'avait ni éloignés ni soumis, et accessible par l'Atlas, dont les passages appartenaient tous à l'ennemi. Il ne pouvait être garanti que par un obstacle artificiel continu; mais, dans la situation modeste occupée par la France, ce mode de protection eût porté avec lui un caractère de timidité et de restriction qui répugnait à l'esprit hardi et envahissant du maréchal Valée. Aussi le système qu'il adopta fut-il bien plus offensif que défensif.

Les villes de Blidah et de Coléah, ainsi que le marché forain ou fondouk du Khamis, formaient les angles sud, ouest et est d'un trapèze dont Alger était l'angle nord.

Ces trois points principaux, où le maréchal chercha plutôt des têtes d'invasion contre l'intérieur du pays que des barrières contre l'agression des Arabes, durent être occupés très-fortement, reliés avec Alger au moyen de routes directes et carrossables, et rattachés entre eux par un chemin de ceinture passant par les camps retranchés intermédiaires de l'Arba, de l'Arrach et de l'Oued-el-Alleg, mis eux-mêmes en communication, par des embranchements de routes, avec Bouffarik.

Ce poste central, l'une des stations de la voie militaire qui, d'Alger à Blidah, conduirait plus tard dans la province de Tittery, dut être accru et fortifié. Les anciennes lignes du Sahel étaient conservées en arrière, comme réduit définitif.

Si cette conception, plus efficace contre la stratégie européenne que contre le brigandage arabe, prêtait sous divers rapports à la critique, personne du moins ne put se refuser à y reconnaître la pensée d'un établissement permanent et définitif. C'était la guerre déclarée au provisoire, ce seul pouvoir éternel en France, guerre hardie, difficile et meurtrière. Le maréchal Valée la conduisit avec cette forte impulsion, cette volonté arrêtée et persévérante, et cet esprit d'ordre et de méthode qui sont le cachet distinctif de ce chef éminent.

Le travail était considérable, les bras peu nombreux, et le maréchal très-pressé.

Pour construire cent lieues de route, dessécher plusieurs lieues de marais, élever et garder onze camps retranchés, dont chacun devait pouvoir se suffire à lui-même, avec fortifications, hôpitaux, casernes, magasins, manutention, arsenal, toutes choses pour lesquelles les matériaux eux-mêmes étaient à créer, la division d'Alger, déduction faite des indisponibles, des armes spéciales et des troupes absorbées par des postes trop multipliés, ne pouvait fournir, y compris le service des escortes, des convois, et la coupe des foins, que sept mille hommes environ.

Le maréchal voulut cependant, avec ce faible effectif, avoir terminé son œuvre en deux campagnes, soit qu'il obéît, à son insu, à cette hâte de jouir qui est une des plaies de l'époque, soit crainte de l'instabilité des résolutions, soit pressentiment de la fin prochaine d'une trêve qui devait cesser le jour où l'un des deux champions aurait gagné de l'avance sur son adversaire. Le zèle infatigable des troupes lui permit de réaliser son plan.

L'exécution en commença, dès les premiers jours du printemps de 1838, par la création des établissements principaux du Fondouk, de Coléah et de Blidah. Ces deux villes, difficiles à garder à cause des jardins boisés qui les entourent, furent saisies par une casbah et par des camps extérieurs. La position de Blidah surtout, étendue par l'obligation que s'imposa le maréchal de respecter les forêts d'orangers et les bois d'oliviers séculaires de ce délicieux Éden, fut préparée pour devenir le lieu de dépôt et de départ d'une armée agressive. L'entrée des gorges qui commandent la ville, et par lesquelles l'Oued-el-Kébir s'échappe de l'Atlas, fut gardée par deux forts détachés, reliés, par des blockhaus intermédiaires, avec la casbah et avec les deux camps retranchés qui enveloppaient l'oasis et Blidah. Ce mode d'occupation, dont il sera plus tard parlé en détail, à l'occasion des événements de la guerre, était l'application, à un point isolé, du système mis en pratique pour l'ensemble de la Métidja.

La construction et l'empierrement des lignes principales aboutissant à Alger eut lieu ensuite; puis l'achèvement des camps secondaires, du chemin de ceinture et des embranchements aboutissant à Bouffarik, compléta la transformation de la plaine en une vaste place d'armes, disposée de manière que des sorties pussent toujours s'opérer à travers les trois portes qui faisaient face à Constantine, Tittery et Oran. Par la facilité des communications, ce réseau de camps et de routes rapprochait les points de départ des expéditions futures des établissements de l'ennemi, et, en même temps, de la place de dépôt dont tout était tiré.

Le travail n'avait été interrompu que pendant une partie de l'hiver de 1838 à 1839. Le maréchal avait voulu profiter de ce moment pour compléter l'exécution du traité de la Tafna et de la convention du 4 juillet, en allant occuper le fort de Hamza et communiquer avec la division de Constantine; mais une tempête affreuse menaça d'engloutir les troupes réunies à Kara-Mustapha, poste avancé au delà du Fondouck, et força à ajourner cette entreprise nécessaire. Des hommes et des mulets périrent dans cet affreux cataclysme, qui eût amené un désastre s'il eût éclaté après que la colonne, traînant avec elle du canon de siége, se fut engagée dans les défilés inextricables situés au delà de l'Oued-Kaddara, ce Rubicon de l'Algérie.

Au mois de juillet 1839, l'œuvre était terminée. Le soldat avait fait tous les métiers, par tous les temps et toutes les saisons, sans autre salaire

qu'une augmentation momentanée de nourriture,
qui était une aumône accordée à la faim, bien
plus que la récompense de pénibles labeurs. Sans
ostentation, sans chercher à obtenir de la France
une attention cependant bien méritée, cette armée
de pionniers avait résolu par des faits éclatants le
grand problème de l'application des troupes aux
travaux publics. Ici, des bataillons entiers hissent
sur leur dos et d'un seul coup des blockhaus com-
plets au sommet des montagnes. Ailleurs, on
fabrique les outils d'abord, puis on ouvre des
carrières, d'où l'on extrait les matériaux; et, par
les merveilles du travail en commun, cette pierre
philosophale de la science économique, les régiments font à l'envi sortir de terre des casernes
monumentales en pierre de taille. Tous reprennent
ensuite la pioche pour les terrassements de ces
fossés et de ces remparts, derrière lesquels le
soldat est enfermé, sans distraction et sans ombre,
à côté des délicieux ombrages et des plaisirs faciles des villes dont l'entrée lui est interdite. Ce
camp n'est d'abord qu'une prison ; ce sera bientôt
un tombeau! On admire la patience du moine qui,
déjà mort pour la société à laquelle il a volontairement renoncé, creuse chaque jour une fosse souvent recommencée avant qu'elle se referme sur lui;
mais il est bien plus beau le courage du pauvre

soldat africain, qui, enlevé à sa famille pour le service d'une patrie que peut-être il ne reverra plus, ouvre lui-même, sans hésitation ni murmure, sans consolation ni regret, le tombeau où il risque d'être enterré· le lendemain! Car chaque coup de pioche qu'il donne d'une main ferme et assurée est un pas vers la mort, vers la mort sans gloire; chaque coup de pioche dans cette terre, dont le sein, depuis des milliers d'années, n'a pas été pénétré par les rayons du soleil, en dégage des miasmes mortels, et la résignation avec laquelle le soldat, comme les anciens philosophes, absorbe ce poison qui le tue, rappelle l'héroïsme des trépas antiques, moins la solennité théâtrale.

Ainsi fut détruit le 11ᵉ de ligne, empoisonné par les desséchements de Bouffarik; ainsi périrent les garnisons des camps de l'Arrach et de l'Arba, qui, sans en excepter un seul homme, passèrent tout entières par l'hôpital et n'en sortirent guère que pour le cimetière.

Telle est la loi de la génération dans le monde: l'armée n'avait assuré la vie des autres qu'en dépensant la sienne, et s'était épuisée, par une création aussi soudaine et par des efforts tout à fait disproportionnés, sinon avec son dévouement, du moins avec ses forces réelles.

Dans les deux campagnes de 1838 et 1839,

l'armée d'Afrique, que la sagesse du Gouvernement avait maintenue à l'effectif atteint lors de l'expédition de Constantine, et dont le chiffre varia de quarante-huit à quarante mille hommes, l'armée d'Afrique avait eu six mille morts. Au mois d'août 1839, la division d'Alger comptait deux mille hommes hors d'état de faire le service, et mille convalescents; la division de Constantine était plus maltraitée encore : c'était aussi celle qui avait le plus souffert pendant ces deux rudes années.

Tout le beylick de Constantine avait reconnu la main de Dieu dans la chute d'Achmed, et avait accepté tacitement une victoire dont l'éclat frappait l'imagination des peuples; mais, après le premier moment de stupeur, aucune autorité n'ayant remplacé le pouvoir déchu dans les régions éloignées de la capitale, l'indépendance des tribus, d'abord douce et régulière, devait dégénérer promptement en anarchie. L'anarchie, c'était l'avant-courrière d'Abd-el-Kader; c'était la transition par laquelle son joug paraissait une délivrance et son gouvernement un bienfait. Le maréchal Valée n'était pas homme à laisser s'accomplir, sur cette terre sans maître, ce qui s'était produit dans le reste de la Régence, et il se prépara à remplir, autant que ses ressources le lui permettaient, l'obligation imposée à la France de conquérir toute la province de Constantine.

Cette province, depuis les frontières de Tunis jusqu'aux Portes-de-Fer, situées au milieu du massif de hautes montagnes qui borde la province d'Alger, a une longueur de plus de cent lieues; sa profondeur, en partant de la mer, est, pour ainsi dire, illimitée; car, du côté du désert, ses frontières ont été vagues, changeantes et nomades, comme la fortune des maîtres de la Numidie.

La partie la plus accessible, comme la plus profitable aux conquérants, forme un large plateau nu, élevé et accidenté, courant de l'est à l'ouest, entre deux chaînes de montagnes à peu près parallèles, dont l'une est baignée au nord par la Méditerranée, et dont l'autre sépare, au sud, le Tell, ou pays de blé, du Djérid, ou pays des dattes. Cette contrée intermédiaire, fertile, riche et peuplée, va s'élevant depuis Constantine jusqu'à Sétif; d'un côté, par la pente douce de la grande plaine des Abd-el-Nour; de l'autre, par plusieurs ressauts qui sont moins des cols de montagne que les degrés successifs d'un escalier, car le sommet de chacun de ces escarpements se prolonge presque de niveau jusqu'à la montagne suivante.

Ce vaste plateau a servi de lit à toutes les invasions dont le flot envahissant a rejeté les populations aborigènes dans le désert et dans les montagnes de la côte. C'est par cette large voie que les Romains, venant de l'est, ont poussé leurs aigles jusqu'aux confins du Maroc. C'est par ce grand chemin de la guerre que les Vandales de l'Ouest ont passé sur la Numidie comme un ouragan furieux. Dès que le grand Bélisaire leur eut enlevé cette précieuse artère, le sol sembla manquer sous leurs pieds, et ces anges exterminateurs, dont la puissance de destruction avait surpassé jusqu'au génie créateur des Romains, périrent misérablement. Les Arabes suivirent aussi la même route pour soumettre le Moghrab, non pas seulement en s'ouvrant un sillon au milieu de ces populations, mais en les prenant à revers par le sud et en les chassant vers la mer, de manière à faire la conquête, au moins religieuse, des nations que leurs prédécesseurs n'avaient que traversées et refoulées. Les Turcs, venant ensuite, s'étaient incrustés dans le moule encore bien conservé de la domination romaine.

Ce fut la trace commune de ces peuples vraiment dominateurs que le maréchal Valée se proposa de suivre lorsqu'il entreprit l'occupation de la province de Constantine. L'action des siècles

avait respecté les vestiges de la domination romaine. Ce magnifique squelette (*grandia ossa*)
était encore entier, et ses débris servirent de conducteurs dans ce labyrinthe.

Les Romains, en partant de Carthage, avaient
coupé le pays par trois lignes parallèles, unies
par des voies perpendiculaires qui divisaient toute
la contrée en autant de cases d'échiquier.

La première voie se prolongeait sur toute la
côte comme un quai, au bord de cette Méditerranée que le peuple roi eut seul droit d'appeler son
lac; la seconde, allant de Carthage à Césarée (de
Tunis à Cherchell) par Sitifis (Sétif), suivait la
dernière crête de la montagne sur les confins de
la plaine, de manière à dominer l'une et l'autre;
la troisième ligne parallèle côtoyait le désert, et
n'était qu'une frontière militaire, une chaîne de
postes pour faire la guerre aux populations situées
sur la limite de l'autorité régulière des proconsuls.
Quatre voies reliaient les colonies de la côte avec
celles de l'intérieur, et complétaient la camisole
de force dans laquelle la Numidie était enserrée
et maintenue.

Le maréchal Valée, sachant mesurer sagement
son œuvre à ses moyens, ne tenta point de relever
en entier cet édifice colossal qui avait coûté des
siècles de travail à une puissance sans bornes; il

25

se contenta d'entreprendre le rétablissement de la ligne centrale qui unissait Constantine et Alger, ainsi que les embranchements destinés à la soutenir, et qui se dirigent vers la mer; car elle était trop longue pour être alimentée par les deux bouts seulement.

Cette ligne, bien préférable à celle de la côte, que l'hostilité des populations kabyles eût rendue impraticable, préparait la défense de l'Algérie contre une attaque maritime, défense qu'assureraient seules de faciles communications par terre, à travers le grenier de l'Afrique, entre Alger, capitale de la colonie, et Constantine, devenu le pivot et le réduit de la résistance française.

Dans l'ordre d'urgence des diverses phases de cette grande opération, le premier soin devait être incontestablement de relier Constantine à la mer par une route plus courte que celle de Bône, par la voie de Cirta à Rusicada et Stora; c'était déjà plus que ne pouvait, au printemps de 1838, la division de Constantine. Le général de Négrier, qui avait succédé au colonel Bernelle, avait employé l'hiver à préparer les troupes, à resserrer les liens de la discipline, toujours relâchée après une action violente; il avait ouvert les rangs de l'armée française aux miliciens turcs, habitués à vivre de leur fusil, et n'ayant d'autre alternative que celle de se faire gendarmes ou voleurs. Il avait, en outre, accru sa division d'autres troupes indigènes, plus indispensables encore pour prendre racine sur le sol que pour combattre; car, en Afrique, s'il faut des Français pour passer partout, il faut aussi des musulmans pour voir, pour vivre et pour rester quelque part.

Malgré cette organisation mixte, bien entendue pour un corps destiné à conquérir, par la discipline et par le séjour, le champ qu'il s'était ouvert par sa valeur, la division de Constantine, usée par les longs, fréquents et pénibles convois de Bône, énervée par les maladies, qui, suspendues pendant le combat, s'étaient développées sous l'influence de la lassitude succédant à un effort excessif, la division de Constantine n'était pas en état d'étendre la zone de son occupation.

Le général de Négrier ne sut pas se résigner à attendre; il fit une reconnaissance là où rien ne devait précéder ni remplacer une prise de possession permanente. A son retour de Stora, le 10 avril, la colonne de seize cents hommes, dont près de moitié de troupes indigènes, avec laquelle il avait été visiter ce point important, fut attaquée par trois mille Kabyles. Ceux-ci pressèrent vivement l'arrière-garde dans des rochers parsemés de chênes liéges; mais ils furent culbutés par un retour offensif des troupes indigènes à pied et à cheval. Les Turcs à pied, combattant pour la première fois sous le drapeau français, abordèrent les Kabyles à la baïonnette avec le sentiment de la supériorité de leur race, et le succès de la journée fut dû à l'élan d'une bravoure que nos soldats connaissaient déjà pour leur avoir été plus d'une fois funeste. Malgré l'échec des Kabyles, ce mouvement d'hostilité se communiqua rapidement aux populations montagnardes de la côte : Bougie fut attaquée. La garnison de Medjez-Amar, ayant tenté une course dans le pays, opéra difficilement, et avec quelques pertes, sa retraite sur son camp et jusqu'auprès de la Calle. Une insurrection fournit aux spahis de Bône, employés à faire rentrer l'impôt, l'occasion de plusieurs charges brillantes, dans l'une desquelles le capitaine de Lacheise [101] enleva le drapeau de la bande*. Mais l'hostilité des Kabyles cessa quand les Français s'éloignèrent, car les Kabyles, qui sont une négation de toutes les conquêtes, n'étendent point leurs attaques au delà de leurs montagnes. Après cette reconnaissance, l'opération sur Stora fut reprise

---

* Des combats, même heureux, étaient fâcheux ; car on ne devait que recueillir et protéger les tribus qui se donnaient spontanément, et non pas dompter, malgré elle, une population nombreuse et décidée à résister.

et conduite méthodiquement; l'on marcha pas à
pas depuis Constantine, construisant successivement une grande route carrossable. Lorsque ce
travail difficile et considérable, surtout au passage
du col de Kentour, eut été poussé jusqu'à l'Arrouch, ancien *præsidium* romain, l'une des trois
stations stratégiques principales de la province,
un camp retranché y fut établi, et le maréchal
Valée vint en personne présider à l'achèvement
de cette œuvre qui devait assurer la conservation
de Constantine et en accroître l'importance. Il
amenait avec lui des renforts, ce moyen uniforme
par lequel les chefs réparent toujours les fautes et
les malheurs de leurs subordonnés ou de leurs
prédécesseurs; et, le 7 octobre 1838, la colonne
du général de Galbois [102], qui avait succédé au
général de Négrier dans le commandement de la
division, occupait toutes les hauteurs qui dominent
Stora et Rusicada. Les bras des soldats, toujours
infatigables, ouvrirent le tombeau dans lequel
étaient ensevelies ces deux sœurs jumelles, et
préparèrent en quelques jours, par d'étonnants
travaux, la résurrection du bel ensemble d'établissements que formaient autour du golfe deux
cités puissantes par le commerce intérieur et
maritime. Une belle route, longue de cinq mille
mètres, unit Stora, qui offre, sinon un port, du

moins la possibilité d'en faire un, avec Rusicada, que le maréchal Valée releva et rétablit sous le nom de Philippeville; et aujourd'hui, au quatrième anniversaire de la fondation de cette ville, dont le nom rattache le nom du roi aux conquêtes africaines et offre à la France, sur cette terre ouverte à son génie, une consolation pour les mutilations qu'elle a subies, une cité de plus de cinq mille âmes, commerçante et active s'élève sur ce rocher désert depuis tant de siècles. La défense générale de la position fut assurée par une chaîne de blockhaus croisant leurs feux et unis par un chemin de ronde couvert. Ce système avait pour réduits quatre forts détachés construits en pierre et entourant Philippeville. On le voit, en grand ou en petit, le maréchal Valée oppose toujours le même mode de fortifications aux Arabes. Le style, a-t-on dit, c'est l'homme. On peut dire aussi : la solidité et la multiplicité de ces ouvrages sont l'emblème et la révélation du général, écrivant partout son nom dans un style image de son caractère, mais ne voulant l'écrire que sur un monument dont il pût dire : *Exegi monumentum œre perennius* *.

Pour les communications, le maréchal préféra, peut-être à tort, le système de beaucoup de camps

---

* J'ai élevé un monument plus durable que l'airain.

avec de petites colonnes mobiles, à celui de grosses
colonnes avec peu de camps; et il sema, entre
Constantine et Philippeville, les quatre camps
retranchés du Smendou, des Toumiet, d'Ed-Dis et
de l'Arrouch; ce qui faisait, y compris les deux
points de départ, six postes fortifiés, et, par conséquent, six garnisons permanentes pour une ligne
de vingt lieues. Un exemple eût pu cependant
l'avertir du danger de ce mode d'occupation, qui,
en cas d'insurrection de la province, eût livré les
Français à de nouvelles vêpres siciliennes.

Pendant que les troupes, guidées par le maréchal, travaillaient sans relâche aux établissements
de Stora et de Philippeville, les Kabyles enlevèrent
un convoi dont l'escorte, par suite de cette sécurité
à laquelle les officiers français s'abandonnent toujours trop promptement, était composée seulement
de deux compagnies indigènes. Enflés par ce succès, les Kabyles se ruèrent de nuit contre le camp
de l'Arrouch, qui n'avait aussi qu'une faible garnison turque; mais l'énergie du capitaine Mollière
qui la commandait, arrêta court cet acte de pillage
isolé.

L'établissement de la ligne de Sétif et d'Alger
devait, comme celle de Philippeville, se faire pas
à pas. Ainsi l'exigeait l'effectif de la division qui
n'eût pu forger à la fois tous les anneaux de la

chaîne. Les divisions d'Alger et de Constantine durent marcher l'une vers l'autre, de manière que l'intervalle non occupé fût au centre de la ligne déjà amorcée par les deux extrémités.

On a déjà vu que le mauvais temps arrêta les troupes d'Alger; celles de Constantine, n'ayant pu recevoir contre-ordre, partirent de Milah, qu'elles avaient pris comme base d'opération, au milieu de la pluie, de la grêle et de la neige, gravissant avec difficulté les passages si tourmentés et si élevés de Beni-Aïcha et de Mons. Elles arrivèrent sans coup férir, le 15 décembre, à Sétif.

Le général de Galbois avait senti la nécessité de s'échelonner dans cette contrée inconnue, mais il ne sut pas se mettre assez complétement au-dessus de la crainte de paraître timide, préjugé fatal et trop commun auquel il ne faut jamais céder à la guerre; et il n'avait laissé sur la ligne d'opération qu'un demi-bataillon dans les ruines romaines de Djemilah. Ce détachement était insuffisant pour maintenir les communications et même pour se défendre. Ce ne pouvait être qu'un appât pour les Kabyles, et autant de moins dans les rangs pour opérer la retraite obligée de Sétif. Le général de Galbois ne pouvait en effet se maintenir à trente lieues de Constantine, au cœur de l'hiver, dans une position où tout était à créer, et où il n'y avait

ni abri, ni vivres, ni bois. Cette tentative trop
précoce devait même, comme tous les efforts
prématurés, devenir un obstacle pour l'avenir. Le
premier pas rétrograde fut le signal du combat.
Lorsque la colonne, fort allongée et assez en désordre, fut entièrement engagée dans le défilé de
Mons, long sentier où l'on ne peut marcher que
par un, dominé par des hauteurs, sur lesquelles les
Romains avaient élevé une ville importante et une
chaîne de postes militaires, les Kabyles attaquèrent
vivement l'arrière-garde formée par le 17e léger
et le 3e de chasseurs. Ce régiment s'empara aussitôt des crêtes et contint l'ennemi jusqu'à ce que
la colonne fût sortie de ce mauvais pas, où elle
était compromise.

Pour ne pas paraître reculer devant les ennemis
jusqu'à son point de départ, le général de Galbois,
en regagnant Constantine, laissa à Djemilah le
3e bataillon d'Afrique avec deux obusiers de montagne, quelques tentes et quelques vivres, sous le
commandement du chef de bataillon Chadeysson [103],
avec ordre de créer sur ce point un poste permanent, destiné à devenir l'anneau intermédiaire
entre Milah et Sétif. Djemilah, l'ancienne Cuiculum
Colonia, n'est plus qu'une réunion de grandes et
belles ruines, situées comme au fond d'un artichaut
dont les différents plans de montagnes simuleraient

les feuilles. Le climat y est excessif, très-chaud
et sans eau ni ombre en été, très-froid et sans
bois en hiver.

Telle est la difficulté des approches de Djemilah,
que Bélisaire, vainqueur des Vandales et maître
de toute la Numidie, ne put se frayer un chemin
jusqu'à ce poste. On ne pourrait comprendre
même ce qui a déterminé les Romains, ordinairement si bons juges du choix des positions militaires, à placer une de leurs grandes villes dans
un entonnoir dont l'entrée et la sortie sont également difficiles, si l'on ne savait que la difficulté à
vaincre était quelquefois pour les Romains un
argument et un attrait.

Les Kabyles, certains que, dans la mauvaise
saison, ce camp, encore à l'état de simple bivac,
serait impossible à ravitailler sans forces très-
considérables, conçurent l'espoir d'enlever ou de
détruire les six cents Français qui n'avaient pas
eu le temps de s'y retrancher. Trois mille hommes
vinrent le 18 décembre occuper toutes les positions
qui dominent circulairement à quatre cents mètres
le mamelon déprimé formant le centre de cet entonnoir. Ils n'attaquèrent point avec leur fureur
ordinaire, se croyant certains de réduire la garnison par d'autres moyens plus efficaces quoique
plus lents. Ils établirent la plus grande partie de

leurs forces sur la crête d'un ravin, au fond duquel
coule la seule eau que fournisse le pays; puis,
ayant gardé des réserves prêtes à se porter sur
les points où la garnison pourrait tenter des sorties,
une chaîne circulaire de tirailleurs entretint de
jour et de nuit une fusillade continue sur le camp
français, dont pas un seul point n'était défilé de
leurs balles. Le commandant Chadeysson fit coucher ses hommes derrière les parapets ébauchés,
qu'ils relevèrent en creusant à l'intérieur; et, de
part et d'autre, on tira sur tout ce qui se montrait.
Les Français devaient s'user les premiers, car ils
n'avaient ni sommeil, ni eau, ni espérance. Si
économes qu'ils fussent de leurs munitions, ils les
voyaient diminuer rapidement par la nécessité
d'éloigner à coups de fusil, surtout la nuit, les
Kabyles qui s'approchaient en rampant dans les
fissures du terrain. Il n'y avait aucun moyen de
faire connaître cette situation à Constantine. Avec
beaucoup d'hommes blessés par le feu de l'ennemi, et des malades dont le mauvais temps et les
fatigues augmentaient chaque jour le nombre, il
eût été matériellement impossible de rejoindre le
poste français de Milah. Il n'y avait pas de chance
de lasser l'ennemi; les tentatives faites pour se
procurer de l'eau avaient échoué; on eût versé plus
de sang qu'on n'eût rapporté d'eau. Le ruisseau

coulait à une portée de pistolet d'une crête escarpée et garnie comme un rempart d'une ligne serrée de Kabyles. Ni le canon, ni les sorties ne pouvaient éloigner les Kabyles, car ils n'offraient d'autre prise aux boulets que la tête des hommes isolés, embusqués sur les hauteurs, et seulement encore pendant qu'ils tiraient. Ils cédaient aux sorties des Français un terrain que ceux-ci étaient trop faibles pour conserver, le reprenant aussitôt après leur avoir fait éprouver des pertes pour cette possession éphémère. Cette lutte d'un caractère si étrange durait depuis six jours et six nuits. La tempête accroissait les souffrances du bataillon, diminuait ses espérances en grossissant les rivières et couvrant de neige les montagnes qui conduisent à Constantine, lorsque la délivrance vint d'où on l'attendait le moins. Les chefs des Kabyles se disputèrent entre eux, et vendirent la peau de l'ours avant de l'avoir tué. Cette querelle dispersa le rassemblement des montagnards. Aucune entreprise de quelque durée ne peut réussir sans un commandement unique. On peut s'unir momentanément pour un coup de collier rapide : on ne traîne pas longtemps d'accord un même char sans un frein commun.

L'ennemi s'était retiré; mais il restait encore la famine, le froid, l'incertitude de l'avenir. Cette

situation fut supportée par les zéphyrs avec cette
ferme et courageuse insouciance qui est le fond de
leur caractère. Le douzième jour, le colonel d'Arbouville [104], envoyé par le général de Galbois justement inquiet de la garnison de Djemilah, pour lui
porter des vivres et des moyens d'établissement,
prit sur lui d'évacuer ce poste inutile qu'il eût été
impossible de ravitailler régulièrement, dans l'état
de pénurie et avec les forces de la division.

L'évacuation de Djemilah constatait encore une
tentative avortée. Le maréchal Valée, pressé d'en
effacer l'impression, prépara au milieu de l'hiver
les moyens d'occuper, dès les premiers beaux
jours, toute la ligne intérieure jusqu'à Sétif, et sur
la côte Djidjelli, qui est le point correspondant à
Milah.

Cette dernière ville, si toutefois on peut donner
ce nom à un cloaque entouré d'une muraille romaine, devint la base des opérations futures. Ce
n'est pas une position militaire, mais c'est un lieu
où il y a des arbres, de l'eau, des bâtiments en
pierre et des habitants, toutes choses que l'armée
était dispensée par là de chercher et de créer.
Une route carrossable depuis Constantine fut ar-
rangée, en suivant autant que possible l'ancienne
voie romaine. Mais, les Romains ne faisant pas
de transports en voitures, et perçant en ligne droite

d'un point à un autre sans se soumettre aux caprices du terrain, leur route, expression de leur
volonté inflexible, offrit presque partout des pentes
trop raides pour les charrois de l'armée.

L'hiver fut rempli par une succession de
courses contre les tribus récalcitrantes qu'il fallait soumettre avant d'étendre le rayon de l'occupation, et par des convois multipliés sur Milah.
Pour préparer une marche de trente lieues dans
la belle saison, il faut en faire faire deux cents
aux troupes et dans la mauvaise saison, et c'est
ainsi que la nécessité de tout créer, sur ce sol où
l'on ne trouve que des besoins, épuise avant l'action la force qu'on y destine.

La campagne de 1839 s'ouvrit au mois de mai
par l'occupation de Djidjelli, qui devait devenir
le port de Milah. Le maréchal Valée avait disposé
un mouvement combiné par mer et par terre pour
prendre les Kabyles entre deux feux ; mais la nécessité de se reporter rapidement vers la Medjana,
où arrivaient les lieutenants d'Abd-el-Kader, détermina le général de Galbois à ne pas s'engager
dans le difficile pays de Ferdjouia, et à marcher
sur Sétif, tandis que le chef d'escadron d'état-
major de Salles débarquait le 13 mai à Djidjelli,
avec un bataillon de la légion étrangère et des
détachements du génie et de l'artillerie venant

d'Alger. Les habitants, surpris, abandonnèrent, sans la défendre, la presqu'île couverte de masures mauresques, où s'élève Djidjelli sur les ruines d'Igilgilis Colonia. Le chef d'escadron de Salles se porta rapidement au delà des murailles romaines à la porte Sarrasine qui enveloppent cette bourgade, et évita l'inconvénient dont on avait tant souffert à Bougie, celui de devoir successivement agrandir le cercle de la défense, en prenant immédiatement une position suffisamment étendue, sur un rideau qui ferme l'isthme parallèlement aux murailles de la ville. L'attaque des Kabyles parcourut en effet les mêmes phases qu'à Bougie, et, dès le lendemain, ayant déjà eu le temps de se réunir, ils attaquèrent, au nombre de deux mille cinq cents, les soldats occupés, le fusil d'une main et la pioche de l'autre, à retrancher un champ de bataille que le commandant de Salles se félicita d'avoir promptement et heureusement choisi. Les Kabyles furent repoussés par les soldats de la légion étrangère; mais, trois jours après, ayant reçu des renforts des tribus de Bougie et de Collo, maintenues jusqu'alors, grâce aux diversions tentées par les garnisons de Philippeville et de Bougie, ils se ruèrent sur la ligne des postes français, culbutèrent les tirailleurs, et ne cédèrent qu'à une charge générale à la baïonnette, dans laquelle périt le brave commandant Horain, dont la perte fut vivement sentie par l'armée.

La marche des travaux, qui consistaient dans l'érection d'une ligne avancée de blockaus soutenus en arrière par des forts en pierre élevés sur le tracé des fortifications qu'avaient établies le duc de Beaufort et Duquesne, lorsque, en 1664, les régiments de Picardie et Royal emportèrent Djidjelli sur ces mêmes tribus kabyles; la marche des travaux continua à être harcelée et interrompue par l'ennemi; après quoi vinrent, comme à Bougie, les attaques de nuit. Deux nuits de suite, les 3 et 4 juin, les avant-postes sont chargés; les Kabyles pénètrent, à travers la ligne des blockhaus, jusque vers la ville, et ce n'est encore qu'à l'arme blanche que la légion étrangère repousse ces ennemis qu'il était si difficile de convaincre de leur impuissance. Si les troupes valent d'autant plus qu'il faut en tuer davantage avant de les faire reculer, l'infanterie kabyle peut marcher de pair avec la plupart des infanteries de l'Europe. Elle se lassa cependant, et des escarmouches partielles vinrent seules encore troubler l'occupation de Djidjelli, qui avait coûté quatre-vingts hommes mis hors de combat.

La communication avec Milah n'était pas même entamée; cette nouvelle possession, loin d'être

une base de ravitaillement et une facilité pour
l'occupation, était un point de plus à ravitailler et
à garder ; par conséquent, un fardeau et un affaiblissement de plus pour l'armée, privée du concours et chargée de l'entretien de la garnison renfermée dans cette bicoque, qui n'avait que la
valeur des présides espagnoles.

En même temps, la division de Constantine,
forte de trois bataillons, de quatre escadrons, de
deux obusiers de montagne et d'une compagnie
du génie, avait marché sur Sétif, semant sur son
passage des camps dans lesquels elle s'égrenait,
traçant une route, créant tous les établissements,
mais laissant tout en germe, faute de bras et de
temps. La première station en partant de Milah
avait été à Mahalla (l'ancienne *Fons Camerata*),
où un camp retranché avait été singulièrement
établi au bord d'un marais et en espalier contre
une montagne. On avait ensuite laissé garnison à
Djemilah ; puis on avait, non pas occupé Sétif, car
on n'occupe que ce qui existe, mais on avait posé
les bases d'un établissement militaire dans les
ruines de la citadelle de Sitifis, relevée par Bélisaire avec les débris de la colonie sitifense.

Sétif est situé au milieu du vaste et fertile plateau de la Medjana, élevé de plus de onze cents
mètres au-dessus du niveau de la mer, point de

partage, non-seulement des eaux, mais aussi des montagnes.

Ces plaines, qui dominent les sources des rivières et la tête des vallées, comme les plateaux de Kandahar dans l'Afghanistan, de la Perse centrale, de Madrid, de Mexico, jouent dans la guerre stratégique le rôle que les crêtes jouent dans la tactique du combat.

Pendant que l'infanterie, qui avait trouvé des matériaux et de l'eau, y jetait les éléments d'un établissement destiné à devenir un des centres d'action de la puissance française, l'un des boulevards et l'une des clefs de l'Algérie, après avoir été la tête de la digue opposée à Abd-el-Kader dans la province de Constantine, la cavalerie accomplissait une charge fantastique qui ne paraîtrait pas croyable si elle n'avait eu autant de témoins. Une colonne de mille cavaliers indigènes, conduits par El-Mokrani, et de trois cents chasseurs du 3e régiment, sous les ordres du colonel Lanneau [105], lancée à la poursuite du lieutenant de l'émir, qui, au mépris des traités, avait envahi la Medjana, lui donna la chasse à vue dans ces dunes de blé, où l'on ne rencontre ni un buisson ni une pierre; et, après avoir parcouru, presque toujours au galop, trente-huit lieues en vingt-neuf heures, à travers les horizons les plus bizarres, sur ce terrain écorché, les Français forcèrent et prirent une partie des cavaliers et tous les mulets de leur adversaire.

Un autre lieutenant de l'émir, Ben-Azzoun, traversait le désert et envahissait la province de Constantine par le sud. Les seules troupes indigènes à la solde de la France, commandées par Ben-Gana, khalifa du Djerid, rejetèrent l'ennemi dans Biscara et affranchirent le sol de la province de cette seconde invasion.

La conquête fut complétée par le retour de la division qui rentra de Sétif à Constantine, en suivant, à travers la plaine des Abd-el-Nour, la véritable route militaire, la route par laquelle Bélisaire reconquit la Numidie et la Mauritanie sitifense.

Dans l'été de 1839, l'armée avait soumis tout le vaste pays qui s'étend des frontières de Tunis au Djurdjura. Les plus importants des chefs indigènes s'étaient ralliés autour des vainqueurs de Constantine et marchaient dans nos rangs : c'étaient Ben-Aïssa, l'intrépide défenseur de Constantine; Ben-Gana, le descendant des chérifs du désert; Ben-Hamelaouï, à l'adhésion duquel sa réputation de finesse et de prévoyance donnait un grand poids; El-Mokrani, le plus noble parmi les nobles arabes; Kaïd-Ali, soldat parvenu, qui disait, en montrant sa croix d'honneur, teinte du

sang des ennemis de la France : « Je suis noble
aussi, moi ; voilà ma généalogie ! » Ces chefs
commandaient des troupes indigènes nombreuses,
dévouées, ayant confiance en elles-mêmes et dans
leur cause, et gouvernaient au nom de la France,
que l'administration paternelle du général de Galbois faisait chérir des populations heureuses et
paisibles.

C'était là une bonne base pour la fondation
d'un empire ; mais, pour comprendre au prix de
quelles souffrances ces résultats prospères avaient
été obtenus, il faut connaître ce pays si difficile,
et où l'on se découvre une foule de besoins jusqu'alors inconnus, parce qu'en Europe, si malheureux qu'on soit, on n'éprouve jamais un doute
sur la possibilité de les satisfaire.

Dans ce climat excessif, où l'homme, privé des
charmes de l'ombrage et des joies du feu, n'a,
pour se rafraîchir, l'été, que des eaux salines, et
pour se chauffer, l'hiver, que des chardons en
guise de bois de futaie, et des silos de crottes de
chameaux ou des tas de sauterelles et d'insectes
morts, comme charbon de terre, le soldat, exposé
aux alternatives d'un soleil tropical et d'une neige
alpestre, ne s'est ni couché sur un matelas, ni
même déshabillé, pendant près de trois années !
Tantôt suivant la cavalerie à la course dans les

razzias, tantôt pliant sous le poids de son bagage,
jour et nuit en route et au travail, tour à tour
employé ou comme bête de somme ou comme
terrassier, le fantassin, mal nourri, avec des vêtements usés, passe, dans toutes les saisons, des
rivières à gué, monte toutes ses gardes au bivac, et, vu la multiplicité des postes, est de garde
toutes les nuits !

La discipline, cette pierre de touche des armées bien constituées, résiste à tant de dissol-
vants et demeure admirable. Pas un vol, pas une
violence ne souille ces troupes qui souffrent sans
essayer d'appliquer à leurs besoins les ressources
dont elles pourraient s'emparer et faire usage.
La viande, les bonnes tentes de poil de chameau,
la laine pour les matelas sont là dans ces douars
traversés journellement par le soldat qui a faim et
froid; mais le vainqueur protége l'abondance des
vaincus, sans songer à son propre bien-être, et,
dans le partage qui se fait entre les deux races,
le Français laisse au musulman les jouissances
avec la servitude, et ne se réserve que le commandement, ennobli par la misère et le travail.

Tant de privations et de fatigues épuisent à la
longue les corps les plus robustes : le soldat, en
tombant malade, s'aperçut que sa condition pouvait encore empirer. Dans ce chapelet de camps

que l'armée vient de construire, dans ces villes
qu'elle a occupées ou relevées, elle a songé à la
sécurité des autres, elle s'est oubliée elle-même :
il n'y a ni casernes ni hôpitaux nulle part.

Mille malades entassés sous quelques baraques
en planches mal jointes, ou sous de vieilles tentes
trop minces et par conséquent trop chaudes ou
trop froides, gisent tout habillés sur la terre humide, sans paille, sans air, sans eau, car les us-
tensiles manquent pour leur donner à boire ; sans
médicaments et presque sans médecins, car les
officiers de santé, trop peu nombreux, succombent
eux-mêmes, victimes de fatigues au-dessus de
leurs forces.

Dans ces affreux charniers, les malades sont
livrés à de soi-disant infirmiers qui, voilant sous
une hypocrite apparence de philanthropie leur refus
de combattre ou de travailler, exploitent et dé-
pouillent ceux qu'ils devraient assister et soulager.

Le soin des malades fut de tout temps un sacer-
doce : en campagne, il ne peut être confié, comme
en France, à ces admirables sœurs de charité, sublime institution, bien digne du pays qui éleva
toujours la femme par le culte qu'il lui a rendu ;
mais ne devrait-on pas créer, pour remplir cette
sainte mission pendant la guerre, quelque confré-

rie religieuse d'hommes, qui trouveraient dans la foi du christianisme et dans la tradition des anciens hospitaliers la charité et la vocation nécessaires?

Ils sont bien dignes d'être aimés et soignés, ces soldats qui meurent sans une plainte, sans un murmure! Combien d'autres armées accusent de la moindre privation leurs chefs, que les masses sont toujours disposées à rendre responsables de leurs maux, tandis que les soldats français d'Afrique attribuent aux seules nécessités de la guerre la cause de leurs souffrances.

« Mais que pouvez-vous donc faire ici? demandait un général, en entrant dans un de ces antres infects qu'il ne pouvait prendre pour un hôpital. — Nous mourons, mon général, » répondirent les malades, avec cette calme naïveté de l'homme qui ne soupçonne pas son héroïsme. Ils disaient vrai. L'encombrement, résultat des maladies, devenait une nouvelle cause de leur propagation et de leur intensité. Des congestions cérébrales foudroyantes, produites par l'insolation, enlevaient ceux que n'avaient point empoisonnés la terre fraîchement remuée ou les eaux salines.

La division de Constantine, usée par l'abus du travail et de la marche, décimée par la maladie, obligée d'entretenir constamment la correspon-

dance et la circulation entre tous les points sur
lesquels elle s'était éparpillée, la division de Constantine put reprendre haleine pendant l'été de
1839. Elle avait d'ailleurs beaucoup fait.

Mais Abd-el-Kader avait fait plus encore. Sa
puissance avait pris un développement alarmant.
Il avait étendu et consolidé dans ce nouvel entr'acte
l'empire arabe, si habilement ébauché pendant
une première trêve.

Avant d'édifier, il fit table rase; car il est plus
facile au génie de créer que de corriger. L'émir
se débarrassa d'abord, par une persécution générale, des restes encore nombreux de la race turque
à Tlemcen, Miliana, Médéah et Oued-Zeïtoun. Les
braves couloughlis, sentinelles isolées qui attendaient la France et veillaient pour elle au milieu
des flots du peuple arabe, disparurent noyés dans
leur sang. Ces derniers fils des Turcs, égorgés
traîtreusement sous les yeux et quelquefois par la
main même de l'émir, moururent avec la courageuse fierté des maîtres assassinés par un esclave
révolté.

Débarrassé des Turcs par le crime, le fondateur
de la nationalité arabe rompit ensuite avec les
traditions du régime déchu. Pressé d'opposer aux
chrétiens, en un faisceau compacte, les éléments
que la politique des Turcs avait neutralisés en les

divisant, il substitua. au makhzen, aux divisions des tribus, à l'inégalité de leur condition, cette égalité fraternelle qui, dans d'autres temps, avait fait la grandeur de l'islamisme.

Par le seul instinct de son génie, cet homme extraordinaire trouva du premier coup, dans une société informe, la solution d'un problème poursuivi sans succès chez les nations modernes, à travers bien des révolutions : l'équilibre des influences aristocratiques et des traditions héréditaires avec l'élément électif et les existences nées de par la faveur populaire.

L'art de juger et de choisir les hommes, cette faculté surnaturelle que Dieu n'accorde qu'à ses élus, cette seconde vue dont Abd-el-Kader est doué à un si haut degré, ajouta encore à la force d'un gouvernement qui était puissant parce qu'il était le gouvernement de toutes les traditions, de tous les intérêts, de toutes les espérances.

C'était le Coran mis en action, c'était l'organisation de la guerre sainte. Ce fut selon cette pensée exclusive et passionnée qu'Abd-el-Kader, qui servait pour ainsi dire de moule à la nation arabe, constitua le pouvoir d'abord, puis le peuple, puis le sol lui-même. Un État nouveau, que l'on organise radicalement pour un but prévu et unique, acquiert une puissance spéciale à laquelle

il ne pourrait atteindre, si, comme les vieilles nations, il était depuis longtemps constitué d'après
des tendances diverses et en vue d'éventualités
contraires. L'émir développa simultanément l'élément moral et les conditions matérielles de cette
puissance. Il la maniait facilement par la réunion
de l'autorité religieuse, politique et militaire à tous
les échelons d'une hiérarchie simple qu'il résumait
tout entière dans son triple caractère de prophète,
de prince et de général. Tout en stimulant l'enthousiasme antichrétien, en donnant un rapide
essor au fanatisme, il se mettait en mesure de se
passer de ces capricieux auxiliaires. Son armée
régulière fut accrue et perfectionnée; elle devint
un moyen d'administration; elle servit de cadre à
la landwehr des tribus, et fut le ciment d'une coalition dont il fallait désormais briser jusqu'au dernier chaînon sous peine de n'avoir rien vaincu.
Chaque musulman reçut ou acheta un fusil et un
cheval. En même temps que l'émir multipliait
ainsi les soldats, dépeuplait les villes et rasait les
maisons, le peuple arabe, réarmé, remonté et
rendu plus nomade, devint indivisible et insaisissable. L'émir régularisait ainsi systématiquement
ce qu'il avait essayé par instinct pendant la guerre.
Il ajoutait aux moyens de combattre et diminuait
la prise offerte à l'ennemi.

Dans la prospérité, il prévit le malheur et se servit, pour l'éviter, des leçons de l'expérience : il se choisit une seconde ligne de défense, à quarante lieues sud de la première chaîne de l'Atlas, au centre de montagnes impraticables. Là, dans ces lieux inaccessibles, et situés au delà de la limite à laquelle il supposait que pourraient atteindre les colonnes françaises, il plaça, moins sous la protection des fortifications que sous la sauvegarde de leur éloignement des camps chrétiens, son trésor, ses dépôts, ses fabriques, ses arsenaux, toutes les ressources enfin accumulées par sa prévoyance pour une guerre où la victoire devait rester au plus persévérant.

On ne peut s'imaginer ce que la fondation de ces établissements, si loin de toutes ressources, lui coûta de persévérance et d'efforts personnels. Ce prince, qui régnait en maître absolu sur de vastes États, fut parfois obligé de mettre lui-même la main à l'érection des forteresses de cette nouvelle ligne de défense, dont les pierres et le bois étaient apportés de la côte.

Tour à tour législateur et bourreau, général et soldat, roi et ouvrier, le fils de Mahiddin subit, comme le czar Pierre, l'obligation imposée à chaque fondateur d'empire d'être à la fois sublime et trivial, et de redescendre momentanément aux derniers échelons d'une société qu'il dominait de si haut.

La grandeur des travaux qu'exigeait la transformation en société régulière d'un troupeau de sauvages ne suffisait cependant pas à sa dévorante ambition. Les lauriers de Constantine l'empêchaient de dormir ; il prétendit effacer l'éclat de ce fait d'armes.

Il avait déjà soumis, de Tunis au Maroc, presque tout ce pays, peuplé sur certains points, mais stérile en céréales et dépourvu d'eau, qu'on appelle le désert. Une seule ville, et, ce qui l'offusquait encore plus, un seul homme bravait son autorité : c'était la forteresse d'Aïn-Mâdy, où commandait Tedjini le mulâtre, marabout très-vénéré. Abd-el-Kader, qui savait deviner et étouffer ses rivaux avant qu'ils eussent même conscience de leur hostilité vis-à-vis de lui, quitta tout pour chercher, dans la conquête d'Aïn-Mâdy, de la gloire pour ses armes, avec un réduit inexpugnable contre les chrétiens.

Autour de puits d'une eau pure, ces mines d'or du désert, la ville et les jardins d'Aïn-Mâdy forment, à soixante-dix-sept lieues au sud de Mascara, une oasis, isolée, par une muraille assez mince, de la plaine aride et desséchée qui l'entoure à perte de vue. En arrière de cette pre-

mière enceinte, plusieurs murs intérieurs partagent
irrégulièrement les jardins en compartiments dont
chacun est susceptible d'être défendu séparément.
La ville proprement dite, bâtie sur un rocher, au
centre des jardins, composée de trois cents maisons en pierre, est entourée d'une chemise crénelée très-forte, épaisse de quatre mètres et haute
de neuf, en pierre de taille enduïte de béton,
et flanquée de tours carrées. Les deux seules
portes de cette forteresse, construites par un
Tunisien au commencement de ce siècle, sont mas-
quées par des ouvrages extérieurs du même relief.
La multiplicité de ces défenses indique l'importance de cette station obligée des caravanes. C'est
là véritablement un point stratégique dans l'ac-
ception la plus large du mot, car on est contraint
d'y passer, puisque là seulement on peut boire.

Le ruisseau qui arrose les jardins fut d'abord
coupé par les troupes amenées devant Aïn-Mâdy
par l'émir; puis quatre colonnes d'infanterie, avec
chacune une pièce de canon pour ouvrir le mur
extérieur de l'oasis, emportèrent bravement les
dehors de la ville, après un combat acharné qui
leur coûta des pertes cruelles. Mais huit cents
boulets de trop petit calibre, tirés de derrière une
grossière batterie élevée dans les jardins, ne purent faire brèche au corps de la place; le feu des

remparts et les sorties nocturnes des assiégés dé-
cimaient les troupes de l'émir. Cependant, il sentait que l'accroissement ou le déclin de sa fortune
allaient dépendre de l'issue de cette entreprise. Il
demeura cloué sous les murs d'Aïn-Mâdy, où son
armée vivait seulement au moyen de caravanes qui
lui apportaient ses vivres à travers le désert. Il fit
venir des mortiers et cent cinquante bombes, qu'il
tira encore inutilement sur des maisons incom-
bustibles; puis, son orgueil s'abaissant à mesure
que ses ressources s'épuisaient, il s'adressa, pour
établir des mines, seul moyen qui lui restât pour
ouvrir ces remparts, à un jeune Français, nommé
Roche [106], dont il avait fait son secrétaire sous
le nom d'Omar. Roche se mit à l'ouvrage; mais il
se trouvait dans la place un renégat, déserteur du
génie, qui, plus versé dans l'art des mines, con-
tremina Roche. La guerre souterraine, dont les
grands événements militaires des cinquante dernières années n'avaient presque plus offert d'exemple, était ainsi renouvelée, au milieu du désert
de l'Afrique, par deux aventuriers français, reflet
lointain jeté par la science européenne sur la barbarie.

Les mineurs se rencontrent dans la galerie, s'a-
bordent, se battent, puis se retranchent de part
et d'autre; et Abd-el-Kader fait commencer ail-

leurs de nouvelles mines. Mais les assiégés n'en attendent pas l'effet. L'angoisse où les jette l'appréhension continuelle d'une explosion toujours menaçante leur fait désirer une capitulation, qu'Abd-el-Kader, au bout de ses ressources, et ayant sacrifié à l'accomplissement de sa volonté et à la satisfaction de sa vanité tous les moyens et jusqu'au gouvernement de ses États, est heureux de leur accorder.

Au mois de décembre, après six mois de siége et de blocus, la place est momentanément évacuée par Tedjini ; huit mines, chargées chacune de cent vingt livres de poudre, font sauter un pan des remparts, et Abd-el-Kader, obligé de se contenter d'une victoire stérile, mais la préférant à une transaction, même avantageuse, s'éloigne en janvier 1839 de cette ville démantelée où Tedjini rentre aussitôt, et devant laquelle l'émir avait usé des ressources dont il aurait dû se montrer plus économe.

Toutefois, son orgueil était satisfait. Le récit du romanesque siége d'Aïn-Mâdy, grossi par le merveilleux, ajouta un nouvel éclat à l'auréole qui entourait le sultan. Son ambition ne connut plus de bornes. Après s'être emparé de toutes les contrées qui n'étaient pas occupées par les Français, il déborda en dehors des limites où l'on avait prétendu le contenir. Ses lieutenants se répandent par le sud et par l'ouest dans la province de Constantine. Son bey de Sébaou administre le territoire français à l'est du Kaddara; lui-même, dévoré par le besoin de pousser tous les musulmans à la guerre sainte, viole en personne un traité qu'au reste il n'a jamais observé, en courant jusqu'à Bougie pour fanatiser les Kabyles. Changeant de cheval dans toutes les tribus, il parcourt des distances énormes avec une rapidité inouïe, se montrant presque à la fois sur des points éloignés. Ses apparitions tiennent du merveilleux, et le burnous violet du nouvel Haroun-al-Raschid produit sur les Arabes l'effet de la capote grise de Napoléon sur les Français. Partout il souffle la guerre. La gloire d'un civilisateur et les grandeurs de la paix ne sauraient le distraire de sa haine sauvage, de son fanatique apostolat. Il n'a plus à prendre qu'aux Français, et il se croit assez fort pour les pousser dans le réseau aux mille mailles qu'il leur a tendu, et où il espère les étouffer.

D'une part, il ouvre les portes de la côte à un commerce illicite qui lui procure les moyens de faire la guerre; de l'autre, il interdit, sous peine de mort, la vente des chevaux dont les Français ont besoin. Il appelle à lui les musulmans restés

sur le sol et dans les rangs français, en leur faisant un devoir religieux de la désertion ou de
nouvelles vêpres siciliennes. Il semble qu'une
pompe fasse le vide autour de nous. Tous les
musulmans se groupent derrière le prophète, qui,
jetant le masque, fait faire en son nom la prière,
faite jusqu'alors pour l'empereur de Maroc.

Les Hadjoutes, dont la tribu était devenue un
asile pour tous les brigands auxquels la sévère
justice d'Abd-el-Kader interdit le pillage entre
mahométans, s'infiltrent, dès le mois de juillet 1839,
dans la plaine de la Métidja, comme ces oiseaux
de mauvais augure, avant-coureurs des tempêtes.
Une suite d'escarmouches avec les braves colons
de la plaine, parmi lesquels on remarque MM. de
Saint-Guilhem, de Tonnac et de Montagu, engage
une sorte de guerre non officielle, où chacun s'ap-
plique la loi du talion, et, comme l'Américain, ne
reconnaît d'autre juge que le juge Lynch.

En même temps, nos troupes indigènes se rencontraient, dans la province de Constantine, avec
les khalifas de l'émir, Ben-Azzoun et Ben-Salem.

Une telle situation, qui n'était déjà plus la paix,
commandait au maréchal Valée de préparer ses
bases d'opérations pour une guerre qu'il ne voulait
ni provoquer par une agression, ni retarder par
une faiblesse. Il avait hâte de tenter un dernier

27

essai, en opposant à l'empire toujours plus étendu de l'émir une barrière compacte, formée par la réunion du réduit de la province d'Alger avec le beylik de Constantine. C'était son intérêt, son droit et son devoir. Pour ne pas différer davantage la réunion de ces deux possessions qu'Abd-el-Kader avait isolées l'une de l'autre, le maréchal ajourna le plan de relier Sétif avec le port de Bougie, tout en se préparant à opérer cette fois par Constantine, où l'état moral des populations dévouées facilitait son entreprise.

L'arrivée de trois régiments, les 15ᵉ léger, 22ᵉ et 24ᵉ de ligne, envoyés en Afrique pour combler les vides ouverts par la maladie, permit au maréchal Valée de former un corps d'opérations, qu'il conduisit en personne, et qui se composa de trois petites divisions, dont deux se réunirent dans la province de Constantine, et la troisième dans la province d'Alger.

La première division, commandée par le duc d'Orléans, et composée de six faibles bataillons des 2ᵉ et 17ᵉ légers, 23ᵉ de ligne, quatre escadrons des 1ᵉʳ et 3ᵉ chasseurs et des spahis de Constantine, avec un détachement de sapeurs et quatre obusiers de montagne, partit de Philippeville pour se porter de Constantine jusqu'à Alger, en passant à Sétif, aux Portes de Fer et à Hamza, par une marche de

cent vingt lieues, dont plus de moitié à travers les
hasards d'un pays inconnu et impénétrable*.

La deuxième division, sous les ordres du
lieutenant général de Galbois, dut appuyer ce
mouvement jusqu'aux limites de la province de
Constantine, qu'il eût été imprudent de trop dégarnir. Elle était formée par quatre petits bataillons des 17e léger, 22e de ligne, troisième bataillon
d'Afrique et Turcs à pied, avec trois escadrons
de chasseurs, deux obusiers de montagne et une
compagnie de sapeurs.

La troisième division, commandée par le lieute-
tenant général Rulhières, et forte de cinq bataillons des 48e, 62e, zouaves et légions étrangères,
avec huit escadrons des 1er de chasseurs et spahis
d'Alger, une batterie de campagne et une compagnie du génie, reçut l'ordre de paraître sur
l'Oued-Kaddara quand la division du duc d'Orléans s'approcherait d'Alger, afin de pouvoir la soutenir, en se portant à sa rencontre, lorsque la di-

---

* Cette division était ainsi composée :
Trois bataillons, 2e léger, colonel Changarnier;
Un bataillon, 17e léger, colonel Corbin;
Deux bataillons, 23e de ligne, colonel de Gueswiller;
Quatre escadrons, lieutenant-colonel Miltgen ;
Quatre obusiers, capitaine Jarry;
Trente sapeurs, capitaine Devaux.

vision de Galbois serait trop éloignée pour l'appuyer.

L'opération commença à la mi-octobre 1839.

Un concours unique de circonstances toutes favorables, l'habileté du maréchal commandant en chef, et la bonté des troupes, assurèrent un succès complet et éclatant à cette entreprise aventureuse, qui, quelle qu'en ait été l'issue, ne paraîtra toujours qu'une heureuse témérité, c'est-à-dire un exemple bon à citer, mais jamais à imiter.

Jusqu'à Sétif, dont la colonne expéditionnaire compléta l'établissement, la marche fut une facile ovation au milieu des musulmans, qui, pour la première fois, recevaient en triomphe un prince chrétien ; mais là commençaient les difficultés.

Les obstacles naturels étaient immenses ; il était impossible de suivre la voie romaine de Sitifis à Césarée, qui, passant au sud des Portes de Fer, traversait les États de l'émir. Il fallait cheminer à vol d'oiseau de Sétif à Alger, à travers des montagnes inconnues, inaccessibles, coupées par de nombreuses rivières, que les pluies pouvaient grossir en une nuit et qu'on n'avait aucun moyen de franchir, et habitées par une population nombreuse et indépendante de Kabyles qui s'y étaient réfugiés.

On était à la fin d'octobre, à l'époque où les chaleurs sont encore fortes et les pluies déjà fréquentes. La division du duc d'Orléans ne comptait que deux mille cinq cents baïonnettes et deux cent cinquante sabres pour vaincre une résistance dont la probabilité s'augmentait en proportion de la faiblesse de la colonne, et pour escorter un convoi qui devait suffire à tous ses besoins, depuis Sétif jusqu'à Alger.

Mais cette poignée de soldats endurcis, conduite par des officiers d'élite, était pleine d'enthousiasme, et se sentait entraînée par les difficultés mêmes vers une entreprise qui avait le charme de l'inconnu et du romanesque. Pour rehausser encore l'utilité de la leçon que le maréchal Valée voulait donner à Abd-el-Kader, le convoi, qui assurait dix jours de vivres, avait été organisé uniquement avec des mulets, de manière à passer partout. Le troupeau, conduit par des nègres du Sahara, avait été choisi de manière à pouvoir suivre les marches les plus rapides. L'état-major, habilement dirigé par le lieutenant-colonel de Salles, n'est éclairé ni par des reconnaissances, ni par des cartes, ni par des récits. Il se guide d'abord sur l'itinéraire d'Antonin, puis sur les souvenirs d'un vieux Turc, doué comme les sauvages d'une admirable mémoire locale, et enfin sur la boussole et l'application au terrain des notions générales de la topographie.

La division d'Orléans, composée aussi légèrement que possible, franchit en neuf jours les soixante-huit lieues qui séparent Sétif d'Alger, malgré deux combats, quinze passages de rivière à gué, un convoi de neuf cents animaux très-chargés, des montagnes affreuses sans chemin; et, non-seulement elle n'y laisse ni un mulet, ni un homme en arrière, quoique l'infanterie porte six jours de vivres et soixante cartouches, mais elle enlève à l'ennemi des prisonniers et des chevaux.

Le maréchal Valée a senti que le succès de l'expédition serait en proportion de la célérité de la marche, qui diminuerait les chances de la saison et rendrait trop tardive l'action de l'ennemi. En partant de Sétif, il fait faire aux deux divisions d'Orléans et de Galbois, vingt-quatre lieues en trois jours, à la boussole, à travers pays, chassant devant lui le lieutenant d'Abd-el-Kader; et çette course au clocher assure la réussite de l'expédition, en dérobant à l'ennemi le passage féerique des Bibans ou Portes de Fer.

Ce défilé célèbre, et plus difficile encore que la renommée ne l'avait dit, est la seule entrée donnant accès, vers l'est, dans l'agglomération confuse de montagnes sauvages et amorphes dont le Djurdjura est le pic principal, et qui couvre près de douze cents lieues carrées de pays entre Bougie, Ouennougha et l'Oued-Kaddara.

Un phénomène géologique extraordinaire a relevé verticalement, sur une vaste surface, les couches horizontales des roches calcaires dont cette partie de l'Atlas est formée. L'action des siècles a détruit les couches plus friables qui remplissaient les intervalles de ces stratifications parallèles, en sorte qu'aujourd'hui ces murailles naturelles, distantes de quinze à trente mètres, se succèdent pendant près d'une lieue, s'élevant jusqu'à une hauteur de cent à deux cents mètres.

La seule brèche pratiquée à travers ce feuilleté de montagnes grandioses a été frayée par l'Oued-Biban ou Bou-Kton, torrent salé dont le lit, encombré de cailloux roulés et de débris de toute espèce, n'a parfois qu'un mètre ou deux mètres de large. Il n'a point sillonné en ligne droite les faces verticales des rochers qui le surplombent, et il n'y a pas un recoin de ce sombre défilé où l'on ne soit à la fois vu de plusieurs de ces remparts, qui se donnent ainsi un flanquement mutuel, et dont le sommet, dentelé par une incroyable bizarrerie de la nature, est percé d'ouvertures ovales disposées comme des meurtrières.

La pluie ou la moindre résistance rendent le passage impossible. Les eaux, arrêtées par les rétrécissements auxquels on a donné le nom de Portes de Fer, à cause de leur couleur noire, s'élèvent quelquefois jusqu'à trente pieds au-dessus du sol, puis s'échappent avec violence dans une étroite vallée qu'elles inondent entièrement; et telle est la disposition, unique sur le globe, de cette forteresse naturelle, que quelques hommes avec des pierres suffiraient pour y arrêter une armée, car celle-ci ne pourrait ni les voir ni leur répondre. Les crêtes ne peuvent être ni couronnées régulièrement, étant toutes parallèles et isolées entre elles en même temps que perpendiculaires à la direction du lit du torrent, ni tournées, car les ressauts de ces déchirements étranges se prolongent fort au loin jusqu'à un pêle-mêle de rochers anguleux, de maquis épineux et de précipices infranchissables.

Aussi le duc d'Orléans renonça-t-il aux précautions militaires d'usage, dont l'essai infructueux eût pris plusieurs jours et exigé dix mille hommes. Il lance à toute course les compagnies de voltigeurs commandées par le lieutenant-colonel Drolenvaux[107], qui traversent le défilé, en occupent l'issue et reviennent par les hauteurs, aussi loin que possible, au-devant de la colonne; celle-ci, forte de moins de trois mille hommes, mit quatre heures à défiler, par un, dans cet effroyable coupe-gorge.

A peine l'arrière-garde en était-elle sortie, à peine les Cheikhs, les Beni-Abbès, retenus dans le passage comme guides et comme otages, étaient-ils rendus à leurs tribus, que quelques coups de fusil et un orage violent rendirent évident pour le dernier soldat le bonheur particulier qui avait protégé cette téméraire entreprise.

Le maréchal Valée, justement fier d'avoir dirigé les soldats français dans cet enfer respecté par les Romains eux-mêmes, y puisa la conviction que cette fantastique combinaison de bouleversements impossibles à décrire n'a jamais été et ne sera jamais une route militaire, et qu'il fallait chercher ailleurs la communication régulière et habituelle d'Alger avec Constantine.

Au delà des Portes de Fer, la colonne se trouva aux prises avec de nouvelles difficultés; ce fut d'abord le manque d'eau potable : la division qui, pendant cinquante-deux heures, côtoya les eaux magnésifères de l'Oued-Bou-Kton, endura le cruel supplice de la soif en présence d'un liquide n'ayant de l'eau que l'apparence, et que les animaux eux-mêmes refusaient avec dégoût. Calme dans les privations, infatigable dans les marches, la division, qui n'avait ni traînards ni malades, surprit ensuite par une marche de nuit le fort d'Hamza, carré étoilé, avec muraille de dix mètres de haut et onze pièces de canon sans affût. Ben-Salem, bey de Sébaou pour Abd-el-Kader, ne défendit pas ce poste, important cependant par la belle position militaire qu'il occupe sur une sorte de table commandant la réunion de trois vallées qui mènent à Alger, à Bougie et aux Portes de Fer, et au pied d'un col déprimé conduisant à Médéah. Mais, lorsque les Français furent engagés dans les montagnes affreuses qui séparent Hamza du Fondouk, et où le chemin, fréquemment coupé par les rivières qu'il faut passer à gué, est tantôt un escalier de rochers roulants encaissés sous une voûte de broussailles, tantôt un sentier en saillie sur des précipices, Ben-Salem protesta par les armes.

Après deux affaires d'arrière-garde à Beni-Djaad et à Ben-Hini, où l'ennemi fut rudement repoussé, Ben-Salem s'éloigna, et, le 2 novembre 1839, la division d'Orléans terminait par une entrée triomphale à Alger une longue et périlleuse opération, dont les connaisseurs seuls apprécièrent le mérite, mais dont le côté romanesque frappa l'imagination du public, souvent injuste pour la prudence, mais toujours séduit par la témérité heureuse.

L'armée d'Afrique grandit en France, bien
moins par ce fait d'armes que par l'attention qu'elle
attira ainsi sur des travaux jusqu'alors trop dédai-
gnés; cette fois encore, cette armée subissait la
condition qui lui est faite dans ce jeu terrible où
elle rend des points à ses adversaires.

Les résultats obtenus n'étaient point en proportion de ces efforts ni des dangers surmontés; car,
si le pays avait été soumis et organisé jusqu'à
Hamza, la route militaire n'était pas établie et ne
pouvait l'être que par le territoire cédé à Abd-el-
Kader. Cependant, la France était grandie en
Afrique, l'émir craignit de descendre : il n'avait
plus rien à demander à la paix, il fit la guerre.

. . . .

. . . .

Cette guerre, qui dura neuf ans, fut la lutte
suprême au milieu de laquelle notre domination
sur l'Algérie s'établit d'une manière définitive. Le
duc d'Orléans n'en put voir que les premiers
incidents; mais, dès le début, il en avait bien
jugé le caractère : il avait vu que désormais, sur le
sol de l'Algérie, il n'y avait plus place à la fois

*pour la France et pour l'empire arabe d'Abd-el-
Kader. Aussi ce début marquait-il pour lui le commencement d'une nouvelle période dans l'histoire de
l'armée d'Afrique, une nouvelle et grande section
de l'ouvrage qu'il avait entrepris. Il se proposait
de mener le récit des différentes phases de cette
guerre jusqu'au jour où il offrirait à l'armée le
monument qu'il travaillait à élever en son honneur.*

*Mais il n'eut pas même le temps de mettre en
ordre les notes qu'il avait prises sur la campagne
de 1840. Son manuscrit, brusquement arrêté au
moment où l'historien semble prendre un nouvel
essor pour parler des faits d'armes auxquels il
avait eu une part importante, est comme une triste
image de cette vie si pleine d'espérances et de promesses, interrompue soudain par un coup si terrible.*

*Ce n'est pas à nous qu'il appartient, nous l'a-
vons dit dans l'*Avant-propos, *de compléter ces pages
inachevées. Il faudrait, pour raconter la fin de la
guerre d'Algérie, une plume autorisée par l'expérience personnelle; mais ne peut-on pas espérer
qu'une entreprise aussi patriotique tentera quel-
qu'un des anciens compagnons du duc d'Orléans?
Peut-être un jour ses frères, qui continuèrent son
œuvre en Afrique, donneront-ils à ces récits une
suite digne de l'auteur, digne d'un pareil sujet.*

En tout cas, nous souhaitons que l'un des anciens
Algériens, *comme les appelait le duc d'Orléans,
termine une histoire si propre à perpétuer chez
nous la tradition de ces vertus militaires qui sont
l'honneur et le premier devoir d'une armée vraiment nationale.*

FIN.

NOTES

NOTES

DE L'INTRODUCTION

a. BOUTIN (Vincent-Yves). — Colonel du génie. — Chargé d'une mission en Égypte et en Syrie (novembre 1810), fut assassiné en juillet ou en août 1815, près du village d'El-Blatta (Syrie).

b. BOURMONT (Victor, comte DE GAISNE DE). — Maréchal de France en juillet 1830. — A quitté le service à la révolution de juillet. — Mort au château de Bourmont (Anjou), en 1846.

c. Baron DUPERRÉ (Victor-Guy), amiral de France. — Embarqué à l'âge de seize ans. — Combats dans l'Inde. — Victoire navale du Grand-Port, à l'île de France, en 1810. — Bombardement de Cadix en 1823. — Ministre de la marine en 1834 et plusieurs fois depuis lors. — A quitté la vie publique en 1843. — Mort en 1846.

d. Baron BERTHEZÈNE. — Lieutenant général du 4 août 1813. — En disponibilité jusqu'en 1847.

e. Comte LOVERDO. — Lieutenant général du 4 juillet 1815. — Disponibilité. — Mort en 1837.

f. Duc D'ESCARS (Amédée-François-Régis DE PÉRUSSE). — A quitté le service à la révolution de juillet. — Mort en 1866.

g. Baron Poret de Morvan. — Maréchal de camp le 30 novembre 1813. — Commandant supérieur d'Avesnes, Maubeuge, Landrecies et le Quesnoy en 1831. — Commandant le département d'Eure-et-Loir en 1833. — Ne figure plus dans l'Annuaire en 1834.

h. Baron Achard (Jacques-Michel-François). — Lieutenant général le 13 décembre 1830. — Réserve en 1846. — Sénateur. — Mort en 1864.

i. Baron Clouet. — Maréchal de camp le 3 octobre 1823. — Démissionnaire en 1830.

j. Comte de Damrémont. — Voir la note 74 du texte.

k. Munck d'User. — Voir la note 53 *bis* du texte.

l. D'Arcine (Colomb). — Maréchal de camp le 3 novembre 1823. — Démissionnaire en 1830.

m. Vicomte Berthier de Sauvigny. — Maréchal de camp le 4 octobre 1815. — Démissionnaire en 1830.

n. Baron Hurel. — Maréchal de camp le 23 juillet 1823. — Mission en Belgique en 1833. — Mort en 1847.

o. Comte de Montlivault. — Chef de bataillon en 1815. — Colonel en 1816. — Maréchal de camp le 30 juillet 1823. — Mission en Belgique en 1833. — Mort en 1859.

p. Desprez. — Lieutenant général. — Sous-chef d'état-major général. — Mission en Belgique en 1833. — Mort en 1833.

q. Tholozé. — Maréchal de camp le 22 mai 1825. — Lieutenant général en 1838.

r. Vicomte de la Hitte (Jean-Ernest Ducos). — Sous-lieutenant d'artillerie en 1809. — Colonel après la campagne d'Espagne, en 1823. — Maréchal de camp en 1829. —

Lieutenant général en 1840. — Ministre des affaires étrangères en 1849. — Sénateur.

s. Baron DE VALAZÉ.—Lieutenant général du génie en 1830. — Mort en 1838.

t. Baron DENNIÉE.—Intendant général. — Armée des Alpes en 1848. — Mort en 1848.

u. Comte BARAGUEY D'HILLIERS, maréchal de France et sénateur. — Sous-lieutenant de chasseurs en 1812. — Poignet gauche emporté à Leipsick. — Capitaine en 1814. — Colonel en 1830. — Maréchal de camp en 1836.— Lieutenant général en 1843. — Maréchal de France après la prise de Bomarsund, le 28 août 1854. — Commandant le 1ᵉʳ corps d'armée dans la campagne d'Italie, en 1859. — Commandement militaire à Tours.

v. VAILLANT, maréchal de France, sénateur et ministre. — Sous-lieutenant du génie le 1ᵉʳ octobre 1809. — La jambe traversée par un biscaïen, à l'attaque du fort l'Empereur, en 1830, et nommé lieutenant-colonel. — Colonel après le siége d'Anvers, le 7 janvier 1833. — Maréchal de camp en 1838.—Lieutenant général en 1845. — Siége de Rome. — Maréchal de France le 11 octobre 1851. — Major général dans la campagne d'Italie. — Ministre de la maison de l'empereur.

x. Baron DE CHABAUD-LA-TOUR (François-Henri-Ernest). — Sous-lieutenant du génie en 1822. — Capitaine en 1828. — Expédition et siége d'Alger en 1830. — Campagnes de Belgique et siége d'Anvers, 1832. — Campagnes d'Afrique en 1835, 1839 et 1840, comme officier d'ordonnance du duc d'Orléans. — Chef de bataillon en 1837. — Lieutenant-colonel en 1842. — Colonel en 1845. — Général de brigade en 1853. — Général de division en 1857. — Commandant supérieur du génie en Algérie, de 1852 à 1858. —Commandant en chef du génie à l'armée d'observation à Nancy en 1859. — Président du comité des fortifications. — Réserve 1869.

y. Duvivier. — Voir la note 58 du texte.

z. Pélissier (Aimable-Jean-Jacques), duc de Malakoff, maréchal de France et sénateur. — Sous-lieutenant d'artillerie en 1815. — Lieutenant d'état-major à l'organisation du corps, en 1820. — Capitaine en 1828. — Chef d'escadron en 1830. — Lieutenant-colonel en 1839. — Colonel en 1843. — Maréchal de camp en 1846. — Général de division en 1850. — Gouverneur général par intérim de l'Algérie. — Prend le commandement en chef de l'armée d'Orient, le 16 mai 1855. — Maréchal de France et duc de Malakoff après la prise de Sébastopol. — Commandement de l'armée d'observation à Nancy, en 1859. — Gouverneur de l'Algérie après l'ambassade d'Angleterre. — Mort le 22 mai 1864.

a'. Changarnier. — Voir la note 32 du texte.

b'. Marquis de Beaufort-d'Hautpoul. — Sous-lieutenant d'état-major en 1822. — Campagne d'Alger comme aide de camp du général Valazé. — Aide de camp du duc d'Aumale à la prise de la Smala. — Colonel en 1850. — Général de brigade en 1854. — Général de division et chef d'état-major du 5e corps d'armée en Italie. — Commandant en chef de l'expédition de Syrie, en 1860. — A la réserve en 1869.

c'. Mac-Mahon (Marie-Edme-Patrice-Maurice de), duc de Magenta, maréchal de France et sénateur. — Sous-lieutenant d'état-major en 1827. — Capitaine en 1833. — Commandant du 10e bataillon de chasseurs d'Orléans à la formation, puis en Afrique. — Lieutenant-colonel de la légion étrangère. — Colonel en 1845. — Général de brigade en 1848. — Général de division en 1852. — Commandant d'une division d'infanterie en Crimée. — Enlève, le 8 septembre 1855, les ouvrages de Malakoff. — Gouverneur général de l'Algérie. — A la tête du 2e corps d'armée, il décide la victoire de Magenta. — Maréchal de France et duc de Magenta. — Gouverneur général de l'Algérie.

d'. LAMORICIÈRE. — Voir la note 11 du texte.

e'. MAGNAN (Bernard-Pierre), maréchal de France et sénateur. — Soldat au 66ᵉ de ligne. — Sous-lieutenant en 1811. — Capitaine en 1813. — Chef de bataillon en 1817. — Lieutenant-colonel en 1823. — Colonel en 1827. — Maréchal de camp au service belge en 1832. — En France, en 1835. — Lieutenant général en 1845. — Commandant de l'armée de Paris. — Maréchal de France en 1852. — Mort le 29 mai 1865.

f'. ROSAMEL (Claude-Charles-Marie DUCAMPE DE), vice-amiral et pair de France. — Aspirant de marine en 1792. — Trois combats sur le vaisseau *la Convention* (armée navale de l'amiral Villaret-Joyeuse), en mai et juin 1794. — Lieutenant de vaisseau en 1802. — Capitaine de frégate en 1808. — Combat de la frégate *la Pomone,* qu'il commandait, contre deux frégates anglaises, dans l'Adriatique, le 29 novembre 1811; blessé à la tête. — Capitaine de vaisseau en 1814. — Contre-amiral en 1823. — Préfet maritime à Toulon en 1830. — Vice-amiral en 1831. — Ministre de la marine en 1836. — Admis à la réserve en 1842. — Mort à Paris en 1848.

g'. LEMOINE. — Capitaine de vaisseau en 1830.

h'. Baron HUGON (Gaudefroi-Amable), vice-amiral et sénateur. — Mousse en 1795. — Lieutenant de vaisseau en 1810. — Capitaine de frégate en 1819. — Capitaine de vaisseau en 1825. — Commandant de *l'Armide* à Navarin. — Contre-amiral en 1831. — Vice-amiral en 1840. — Cadre de réserve en 1852.

i'. MOUNIER. — Colonel, tué à la tête de son régiment, à Lyon, en 1834.

j'. DU PETIT-THOUARS (Abel AUBERT). — Enseigne de vais-

seau le 3 février 1815, — Lieutenant de vaisseau en 1819.
— Capitaine de frégate en 1824. — Voyage autour du monde
sur *la Vénus*, de 1836 à 1839. — Contre-amiral en 1841.
— Vice-amiral en 1846. — Réserve en 1858.

k'. LENOIR. — Chef de bataillon du génie. — Colonel en 1837.
— Ne figure plus dans l'Annuaire en 1845.

l'. CLAUZEL. — Voir la note 15 du texte.

m'. MAUMET. — Officier d'état-major. — Chef de bataillon
de zouaves en 1831. — Lieutenant-colonel commandant en
second l'École de la Flèche, en 1840.

n'. MAREY-MONGE. — Voir la note 16 du texte.

o'. BOYER (Pierre-François-Xavier). — Chef de brigade (colonel) le 13 juin 1795. — Général de brigade le 28 mars 1801.
— Général de division le 16 février 1814. — Mort le 11 juillet 1848.

p'. MARION. — Colonel du 20ᵉ de ligne. — Ne figure plus
dans l'Annuaire en 1836.

q'. DUCROS. — Chef de bataillon au 37ᵉ de ligne. — Lieutenant-colonel en 1832, au 64ᵉ. — Ne figure plus dans l'Annuaire en 1839.

r'. RULHIÈRES. — Voir la note 82 du texte.

s'. DANLION. — Général commandant la place d'Alger
en 1832.

t'. DE CAMAIN. — Chef d'escadron d'artillerie. — Ne figure
plus dans l'Annuaire en 1834.

u'. Marquis D'ARLANGES. — Voir la note 14 du texte.

v'. ROUILLARD. — Lieutenant au 30ᵉ de ligne. — Capitaine

trésorier au 30ᵉ en 1838. — Major au 15ᵉ en 1850. — Ne figure plus dans l'Annuaire en 1854.

x'. RONDÉ DE SIGNY. — Voir la note 40 du texte.

y'. Marquis DE FAUDOAS. — Maréchal de camp le 22 février 1829. — Lieutenant général le 24 août 1838. — Mort le 13 septembre 1844.

z'. TRÉZEL. — Voir la note 3 du texte.

a". Baron VOIROL. — Maréchal de camp le 30 juillet 1823. — Lieutenant général le 9 janvier 1833. — Mort le 15 septembre 1853.

b". Général BRO. — Voir la note 19 du texte.

c". D'ARMANDY. — Voir la note 92 du texte.

d". YOUSSOUF. — Voir la note 34 du texte.

e". Comte de CHABANNES-LA-PALICE (Alfred-Jean-Éginhard). — En 1814, garde du corps. — En 1824, capitaine dans la garde royale avec le rang de chef d'escadron. — Volontaire dans la campagne de Belgique, au 20ᵉ léger. — Officier d'ordonnance du roi Louis-Philippe. — Lieutenant-colonel commandant le 3ᵉ chasseurs d'Afrique. — Colonel du 10ᵉ dragons. — Maréchal de camp en 1840. — Aide de camp du roi, qu'il a suivi en exil. — Est resté auprès de la reine Marie-Amélie après la mort du roi. — Mort en 1868.

f". MORRIS. — Voir la note 72 du texte.

g". PARSEVAL-DESCHESNE (Alexandre-Ferdinand). — Capitaine de vaisseau le 26 octobre 1833. — Contre-amiral le 30 avril 1840. — Vice-amiral le 15 juillet 1846. — Commandant l'escadre de la Baltique dans la guerre de Russie. — Amiral le 2 décembre 1854. — Mort le 12 juin 1860.

h''. BARBARE. — Capitaine au 59ᵉ de ligne. — Ne figure plus dans l'Annuaire en 1835.

i''. ESSELIN. — Chef de bataillon au 59ᵉ de ligne. — Ne figure plus dans l'Annuaire en 1838.

j''. PARRON. — Capitaine au 59ᵉ de ligne. — Ne figure plus dans l'Annuaire en 1836.

k''. MOLLIÈRE. — Voir la note 26 du texte.

l''. BERNAERT. — Sous-lieutenant au 59ᵉ de ligne. — Ne figure plus dans l'Annuaire en 1834.

m''. CONRAD. — Chef d'escadron. — Commande la légion française en Espagne avec rang de maréchal de camp espagnol. — Tué à la tête de la légion, à Barbastro, en 1837.

n''. EYNARD. — Capitaine adjudant-major au 12ᵉ dragons en 1832. — Major au 4ᵉ lanciers le 2 décembre 1840. — Ne figure plus dans l'Annuaire en 1844.

o''. LEMERCIER. — Voir la note 31 du texte.

p''. DE SPARRE. — Capitaine en 1826. — Chef de bataillon au 65ᵉ de ligne le 31 décembre 1836. — Lieutenant-colonel au 69ᵉ le 27 février 1841. — Colonel au 42ᵉ le 24 avril 1845. — Général de brigade le 3 août 1851.

q''. GENTIL. — Chef de bataillon le 11 avril 1830. — Lieutenant-colonel au 17ᵉ de ligne le 31 décembre 1835. — Colonel du 24ᵉ le 15 septembre 1839. — Maréchal de camp le 28 avril 1842. — Lieutenant-général le 17 août 1846.

r''. LISLEFERME. — Capitaine au 4ᵉ de ligne. — Ne figure plus dans l'Annuaire en 1834.

s''. VIVIEN. — Capitaine du génie du 1ᵉʳ octobre 1827. — Colonel le 20 décembre 1853. — A la retraite le 5 mars 1859.

t''. HERBIN-DESSAUX. — Capitaine du 30 mars 1828. — Chef d'escadron au 3ᵉ chasseurs d'Afrique le 1ᵉʳ mars 1835. — Lieutenant-colonel le 4 septembre 1842. — Ne figure plus dans l'Annuaire en 1846.

u''. LEPEREY. — Capitaine. — Ne figure plus dans l'Annuaire quelques années après.

v''. DE TROBRIANT. — Aide de camp de Davoust à Austerlitz. — Capitaine à Eylau. — Commandant un corps de cavalerie légère en Espagne en 1811. — Campagne de Russie. — Colonel du 7ᵉ hussards en 1814. — Relevé de la retraite et maréchal de camp en septembre 1830. — Réserve en 1842 ou 1843.

x''. Baron DE LÉTANG. — Voir la note 27 du texte.

y''. Baron DESMICHELS. — Voir la note 1 du texte.

z''. Lieutenant DE GÉRAUDON. — Général de division en 1868.

a'''. DESFORGES. — Officier d'ordonnance du général Desmichels.

b'''. LEULLION DE THORIGNY. — Voir la note 67 du texte.

NOTES

DES CAMPAGNES D'AFRIQUE

1. Général baron DESMICHELS. — Lieutenant général du 30 juillet 1823. — Mort à Paris en 1845.

2. Mustapha BEN ISMAIL. — Tué en 1843.

3. Général TRÉZEL, pair de France. — Sous-lieutenant ingénieur géographe en 1805. — Ambassade de Perse, de 1807 à 1811. — Colonel à Waterloo, où il perd l'œil gauche. — Général de brigade le 5 juillet 1815. — Rentré en 1818 comme colonel d'état-major. — Guerres d'Espagne et de Morée. — Maréchal de camp en 1829. — Lieutenant-général en 1837. — Ministre de la guerre en 1847. — Général retraité en 1848. — Mort le 11 avril 1860.

4. Comte d'ERLON (DROUET). — Soldat en 1792. — Lieutenant général le 27 août 1803. — Fit capituler Dantzick. — Blessé à Friedland. — Campagne de 1814 à Toulouse. — 1er corps d'armée à Waterloo. — Reprend du service en 1830. — Gouverneur général de l'Algérie en 1834. — Maréchal de France en 1843. — Mort à Paris en 1844.

5. Colonel OUDINOT. — Colonel du 7 septembre 1833, 2e chasseurs d'Afrique. — Tué en 1835.

6. Commandant POERIO. — Chef de bataillon à la légion
étrangère le 28 janvier 1832. — Lieutenant-colonel commandant de place à Blidah. — Général piémontais en 1848.

7. Colonel DE MAUSSION, colonel le 29 octobre 1828. — Tué
en 1841 au combat de Sidi-Lakdar (Oran).

8. FOURNIÉ, maréchal des logis du train des équipages. —
Action d'éclat à la Macta, ramène sa voiture.

9. Capitaine ALLARD. — Capitaine d'artillerie du 28 février
1821. — Ne figure plus dans l'Annuaire en 1836.

10. Capitaine BERNARD. — Capitaine le 24 février 1835. —
Chef d'escadron le 24 novembre 1842.

11. Commandant DE LAMORICIÈRE (Christophe-Louis-Léon
JUCHAULT). — Lieutenant en second du génie, 1826. — Capitaine le 1er novembre 1830. — Chef de bataillon de zouaves
en 1833. — Lieutenant-colonel en 1835. — Colonel en 1837,
à la suite du siége de Constantine. — Maréchal de camp
en 1840. — Lieutenant général en 1843. — Gouverneur général intérimaire de l'Algérie en 1845. — Dix-huit campagnes
en Afrique. — Ministre et représentant du peuple en 1848.
— Commandant de l'armée pontificale dans la campagne
d'avril 1860. — Mort en 1865, près d'Amiens.

12. Capitaine CAVAIGNAC (Louis-Eugène). — Sous-lieutenant du génie en 1822. — Capitaine en second en 1828, dans
la campagne de Morée. — Commandant du Mechouar de
Tlemcen en 1836. — Chef de bataillon aux zouaves, 1837,
puis au 2e bataillon d'infanterie légère d'Afrique. — Défense
de Cherchell, 1840. — Lieutenant-colonel de zouaves. —
Colonel le 11 août 1841. — Maréchal de camp après la bataille
d'Isly, en 1844. — Général de division le 28 février 1848 et
gouverneur général de l'Algérie. — Ministre et représentant

du peuple en 1848. — Chef du pouvoir exécutif de juin à décembre 1848. — Mort en 1857.

13. Capitaine COUSIN DE MONTAUBAN, comte DE PALIKAO. — Capitaine aux chasseurs d'Afrique. — Chef d'escadron aux spahis en 1836. — Lieutenant-colonel en 1843. — Colonel en 1845. — Général de brigade en 1851. — Général de division en 1855. — Commandant en chef de l'expédition de Chine en 1860; nommé comte de Palikao. — Commandant le 4e corps d'armée à Lyon.

14. Général marquis D'ARLANGES. — Colonel en 1823. — Maréchal de camp en 1834. — Mort en 1843.

15. Maréchal CLAUZEL (Bertrand). — Soldat en 1791. — Campagnes de l'armée des Pyrénées, à Saint-Domingue, en Dalmatie. — Général de division en 1802. — Commande l'armée du duc de Raguse après la bataille de Salamanque. — Gouverneur général et commandant en chef de l'armée d'Afrique en 1830 et en 1835. — Maréchal de France en 1831. — Mort en 1842.

16. Colonel MAREY-MONGE (Guillaume-Stanislas), comte DE PELUSE. — Lieutenant en premier d'artillerie en 1824. — Capitaine en 1826. — Expédition d'Alger (1830). — Chef d'escadron de cavalerie indigène. — Lieutenant-colonel en 1834. — Colonel des spahis en 1837. — Maréchal de camp en 1843. — Général de division en 1848. — Sénateur. — Mort en 1863.

17. Général RAPATEL. — Maréchal de camp le 11 août 1823. — Lieutenant général en 1833. — Commandant la 2e légion de la garde nationale en juin 1848. — Mort à Paris en 1852.

18. Sous-lieutenant BRO, officier d'ordonnance du roi Louis-Philippe. — Colonel du 11e chasseurs en 1854. — Retraité en 1862.

19. Général BRO. — Colonel en 1814. — Maréchal de camp en 1832. — Lieutenant général en 1843. — Mort en 1844

20. Chef d'escadron SOL. — Aide de camp du maréchal Clauzel. — Lieutenant-colonel en 1842. — Commandant des dépôts des cinq bataillons de chasseurs d'Orléans, à Grenoble. — Colonel en 1847. — Retraité en 1856.

21. Général marquis OUDINOT (Nicolas-Charles-Victor), duc DE REGGIO. — Lieutenant au 5e hussards en 1809. — Aide de camp de Masséna en Portugal. — Capitaine dans les chasseurs à cheval de la garde en Russie. — Chef d'escadron en 1814. — Colonel après l'abdication. — Maréchal de camp en 1824. — Lieutenant général en 1835. — Commandant en chef de l'armée des Alpes en 1848. — Représentant du peuple. — Commandant de l'expédition de Rome en 1849. — Mort à Paris en 1863.

22. Colonel COMBES. — Campagne de Waterloo. — Capitaine au 20e de ligne le 17 juillet 1822. — Commande les troupes de l'expédition d'Ancône. — Tué en 1837, à l'assaut de Constantine.

23. Capitaine DE RANCÉ. — Chef d'escadron d'état-major le 2 janvier 1836. — Aide de camp du maréchal Clauzel. — Retraité en 1845. — Député de l'Algérie en 1848.

24. D'ARNAUD. — .....

25. Lieutenant THOMAS. — Général de brigade en Crimée — Blessé à l'Alma. — Mort en 1859, à Tlemcen.

26. Capitaine MOLLIÈRE. — Maréchal de camp en 1848. — Commandant d'une brigade à la prise de Rome. — Mort à Paris en 1850.

27. Général baron DE LÉTANG (Georges-Nicolas-Marc). — Sous-lieutenant en 1807. — Prend deux drapeaux à Ocagna. — Chef d'escadron après Leipsick. — Colonel en 1829. — Maréchal de camp en 1835. — Lieutenant général en 1845. — Sénateur en 1852. — Réserve en 1853. — Mort en Belgique en 1866.

28. Commandant DE BOURGON (Martin). — Blessé à Constantine en 1836. — Général de division le 10 mai 1842. — Mort en 1848, des suites de blessures.

29. Capitaine RICHEPANSE. — Tué à l'attaque de Constantine en 1836.

30. Général baron DE MARBOT, sous-lieutenant au 1er hussards le 28 septembre 1799. — Capitaine aide de camp du maréchal Lannes le 3 janvier 1807. — Colonel du 15 novembre 1812. — Banni de France de 1815 à 1818. — Colonel du 3e chasseurs à cheval le 22 mars 1829. — Maréchal de camp le 22 octobre 1830. — Aide de camp du duc d'Orléans. — Lieutenant général le 21 octobre 1838. — Pair de France le 6 avril 1845. — Membre du comité de cavalerie le 13 avril 1845. — Retraité le 8 juin 1848. — Mort à Paris le 16 novembre 1854.

31. Colonel LEMERCIER. — Colonel du génie le 25 avril 1834. — Mort à Bône en 1836, des fatigues de l'expédition de Constantine.

32. Capitaine CHANGARNIER (Nicolas-Anne-Théodule). — Sorti de Saint-Cyr comme sous-lieutenant en 1815. — Lieutenant en 1815 au 60e de ligne. — Campagne d'Espagne de 1823, et capitaine le 9 octobre 1825. — Expédition de Mascara au 2e léger. — Chef de bataillon en 1835, se distingue dans la retraite de la première expédition de Constantine. — Lieutenant-colonel en 1836. — Colonel en 1839. — Expédition des Portes-de-Fer comme colonel du 2e léger. — Maréchal de camp en 1840. — Lieutenant général en 1843. — Commandant la division d'Alger en 1848. — Commandant supérieur de la garde nationale et des troupes de Paris de 1848 à 1851. — Retraité en 1852.

33. PERREGAUX. — Colonel en 1820. — Maréchal de camp le 16 juin 1834. — Mort en 1837, des suites d'une blessure reçue à Constantine.

34. Commandant Youssouf. — Maréchal de camp en 1845. — Général de division en 1856. — Mort à Cannes en 1866.

35. Colonel DE GOUY (LEFEBVRE). — 2ᵉ régiment de chasseurs d'Afrique. — Maréchal de camp en 1845. — Mort en 1847, à Nancy.

36. Lieutenant MESMER. — Lieutenant au 2ᵉ chasseurs. — Capitaine au 1ᵉʳ régiment de spahis. — Passé aux spahis du Sénégal. — Commande les bachi-bozouks en 1854.

37. Sous-lieutenant SAVARESSE. — Lieutenant au 2ᵉ chasseurs. — Capitaine le 5 juillet 1843, au même régiment. — Passe au 2ᵉ de carabiniers. — Général de brigade le 16 décembre 1865. — Commandant de la subdivision du Loiret.

... RIPERT (Honoré-Sarrazin). — Capitaine au 11ᵉ de ligne. — Général de division du 17 mars 1855. — A la réserve.

38. Lieutenant PRINCETEAU. — Artillerie. — Officier d'ordonnance du roi Louis-Philippe. — Général de division en 1868. — Inspecteur général et membre du comité d'artillerie.

39. Capitaine CUNY. — Porte-étendard des zouaves. — Colonel du 11ᵉ de ligne. — Général de brigade en 1848. — Mort à Cherbourg en 1861.

40. Capitaine RONDIÉ DE SIGNY. — Lieutenant au 1ᵉʳ chasseurs d'Afrique en 1832. — Chef d'escadron le 23 juin 1844. — Retraité le 22 septembre 1847.

41. Lieutenant VERGÉ (Joseph). — Capitaine le 25 avril 1836. — Chef du bataillon de tirailleurs indigènes d'Alger en 1843. — Mort le 23 juillet 1847.

42. Lieutenant-colonel comte DE LA RUE (Aristide-Isidore-Jean-Marie). — Lieutenant-colonel du 6 janvier 1836. — Colonel le 24 août 1838. — Général de brigade le 14 avril 1844. — Général de division le 14 juillet 1851. — Réserve. — Sénateur.

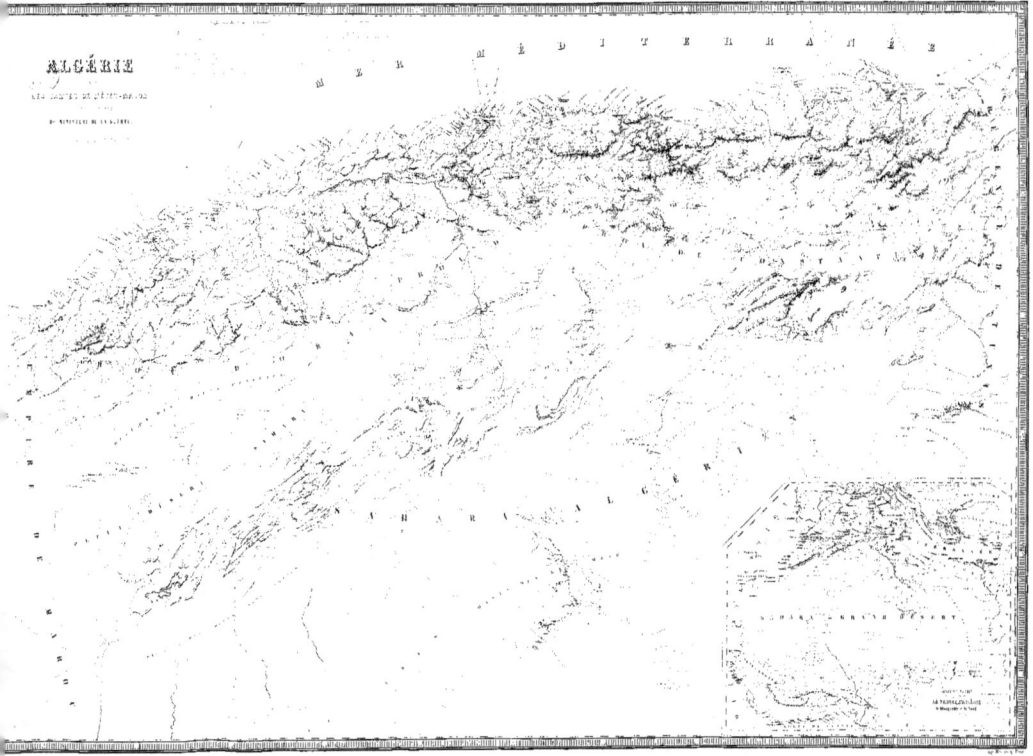

ALGÉRIE

MER MÉDITERRANÉE

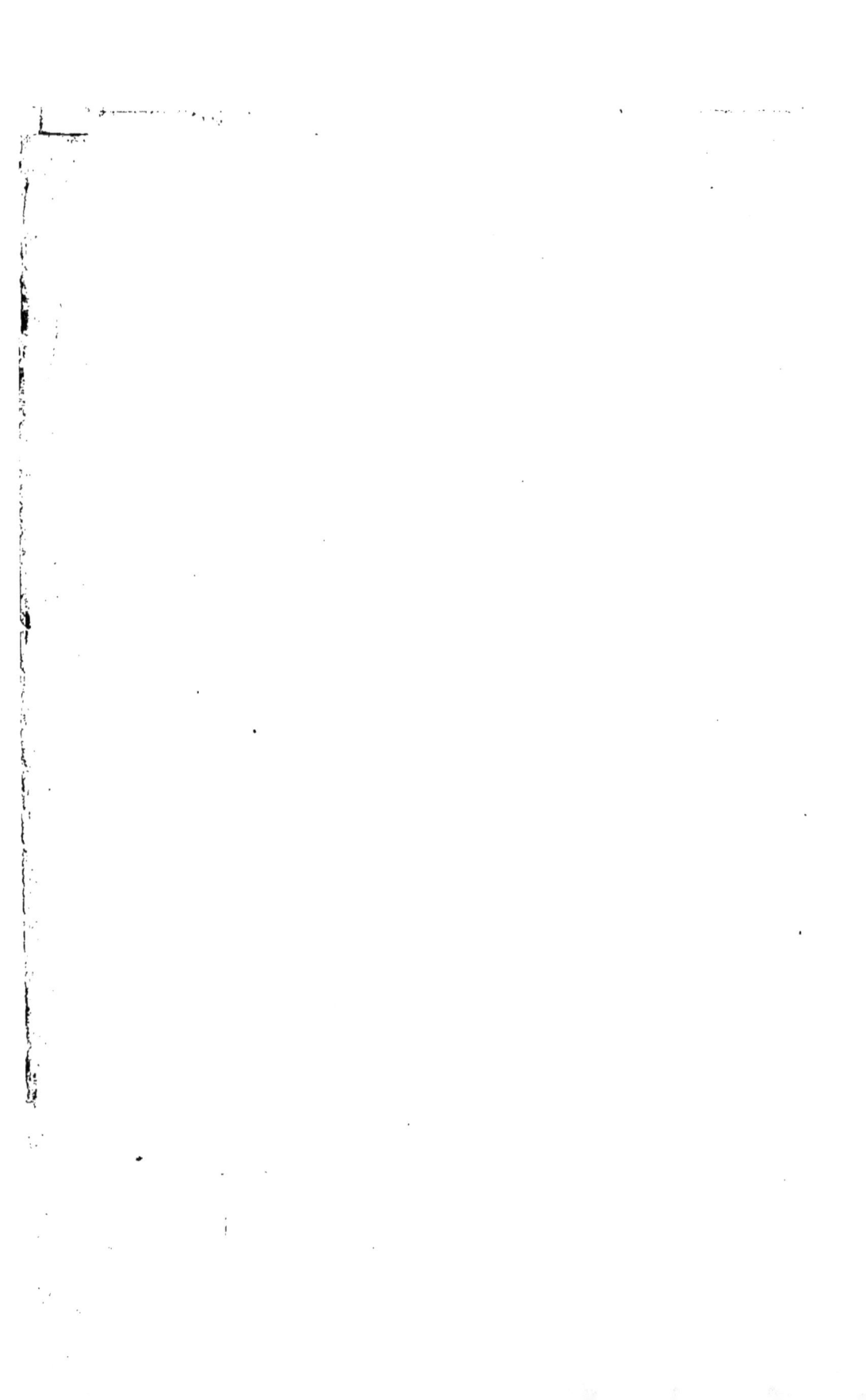

43. Capitaine BOUSCAREN (Henri-Pierre). — Général de brigade le 22 décembre 1851. — Tué à Laghouat, le 19 décembre 1852. — Neuf citations en Afrique.

44. Commandant MARENGO (CAPPONE, dit). — Colonel le 11 octobre 1840. — Retraité le 26 avril 1848.

45. Capitaine GASTU. — Général de division en 1857. — Mort commandant de la division de Constantine en 1859.

46. Capitaine VILLENEUVE (Décius). — Colonel du génie le 23 décembre 1845. — Mort le 4 avril 1855.

47. Capitaine GABRIAC DE MONTREDON. — Capitaine du 2e léger. — Mort en Afrique entre 1836 et 1838.

48. Colonel CORBIN. — Lieutenant-colonel en 1830. — Colonel en 1833. — Maréchal de camp en 1839. — Général de division en 1851. — Mort en 1859.

49. Capitaine DE MARTIMPREY (Edmond-Charles). — État-major. — Lieutenant-colonel en 1848. — Colonel après les journées de juin. — Général de brigade en 1852. — Général de division en 1855. — Chef d'état-major général de l'armée en Crimée et en Italie. — Réserve. — Sénateur.

50. Général BUGEAUD DE LA PICONNERIE (Thomas-Robert). — Vélite en 1804. — Caporal à Austerlitz. — Lieutenant à Auerstaedt. — Capitaine à Saragosse. — Chef de bataillon à l'armée d'Aragon. — Colonel commandant à l'hôpital sous Conflans, 28 juin 1815. — Rentré colonel en 1830. — Général de division en 1836, à la Sickack. — Gouverneur général de l'Algérie en 1840. — Maréchal de France en 1843, et duc d'Isly après la bataille d'Isly, en 1844. — Mort à Paris en 1849.

51. Maréchal de logis JUGNEAULT. — Aux chasseurs d'Afrique en 1836.

52. Général marquis DE BROSSARD (Amédée-Hippolyte). — Maréchal de camp le 2 février 1831. — Mort le 22 janvier 1867.

53. Lieutenant DE DRÉE. — Colonel du 3e cuirassiers en 1851. — Général de brigade en 1859. — Mort en 1860.

... Général MUNCK D'UZER. — Maréchal de camp en 1823. — Retraité en 1846. — Réserve de 1851 à 1852. — Mort à Paris en 1862.

54. Colonel DUVERGER (LEROY). — Maréchal de camp en 1838. — Réserve de 1846 à 1847.

55. Capitaine baron MARION. — Général de brigade en 1853. — Général de division en 1862. — Mort à Bastia en 1866.

56. Colonel baron DE TOURNEMINE. — Canonnier du 4e d'artillerie de marine en 1804. — Gagna tous ses grades sur les champs de bataille de l'Empire. — Colonel en 1826. — Escorte de Charles X à Cherbourg, en 1830. — Général de division en 1848. — Réserve. — Mort en 1861, à Saint-Germain en Laye.

57. Intendant MELCION D'ARC (Alexandre-Casimir-Élophe). — Entré au 3e de ligne le 17 novembre 1805. — Adjoint aux commissaires des guerres le 15 juin 1809. — Commissaire des guerres de 2e classe le 18 avril 1813. — Sous-intendant militaire de 1re classe le 22 janvier 1831. — Intendant militaire le 16 juillet 1834. — Retraité le 1er septembre 1849. — A péri dans l'Indre en voulant sauver un noyé, le 2 septembre 1851.

58. Lieutenant-colonel DUVIVIER. — Maréchal de camp en 1839. — Général de division en 1848. — Mort en 1848, des suites de blessures reçues en juin, à Paris, comme commandant de la garde nationale mobile.

59. Capitaine BLANGINI. — Maréchal de camp en 1847. — Mort à Orléans en 1852.

60. Général vicomte DE RIGNY. — Sous-lieutenant de 1807. — Lieutenant-colonel en 1814. — Colonel en 1818. — Maréchal de camp le 25 octobre 1830. — Première expédition de Constantine. — Réserve en 1848.

61. Capitaine MUNSTER. — Capitaine d'artillerie le 25 avril 1835. — Officier d'ordonnance du duc d'Orléans. — Mort à Alger en 1840.

62. Carabinier CRUST. — .....

63. Capitaine HACKETT.— Capitaine du génie le 11 mai 1832. — Tué à Constantine le 13 octobre 1837.

64. Capitaine RUY. — Lieutenant-colonel du génie le 27 mars 1850. — Mort le 17 février 1851.

65. Fourrier MOURREAU. — .....

66. Capitaine BLANC (A.-B.), dit SAINT-HIPPOLYTE. — Colonel d'état-major le 27 avril 1846. — Mort le 27 octobre 1849.

67. Chef d'escadron LEULLION DE THORIGNY (L.-E.). — Lieutenant-colonel de lanciers le 30 janvier 1836. — Mort le 22 mai 1838.

68. Carabinier MOURAMBLE. — .....

69. Colonel HECQUET. — Général de division en 1848. — Réserve. — Président de la commission des modèles.

70. Lieutenant BERTRAND (H.-A.-A.). — Général de brigade le 20 octobre 1864. — En activité.

71. GRAND (E.-E.-F.). — Capitaine du génie le 5 juin 1834. — Cité le 11 juin 1835. — Mort le 25 novembre 1836.

72. Capitaine MORRIS (L.-M.).— Maréchal de camp en 1847. — Général de division en 1851. — Commanda une division de cavalerie en Crimée, puis la cavalerie de la garde. —

Campagne d'Italie avec les mêmes fonctions. — Mort le 6 juin 1867.

73. Colonel BOYER (P.-P.). — Aide de camp du duc de Nemours. — Général de division le 20 avril 1845. — Mort le 26 novembre 1864.

74. Général comte DE DAMRÉMONT (Denis). — Capitaine en Espagne. — Aide de camp du duc de Raguse. — Lieutenant-général le 13 décembre 1830. — Gouverneur général de l'Algérie. — Enlevé par un boulet à Constantine, où il commandait en chef.

75. Général DE NÉGRIER (Casimir). — Colonel le 22 août 1830. — Maréchal de camp le 22 novembre 1836. — Lieutenant-général le 18 décembre 1841. — Tué à Paris en juin 1848.

76. Colonel DE SCHAUEMBOURG (M.-J.). — Maréchal de camp le 24 août 1838. — Mort le 17 septembre 1838.

77. Commandant DE LA TORRE (A.). — Colonel le 21 juin 1840. — Retraité le 27 mars 1845.

78. Capitaine CHASPOUL. — Capitaine le 19 octobre 1832. — Mort le 31 décembre 1841.

79. Lieutenant LETELLIER-VALAZÉ. — Aide de camp du général Changarnier en 1850. — Lieutenant-colonel d'état-major le 1er janvier 1854. — Général de brigade le 14 mai 1863. — Premier corps de l'armée d'Italie. — Chef d'état-major du corps expéditionnaire du Mexique.

80. Lieutenant BOSQUET (Pierre-François-Joseph). — Lieutenant en second le 1er janvier 1834. — Capitaine en 1839. — Chef de bataillon des tirailleurs d'Oran en 1842. — Lieutenant-colonel en 1845. — Colonel du 53e de ligne en 1847, puis du 16e. — Général de brigade le 17 août 1848. — Général de division en août 1853. — Nombreuses actions d'éclat en Afrique. —

Commandant de la 2ᵉ division de l'armée d'Orient à l'Alma.
— Corps d'observation, 1ʳᵉ et 2ᵉ division, à Inkermann, puis
commandant du 2ᵉ corps d'armée. — Maréchal de France le
18 mars 1856. — Sénateur. — Mort à Pau le 3 février 1861.

81. Général DE LAIDET. — Lieutenant-général le 16 novembre 1840. — Retraité en 1848. — Mort à Sisteron le 23 novembre 1854.

82. Général RULHIÈRES. — Sous-lieutenant en 1809. — Chef
de bataillon en 1813. — Colonel en 1826. — Maréchal de
camp en 1832. — Pair de France. — Lieutenant général
en 1845. — Ministre de la guerre en 1848. — Retraité en 1848.
— Relevé en 1849 et retraité de nouveau en 1851. — Nombreuses campagnes et citations. — Mort le 24 août 1863.

83. Capitaine PATÉ (Charles). — Colonel du 1ᵉʳ de ligne le
5 mai 1841. — Général de division le 29 août 1853. — Cadre
de réserve. — Commandant le château de Versailles.

84. Prince DE LA MOSKOWA (Ney), pair de France en 1831.
— Lieutenant-colonel du 8ᵉ lanciers le 10 mars 1844. — Général
de brigade le 10 août 1853. — Sénateur. — Mort à Saint-Germain en Laye le 25 juillet 1857.

85. Capitaine baron RICHEPANSE (A.). — Colonel du 1ᵉʳ chasseurs d'Afrique le 27 avril 1845. — Général de brigade le
3 mars 1851. — Général de division le 11 septembre 1862. —
Commandant de la cavalerie du corps du maréchal Niel en 1859.
— Mort le 11 septembre 1862, à Ségauge, près Moulins.

86. Général comte VALÉE. — Général de division en 1811.
— Commandant l'artillerie au siége de Tarragone. — Gouverneur général des possessions du nord de l'Afrique de 1837
à 1840. — Maréchal de France le 11 novembre 1837. — Mort
le 15 août 1846, à Paris.

87. Général baron ROHAULT DE FLEURY. — Entré en 1800

dans le génie. — Capitaine en 1801. — Austerlitz, Prusse, Pologne. — Chef de bataillon pour la défense de Barcelone, en 1808. — Colonel en 1816. — Maréchal de camp en 1823. — Lieutenant-général en avril 1834. — Pair de France en 1837. — Retraité en 1848. — A la réserve en 1849. — Mort le 17 novembre 1866, à Forget (Loir-et-Cher).

88. Colonel BERNELLE (J.-N.). — Général de brigade le 11 novembre 1837. — Retraité en 1848. — Réserve.

89. Amiral LALANDE (Julien-Pierre-Anne). — Novice sur les bâtiments de l'État le 8 février 1803. — Lieutenant de vaisseau le 7 mai 1812. — Capitaine de frégate le 17 août 1822 — Capitaine de vaisseau le 5 avril 1827. — Contre - amiral, puis major général de la marine à Brest, en 1836. — Vice-amiral le 12 juillet 1841. — Membre du conseil d'amirauté le 2 décembre 1843. — Mort à Paris le 19 mai 1844.

90. Sous-intendant D'ARNAUD. — Intendant de la 15e division militaire. — Mort le 11 octobre 1839.

91. Capitaine comte DE SALLES (Charles-Marie-J.-M.). — Sous-lieutenant d'état-major en 1824. — Lieutenant en 1827. — Morée et Alger. — Capitaine en 1830. — Anvers. — En 1837, aide de camp du maréchal Valée. — Colonel en 1840. — Général de brigade en 1848. — Général de division le 7 mars 1852. — Armée d'Orient 1854. — 1er corps d'armée le 8 septembre 1855. — Sénateur en 1856. — Mort le 1er novembre 1858, à Mornas (Vaucluse).

92. Chef d'escadron D'ARMANDY. — Chef d'escadron en 1832. — Colonel en 1843. — Général de brigade en 1850. — Général de division le 7 mai 1851. — Réserve.

93. Chef d'escadron MALÉCHARD. — Mort en 1837.

94. Commandant BEDEAU (Marie-Alphonse). — Sous-lieu-

tenant d'état-major. — Lieutenant le 1er octobre 1826. — Capitaine le 12 juillet 1831. — Belgique, aide de camp des généraux
Schramm et Gérard. — Commandant de place à Constantine
après le siége. — Lieutenant-colonel à la légion étrangère le
11 novembre 1837. — Colonel du 17e léger en 1839. — Maréchal de camp en 1841. — Lieutenant-général en 1844, après
Isly. — Commandant de place à Paris, en 1848. — Puis de
la 1re division de l'armée des Alpes. — Retraité en 1852. —
Mort à Nantes, le 30 octobre 1863.

95. Capitaine BOREL DE BRÉTIZEL (René). — Aide de camp
du duc de Nemours. — Colonel le 12 septembre 1849. — Général de brigade le 8 septembre 1865. — Mort le 13 juin 1866,
à Paris.

96. Capitaine LEBOEUF. — Commandant en second de l'École
polytechnique en 1846. — Général de brigade le 24 novembre 1854. — Aide de camp de l'empereur. — Général de division le 31 décembre 1857. — Commandant en chef l'artillerie
de l'armée d'Italie (1859). — Président du comité d'artillerie. — Ministre de la guerre en 1869. — Maréchal de
France en 1870.

97. CAFFORT. — Capitaine au 14e d'artillerie en 1813. —
Chef d'escadron le 22 décembre 1837.

98. Capitaine BOUTAULT. — Capitaine le 19 mai 1819. —
Chef de bataillon le 11 novembre 1837. — Lieutenant-colonel
le 30 avril 1843. — Colonel le 29 décembre 1847. — Général
de brigade le 1er novembre 1853. — Mort le 14 août 1854.

99. Capitaine DE GARDERENS DE BOISSE. — Général de brigade le 24 juin 1854. — Mort le 15 juin 1859.

100. Général marquis DE CARAMAN. — Maréchal de camp
en 1830. — Mort, en 1837, après l'expédition de Constantine.

101. Capitaine LACHEISE (A.). — Spahis. — Action d'éclat

à Aïn-Khiziad. — Général de brigade le 1er janvier 1852. — Mort le 11 juin 1869.

102. DE GALBOIS (Mathurin).— Lieutenant-général le 21 octobre 1838. — Pair de France. — Mort le 10 décembre 1850.

103. Commandant DE CHADEYSSON (Isidore). — Général de brigade le 12 juin 1848. — Mort le 19 février 1868.

104. Colonel LOYSÉ D'ARBOUVILLE (F.).— Lieutenant-général le 3 novembre 1847. — Retraité en 1856.

105. Colonel LANNEAU (Félix). — Colonel de la 3e légion de gendarmerie, le 31 décembre 1836.

106. ROCHE. — Interprète général de l'armée d'Afrique. — Consul de France au Maroc. — Ministre de France au Japon.

107. DROLENVAUX. — Colonel du 2e léger, à Metz, en 1844. — Maréchal de camp le 28 décembre 1846. — Retraité en 1848. — Mort le 24 août 1863. — Nombreuses citations.

Dans les notes contenant les effectifs, les noms suivants ont été cités et ne se retrouvent pas ailleurs dans le texte :

PAGE 44. Colonel MENNE. — Commande le 2e léger dans l'expédition de Mascara. — Maréchal de camp en 1839. — Retraité en 1848.

P. 45. Commandant SECOURGEON. — Commandant du 1er bataillon d'Afrique. — Lieutenant-colonel en 1836. — Retraité en 1838. — Mort en 1866.

P. 45. Colonel DE VILMORIN (LÉVÊQUE). — Général de division en 1848. — Passe à la réserve. — Mort à Tours, en 1862.

P. 45. Commandant LEBLOND. — Lieutenant-colonel, du 15 mars 1838, au 48ᵉ de ligne. — Colonel le 21 juin 1848. — Tué en Afrique, en 1842.

P. 45. Lieutenant-colonel DE BEAUFORT. — Lieutenant-colonel au 47ᵉ de ligne. — Colonel le 11 novembre 1837. — Commandant de place à Oran. — Retraité en 1848. — Mort en 1852.

P. 199. CORRÉARD. — Campagne d'Essling et de Wagram. — Lieutenant en Espagne. — Capitaine en 1815. — Chef d'escadron en 1821. — Lieutenant-colonel en 1832. — Colonel aux deux expéditions de Constantine. — Maréchal de camp en 1847. — Réserve en 1852.

P. 200. Colonel LEVESQUE. — Colonel du 62ᵉ. — A commandé la place de 1ʳᵉ classe de Lyon. — Mort en 1850, à Brest.

P. 200. Colonel PETIT D'HAUTERIVE. — Maréchal de camp en 1843. — Mort en 1855.

P. 318. Général LAMY. — Commandant en second du génie à Constantine. — Mort le 5 novembre 1839.

P. 319. Capitaine DE MIRBECK (Pierre). — Colonel du 3ᵉ régiment de chasseurs d'Afrique le 28 août 1846. — Général de brigade le 16 juillet 1852. — Cadre de réserve.

P. 319. Capitaine GUIGNARD. — Tué à l'assaut de Constantine en 1837.

P. 319. Commandant RIBAN (L.-C.-Aug.). — Colonel du 74ᵉ en 1840. — Maréchal de camp le 20 août 1845. — Mort le 29 novembre 1862, à Senlis.

P. 319. Commandant ALLOUVEAU DE MONTRÉAL. — Colonel du 75ᵉ de ligne en 1840. — Général de brigade en 1848. — Général de division le 10 mai 1852. — De 1853 à 1856, a commandé l'armée d'occupation de Rome. — Sénateur le 9 mars 1857. — Réserve.

P. 319. Lieutenant-colonel GRÉGOIRE. — Colonel le 23 décembre 1846. — Directeur des parcs à Vernon.

P. 319. Commandant DUBERN. — Général de division le 14 août 1860. — Réserve 1867.

P. 352. LECLERC. — Chef de bataillon de 1830. — Lieutenant-colonel le 26 octobre 1843.

P. 419. Colonel baron DE GUESWILLER (Philippe-Antoine). — Élève de l'École militaire de Fontainebleau en 1810. — Cité au combat des Arapiles. — Épaule fracassée à Leipsick. — Chef de bataillon au 38ᵉ de ligne en 1822. — Colonel du 23ᵉ de ligne en 1836. — Maréchal de camp en 1840. — Commande une brigade à l'armée des Alpes. — Général de division en juin 1848. — Sénateur en 1852. — Mort le 5 novembre 1865.

P. 419. Lieutenant-colonel MILTGEN. — Lieutenant-colonel le 8 janvier 1837. — Tué en Algérie le 27 avril 1840.

P. 419. Capitaine JARRY (Charles). — Capitaine du 25 avril 1855. — Retraité le 3 septembre 1851.

P. 419. Capitaine DEVAUX. — Capitaine du génie le 1ᵉʳ octobre 1832. — Chef de bataillon le 5 juin 1842, à la Martinique.

FIN DES NOTES.

TABLE

PARIS. — J. CLAYE, IMPRIMEUR, 7, RUE SAINT-BENOIT. — [2081]

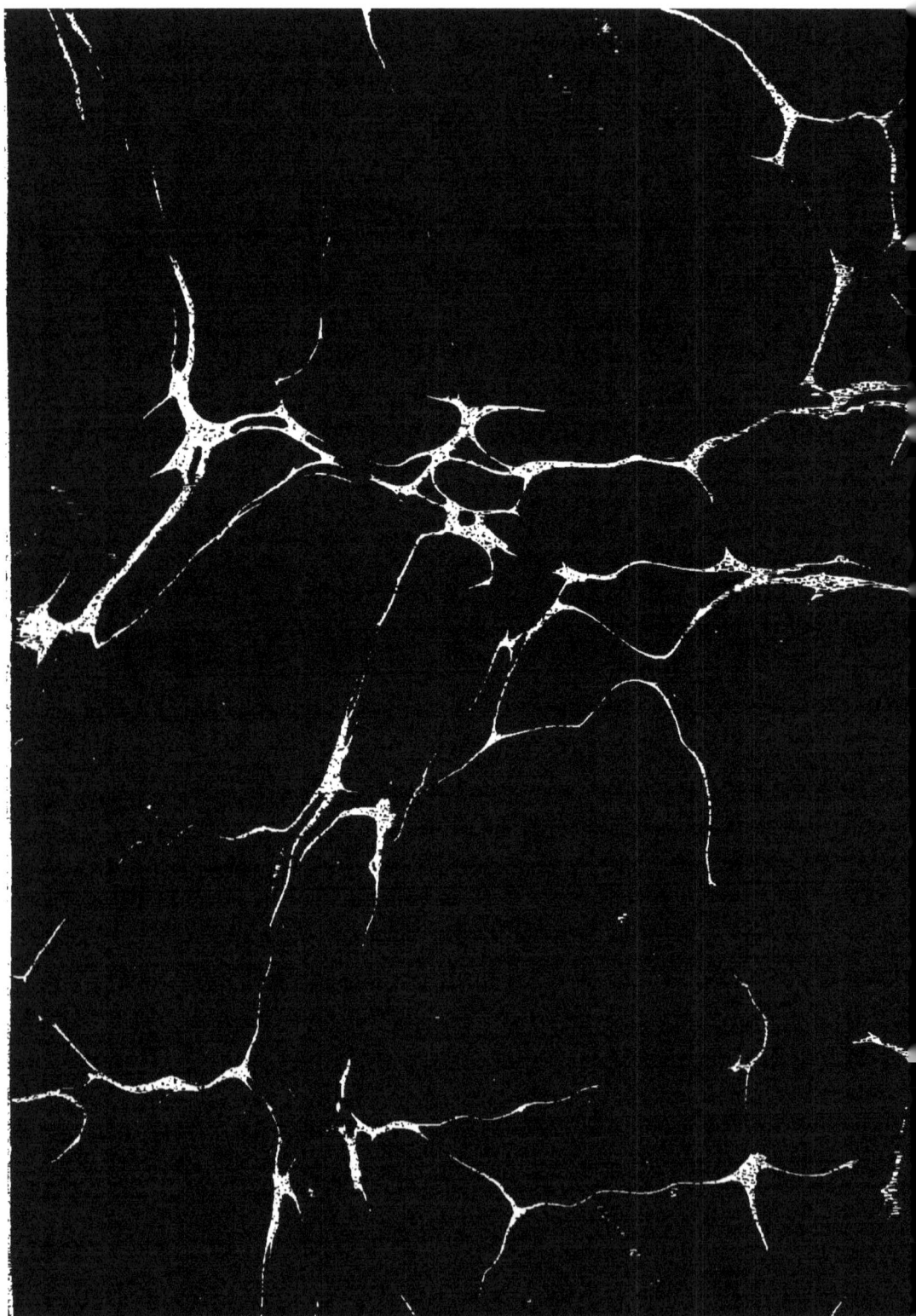

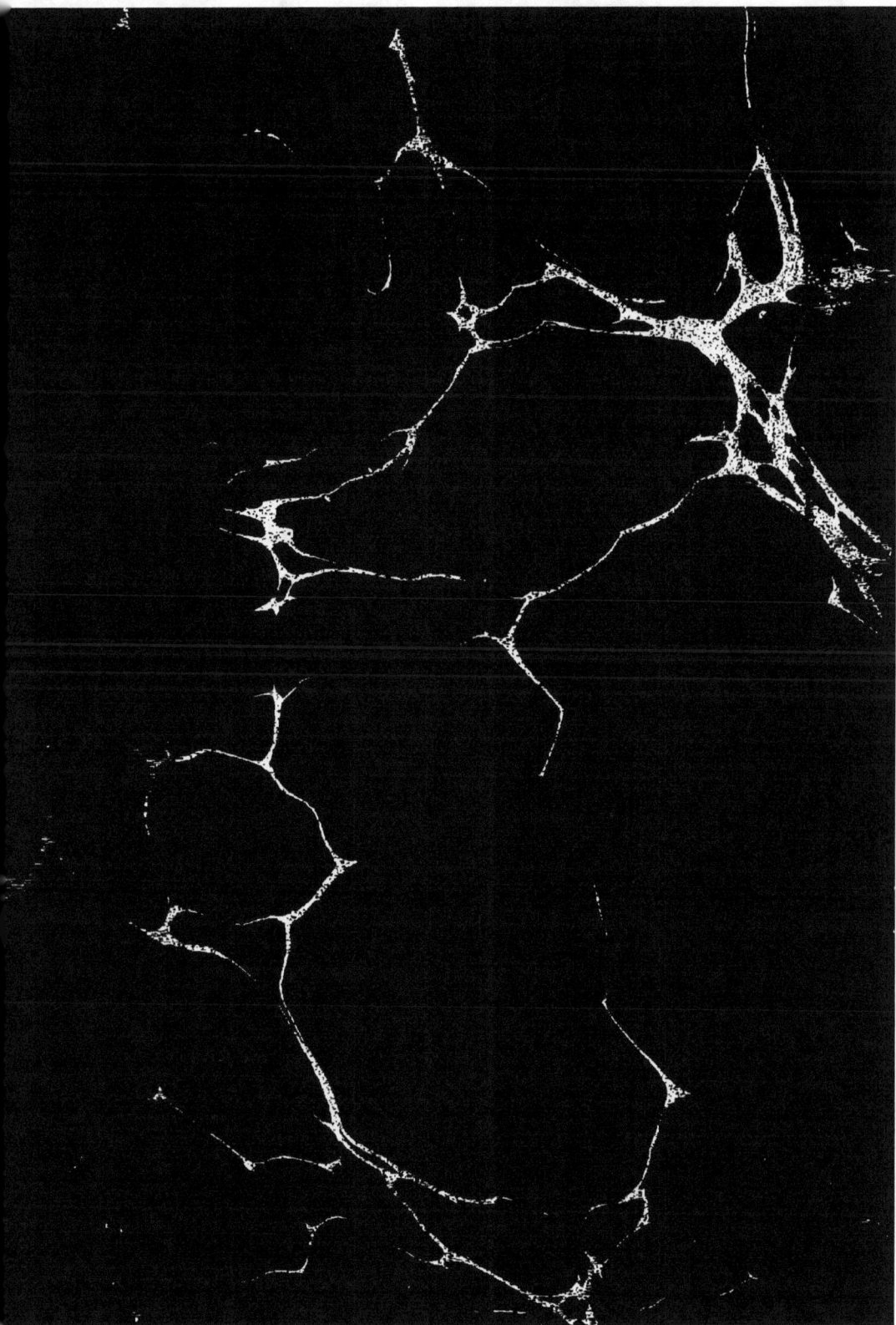